本书系全国教育科学规划国家一般项目"教育现代化进程下学校变革的伦理追求与实践路径"（BEA180113）的阶段性成果。

| 博士生导师学术文库 |
A Library of Academics by
Ph.D.Supervisors

中国现代学校道德教育的变革与重构

程红艳 著

光明日报出版社

图书在版编目（CIP）数据

中国现代学校道德教育的变革与重构 / 程红艳著. -- 北京：光明日报出版社，2022.9
ISBN 978-7-5194-6771-5

Ⅰ.①中… Ⅱ.①程… Ⅲ.①学校教育—品德教育—研究—中国 Ⅳ.①G416

中国版本图书馆 CIP 数据核字（2022）第 159918 号

中国现代学校道德教育的变革与重构
ZHONGGUO XIANDAI XUEXIAO DAODE JIAOYU DE BIANGE YU CHONGGOU

著　　者：程红艳	
责任编辑：李壬杰	责任校对：李　倩　茹爱秀
封面设计：一站出版网	责任印制：曹　净

出版发行：光明日报出版社
地　　址：北京市西城区永安路 106 号，100050
电　　话：010-63169890（咨询），010-63131930（邮购）
传　　真：010-63131930
网　　址：http://book.gmw.cn
E - mail：gmrbcbs@gmw.cn
法律顾问：北京市兰台律师事务所龚柳方律师

印　　刷：三河市华东印刷有限公司
装　　订：三河市华东印刷有限公司

本书如有破损、缺页、装订错误，请与本社联系调换，电话：010-63131930

开　　本：170mm×240mm
字　　数：395 千字　　　　　　　　印　　张：20.5
版　　次：2023 年 7 月第 1 版　　　印　　次：2023 年 7 月第 1 次印刷
书　　号：ISBN 978-7-5194-6771-5

定　　价：99.00 元

版权所有　　翻印必究

序

一百多年前，为完成法国大革命的未竟之业，把教会控制的教育事务掌握在国家手中，涂尔干提出彻底重建道德教育体系，让儿童在学校接受世俗的、理性主义道德教育。为此，他毕其一生，努力建构道德科学，其重要构成便是教育科学。在道德教育领域，他论证并确定世俗道德的三个要素，并依据学生心理特性，探讨了如何培养学生的纪律精神、集体精神和自主精神，写下了《道德教育》这一教育学经典著作。

一百多年来的中国社会风云激荡，地覆天翻，中国革命深受法国大革命精神的影响，中国共产党的创始人陈独秀先生曾热情讴歌法兰西革命。不过，中国社会有其自身的发展道路与发展逻辑。在道德文化和道德教育领域，不同于法国从宗教道德向世俗道德的转变，中国是从臣民道德向公民道德的转变。因为，上下五千年的中国社会，并未土生土长出超越性的宗教，并没有倡导、流行神圣道德，更没有出现过政教合一的神权社会。自公元前221年秦始皇一统天下之后，两千多年的中国大地上，实行的是家天下的专制王朝，1911年的辛亥革命推翻了专制王朝，抛弃了最后一个皇帝，从此中国进行着从皇权社会向民权社会、从专制国家向民主国家、从臣民社会向公民社会、从臣民道德向公民道德的艰难转型。

在此过程中，尽管作为社会关系中的人——中国公民，面临着公民与自身、公民与公民、公民与集体、公民与国家、公民与自然诸多方面的复杂关系，但是，公民与国家的关系是最根本的关系，它既是中国现代政治哲学的核心主题，也是中国现代德育理论的核心主题。摒弃臣民道德，建立公民道德，既属于陈独秀先生所指出的伦理觉悟，也正是梁启超先生所向往的"青年中国"，更是鲁迅、胡适等人所改造、所建构的国民性格。

事实上，无论是孙中山先生领导的旧民主主义革命，还是毛泽东同志领导的新民主主义革命，共同的关键词，就是民主。这个"民"，既不是官民分野意义上的臣民、顺民，也不是官民对峙意义上的暴民、草民，更不是原子式的孤立的私民，甚至与国民、人民也存在差别，他是民主国家中普遍化的具体个人。这个"主"，不是统治、主宰他人当主子，而是掌握自己的命运、捍卫自己的权利、担负自己的责任做主人。这个"民主"，既不是专制王朝中的圣君清官为民做主、替民做主，也不是传统儒家主张的"民贵君轻"，而是现代国家中实实在在的公民当家做主。显然，在这样的民主国家，对公民道德的要求，当然就与专制王朝对臣民的道德要求存在云泥之别。1949年中华人民共和国成立伊始，第一届政治协商会议通过的《共同纲领》就明确提出了"五爱"国民公德，即爱祖国、爱人民、爱科学、爱劳动、爱社会主义。2001年的《公民道德建设实施纲要》、2019年的《新时代公民道德建设实施纲要》，都把"五爱"公德作为基本要求，七十年一脉相承，精神始终如一。

然而，如何培养公民道德，究竟培养公民的哪些道德（公民道德有其层次与体系，具体内容随着时代变迁也有所变化，"五爱"公德只是基本要求），这不仅对学校教育，而且对整个中国社会都是一个具有挑战性的课题。现在流行一种论调，即认为道德教育主要依靠家庭，学校教育主要负责知识教学。这种论调没有认识到私德与公德的差异，没有认识到家庭与学校两类性质不同的社会群体，对道德教育都负有不可推卸的责任，只是责任的重点不同。家庭主要负责的是私德教育，学校主要负责的是公德教育。把道德教育的责任推诿给家庭，潜藏着巨大的危险。澄清这些认识问题，涂尔干的《道德教育》一书很有帮助；他所提出的道德教育理性化，把教育科学建立在社会事实研究的基础之上，把道德教育理论建立在道德事实的基础之上，这些真知灼见今天仍然没有过时。近四十年来的中国学校道德教育，与中国社会一样，处于时急时缓的变革之中，在变革中负重前行，在变革中艰难涅槃。而所有变革的逻辑前提，是认清方向、找准问题。为此，实事求是地开展科学研究，确定中国学校道德教育的事实存在是关键！

程红艳教授所著的《中国现代学校道德教育的变革与重构》一书，坚持调查研究，以掌握道德教育的社会事实为前提，提出和建构自己的理论主张。她带领华中师范大学德育团队，抽样湖北省的大中小学，就学生的道德两难问题、思想政治认识、精神信仰等进行深度的调查与访谈，深入一所中学开展了传统文化教育的跟踪分析研究。以这样扎实的实证研究为基础，加上她对现代社会道德危机的洞察剖析，对中国当代道德教育理论现代化的历史脉络、学术逻辑的准确把握，她重构了现代学校德育的目标、功能、方法，她提出的积极德育的主张，已经在华中师范大学道德教育研究所的基地学校开展探索性实践。

她还把自己的德育主张实践在教书育人的日常之中。她在指导华中师大德育所两个专业博士生、硕士生的过程中，总是首先并主要地肯定每一个学生的长处和优势，鼓励、引导他们各展其长，建立学术自信乃至人生自信，然后适时地、有针对性地指出不足，引导他们不断改进、完善自己。可以毫不夸张地说，她正是学生心目中的好导师！

作为她的同事，我既为她的进步和取得的成绩感到高兴和欣慰，也对她有着更多的期望。多年来，她作为华中师范大学道德教育研究所的副所长，湖北省中小学德育专业委员会的学术委员会主任，以及"真教育联盟"的发起人，在深化德育理论研究、引领学校德育实践、带领德育学术团队、培养德育优秀人才诸多方面发挥了至关重要的作用。我祝愿她一步一个脚印，踏实地、坚定走下去！

杜时忠 2021 年春于汤逊湖畔

目录 CONTENTS

导言 1

第一章 中国道德教育理论现代化的历史探索 8
第一节 改革开放前德育理论发展 8
第二节 改革开放40余年德育理论发展历程梳理 9
第三节 改革开放40余年德育理论研究特点评述 28

第二章 大中小学生道德发展的现状研究 41
第一节 中小学生道德发展调研 42
第二节 大学生精神信仰和道德价值观念研究 63
第三节 大学生道德发展的两难问题 76
第四节 大中小学生思想政治发展状况调研 88

第三章 现代学校德育的文化重构 121
第一节 优秀传统文化教育的复归 122
第二节 优秀传统文化教育的个案研究 130
第三节 立足于中国文化的德育现代化 180

第四章 现代学校德育的目标重构 183
第一节 价值多元与价值共识 184
第二节 公民正义感的培育 190
第三节 培养道德主体的关心能力 198
第四节 相对主义时代的公民教育 205
第五节 建构个体的道德信仰 217

第五章 现代学校德育的功能重构 …… 224
 第一节 规范本位道德教育实践的问题 …… 225
 第二节 社会生态论视野下学校道德教育的视域转换 …… 230
 第三节 学校道德教育"育人本位"的现实策略 …… 234

第六章 现代学校德育的实践方法重构 …… 238
 第一节 积极德育的理论诉求 …… 239
 第二节 积极德育模式的实践要旨 …… 245
 第三节 积极德育模式的实践策略 …… 251

结语：寻找可信又可爱的道德教育 …… 264

附　录 …… 266

参考文献 …… 312

导　言

19世纪中期以来，古老的中国被世界现代化的浪潮裹挟其中，踏上现代化这条单轨旅程。社会面临百年转型，小农经济逐渐走向工业化，传统宗法文化逐渐解体。经济学家把现代化定义为这样一个过程：人类通过这一过程将增强对外部环境的控制能力作为提高人均产量的手段；社会学家和人类学家指出，现代化的其他特征包括：对民众的唤醒和激发、对现在和未来比对过去的更大的兴趣，一种把人类事务看成可以理解的而不是受超自然力量控制的趋势，及直至近些年才建立起来的对科学和技术的益处的信赖。[①] 现代性涉及四种历史进程之间复杂的互动关系：政治的、经济的、社会的和文化的过程。政治上体现为世俗政治权力的确立和合法化、现代民族国家的建立；经济上体现为市场经济的形成和工业化过程；社会过程体现为传统社会秩序的衰落和个人自由的崛起，社会的重新分化与分工，从农业以为主的生活方式转化为以城市和工业为主的生活方式；文化上体现为宗教衰微与世俗文化兴起。这些进程深刻地反映了现代社会的形成并非是一个单一过程，而是充满矛盾和对抗。[②]

一、现代化的道德代价

现代化一方面无疑带来的是人的知识和能力的增强，而另一方面，却由于人对自然的征服而带来人与自然的疏离，人的工具理性和技术理性膨胀反而带来人的异化。历史学家尤瓦尔·赫拉利曾嘲讽地说：现代性就是一项交易，人类同意放弃意义、换取力量。技术掌控人类，使人类处于奇技淫巧的环境，而非活生生的自然之中，处于毫无美感的标准化的环境，在这种环境里，手段变

---

① 斯塔夫里阿诺斯. 全球通史[M]. 吴象婴, 等译. 北京：北京大学出版社, 2004：373.
② 戴维·弗里斯比. 现代性的碎片[M]. 卢晖临, 等译. 北京：商务印书馆, 2003：7.

成了目的，工业劳动的需要把人变成了机器。技术功能的自力推进的、自行提高的规则，把人从与大地的根本联系中剥离出来，并且将此种联系一刀两断。人的个性似乎不断地变得模糊，逐渐在大众产品、大众传媒的影响下，以及在单调乏味的、问题重重的都市化的扩展中消失了。① 现代性存在诸多道德风险：

人类合作能力与征服破坏能力的失衡导致社会合作危机；

文明冲突与民族国家的利益冲突导致全球战争风险；

物质财富极大丰富与贫富差距日益加剧导致阶层冲突危机；

消耗自然资源的人类中心主义与地球生态环境日益脆弱导致生态危机；

身份政治、社会极化、难以达成共识造成的政治危机。

中国现代化以西方文化为样板，早期现代化以殖民化为主要推进方式，这造就了东西方文化的紧张、意识形态和宗教信仰之间的冲突。贯穿于中国社会现代化之中的，是传统道德规范与伦理观的剧变，以"家国天下"和"成圣成贤"的道德理想为主要追求的儒家伦理面临着撕裂式转换。时至今日，经过百年探索，传统道德沿着理性化、世俗化的路径，在天人关系、人我之辨、公私关系、义利关系等方面进行了几近颠覆性的重组，逐渐形成了与市场经济相适应的伦理观。

现代化催生了个人平等意识、权利意识、法制意识、自由意识等现代精神的觉醒，然而，在经济上，市场经济所造就的新利益格局和义利观念，猛烈地冲击和重塑着重义轻利的传统道德观，优胜劣汰的竞争原则和物质主义影响日盛；在社会生活中，熟人社会不断瓦解，人们之间的纽带不断地解体，家庭、家族和社区越来越缺乏整合力和凝聚力，产生了越来越多的散沙般的原子化孤立个人，孤独与无意义感日益滋生。凡此种种，造成了现代化进程中的道德危机、信任危机和意义危机，三者共同构成了生活世界的危机。

二、现代化进程中的生活世界危机

20世纪90年代，随着市场经济进一步重组义利关系、刺激人们的物质欲望，觉醒了个人自由意识开始为合理利己主义辩护，如北京大学伦理学教授王海明认为：无私利他和单纯利己不但只应该是，而且也只可能是偶尔行之的道德原则；反之，为己利他不但应该是，而且也可能是恒久的道德原则。② 合理利

---

① 理查德·塔纳斯. 西方思想史 [M]. 吴象婴, 等译. 上海社会科学院出版社, 2011: 399.

② 王海明. 论道德总原则 [J]. 吉首大学学报（社会科学版）. 2008 (03): 1-12.

己主义即是为己利他，是一种在法律许可的框架内为个人利益最大化谋划的原则，它反对损人利己的极端利己主义，但也没有热情关心他人、无私奉献和促进社会福利的最大化。茅于轼著《中国人的道德前景》也对市场经济的道德原则进行了系统而生动的论述，影响很大，一时洛阳纸贵。在书中，他进一步论述了合理利己主义的内涵，将其建立在经济人假设上，试图建构起适应市场经济的理性、公平、平等、互惠的道德观念。

美国学者爱因·兰德提出的新个体主义伦理学也是这种合理利己主义思想的代表性诠释。她认为：每一个生命体的存在是他目的本身，而不是其他目的或他人利益的手段，正如生命是以其自身为目的的一样。所以，人必须为了自己的缘故而生存下去，既不能为了他人而牺牲自己，也不能为了自己而牺牲他人。为自己而生存、达到他自己的幸福是人类最高的道德目的。[①] 这种道德是一种以个人利益为主导，同时也能兼顾建立在平等互惠、等价交换基础上的社会合作的道德，本质上是一种商人的道德。商人道德体现了"经济人"假设的具体化，其主要特征为：

商人是这样一种人，他赚取属于他的东西，既不付出不该付出的，也不拿取不该获得的。他不把人看成是主人或奴隶，而是独立平等的人。他通过自由、自愿、非强制、非逼迫的交往来彼此对待，借助他们自己独立的判断，各方都获得利益。商人不希望通过欠款而是通过事业的成功来使自己得益。他不把自己失败的负担转嫁给他人，也不让自己抵押给他人失败的束缚之中。[②]

在合理利己主义的主导下，一个人自然不会无缘无故地伤害别人，不会违法乱纪，但也没有热情去不图回报地帮助他人，单纯利他，无私奉献。这大约便是蔡元培先生所讲的"不侵人只唯我论"。合理利己主义将道德变成了一种为己的消极道德。在社会普遍信任还没有充分建立起来的转型期，合理利己主义必然带来社会冷漠的普遍盛行。信任危机、意义危机和信仰危机也进一步弱化了道德的精神基础。

在前现代中国社会，信任建立在比较单纯的血缘和地缘关系上，即家族和共同体生活中相互依赖所产生的一种自然的社会心理状态。信息的对称性和行为的高度可预见性确保了社会信任的产生与维系。中国社会现代化之后，建立在亲缘和地缘基础上的传统信任方式，在很多方面已经式微，但未找到合适的

---

① 爱因·兰德. 新个体主义伦理学［M］. 秦裕，等译. 上海：上海三联书店，1993：23.
② 爱因·兰德. 新个体主义伦理学［M］. 秦裕，等译. 上海：上海三联书店，1993：30.

替代品。① 在高风险的当前社会，经济人假设超越了其经济领域，进入了人际交往领域。而"坏人假设"则是制度设计惯常使用的逻辑。正如美国大法官霍姆斯曾经提出的坏人假设："如果你想了解法律，你必须从坏人的角度去看待它。坏人只关注法律物质上的后果，他所具有的法律知识也使他能预测到这一后果……"② 因此，制度的建构必须将人设想为坏人，他们正如马基雅维利所设想的机会主义者，会钻制度漏洞、好了伤疤忘了痛。这种"坏人假设"绑架了好人，使得好人也必须忍受制度为预防坏人钻空子而设置的种种精巧限制及由此带来的社会成本。

信任一般被分为对制度的信任和对人的信任两个维度。对制度的信任被认为是健康国家的一个基本元素，它指出这样一个事实：现代生活的大部分并不依赖于非正式的人际交往，而依赖于规范与社会结构，在规范与社会结构之内那些具体的交往才得以巩固。在某种程度上，轻松采购食品是因为政府对食品和药品的监管得力，如果人们对政府或法院的信心降低，食品采购可能会成为难事。③ 普特兰的研究表明：政治体制的本质决定了公民以何种方式信任他们的同胞。社会信任往往与政治信任共同变化，而社交模式与政治参与模式共同变化。④ 更广泛的研究表明：从世界范围内来看，衡量人与人之间信任程度的社会资本在普遍衰落。在中国，基于法律和契约的普遍信任还尚未完全建构起来。社会不信任不仅在某种程度存在于政府和民众之间的，也存在于各市场利益主体之间的（主要是商品提供者和消费者）以及社会不同阶层与不同角色之间。

意义危机表现为迷失了生命存在的意义，不再寻求"为什么而活"，过着被感官欲望和权力操控的虚假生活。如同生活在柏拉图在《理想国》所建构的洞穴之中，或者被其中的黑暗阴冷所窒息，或者被消费社会五彩缤纷的幻象所吸引迷醉。与公共领域隔离的消极公民、被生存所迫的蚁族社会和房奴等，他们感到被边缘化、无力化，有一种被快速运转社会抛弃的下坠感和离心感。沉迷于网络游戏或购物的人则以短暂易逝的快乐来麻痹精神的痛苦。更让人触目惊心的意义危机来自年轻人的自我危机，尤其是学校教育中表现最优异的年轻人出现了价值观匮乏带来的"空心病"。如一位曾经学业出类拔萃而当下却陷入沮

---

① 郑永年，黄彦杰. 中国的社会信任危机 [J]. 文化纵横. 2011（02）：18-23.
② 琳恩·斯托特等. 培育良知 [M]. 李心白，译. 北京：商务印书馆，2015：37.
③ [美] 罗伯特·d. 帕特南. 流动中的民主政体 [M]. 李筠，等译. 北京：社会科学文献出版社，2014：62.
④ [美] 罗伯特·d. 帕特南. 流动中的民主政体 [M]. 李筠，等译. 北京：社会科学文献出版社，2014：53.

丧、生无可恋的大学生说:"我的世界是一个充满迷雾的草坪,草坪上有井,但不知道在何处,所以有可能走着路就不小心掉进去了,在漆黑的井底我摔断了腿拼命地喊"。"我不知道我是谁,我不知道我到哪儿去,我的自我在哪里,我觉得我从来没有来过这个世界,我过去19年、20多年的日子都好像是为别人在活着,我不知道自己是要成为什么样的人。"① 自我危机和意义危机使人情绪低落、兴趣减退、孤独感强烈,使人丧失了感受幸福的能力。消费主义文化和物质崇拜只能使人感受到短暂的快乐,无法产生充实与持久的意义感。

信仰危机是更深层意义上的意义危机,它表现为一种存在的虚无主义和相对主义,"什么都行,什么也都不行"。没有永恒和终极价值,只有当下;没有敬畏和信仰,只有感受。道德只是对环境的暂时性条件反射的结果,没有永恒的良知;不仅上帝被视为原始的儿童期投射,而且有意识的人类自我本身及其了不起的优点亦即人类的理性——人类与自然相区分的最后堡垒如今也陷落了,它也被认为只不过是颂扬为出自原始的本我的一种新近的、不牢靠的发展。人类动机的真正源泉只是一大锅沸腾的非理性的、兽性的冲动。……不只是人类的神性而是他的人性成了问题。随着科学的思想将现代的人类从其幻觉中解放出来,人类似乎逐渐为自然所消解,丧失了其以往的高贵,露出了基本上本能的动物的真面目。② 艺术与自然或许因为它们的审美性而让人忘记了存在的焦灼感,寻求到片刻的慰藉。然而,人内心深处那口不断沸腾的"本我"的欲望之锅,却使人不和谐、不宁静。人意识到忙忙碌碌追求物质生活和功成名就后的虚无感,却没有力量超越;人想过一种属于人的超越的精神生活,回复到人类童年的赤子之心,却无力逃逸于现实;人想寻求永恒与不朽,却只能成为沙地上被风抹去的一张脸。人永远面临理想与现实、超越与堕落、永恒与短暂、真实与虚假、美好与丑恶等亘古永存的形而上学冲突。

三、本书的主要研究旨趣

纵观中国当前的学校德育实践,随着现代化的推进,学校德育理论与实践也取得了一些实质性进展:在师生关系方面强调民主,而非师道尊严;在班级管理方面强调学生自治,而非教师专制;在道德教育目的方面,强调学生人格和谐发展,而非将学生培养成政治机器;在道德教育手段方面,强调非灌输和

---

① 徐凯文. 一位北大副教授的沉痛反思:精致的利己主义者是怎么培养出来的? [2019/11/12]. https://new.qq.com/rain/a/20191122A0HL3V,腾讯网.

② 理查德·塔纳斯. 西方思想史 [M]. 上海:上海社会科学院出版社,2011:362.

非惩罚，以柔性引导为主，而非简单粗暴。在遍布中国大地的学校中，每天都有许多生机勃勃的活动在进行着，孩子们参与着这些活动，感受着生命的活力与幸福；每个学校都有敬业、负责的教师，他们辛勤耕耘、默默付出。学校道德教育培养了无数遵纪守法、爱岗敬业的公民。然而，由于社会大环境中存在的道德危机、信任危机和精神危机，学校成为德育的孤岛，其面临的深层危机不容小觑。首先，学校德育实效不断弱化。学校教授的主流价值观常常被社会流行的多元价值观所冲击；学校教导的同情、关爱等合作价值也常常被弱肉强食竞争的社会丛林法则所挑战。同时，随着狭隘功利主义越来越强势地裹挟学校教育，应试教育愈演愈烈，为考试而教的知识教育一枝独秀，而为人格完善而学的道德教育却越来越被边缘化。道德教育被窄化、异化为应试教育的工具，其存在的意义是通过训练学生服从与勤奋的行为习惯，帮助学生提高考试成绩。在此背景下，当代中国道德教育尚需要变革与突破。

一方面，现代教育最美好的价值——"以人为本"的教育理想尚未真正实现，学生的生命尊严、个性发展、潜能实现等教育目标在当前的教育体制中不得不被妥协、打折甚至是放弃；另一方面，在教育现代化的进程中，我们又不得不警惕现代化中的同质化陷阱，避免现代化可能带来的道德风险。

表0.1 中国当前德育与人文主义德育的差距

	中国当前德育	人文主义德育
理论基础	行为主义 量化管理 以规范为本	人文主义心理学 积极心理学 以人的需要为本
激励手段	奖励和惩罚	归属感（情感连接） 自我价值感（意义生成）
处理不当行为	责备、孤立和惩罚	错误是成长的契机 专注于解决问题
教师行为	奖励、刺激和惩罚	同情、关心、理解、合作
学生支持	对学生的行为进行有效控制即为支持	帮助学生形成自我控制、价值观及与他人的情感连接。让学生在教室里作出自己的贡献

本书试图在教育现代化的进程中思考 21 世纪中国学校德育重构的可能路径。现代学校德育变革需要进行文化价值重构、目标重构、功能重构与实践方法重构。首先，道德教育扎根于文化价值之中，教育现代化必须探求中国式现代化的独有规律和独特路径，必须在中西文化的交融与对话之中探索中国式德育现代化之路，反思当代学校德育的文化根基，将德育扎根于中国传统厚重的人文底蕴与中华美德之中；其次，当代德育必须要适应变化了社会生活，为未来社会培养新人，因此，必须对于德育进行目标重构，不是再为工厂流水线体系培养标准化的勤奋的劳动者，而是要培养具有社会责任感和行动能力、创新性的公民，这些公民不仅是一国之公民，也具备在全球合作体系中进行多元文化对话和多元文化理解的"文化间性"；再次，当代学校德育的功能，必须从限制和约束人到服务人的成长需要，从注重规范约束到再次发现"人"，进一步凸显人在教育体系与德育体系中的"中心地位"；最后，当代学校德育必须进行实践方法重构，找到切实可行的方法实现人本主义的教育理想。本书倡导积极德育方法，并认为这些方法可以有效地在家庭教育和学校教育中使用。

改革永远在路上。21 世纪学校德育重构在社会转型的现代化进程中既困难重重，又充满机遇——它需要传承，更需要创新；它需要适应社会现实，更需要改良和引领社会精神；它需要追赶西方发达国家的脚步，更需要明确自己的前行方向，找寻路在何方。学校德育的理论改革与实践变革需要教育研究者与实践者上下求索，为未来的社会培养精神健康与人格完整的人，为化解时代的道德危机与生活世界危机贡献自己的力量。

第一章　中国道德教育理论现代化的历史探索

德育理论研究是德育原理研究中的重要乃至核心的内容，它是对德育根本或重大问题进行的系统反思。一般说来，德育理论研究包含：

（1）德育哲学问题，即在哲学的世界观与方法论指导下对于道德问题及道德教育问题进行的思考，其研究方法主要是哲学思辨的，可以是演绎式的，是哲学原理在道德教育目的、方法途径中的演绎与具体运用；也可以是归纳式的，归纳和阐述德育课程开发、评价等德育实践的基本原理；还可以是批判式的，对道德教育实践及研究中的思维误区进行反思与揭示。

（2）德育与时代变革问题，即思考在社会转型、价值多元、科技日新月异发展的背景下，德育如何适应时代挑战，重塑人—社会—科技与道德教育之间的关系，承担其应该承担的社会责任。

（3）重大德育问题，包括对道德教育的内涵、外延、价值、功能的认识，尤其要聚焦于道德教育的目的，回答道德教育究竟要培养什么样的人，换言之，要着力研究"什么样的人才算是在道德上受过教育的人"。

本部分内容将围绕上述三个方面开展研究。根据历史分期，可将道德教育理论发展的历程分为新中国成立十七年（1949—1966）、"文化大革命"十年（1966—1976）和改革开放四十余年（1978年至今）。

第一节　改革开放前德育理论发展

1949—1956年七年间属于新民主主义过渡阶段及社会主义改造时期，思想政治教育成为建设社会主义的重头戏。德育理论研究的重点是继承解放区德育经验、学习苏联经验及批判改造旧德育，建立起中华人民共和国的学校德育系统。从《人民教育》发表的文章来看,克鲁普斯卡娅、加里宁、凯洛夫、米丁斯基等人的理论被引入,学者们循着苏联教育家的视角来探索共产主义教育或德育原理,培养共产主义新人。

许多研究者总结了1956—1966年间思想政治教育的特点,以"阶级斗争为纲"的指导思想逐渐形成,教育的主要目的是为无产阶级政治服务。思想政治教育被看成学校教育的灵魂。① 知识学习不再重要,参与政治运动成为教育的重点。孙少平总结道:"十年社会主义建设时期学校德育的实践特征则有以下几点:①以提高学生的社会主义觉悟为德育的中心任务,强调政治教育。利用宣传、演讲、文艺表演、观看电影、参观阶级压迫的实地等形式进行教育,使学生懂得阶级和阶级斗争的道理,激发其阶级感情,坚定其阶级立场,提高其政治觉悟。②组织学生参加经常性的生产劳动,促进其思想革命化。③广泛开展榜样教育,以英雄精神激励青少年一代。④注重运用社会教育的形式,社会即教员。"②

1966—1976年,德育受到了更猛烈的批判。这一时期出版发表的文献,大多深受政治时局的影响,大抵抛弃了学术性与研究性的尺度;许多刊物停刊。因此,此阶段的文献多以回溯性、反思性的文献为主。

第二节 改革开放40余年德育理论发展历程梳理

改革开放以来,教育开始为"为社会主义现代化建设服务",可以划分为三个阶段:1978—1992年德育理论重建时期、1992—2000年德育现代化与科学化探索时期、2000年以来德育理论的人性化与多元化探索时期。

一、德育理论反思与重建时期(1978—1992)

(一)德育理论寻根

1978年以来,政治气候回暖,思想逐渐解放。初期教育思想的探讨仍囿于

---

① 孙少平.建国以来我国中小学德育的历史回顾及其启示[J].河北师范大学学报(教育科学版),1999(04):91-95.
② 孙少平.十年社会主义建设时期学校德育实践特征及问题探讨[J].现代教育论丛,1997(06):21-24.

"文革"前十七年的经验；1985年，《中共中央关于教育体制改革的决定》颁布后，教育气象为之一新，教育界逐渐出现百花齐放的景象。

教育理论研究者及德育理论研究者在反思"文革"时期教育惨痛经验的基础上，也试图重建教育的理论之源。理论寻根主要从两方面进行：回到马克思、回到传统文化。一部分学者回到马克思主义哲学，重新探讨人与社会发展的关系、人之价值与时代处境。黄枬森在一篇论文中总结道："胡乔木在1984年初的文章中总结了当时的讨论，主张把传统的人道主义分析为'世界观和历史观'与'伦理原则和道德规范'两个方面，否定前者而吸收后者并加以改造而成为社会主义人道主义。我想指出的是，这个结论并不是他的独创，而是对当时许多学者的观点的总结。"也即，学术界逐渐达成共识，人道主义的历史观是有缺陷的，但人道主义的价值观与伦理观是可取、可欲的。此后，人道主义不再是禁区，而被逐渐改造为社会主义人道主义。对此，黄枬森评价道："它实际上继承了马克思的思想，澄清了人道主义头上的迷雾，使我们能够正确地对待人道主义——理直气壮地反对人道主义历史观，热情洋溢地提倡和弘扬人道主义价值观。"[①] 此后，片面强调"人是由环境决定的"的机械唯物论被批判，强调人的主体性和能动性被看作马克思主义哲学的应有之义。社会主义人道主义成为马克思主义的理论主流。辩证唯物主义和历史唯物主义的价值被重新发掘，辩证的思维方式替代了非黑即白的独断论，成为学者们新的思维武器。利用这一武器，他们提出了许多具有进步色彩的观点：集体主义与个人利益是可以对立统一的[②]、义利可以辩证统一、人的主动性与受动性辩证统一。

还有一部分学者试图回到孔子，挖掘孔子道德教育思想中的合理内核。重新评估传统文化的德育价值，开始了对古代德育思想的批判与继承工作，从而形成了一系列的学术作品，如毛礼锐的《论儒家的道德教育思想》(1980)、王炳照的《批判地继承古代道德教育思想遗产》(1984)、张惠芬的《教育史中的批判与继承》(1980)、宋惠昌的《关于道德的继承性的几个问题》(1980)等等。这一批德育理论研究的作品旨在重新评价古代德育与现代德育的关系，把传统德育作为一个可供利用的资源来加以批判与继承，从而促进德育理论研究的发展。[③] 很多学者虽然批判孔子提倡的忠孝是一种愚忠愚孝，是一种绝对服

---

① 黄枬森.关于人道主义和异化问题的讨论［J］.北京大学学报（哲学社会科学版），2010, 47 (01): 5-10.
② 周原冰.发挥道德主体的能动性与集体主义原则［J］.道德与文明，1989 (04): 4-8+15.
③ 叶飞，檀传宝.改革开放30年德育理论发展脉络探析［J］.教育研究，2009 (01): 19-24+85.

从，但同时认为其中也有进步性的内容，"仁者爱人""己所不欲，勿施于人"这些道德准则便具有进步性。内省也是一种行之有效的道德修养方法。① 20世纪90年代初回到传统文化的呼声更高了。罗国杰从社会主义现代化国家建设的战略高度论述了传统道德文化的重要价值。"我们实现中国式的社会主义现代化，唯一的选择，就是立足于我们的国情，包括我们的优秀传统文化、我们的优秀传统道德文化。中国的诸多问题与麻烦，终究不能靠咒骂我们自己的祖先及其文化遗产来解决。如果我们自己在自己的国家中煽起一股失望情绪，让这股失望情绪去毁灭我们民族的自尊心和自强心，甚至以此去乞灵于某种西方模式，那么，中国的社会主义现代化事业才将是真正没有希望的。"②

（二）对于社会主义初级阶段德育的探索

一些学者探讨了社会主义道德与共产主义道德的关系。1982年，罗国杰认为：共产主义道德的原则是集体主义及"毫不利己，专门利人"的无私奉献，而社会主义道德原则是"按劳分配"，可能会造成自私现象。所以，社会主义道德需要共产主义道德来匡正。③ 到了1988年，罗国杰的观点更为务实，他认为社会主义初级阶段的道德有四个层次：最高层次为大公无私共产主义道德，其次为先人后己和先公后私的社会主义道德，再次为"利己不损人"的合理利己主义，最低层次为极端利己主义。社会主义初级阶段的道德建设要坚决反对极端利己主义，力求社会成员能做到社会主义道德，而非共产主义道德。④

在德育界，学者们思考的一个核心问题是建构社会主义初级阶段德育的目标及内容，取得的一个共识是道德教育目标要立足现实，具有层次性。对于共产主义道德"尊其贵而虚其位"，更强调要从社会主义初级阶段社会经济发展现状及思想道德发展现状出发提出具体要求，不能超越社会发展阶段。不可把将来可以达到的水准，要求在今天就达到；不把对少数先进的、优秀分子的高标准随意扩大为对所有学生的普遍要求；不把号召提倡的东西随意作为规定的东西。⑤ 在德育内容方面，大公无私的道德价值观也被改造为不否定贬斥个人合理利益与个人尊严的集体主义道德观，革命价值观再次被讲求和谐团结的集体主

---

① 赵家骥. 孔子德育思想初探 [J]. 东北师范大学学报, 1981（02）：78-85.
② 罗国杰. 十年来伦理学的回顾与展望 [J]. 道德与文明, 1991（01）：2-7.
③ 罗国杰. 坚持共产主义道德教育 [J]. 伦理学与精神文明, 1982（00）：5-7.
④ 罗国杰. 论社会主义初级阶段的道德的四个层次 [J]. 道德与文明, 1988（02）：18-20.
⑤ 鲁洁, 班华. 德育理论在科学化轨道上前进 [J]. 教育研究, 1988（12）：31-36.

义价值观所替代。1979—1980 年以来，苏霍姆林斯基的教育思想及著作也被大量引进中国，对中国德育理论与实践产生了思想启蒙的作用，从他充满感情的笔触所描述的鲜活案例中，人们发现共产主义教育也可以与人道主义和浪漫主义完美地结合起来。

（三）德育学科重建

此阶段，德育学科重建迫在眉睫。1983 年开始编写、1985 年正式出版了中华人民共和国成立后第一本《德育原理》教材。在八院校合作的"德育原理编写组"会议上，教育部原副部长董纯才提出编写出"中国的社会主义的德育原理"。[1]

首先，要为德育名称正名。学者们一致认为要将被"思想政治教育"概念淹没的"德育"概念重新发掘和建立起来。20 世纪 80 年代，学者们多认为德育主要是学生的道德养成教育，不能被思想政治教育所取代。学者们对德育的本质、内涵与外延进行了思考。李道仁认为德育的本质在于教育者（德育工作者）、思想言行规范（德育内容）、受教育者（学生）三者之间既相互联系又有所冲突的特殊矛盾运动形式之中。[2] 这种观点影响较大。另一种观点认为，培养人的品德是德育的本质特征。这种观点，有将德育任务或内涵与本质特征混淆之嫌。1988 年之后，学术研究和政策话语中的"思想政治教育"概念基本被"德育"概念所取代，"德育"概念成为主流，同时其外延也在不断扩大。虽然有学者坚守"小德育"概念，认为德育应是道德教育，但更多学者认同"大德育"概念，认为德育是思想教育、道德教育与政治教育的总合。[3][4] 此后，学校德育被认为由四个部分组成，即思想教育、政治教育、法纪教育、道德教育四部分。[5] 或五个部分，将心理健康教育也纳入其中。[6]

其次，学者们对德育的地位进行了再思考。学者们取得的共识是德育是人的全面发展教育中不可缺少的一部分。一些学者批判了"德育第一"的观点，

---

[1] 班华. 世纪之交论德育现代化建设［J］. 现代教育论丛，1997（01）：1-6.
[2] 李道仁. 德育本质问题的探讨［J］. 华中师院学报（哲学社会科学版），1982（06）：105-110.
[3] 胡守棻. 德育原理［M］. 修订本. 北京：北京师范大学出版社，1989.
[4] 余光. 德育原理研究对象初探［J］. 华东师范大学学报（教育科学版），1987（04）：23-28.
[5] 胡厚福. 关于德育本质几个问题的初步探讨［J］. 北京师范大学学报（社会科学版），1991（06）：21-28.
[6] 王逢贤. 德育的独立实体性不容否定［J］. 中国教育学刊，1990（01）：23-27.

认为应该重提"智育第一"。另一些学者批判了"以智育代德育"和"以法治代德育"的两种思想误区，提出：智与德是人的精神领域两个本质不同的要素，二者不能混淆、不能代替，也不能无条件地自发转化。① 德育是各育的灵魂和方向，毫无疑问应该排在各育的首位。德育要以智育为前提，不仅要遵循智育的规律，还必须探索由道德认识向道德行为转化的特殊规律。美育是将智育与德育联系在一起的桥梁。② 美育是德育的深化和丰富化，要在审美感受的基础上形成道德信念。③

（四）德育使命的重新界定

随着改革开放的不断深入，德育的时代使命尤其是德育在推进社会主义现代化建设中应该承担的作用成为德育学者们自觉思考的命题。

一些学者思考德育工作是否也应以"是否有利于生产力发展"作为出发点和德育的检验标准？一部分学者赞同此种提法，更多的学者持保留或批判意见，认为还是"坚持德育促进生产力的发展"这一较为宽松些的提法为妥。因为德育有其自身的独立性，用生产力标准只能判断社会物质文明的进步程度，不能用来衡量社会的精神文明、道德水平。④

德育是否要为社会主义市场经济服务？一些学者对此持保留意见，认为商品经济的原则只应限于经济领域，而不应进入政治、道德领域。德育过程不应考虑商品经济的特点，而应坚持社会主义道德原则。⑤ 还有些学者认为德育为市场经济服务，主要可体现在教育可以确立起适应社会主义商品经济发展需要的新思想、新观念上。如经济效益与社会效益结合的效益观；个人利益、集体利益、国家利益结合的利益观；符合国家法纪和职业道德的竞争特点；适应竞争需要的进取思想、开拓精神，时间观念、效率观念，诚实劳动、艰苦创业精神，为发展商品经济作贡献等。当然，教育绝不能"商品化"，绝不能唯一地按照劳动力商品市场的供给规律来办，教育应当着眼于人的各方面发展这一社会的根本目的。⑥

---

① 王逢贤. 德育的独立实体性不容否定 [J]. 中国教育学刊, 1990 (01): 23-27.
② 桑新民. 对"五育"地位作用及其相互关系的哲学思考 [J]. 中国社会科学, 1991 (06): 159-166.
③ 杜殿坤. 瓦·阿·苏霍姆林斯基的德育观点概述 [J]. 外国教育资料, 1980 (01): 1-14, 31.
④ 古人伏. 新时期德育理论问题研究述评 [J]. 教育科学, 1991 (04): 18-25.
⑤ 古人伏. 新时期德育理论问题研究述评 [J]. 教育科学, 1991 (04): 18-25.
⑥ 鲁洁. 商品经济与教育 [J]. 江苏高教, 1989 (01): 15-19.

更多的学者思考德育如何变革以适应时代变革。班华认为：德育的目标主要是为"四化"培养德智体全面发展的开拓型、创造型人才服务。为此，德育应从封闭走向开放，由注入变为启发，由保姆式的管教方式转为学生自主的教育方式。① 另一些学者提出，必须重视对学生德育能力的培养，道德能力包括道德分析、道德判断能力、抵御能力和自我教育能力等方面。②

二、德育理论的现代化探索时期（1992—2000）

1992年以来，计划经济向市场经济的进一步转轨以及国外文化与教育思潮的大量涌入，学者们围绕着"现代德育""德育现代化"这两个关键词进行了一系列比较深入的探索，揭示出现代德育的诸多特征及德育现代化的诸多路径。

（一）现代德育的价值与功能

德育理论需要现代化成为学者共识。现代社会中经济体制的转变、科技的迅猛发展、教育现代化的实施，向德育改革、德育现代化提出了更高更新的要求。从总体上说，现有德育模式不适应以市场经济为中心的社会发展，德育必须现代化。③

其时，市场经济引发社会道德现状令人困惑。一些学者提出了道德滑坡论、代价论及商品经济与道德发展的二律背反理论。更多学者认为从历史发展来看，我国社会道德水平总的来说是进步的、上升的、"爬坡"的。由不平等走向平等，由人身依附走向人格独立，由重义轻利走向义利结合，由非主体性走向主体性，是道德进步的主旋律。④

德育理论现代化必须重新审视市场经济条件下德育的价值与任务。鲁洁对此作出了突出贡献。她旗帜鲜明地提出：决不能简单地用市场文化的模式来铸塑学校德育，若不认识两者的区别，混同两者的价值取向，就会导致道德教育的失落。文化与经济的适应绝不是一种机械的、形而上学的简单对号。道德文化中包含了与市场文化相一致的部分，这部分道德文化固然起到促进市场经济发展的作用，产生两者相适应的效应。而与市场文化取向不同的道德文化，同

---

① 班华. 德育要适应培养创造型人才的要求 [J]. 南京师大学报（社会科学版），1986（01）：31-35.
② 邓才彪. 德育改革浅识 [J]. 课程·教材·教法，1986（02）：17-19+32.
③ 班华. 世纪之交论德育现代化建设 [J]. 现代教育论丛，1997（01）：1-6.
④ 石中英. 当代道德教育问题的讨论 [J]. 教育研究，1996（07）：33-39.

样也可以产生适应的效应。① 并且,她进一步创造性地提出德育的超越性,这对于机械唯物论和适应论是一种理论的超越。她认为:人类社会长期是在物质匮乏中度过的,因此,在长期历史中,道德教育的主要任务是压抑和节制人的各种物欲(主要是被统治阶级)使社会协调稳定。而当代的道德教育却是在物质日益丰富、精神越趋失落、物质主义泛滥的条件下发展的,道德教育必然具有超越物质主义的时代特征。对物质主义的超越,表现为当代道德教育的使命。② 多数学者认同道德教育的超越性,但对道德教育的超越性本质提出质疑。另一些学者提出德育要有现实性及适应性,不能超越建立在物质的依赖性基础上去谈人的独立性。

学者们对市场经济条件下的德育功能也进行了深入的探索。鲁洁认为,德育应该具备多种功能。从社会整体发展来看,学校的德育具有多种社会功能和社会价值,不能以市场经济为其"唯一的基础、唯一的取向、唯一的服务对象"。德育功能要通过实现个体的多方面社会化以促进社会整体发展。教育如果只是把人完全作为一种"经济动物",一种"商品人格",那是教育的失误。③ 她创造性地提出德育具有个体享用功能,这对于教育传统中强调德育的规约限制功能也是一种超越。她认为:道德教育不仅要使人感受到掌握与遵循某种道德规范对自身来说是一种约束、一种限制、一种牺牲、一种奉献,而且应当使他们从内心体验到,从中可以得到愉快、幸福与满足;得到自我的充分发展与自由;得到唯独人才有的一种最高享受。德育应在其全过程中逐步实现和不断发挥这种个体的享用功能。④⑤ 沿着此种观点,学者们进一步全面地总结了德育的各种功能,认为德育应有文化功能、政治功能、经济功能、自然性功能和个体发展功能。⑥ 另一些学者提出,学校的道德教育更应该发挥它的这种感召、净化与社会制衡的功能。这是中国社会改革对学校道德教育提出的客观要求。⑦ 通过对德育价值与功能的梳理,学校德育的核心逐渐集中于"人"本身,关注人的尊严、人的道德需要和精神价值。

---

① 鲁洁. 论市场经济条件下的德育价值取向 [J]. 求是,1994(04):37-40.
② 鲁洁. 道德教育:一种超越 [J]. 中国教育学刊,1994(06):2-8.
③ 鲁洁. 市场经济与学校道德教育 [J]. 中国高等教育,1995(4):15-16.
④ 鲁洁. 试论德育之个体享用性功能 [J]. 教育研究,1994(06):46-47.
⑤ 鲁洁. 试述德育的自然性功能 [J]. 教育研究与实验,1994(02):13-14.
⑥ 戚万学,杜时忠. 现代德育论 [M]. 济南:山东教育出版社,1997:13-22.
⑦ 石中英整理. 关于当代道德教育问题的讨论 [J]. 教育研究,1996(07):33-39.

(二) 德育现代化的探索

学者们取得的共识是：教育本身要现代化，德育现代化是教育现代化的一个必要部分。教育现代化的话语成为主流，无疑具有进步色彩，因为现代化不仅具有历史的承继性，且强调教育要面向世界的开放性。"现代化"话语以确认现代教育普世价值的形式，进一步凸显了教育的相对独立性和能动性。[1] 学者们批判了当时学校德育的低效及无效问题，如德育目标的高大全、德育方法的限制性，批判传统德育是"驯服式德育""封闭式德育""标件化德育"[2]"灌输式德育"，试图在借鉴西方德育理论与德育实践的基础上勾画出现代德育的理想特征。鲁洁、王逢贤主编的《德育新论》（1994），班华主编的《心育论》（1994），詹万生著的《德育新论》（1996），班华主编的《现代德育论》（1996），戚万学、杜时忠编著的《现代德育论》（1997）等，均试图围绕现代德育构建、促进德育现代化的中心议题发力突围。并且，学者们将研究的视角甚至触及传统德育研究所不敢涉足的"理论禁区"，如檀传宝著《信仰教育与道德教育》（1999）。这些尝试开拓了德育学科的研究视野和研究领域，为学校德育实践指明了未来前进的方向。

胡厚福认为现代德育是一种科学化、民主化、社会化的德育，促进人的精神解放、个性自由发展的德育，培养人的创造、开拓、革新精神的变革性德育。社会主义德育和资本主义德育同属现代德育范畴，两者存在的社会基础与基本特点具有相同之处。[3] 班华认为现代德育是主体性、发展性德育，具有全民性、发展性、民主性、终身性特征。[4] 现代德育具有人民性、普适性特点，西方民主观点被引入德育体系中，使权威主义式的德育开始发生了结构性的变化。[5] 另一些学者认为当前德育理论发展的走向即为现代德育的特征，主要体现为：从价值自由到价值认同、从权威理论到平民实践、从客体德育到主体德育、从知性德育到行为德育。[6] 传统德育观念向现代德育观念的转变，表现为：从封闭型的德育观向开放型的现代德育观转变，从传统学校德育观向现代德育终身化和社

---

[1] 于述胜. 改革开放三十年中国的教育学话语与教育变革 [J]. 教育学报，2008 (05)：3-19.
[2] 戚万学. 活动道德教育模式的理论构想 [J]. 教育研究，1999 (06)：69-76.
[3] 胡厚福. 关于现代德育特点问题的探讨 [J]. 北京师范大学学报（社会科学版），1994 (03)：66-72, 104.
[4] 班华. 世纪之交论德育现代化建设 [J]. 现代教育论丛，1997 (01)：1-6.
[5] 王长乐. 试论现代德育观的确定 [J]. 教育理论与实践，1999 (05)：40-44, 62.
[6] 卢建华. 现代德育理论新发展窥探 [J]. 教育发展研究，1999 (04)：55-58.

会化观念转变，从传统的防范型德育观向主动发展型德育观转变。

一些学者认为，要推进德育现代化应动态地即在德育、社会、人的发生发展过程中，分析三者关系，用系统整体的思维对德育发生、发展、德育现代化作综合的动态的考察。① 一些学者认为，德育理论现代化路径有二：其一是传统道德文化的返本开新，其二是中国教育国际化。② 一些学者提出要倡导人文教育，或通过人文与科学的融合来促进德育的人文化，提出包含于科学技术自身的人文意义，人文价值的教育也应视作为当代人文教化的重要内容，并以此为中介达到科学教育与人文教育的融合。③ 另一些学者倡导要实现德育科学化，实现德育与心理学的融合。④

在"德育现代化"话语的召唤下，西方道德教育著作被翻译引进。中国学者对西方道德教育理论与实践也做了大量译介的工作。如冯增俊的《当代西方学校道德教育》（1993）、魏贤超的《现代德育理论与实践》（1994）、《道德心理学与道德教育学——柯尔伯格研究》（1995），戚万学的《冲突与整合——20世纪西方道德教育理论》（1995），袁桂林的《当代西方道德教育理论》（1995）等。

然而，20世纪90年代末以来，随着后现代思想的引入，"现代德育"不再是一个完全的褒义词，少数学者开始对现代德育进行反思和批判。进入21世纪，受后现代思想及批判科学主义思潮更加强劲的冲击影响，现代德育这一术语的玫瑰色光环逐渐被剥落。

（三）人的德性现代化

人的认识的变化及其相应举措的变革是教育活动过程和教育历史发展中最核心、最敏感的问题。⑤ 现代德育最核心的思想是"促进人的思想道德现代化"。⑥ 20世纪90年代以来，德育学者著作多试图突破学科本位，围绕人的德性现代化提出各具特色、观点鲜明的德育理论。如朱小蔓著《情感教育论纲》（1993），张志勇著《情感教育论》（1993），戚万学著《活动道德教育论》

---

① 班华．近十年来德育思想现代化的进展［J］．教育研究，1999（02）：18-22．
② 戚万学．关于建构中国现代道德教育理论的几点设想［J］．教育研究，1997（12）：27-31．
③ 鲁洁．科学教育的人文观照［J］．江苏高教，1997（05）：3-7+40．
④ 吴亚芬．德育与心理学的融合——德育科学化的新视角［J］．道德与文明，1995（05）：30-32．
⑤ 王道俊，郭文安．主体教育论［M］．北京：人民教育出版社，2005：4．
⑥ 班华．近十年来德育思想现代化的进展［J］．教育研究，1999（02）：18-22．

（1994）。这些著作逐步摆脱了"生产力/生产关系""经济基础/上层建筑"的论说框架，走向"教育实践""教育活动论""教育主体论"，由受"一个主义"的影响变为受"多个主义"的影响。①

其中，影响最大的当属主体德育论。王策三较早地提出：在教学过程中，教师是主导，学生是学习的主体。② 此后，学者们更加大胆地提出教育要把人作为主体培养，强调人的独立性、自主性与创造性。主体性教育试图针对的靶子是当时教育对社会的过度依从性及人的工具性。主体性理论的倡导者分别倚重两种理论；一是马克思主义的唯物史观；二是康德的主体性哲学。前者如王道俊先生，强调人是社会实践和历史活动的主体，注重人的自主发展和自我教育能力③；后者强调人是道德的主体，强调道德选择的自由意志与道德自律。如肖雪慧认为，人的主体性在道德领域的体现，首先表现为对既有道德文化的审视态度。人可以运用理性精神超越现行道德体系，作先进道德的探索者、创造者。④ 人文教育论在相信人尊重人的立场上与主体教育论有异曲同工之处，强调以人为中心，强调人性的完满与美好。⑤

在主体性教育的视野下，道德教育的立足点应改变：将教育对象由客体的存在变为主体的存在；不是简单地要求对象服从什么，而是使对象自我实现什么；不是将社会与个体处于对立之立场，而是使二者成为现实一体。德育的目的、任务似乎也不应当是简单地使对象遵循社会道德规范准则，而是为了激发对象内在的道德情感与实践理性能力，使之成为自由全面发展的人。⑥ 主体性道德人格的确立是现时代个人自由全面发展的核心。⑦ 主体性道德人格，即独立、理性、自为、自由的道德人格，就是处变不惊、清醒从容、有所执着、敢于担待、"立于天地之间"的道德人格。⑧ 道德主体意识的发展实质上是在道德认

---

① 于述胜.改革开放三十年中国的教育学话语与教育变革［J］.教育学报，2008（05）：3-19.
② 王策三.论教师的主导作用和学生的主体地位［J］.北京师范大学学报（社会科学报），1983（06）：70-76.
③ 王道俊，郭文安.主体教育论［M］.北京：人民教育出版社，2005：70.
④ 肖雪慧.人是道德的主体［J］.哲学动态，1993（08）：30-31.
⑤ 杜时忠.人文教育的理念［J］.教育理论与实践，1999（09）：2-7.
⑥ 高兆明.道德教育的困境与出路——德育主体性论纲［J］.上海教育科研，1997（01）：29-31.
⑦ 肖川.主体性道德人格教育与个人自由全面发展［J］.教育研究与实验，1999（03）：19-22.
⑧ 肖川.市场经济呼唤主体性道德人格教育［J］.首都师范大学学报（社会科学版），1999（04）：95-100.

知、情感和意志相统一的基础上，把握道德必然性从而获得道德自由的过程，具体经历了自发—自觉—自由三个发展阶段。① 戚万学则借用皮亚杰的理论，进一步明确了儿童的活动尤其是合作的活动是学生自我教育的基础。②

另一些研究者探讨了道德主体的情感特性。从本质上看，道德情感是道德理性内容通过感性的形式体现出来，是道德的动力机制。③ 檀传宝提出德育美学观，认为美可以超越道德教育的功利主义倾向；提出审美德育论，认为美育可以促进品德发展，德育应该审美化。④ 道德情感连接道德认知和道德意志使之成为一个道德信念的整体。⑤

1989年哈什等编著的《道德教育模式》一书在中国翻译出版，该书的广泛流传使得"道德教育模式"一词在我国的德育理论中开始流行。"德育模式"主要是一种概念性框架，是一种联系与融通观念理性与经验理性的中介理论。⑥ 戚万学提出活动道德教育模式，进一步认为活动是个体道德形成、发展的根源与动力，其中社会互动与交往活动对学生道德发展比生产活动的意义更大。活动包括学生主动参与的游戏、劳动、学生之间的外部协作和其他集体性活动等。⑦ 此外，檀传宝提出欣赏型德育模式，认为欣赏型德育模式符合主体性德育要求，德育情景审美化，在"欣赏"中完成价值选择能力和创造力的培养。⑧ "德育模式"主题的研究一直延续到21世纪。受库恩范式理论的影响，综合性更强的术语"范式"也开始在德育理论研究中出现，如朱晓曼提出了道德教育的"情感性范式"。"模式"或"范式"一词反映了学者试图寻找到连结抽象理论与具体实践之中介桥梁的努力。

---

① 应杭.论道德主体意识的产生、构成要素和演进形态［J］.浙江大学学报（社会科学版），1990，4（02）：33-39.
② 陈泽河，戚万学.试论活动的道德教育意义［J］.中国教育学刊，1995（03）：10-12.
③ 孙学功.道德情感研究综述［J］.哲学动态，1998（01）：16-18.
④ 檀传宝.1979—1994：功利主义德育观美学超越的历程［J］.高等师范教育研究，1996（04）：21-27.
⑤ 檀传宝.道德情感、审美情感与道德教育［J］.中国教育学刊，1997（01）：11-14.
⑥ 甘剑梅.近十年来我国德育模式研究述评——兼论我国德育模式研究的几个问题［J］.江苏教育学院学报（社会科学版），2003（04）：28-34.
⑦ 戚万学.活动道德教育模式的理论构想［J］.教育研究，1999（06）：69-76.
⑧ 檀传宝.主体性德育——欣赏型德育模式论要［J］.深圳教育学院学报（综合版），1999（01）：13-17+120.

（四）德育科学化探索

改革开放以来，学者们提出学校教育要按照教育规律来办。[1] 科学研究是对改革开放以前把教育学变成了"教育语录、教育政策的诠释和注解"的非科学研究反思的结果。[2] 寻找教育规律成为学者们思考的重要问题之一。在这一思想的影响下，教育研究纷纷被冠以教育"科学"研究。德育科学化是学者们探寻教育规律的一个具体体现。1981年，李伯黍撰文指出：德育心理学是教育心理学的一门新的分支，它研究儿童道德品质形成过程及其规律性，这门分支学科正在迅速地发展成长。[3] 此后，这门学科在李伯黍、陈会昌、林崇德等众多学者的努力下有了长足的发展。在西方道德心理学的基础上，学者们对于儿童的道德发展的认知阶段和认知特征进行了深入的验证性和本土化研究，尤其聚焦于儿童公正观念和关爱情感的发展，揭示助人分享、合作等亲社会行为以及撒谎、欺侮、攻击等反社会行为的影响因素，出版了《品德心理研究新进展》（1999年）等书。德育心理学将伦理学与心理学融合起来，为德育的科学化奠定了较为坚实的实证基础。

20世纪80年代末，德育目标、过程、方式方法要遵循儿童身心发展及品德发展的规律，这已经成为共识。20世纪90年代以来，德育科学化的探索有两条主线：其一，加强学科建设，通过德育及其分支学科的知识体系建设使得德育在教育知识的学科体系中重新获得合法地位；其二，表现为对德育规律的寻求，超越可变的个别经验，寻求普遍而确定的原理。这主要体现为三个方面：①寻求理论的合理性与合目的性，在教育价值上表现为个人与社会之间建构更为平衡而有张力的关系，在教育理论上表现为对西方理论的本土化阐述；②德育研究方法上更加强调实证方法的运用，强调科学性。"如果没有实证科学概念的经验校准，仅靠哲学的方法解释德育，容易走向无意义的形而上学独断，或者限于封闭的自成起结的循环论证，它实际上遮蔽了与生活世界的真正关联。"[4] ③寻求德育过程、实践方法和评价方法的合效率性。在德育方法上更加贴近受

---

[1] 陈育辛.学校教育要按照教育规律办事——略论我国三十年来教育工作的"两起两落"[J].上海师范大学学报（哲学社会科学版），1979（01）：150-156.

[2] 张忠华，叶雨涵.改革开放四十年我国德育理论研究主题嬗变[J].高校教育管理，2018，12（06）：14-21.

[3] 李伯黍.教育心理学的一门新分支——德育心理学[J].心理科学通讯，1981（04）：3-6+36+64.

[4] 朱小蔓.理论德育学的建构——试谈德育研究的哲学型、科学型与工程学型[J].上海教育科研，1995（04）：21-24.

教育者心理需求，用更加平等与民主的人性化方法取代注重灌输与惩罚的方法，寻求德育在学科教学中合理"渗透"的方法；在德育内容上，强调整体化和序列化；在德育评价上，探索科学评价学生道德发展状况与学校德育工作成效的评价体系等。

三、德育理论的人性化探索与多元化发展时期（2000年以来）

进入21世纪以来，经济全球化趋势日益明显，在这股趋势的影响下，价值多元化及本土化两极发展趋势明显。价值多元化趋势受多元文化主义及后现代哲学思想影响，要求打破主流与边缘的区隔，强调德育要走向多元，要突破理性中心、人类中心、男性中心，分别走向生活德育、生态德育及生命情感德育观；价值本土化的趋势则强调"越是本土的便越是全球的"，强调回归优秀传统文化，强调道德教育的文化属性。另外，现代性的影响仍在继续，哈贝马斯的商谈伦理学等理论要求进一步弘扬现代启蒙精神中的人的主体意识，强调主体间性与对话伦理学，同时随着个体权利的觉醒，要求公民教育的呼声也很高，探讨公民德育的论著数量也很可观。

此阶段德育理论研究的主要特征是：德育学科群日益庞大，德育的交叉学科研究日益增多，德育学科对现实德育问题的观照日益凸显，国外德育学科发展的最新成果不断引入。[①]

（一）德育理论的多元化

德育理论的多元化，某种意义上，是要超越现代化的理念与实践模式，反思伴随着现代化过程而泛滥的经济主义、唯科学主义、极端个人主义、工具理性至上及人类中心主义等谬误[②]，凸显生活、情感、女性、生态等过去被忽视、压抑或被边缘化的主题。

其一，生活德育论。旨在突破理性中心与科学主义，反对知性教育，倡导回归生活世界。首先，生活德育论主张人性教化与知识习得是统一的。鲁洁批判了现代教育的弊端，认为人性教化和知识学习走向了二元分裂。道德之知本是一种实践之知，当代的道德教育却以普遍化、客体化的知识割断了与生活和

---

① 檀传宝，陈国清. 改革开放40年我国德育学科建设的探索与进步[J]. 中国教育学刊，2018（10）：28-34.
② 鲁洁. 教育的返本归真——德育之根基所在[J]. 华东师范大学学报（教育科学版），2001（04）：1-6+65.

实践的联系，走上了一条唯知识化的路。① 鲁洁认为，实践性是人的本质规定性，道德教育的生活论转向是指人在现实生活的创造与可能生活的开启的实践中学习"做人之道"。② 其次，生活德育论批判科学主义对人性与道德的宰制。高德胜抨击了现代科学主义打造的技术牢笼，认为儿童一进入学校，就被从他们自身的世界连根拔起，就落入了"恢恢铁网"，陷入与自身生活和需要几乎毫不相干的冷冰冰的所谓"科学世界"，学校成为宰制、规训儿童的"异己力量"。③ 何为生活世界？论者立场并不一致。有论者从胡塞尔等解释学的角度诠释生活世界，有论者并不赞同这种诠释。争论也取得一些共识：多数论者赞同生活"是现实与可能的二维统一"④。德育不是回归"现实生活"，而是建构"可能生活"；德育不是不要科学世界，而是要实现日常生活世界和科学世界的整合。⑤ 当生活德育论逐渐成为指导新课程改革政治与品德学科课程制定的主要指导思想时，有论者对生活德育观点持批判态度，指出生活化的德育无力触碰时代精神生活矛盾，难以关照师生在德育过程中的内在精神冲突；⑥ 或认为知识具有重要的育人价值，可以化理性为德性。⑦ 总的来说，生活德育论有其历史贡献：其一，它进一步促进了道德的世俗化，重申了"道德是为人的"，强调德育回到生活、服务生活；⑧ 其二，"以生活的逻辑来改造道德知识的教学"，尤其体现在德育课程、教材编写的生活化上，使得德育课程更贴近学生的生活。⑨

其二，生命情感德育观。旨在突破道德教育中的理性主义传统，凸显被理性压抑的生命情感的价值。道德教育的目标应该指向一个完整的人，也就是"有内在的饱满的精神发育的人"。情感是人的生命和生存的重要表现方式，具

---

① 鲁洁. 边缘化　外在化　知识化——道德教育的现代综合症［J］. 教育研究，2005（12）：11-14+42.
② 鲁洁. 做成一个人——道德教育的根本指向［J］. 教育研究，2007（11）：11-15.
③ 高德胜. 生活德育：境遇、主题与未来［J］. 教育研究与实验，2012（03）：5-10.
④ 高德胜. 生活德育：境遇、主题与未来［J］. 教育研究与实验，2012（03）：5-10.
⑤ 冯建军. "德育与生活"关系之再思考——兼论"德育就是生活德育"［J］. 华中师范大学学报（人文社会科学版），2012，51（04）：132-139.
⑥ 钟晓琳，朱小蔓. 德育的知识化与德育的生活化：困境及其"精神性"问题［J］. 课程·教材·教法，2012，32（05）：91-98.
⑦ 杨金华. 生活德育论的理论隐忧与现实困境——对近年来"生活德育热"的冷思考［J］. 高等教育研究，2015，36（08）：70-76.
⑧ 杜时忠. 生活德育论的贡献与局限［J］. 教育研究与实验，2012（03）：1-4.
⑨ 鲁洁. 德育课程的生活论转向——小学德育课程在观念上的变革［J］. 华东师范大学学报（教育科学版），2005（03）：9-16+37.

有动力系统的优势，能够打开教育通往价值理性的道路。① 朱小曼主编的《当代德育新理论丛书》推出了关怀德育、情感德育、生命德育、幸福德育、希望德育等理论，希冀以关心伦理来超越公正伦理，以生态伦理超越人类中心主义。

生命教育论者，或从狄尔泰、柏格森等生命哲学家理论出发主张德育要帮助学生建构意义世界，克服身心分离的疲惫感、宿命感等"存在性危机"，追求生命的永恒价值；② 或认为要对学生进行生命观教育，将关心生命、敬畏生命作为德育的重要内容。③

情感关怀德育论者，从诺丁斯的关怀伦理出发，或强调尊重学生生命体验等教育关怀的重要价值，④ 或强调要培养学生的关爱品质。⑤ 在德育目标上突出培养关心、同情等道德品质，要培养关爱生命、感恩自然和追求生命意义的个体。在方法上，情感德育论者也突出了移情、体验、审美、顿悟等对学生道德成长的意义。首先，认为关心的人际关系对于道德成长意义非凡。虽然所用概念各异，但可用诺丁斯的话来表达他们的共识："我们相信在强有力的、快乐的关系中可以最好地学习美德""快乐的孩子很少是暴力的或是残忍的"。⑥ 其次，强调体验的重要作用。体验是一种图景思维活动，它具有穿越具体时空，唤醒体验者过去生活阅历和对未来的梦想的力量，还会使体验者作为一个生存实践的主体在其当下体验的豁然贯通之中，发生道德境界的实质性变化。⑦ 最后，学校道德教育必须关注叙事隐喻对于德育生命境界的提升及引领功能。⑧⑨

其三，生态德育观。受环境伦理学与动物权利的影响，生态德育的提出旨在突破"人类中心主义"的禁锢，走向自然中心主义，追求人与自然的和谐及可持续发展。生态德育是对人际德育的继承、发展和超越，它将道德原则的实用性从人类扩展到人与自然，在德育内容上要求加强环境教育、人际关爱教育、

---

① 马多秀. 情感教育研究的回顾与展望 [J]. 教育研究，2017, 38 (01): 52-61.
② 梅萍. 生命的意义与德育的关怀 [J]. 高等教育研究，2005 (10): 73-77.
③ 李芳，刘彤. 大学生生命观教育与思想政治教育探析 [J]. 思想理论教育导刊，2011 (10): 98-100.
④ 班华. 在关心性关系中学会关心 [J]. 思想·理论·教育，2005 (17): 8-12.
⑤ 侯晶晶，朱小蔓. 诺丁斯以关怀为核心的道德教育理论及其启示 [J]. 教育研究，2004 (03): 36-43.
⑥ Noddings N. Happiness and education [M]. Cambridge, UK: Cambridge University Press, 2003. P308.
⑦ 刘惊铎. 道德体验论 [M]. 北京：人民教育出版社，2003: 308.
⑧ 李西顺. 萨宾的叙事隐喻思想研究——兼论学校道德教育的深层隐喻 [J]. 外国教育研究，2012, 39 (05): 76-82.
⑨ 郑航. 德育教材开发中的叙事素材 [J]. 课程·教材·教法，2004 (11): 44-48.

宗教反思教育、生态道德体验教育。[①] 生态德育的理论目标可集中表述为养成受教育者的生态智慧、生态意识和生态能力。[②] 受生态学影响，学者们进一步提出要建立具有系统性、复杂性、动态平衡性等特点的学校德育生态环境。[③]

其四，德育美学观。认为现代教育需要审美救赎，美存在于人的自由本质之中。审美意义上的自由、解放，即是合乎规律性和合乎目的性的统一。檀传宝继续欣赏型德育模式的研究，认为德育的内容与形式能够经过审美化改造，德育就能够成为一幅美丽的画、一曲动听的歌的话，那么与这幅画、这首歌相遇的人，就会在欣赏中间自由地接纳这幅画、这首歌的内涵。[④] 道德教育的"价值引导"与道德学习主体的"自主建构"这两个相互对立的方面可以在自由的"欣赏"过程中得以统一和完成。[⑤]

（二）德育理论的本土化

其一，弘扬优秀传统文化教育。经过20世纪80年代到90年代的理论储备，复兴传统文化已经成为势不可挡的趋势，并从底层走向政策、从理论走向实践，成为主导学校德育的一股重要趋势。论者多认同传统文化是中国人的精神家园，在全球化西方强势文化推向世界的时候，必须坚持走文化自主路线。[⑥] 有论者认为：2014年教育部颁布的《完善中华优秀传统文化教育指导纲要》意味着中国的德育指导思想实现了结构性变革，即由2010年之前受马克思主义和社会主义道德一元指导的局面，调整为一种复合型建构性的德育指导方针。[⑦]

一些研究者致力于从传统文化中发掘现代道德教育的资源，探讨全球化进程中具有中国本土特色的道德教育。如认为传统道德之可贵处在于其强调精神，道德教育的中国形态是精神形态，而非西方的理性形态；强调伦理与天理良知相通，而非理智狡黠的算计。[⑧] 或认为传统"天人合一""仁生爱物"道德观可

[①] 刘惊铎，权利霞. 生态德育的理论架构［J］. 中国地质大学学报（社会科学版），2003（02）：49-52.
[②] 季海菊. 生态德育的理论研究与发展现状［J］. 南京社会科学，2010（06）：150-155.
[③] 冯秀军. 现代学校德育环境的生态建构［J］. 教育研究，2013，34（05）：104-111.
[④] 檀传宝. 美学是未来的教育学［J］. 中国德育，2014（02）：16-24.
[⑤] 檀传宝. 欣赏型德育模式建构研究［J］. 中国德育，2008（11）：83-84.
[⑥] 鲁洁. 应对全球化：提升文化自觉［J］. 北京大学教育评论，2003（01）：27-30.
[⑦] 张亚月. 德育的历史性变革：从政治认同走向社会认同［J］. 中国青年研究，2016（08）：35-40.
[⑧] 樊浩. 道德教育的"'精神'形态"与"中国形态"［J］. 教育研究，2013，34（02）：44-53.

生发出现代生态道德教育思想。或认为传统道德蕴含丰富的生命教育意识、德性教育传统可资利用。以传统美德中的感恩教育、孝道教育、自强教育、责任教育为突破口，可开拓新德育。① 或主张在教育理论研究中，应以整体的、多视角的范式来实现对中国传统道德文化的多层次、立体式整体开发与利用，而非简单的、分割的碎片式继承。②

其二，社会主义核心价值观教育。社会主义核心价值观凝聚着社会价值共识，吸纳了世界先进思想，中华民族传统文化是社会主义核心价值体系建构的前提与基础。③ 对于教育来说就是要解决好学生的人生价值取向问题。培育和践行社会主义核心价值观需要从理论引领、舆论宣传、文化熏陶、实践养成和制度保障五个维度入手。④ 社会主义核心价值观应通过具体化、日常化、形象化和生动化的形式引导学生自觉认同。⑤

社会主义核心价值观融入学校教育，应立足于优秀德育教材的开发、高水平师资队伍的建设、德育话语体系的合理转换及德育方式的多元创新。有学者指出，核心价值观只有经过合理的路径选择与恰当的过程环节，才能真正"进教材"。把核心价值观融入教材，要掌握三种逻辑即知识逻辑、生活逻辑和教育逻辑，打通三个世界即符号世界、意义世界和生活世界。⑥ 有学者指出家庭是传播社会主义核心价值观的主要渠道，"培养熔铸光明伟岸的道德人格"是第一要务。⑦

（三）德育理论的进一步现代化

其一，继续围绕人是目的、人是主体的概念，继承启蒙价值观，坚守德育人性化立场，进一步深入探索"以人为本"的德育理念。进入当代以后，人与

---

① 沈建华. 传统文化视角下青少年道德教育的活化和链接［J］. 教育研究，2015，36（11）：25-29+48.
② 易连云. 传统道德教育研究的范式转换［J］. 教育研究，2010，31（04）：30-33.
③ 龚群，等. 社会主义核心价值体系重大关系研究［M］. 北京：北京师范大学出版社，2012：154.
④ 王琰. 将社会主义核心价值观融入高校立德树人全过程的五个维度［J］. 思想理论教育导刊，2015（01）：124-127.
⑤ 靳玉军. 论社会主义核心价值观教育的实践要求［J］. 教育研究，2014，35（11）：4-7+15.
⑥ 杜时忠，曹树真. 社会主义核心价值观"进教材"的教育学探索［J］. 教育研究，2015，36（09）：34-39.
⑦ 翟博. 树立新时代的家庭教育价值观［J］. 教育研究，2016，37（03）：92-98.

人之间的相互关联日益密切,共生性存在开始凸显于人学理念之中。① 班华认为传统德育在把人作为工具对待的同时,德育自身也沦为工具;德育要促进人的解放和德育自身的解放,在对待人的态度、方式上由物化走向人化,德育方法由灌输走向对话,德育功能由限制走向解放。② 对启蒙运动的反思以及对现代性的批判导致主体性哲学受到质疑,主体摆脱了道德实践理性的约束,分化为"没有精神的专业人士"和"没有灵魂的享乐人士"。与之相应,主体性德育也面临挑战,主体往往被理解为单子式孤立个体,极易异化为罔顾他人利益、倾轧他人尊严的"精致利己主义者"。③ 因此,主体德育论发展为主体间性和对话伦理学。单子式主体概念日益被"交往对话式"主体概念所取代,"交互主体""主体间性"被用来消解主体的对抗性带来的人际冲突和双重性带来的自我分裂。受保罗·弗莱雷、马丁·布伯、哈贝马斯等对话理论的影响,论者多强调对话双方的"敞开"与"接纳",认为对话是在相互倾听、平等共享中实现"视界融合"、精神互通、共同去创造意义的活动。交互式主体对德育实践提出的诉求是:在德育目标上培养拥有交往理性的主体,④ 在方法上从单向灌输走向双向对话。⑤

其二,继续围绕着人是权利主体的概念,进一步破除权威主义教育、驯化教育,明确提出德育目标在于培养公民,探索公民德育论。随着2001年《新时代关于公民道德建设实施纲要》的颁布,2002年以后公民教育研究大幅度增加。学者们一致认为,公民和公民教育并非西方国家的专利,而应该具有普遍性。学者们对道德教育和公民教育的异同做了研究。一部分学者认为,公民教育区别于传统德育,标志着传统德育的历史性转型,其特征是:公民教育是主体性教育;公民教育必须把公民权利与义务统一起来;公民教育是以"合法性"为基本限度的教育,谋求"合理性",不是"圣人教育",而是"平民教育"。多数学者认为道德教育和公民教育各有侧重,不能相互取代。每一个公民都是先学习家庭伦理,再学习社会伦理,然后学习民族、国家伦理,最后学习人类的普世伦理。公民教育或者公民身份教育必须从公民置身社会中多重关系的层次

---

① 鲁洁. 关系中的人:当代道德教育的一种人学探寻[J]. 教育研究, 2002 (01): 3-9.
② 班华. 德育理念与德育改革——新世纪德育人性化走向[J]. 南京师大学报(社会科学版), 2002 (04): 73-80.
③ 刘铁芳,刘艳侠. 精致的利己主义症候及其超越:当代教育向着公共生活的复归[J]. 高等教育研究, 2012, 33 (12): 1-8.
④ 郭劲松. 交往理性与德育理念的重建[J]. 伦理学研究, 2005 (03): 74-77.
⑤ 方元山. 论对话与德育[J]. 中国教育学刊, 2006 (01): 23-25.

性出发。① 道德教育和公民教育分别以培养好人和好公民为目标,但两者之间的差异并不能切断二者之间"天然的联系"。在现代社会,必须同时推行道德教育和公民教育,而不是以一者取代另一者。②

公民教育理论成为一个研究的热点问题。2011年年底,檀传宝等人在人民出版社出版了其"十一五"国家社科基金重点项目研究成果《公民教育引论:国际经验、历史变迁与中国公民教育的选择》。此后,2013年刘铁芳著《公共生活与公民教育:学校公民教育的哲学探究》(教育科学出版社)、李冰著《当代中国政治社会化中的公民认同研究》(中国社会科学出版社),2014年冯建军著《公民身份认同与学校公民教育》(人民出版社)、叶飞著《公共交往与公民教育》(人民出版社),2016年檀传宝著《培育好公民——中外公民教育比较研究》(浙江教育出版社)、杜时忠与张敏著《重构学校制度生活培养现代公民精神》(华中师范大学出版社)等著作相继出版,均是我国公民教育理论建设的重要成果。北京师范大学公民与道德教育研究中心组织出版的公民教育研究年刊《中国公民教育评论》2016、2017两辑也陆续由社会科学文献出版社公开出版。东北师范大学饶从满、中山大学郭忠华等人也在公民教育研究著作的翻译引进、从事公民教育国际比较方面成绩斐然。③ 梳理公民教育研究文献,可看出其基本发展脉络:

(1)在公民形象上,从期待"大公民"的卓越理想降落至"小公民"的平凡形象。"大公民"是亚里士多德式追求卓越、参与公共生活、利他奉献、爱惜名誉的美德公民,"小公民"则可能是施特劳斯所指责的只关注个人利益、爱八卦、疏离政治的普遍人。公民道德形象看似跌落,实际上则是将公民的道德资格从"高大上"进一步普及到芸芸众生。

(2)在公民教育途径上,不再热衷于预设公民意识应该具体包含哪些内容,而认为制度建设及公民参与更重要,公民意识要在公民参与社会制度建设及参与社会服务中形成。

在公民道德领域,学者们因其个人旨趣和学术性向不同或更青睐自由主义,或更倾向于社群主义,于是产生了三大分歧:第一个观点分歧是注重培养公民义务为首,还是权利优先;第二个观点分歧是培养原子式、个人主义式公民,

---

① 朱小蔓,李荣安.关于公民道德教育的对话[J].中国德育,2006(05):30-36.
② 刘争先.为了美好生活:道德教育和公民教育的差异与共生[J].道德与文明,2014(04):74-80.
③ 檀传宝,陈国清.改革开放40年我国德育学科建设的探索与进步[J].中国教育学刊,2018(10):28-34.

还是培养能维护群体利益和继承群体传统的社群公民，前者更注重坚守内心自由和信仰自由，高度评价公民不服从行为，后者则更看重群体成员资格及社会认可，为了共同体而让渡个人自由；第三个观点分歧是培养能捍卫国家利益，具有民族意识和强烈爱国精神的国家公民，还是培养具有普世伦理精神、着眼全人类的世界公民。

其三，围绕着公平、自由等现代价值观，探索制度伦理，将德育的概念扩展为"以道德的方式培养道德的人"，对学校教育制度进行伦理反思是其应有之义。制度德育论认为"制度德性比个人德性更具普遍性"，制度是一种德育资源，制度育德比榜样教育更重要，要通过道德的制度培养道德的人。① 制度育德的过程与机制被概括为"三步曲"：第一步，在观念上，要认识到制度的育人作用，承认制度的育德功能——制度是教育资源，而不仅仅是管理手段；第二步，实现学校教育制度改造，制订优良的学校制度——制度是教育过程，而不只是约束学生的规条；第三步，把有形的具体的学校制度化为学校生活方式，构建学校制度生活——制度是生活方式，而不是标语、口号。② 一个民主、和谐、公正的国家，本身就是对国民最好的道德教育；反之，一个邪恶、暴虐、腐败、虚伪的国家，本身就是对国民最坏的道德教唆。因此，教育学理应对国家和政府保持警惕，助其向善，防其变恶。③

第三节 改革开放 40 余年德育理论研究特点评述

改革开放以来德育理论研究的主要成绩可以用图 1.1 来总结：其主要特征表现为由政治化的德育走向生活化、人性化的德育；其主要的社会价值追求由大公无私的圣贤伦理转换为追求社会正义和关怀的公正伦理。当然，从德育体系的理论建构来看，学校德育从封闭走向开放，从阶段性德育走向终身化德育，从学校孤岛走向家校社合作。总体上看，德育理论符合时代精神，适应了德育实践发展的趋势。

---

① 杜时忠. 制度变革与学校德育 [J]. 高等教育研究，2000（06）：51-56.
② 杜时忠. 制度何以育德？[J]. 华中师范大学学报（人文社会科学版），2012，51（04）：126-131+4.
③ 杜时忠，张敏. 国家道德即德育 [J]. 教育研究与实验，2013（01）：7-10.

一、面临的矛盾

但是，中国德育理论亦有其内部独特的矛盾要去面对和解决，这些矛盾是中国教育特有的矛盾——在指导思想与权力关系上，表现为政治化与去唯政治化之间的博弈；在价值理念抉择上，体现为个人主义观与集体主义观之间的博弈；在发展的逻辑上，表现为西方化与中国化之间的此消彼长；在研究方法论上，则表现为人文主义与科学主义之间的博弈。

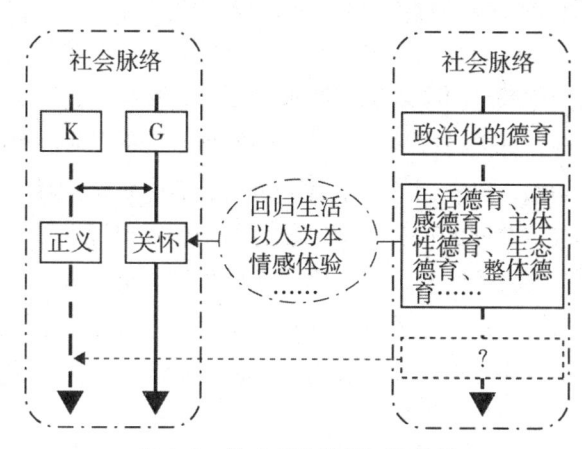

图1.1　德育理论的发展趋势①

（一）中国德育理论研究的主要矛盾：政治化与人性化的张力

道德教育相对于其他学科领域来说，最重要的特点是深受政治影响。道德与政治之间具有千丝万缕、密不可分的亲缘关系，它们遵守同一套社会规范和规则，只是关涉的对象不同。如果只关涉个人，则可以名之为道德；如果关涉众人与社会公共福利，则可以名之为政治。从这个意义上说，道德教育是政治教育的前奏与奠基。从中国教育的历史来看，"修身—齐家—治国—平天下"是一条贯穿始终的逻辑线索，也是儒家思想中实现"内圣外王"的核心途径。道德教育是实现政治理想的基石。当今，"培养什么样的人"始终是一个至关重要的问题。这个问题的答案决定道德教育的中心，而这个问题的答案则主要是政治家从社会政治的需要中提取、总结和给出的。因是之故，道德教育不能超越社会政治，而是深受社会政治的影响。

---

① 丁道勇. 德育理论发展的同质化陷阱［J］. 全球教育展望, 2015, 44（05）: 74-84.

道德教育固然不能脱离社会政治，应该培养"接班人和建设者"，而非"背叛者与破坏者"。德育理论研究者也应服务于国家意志与国家利益，为培养善良正直、具备社会主义核心价值观的公民服务。但如何避免唯政治化的泥淖和陷阱，如何保存学科的独立性，防止行政权力干涉道德教育的恣意泛滥，这成为道德教育学者努力的一个重要方向。自改革开放以来，道德教育研究在国内经历了三次重大的主题转换，分别是走出"泛政治化"、实现"科学化"以及"生活论转向"。道德教育研究不断地根据德育现实问题改变研究的主题，其中对"人"的关切成为不变的价值诉求与研究基点。[①] 德育研究者以其对人的关切来化解行政权力的强制性。主体性教育、公民教育、主体间性教育、生活德育、制度德育等理论都是围绕着德育的现代化与人性化而进行的理论建构，它们响应了时代精神，试图将人从强制僵化的制度牢笼的禁锢中解放出来。虽然研究使用的术语不同，但它们的诉求是一致的：追求道德理性、道德自主和道德宽容的理论诉求是共同的；反思道德教育弊端，反对道德教育的专制化、知识化、唯理性化，希冀道德教育促进人的完整发展、提升人的美好生活的态度也是共同的。同时，在众多学者的推动下，德育理论者也开始更多地关注儿童、解放儿童，更多借鉴西方道德心理学与道德教育的研究成果，逐渐从成人本位中摆脱出来，更多地关注儿童的道德发展与道德学习。

（二）中国德育理论研究的价值主线：个体主义与集体主义之博弈

中国德育理论研究面临的另一个理论难题便是在社会日趋多元的环境下，如何重构道德价值，并形成道德共识。在此过程中，必须重建道德规范，用以调解社会矛盾与人际冲突。

中国传统社会中，最基本的道德矛盾有三：其一，天人之辨。即对天人关系的认识，这是中国哲学中最基本的问题，具体到道德领域，便是天理与人欲之间的关系，"存天理、灭人欲"是主导的价值观。其二，义利之辨。即功利与道义、人欲与天理的矛盾，在传统的道德价值观中，两者是孑然对立的，"君子喻于义，小人喻于利""重义轻利"是主导的道德价值观。其三，群己关系。在义利关系的基础上发展起来的近代思想家所关注的人己之辨，即个人利益与他人利益、集体利益之间的矛盾，虽然多数思想家强调群己和谐或群己平衡，但主导的认识是"群重己轻"。每逢社会急剧改革（变法）的时候，义利之辨、

---

① 胡金木. 改革开放以来道德教育研究主题的回顾分析[J]. 江苏教育研究，2009(2A)：16-18.

人己之辨就会成为一个重要"突破口",面临重建和重组,因为改革必然涉及利益的重组与文化观念的更新。

新中国成立以后,对于共产主义道德的认识实际上延续了传统伦理观中的要素,如重义轻利、群重己轻的道德价值观。改革开放后,随着市场经济对个人利益的肯定、保障及刺激,义利关系发生了重大的变化与重组,即大众意识形态推崇义利并举。这一过程持续了数十年,使得学校教育面临一个不安全、不友善的社会道德环境,物质主义和拜金主义不断升温,教师对学生道德教育的难度变大,效果打折。社会主义核心价值观的提出,某种意义上可以看作义利关系重组过程的阶段性终结。社会大众对义利关系、人己关系的认识不再混乱,而是逐渐达成了社会共识,义利并重、群己和谐成为主导的价值观。

群己关系认识的转向亦深深影响了中国德育的走向。随着19世纪下半叶中国教育近代化的推进,在西学东渐的过程中,许多教育思潮和德育学者被引入中国,其中康德、涂尔干、杜威的理论可谓是影响中国德育思想最为深刻的三位学者。20世纪20年代到30年代,杜威学说被翻译引进和大力传播。舒新城等一批教育家对杜威所宣扬的美国式的"民主"及其教育是否适合中国国情的问题进行反思并提出了质疑,他们不赞成当时的学校对青少年的德育采取放任自流的态度与措施。南京国民政府成立后,加强了对学校德育及训育的管理和控制。"杜威热"逐渐降温,法国社会学家、教育学家涂尔干的道德教育学说逐渐引起国人的关注。涂尔干的道德教育学说改变了欧洲历史上长期以来形成的以个体为本位的伦理观,因而相应地被视为社会本位的道德教育论。无疑,涂尔干的学说更贴合当时中国学校教育的实践,更符合中国德育中注重集体利益、纪律观点的思想倾向。较之杜威和涂尔干的道德教育理论和学说,康德的伦理道德思想及其德育观并未对民国时期学校德育的实践产生广泛的影响,但它试图排除政治因素和意识形态的干扰,立足于道德本身来探讨德育,毕竟是为道德教育树立起崇高目标的,[1] 亦为其再度勃兴埋下伏笔。

改革开放之后,人们又重温五四传统。20世纪80年代到90年代康德的主体理论经由李泽厚的阐发对中国思想界产生了重要思想启蒙的作用,德育理论界亦受此影响,逐渐解放思想;20世纪90年代,随着大众对民主的诉求变得强烈,杜威倡导的民主主义的道德教育学说也颇有影响。直至当今,可以说康德、涂尔干、杜威是对中国德育学者影响最大的思想家,他们的理论对德育学者理

---

[1] 肖朗,田海洋. 近代西方道德教育理论的传播与民国德育观念的变革[J]. 社会科学战线,2011(07):207-215.

解群己关系、超越个人本位与社会本位的对立，具有重大的启发意义。德育理论界对上述三位理论风格和诉求截然不同的学者的接纳，反映了中国德育理论界理性化、多元化及世俗化的特点。

同时，在义利关系和群己关系的转型中，道德价值观逐渐突破了传统价值观，走向多元。诺丁斯的关怀伦理学的引入，不仅符合中国重视人际关系的传统，且其充满人性关怀的笔触也填补了康德、涂尔干、杜威理论中忽视个人情感的纰漏，成为教育理论的润滑剂。并且，诺丁斯所代表的女性主义伦理学，对过于注重理性与公正伦理的男性主义伦理学提出了挑战，引入了道德教育的性别视角，进一步推进了道德教育理论的多元化。另外，21世纪以来，随着社会发展不平衡矛盾的凸显，大众对社会公平的呼声渐高。罗尔斯的社会正义理论影响广泛，在他的理论的影响下，人们开始认识到公正意味着权利平等、机会均等、社会关怀的统一。至此，德育理论界基本达成了价值共识：即推崇康德式的道德自由、涂尔干式的理性权威、杜威式的教育民主、诺丁斯式的关怀与罗尔斯式的社会正义。自由、理性、民主、关怀和正义成为德育学者共同的价值追求。这一诉求与整个中国社会转型中的时代精神是相符合的。

以德育现代化为主要理论诉求的研究时期正与价值观的历史转型与重塑过程相一致。德育学者充分认识到德育现代化是人的现代化及德性现代化。德育学者积极寻找现代德育的理论与方法，以现代德育来替代传统德育，促进了德育理论从封闭到开放的发展，德育方法从灌输到对话的转变。在众多学者的努力下，现代德育的样貌逐渐浮现出来：在道德价值观上持义利并举观，在道德教育上反对道德灌输、反对强制、反对过度惩罚。

（三）中国德育理论研究的潜在线索：西方化与本土化的此消彼长

中国文化包括教育发展中始终有一个基本的矛盾：在现代化的过程中如何处理传统文化与现代文化之间的矛盾，如何在东方文化与西方文化之间进行选择。19世纪下半叶，中国社会和文化被迫卷入了现代化的洪流中。教育现代化是社会政治、经济结构的变革在教育中的反映，它既是工业化、世俗化的产物，也是社会各层面理性增长的产物；教育现代化是教育整体上的深刻变革过程，远不限于教育手段、方法等方面，更应包括制度、组织行为、思想观念在内；教育现代化是一种世界性的教育变迁，世界上任何一个国家和地区，一旦纳入这个过程，就会呈一种不可逆转之势，其结果是世界范围内教育的共性增加。[1] 现代化一方面代表理性化、世俗化，但另一方面也伴随着西方中心主义的文化霸权不可避免的入侵。对此，教育研究者不可不警惕。

自五四新文化运动直至改革开放前期，教育现代化的目标是科学化与民主化，其过程即是不断舍弃传统文化，不断学习、引进和复制西方文化教育的过程。20世纪30年代虽然曾有过关于教育中国化的短暂探讨，但并未形成气候。

直至改革开放之后，才逐渐出现文化寻根、传统文化热的现象。21世纪以来，随着经济全球化过程中民族主义的复兴、后现代哲学思想对西方中心主义和后殖民主义的挑战，世界各国的文化自觉与本土化需求变得越来越深刻和强烈。传统文化复兴成为必然的趋势。现代化不是西方化、一元化，而是本土化、多元化。这一趋势同样表现在德育理论研究中。德育理论研究者开始自觉地反思全球经济和信息一体化带来的价值多元与文化多元对道德教育的冲击、批判现代文明对人精神的戕害，自觉地肩负起道德教育研究应承担的社会责任与文化使命。

20世纪90年代德育现代化话语是强有力的，其探讨还主要是以康德等启蒙思想家的思想为武器，延续了西方化的道路；进入21世纪，德育现代化主题的研究不再是主导的话语体系，运用后现代哲学思想对于现代德育弊病的批判的研究成果逐渐增加。其实，德育现代化主题并非消失了，而是褪去了理想主义的色彩，将现代化的主题更深地扎根于中国的文化传统与教育实践中，与传统文化复兴及社会主义核心价值观教育等主题融合交汇起来。可见，德育现代化必然包含传统文化教育的现代转型，也必然包含了德育理论本土化的探索。当前对传统德育资源的挖掘、对传统精神的重新阐述、对中国特色的德育理论的探索，均属于德育理论本土化的自觉尝试。传统文化复兴不是简单的文化复古主义，而是在吸纳西方现代价值观之后对于自身文化的再次定位和传统文化的转换与再建构。

可以预见的是，现代化与本土化必将成为中国教育基因的双螺旋，彼此相伴相生，不可或缺。美国教育学者阿克曼（D. B. Ackerman）曾在《卡潘》杂志上发表了一篇题为《新世纪的根基：叩响最佳的传统教育与进步教育》的文章，十分幽默地告诫我们不要把有关传统教育与进步教育看成是装饰华丽的手纺车中周而复始的转轮，并强调指出："引用生物学上的隐喻，学校最显著的哲学形

---

[1] 郑金洲. 教育现代化与教育本土化［J］. 华东师范大学学报（教育科学版），1997（03）：1-11.

式，就如同脱氧核糖核酸（DNA）的双链一样：进步派和传统派是相互缠绕、相互作用、相互补充的。这就是我们应提倡的学校。"① 可见，现代化与本土化并非钟摆的两端，而是相生相伴的辩证统一体。

（四）中国德育理论的方法论：从学科本位到问题本位

纵观中国德育理论研究的主题，经历了从学科本位、主义本位到问题本位的发展历程。20 世纪 80 年代，德育理论研究的重点是重建德育学科，思考德育的研究对象。20 世纪 90 年代，德育理论大量借鉴西方哲学流派和社会思潮，在人文主义的大旗下，汇聚了各种主义来武装德育理论，如主体论、存在主义、自由主义等。同时，德育各分支学科也开始建立起来，如德育社会学、德育文化学等。20 世纪 90 年代晚期，聚焦于德育问题的研究更多了，如德育实效、德育课程、德育变革等。

从学科本位、主义本位到问题本位，背后也体现了德育理论研究的方法论的转换。学科本位、主义本位侧重于以哲学思辨的方法来思考德育问题，主要的研究方法是演绎，即用某一哲学理论的视角来看德育问题，将其基本原理推至德育研究，其思维方式是一种综合性的，关涉许多问题，并不聚焦于一个问题。比如，由于受到系统论思维的影响，研究者提出终身德育理念，并提出了全面建构学校德育体系。

以问题为本位的研究，则聚焦于一个个具体的问题，或不拘泥于教育学科，而是用多学科的视野来研究，如用现象学、语义学等学科来研究德育问题，凸显德育研究的跨学科性质；② 或多运用实证研究的方法对问题存在的频率、后果进行揭示。用定量的实证方法，尤其是问卷法为主、访谈法为辅来揭示德育问题成为一种普遍的做法；用行动研究法来验证德育理论效用的研究也渐多。同时，自 21 世纪以来，质的研究方法的合理性也得到承认，如叙事法、个案法等方法也逐渐被德育研究者广泛运用。并且，在生态学的影响下，强调德育研究的生态效度，承认德育理论知识的文化性、解释性、有限性，并不以追求放之四海而皆准的普遍性知识为主要任务。

总体看来，中国德育研究在方法论上已经超越了"主义"与"问题"的对峙，但是隐藏在其中的科学主义范式与人文主义范式之间的矛盾暗流涌动，随

---

① 单中惠. 学校变革与社会变革——基于西方教育历史的诠释 [J]. 河北师范大学学报（教育科学版），2013, 15 (11): 24-28.

② 戚万学，唐爱民，韩笑. 改革开放 40 年德育理论研究的主题及进展 [J]. 教育研究，2018, 39 (10): 20-31.

着研究者的方法自觉程度的提升，两者之间的争论必会明显化。

二、存在的问题

（一）学科视野相对封闭

道德现象与道德行为是复杂的、多学科的研究对象。德育理论研究者对于哲学、伦理学的研究关注较多，但是对于心理学、生物学、社会学、经济学等相近学科则较少关注，而对于语言学、美学、艺术等跨学科领域中对人类道德行为研究成果则更为陌生。

道德理论研究者往往强调道德是社会行为，忽略道德行为的生物学基础，因此对于生物学、人类学、心理学相关研究关注甚少。19世纪以达尔文的自然选择进化论为基础的道德进化论，在20世纪之初成为推动中国道德革命的利器。这说明，生物学的研究成果会改变我们对道德及人类本性的认识，生物学对人类与其他生物自私、利他及合作行为的研究挑战了"自私人"的人性假设，是理解道德现象的重要基础。1893年威廉姆斯出版《进化伦理学》、1972年汉密尔顿出版《利他主义及相关现象》、1976年道金斯出版《自私的基因》、1984年阿克塞尔罗德出版《合作的进化》（The Evolution of Cooperation）等书重塑了我们对人类行为的认识。心理学方面对人类自由意志、服从行为、道德自我（moral self）和身份建构的研究也对理解道德问题有启示作用，心理学的研究成果尤其刷新了人们对于道德邪恶与心理反常两者界限的认识。

德育理论研究者对于哲学、伦理学的新进展尽管比较敏感，但是还未能敏锐地把握当前人文社科研究范式的转换。其突出表现：德育理论研究者对于道德哲学和伦理学研究中的"权力批判"和"语言转向"还比较漠视。

权力批判的目的是要揭示道德与权力之间的联系，将道德从压制性的意识形态中剥离出来，以防权力借道德之名畅通无阻。权力不仅仅是政治权力，更重要的是微观权力，任何一种单向的、强制的力量均为权力，权力话语将不符合主流意识形态的行为贴上"不道德"的标签，进行"道德矮化"。在中国封建时期"礼教杀人""道德杀人"并不是因为中国人的道德观有重大缺陷，而是因为道德被权力操控。道德与政治权力之间的绑定，使得道德成为伪饰权力的遮羞布，给统治者披上道德的外衣，而使得被统治者、弱者成为道德鞭挞的对象，失去了道德的话语权。

哲学和伦理学研究的语言转向，强调思维必须通过语言符号，思想的内容受制于说话的方式。同样，研究道德教育问题也只能通过语言来进行。英国哲学家黑尔着意研究道德语言与价值语言，对于"善"与"应当"进行语言分析；而德国哲学家哈贝马斯也在运用语义学成果的基础上建构了交往行为理论。重视语言的研究，启发我们认识到：研究所用的概念不清会带来理论混乱。如有人支持道德的相对性，有人反对道德相对主义，有人撰文赞扬消费文化的好处，有人批判消费主义的害处，但道德的相对性与道德相对主义、消费文化与消费主义之间的区别是什么，其界限该如何划分，则缺乏概念澄清。对语言缺乏审视，局限了理论研究者之间进行的理论对话，使得理论研究无奈地成为"自说自话"。错误地运用语言会产生假问题；同样，看似不同观点的百花齐放其实则是大同小异，其差异主要是因为使用了不同的术语去描述同样的现象或观点。

（二）对研究方法论基础缺乏自觉反思

德育理论研究者坚守着"哲学—思辨"范式，尤其是受规范伦理学的影响，以直线性演绎逻辑为主，缺乏复杂性、动态性及整体性思维方式。具体表现：①大量研究为"直接移植式"研究，直接套用哲学、伦理学的术语与理论来诠释德育问题，对于理论的适切性缺乏反思，也缺乏转换；②德育研究重视道德规范的建构，轻视个体道德内化的生成过程；③道德哲学——主体维度比较丰富，对于人的道德理性的发育培养过程研究较多，而对于人的道德情感养成则相对薄弱。

德育理论研究者受启蒙思维影响，追求普遍性、确定性与一元化，缺乏尊重差异的多元化思维，可能会导致不自觉的道德偏见与文化歧视。道德理论研究者在理论取向上表现出厚今薄古、重西轻中的倾向，对于启蒙意识形态缺乏必要的警惕，对"西方中心主义"缺乏有意识的抵制。例如，公民教育的研究多为西方话语：其一，是过度拔高公民的角色，过度强调公民自治，而忽略了公民服从的一面；其二，公民角色似乎是与文化无关的，没有性别差异、没有民族差异、没有文化差异，只有一个统一而苍白的公民形象。这两大问题带来公民教育的内容贫乏以及对西方价值的亦步亦趋。在公民教育内容上，虽然逐渐注意到文化多样性，提出对公民进行多元文化意识教育，但没有深入、系统思考具有中国特色的公民形象的内涵，似乎公民教育的唯一道路就是继续西方化、美国化。中国伦理体系中常常使用的话语"天理""良知"，争辩的主要话题"天人之辩""义利之辩"等在当前德育研究中缺乏回响和承继。这表明，尽管学者们有着复兴民族文化的宏愿，但是在知识结构与研究性向上已经与中国文化及道德传统大大地产生了隔膜。

一元化、非此即彼的确定性思维模式会局限研究者的思路和视野,常常使他们热衷于建构理论,忽略隐藏在理论背后的问题,忽略与理论不符的事实,以宏大理论淹没具体问题。在"问题"与"主义"之间,常常钟爱后者,因此也容易陷入胡适曾批评的思维方式:认为理论是包治百病的"根本解决",理论建构之后,问题自然就迎刃而解,不用花力气去研究更为具体的问题。

另外,研究者比较熟悉的研究范式为哲学研究和实证的定量研究范式,要么运用理论思辨、要么运用实证调查去思考德育问题,而对于批判主义与诠释主义视角下的质性研究方法则相当陌生,涉猎较少。其实,质性研究方法如人种志研究和扎根理论,都是可以较好地从经验中通过归纳来建构理论的方法,既保留了理论的系统性,又不阉割教育事实的丰富性。但遗憾的是,这两种方法很少被德育理论工作者关注或使用。

(三) 缺失对教育重大问题的道德审视

德育往往被看作对学生人格及美德养成的教育。杜威批评说:"我们关于道德教育的观念是过于偏狭、太拘泥于形式和极其病态的"。"教育的过程和道德的过程是完全一致的。"[①] 因此,道德教育实在不能局限于一个狭隘的学科山头,毋宁说道德教育应该是对整个教育的伦理基础的追问与反思,思考学校教育对于个人自由与社会公正的发展是否有所助益。在这一时代,如果研究者不能保持对个人自由和社会公正的热忱及不断追问,则极易向所谓"存在即合理"的教育现状投降。

学校教育的伦理基础包括自由、公正、民主、幸福等道德价值,对于这些问题的研究不仅是教育哲学的领域,更应是道德教育研究者思考的重要问题。道德教育追问的核心问题是:什么样的教育是道德的?如何以道德的方式培养道德的人?依循这个思路,道德教育研究者应对当前的教育制度、教育政策以及教育改革展开反思与批判。

在教育制度领域,道德教育研究者需要对应试教育的非道德性做出深刻揭露,思考如何突破教育制度科层化、等级化、工具理性化的桎梏,将学校建设成为道德共同体以及民主生活共同体;在教育政策领域,道德教育研究者应审视教育政策的正当性,对政策制定的程序正义与实质正义进行审视;在教育改革方面,道德教育研究者应批判反教育行为的伪改革,将道德标准作为重要的维度加入评价改革成效的指标中,如不但要考虑学生学业质量,还要考虑学校

---

① 杜威.道德教育原理[M].王承绪,等,译.杭州:浙江教育出版社,2003.

的教育公平程度。

（四）隔膜于学校德育实践

学校德育实践者与理论研究横亘着难以跨越的鸿沟：德育理论工作者指责实践工作者将德育变成了规训，使德育沦为灌输与强制；德育实践工作者则将德育理论工作者心仪的人文价值视为空中楼阁。学校德育实践者不承认研究者的理论智慧，正如理论研究者不承认实践者的实践智慧一样。这造成了理论研究的现实影响力比较有限。

实践者不承认研究者的理论智慧，与研究者提出问题的方式有关。研究者研究的问题是循着哲学理论发展的逻辑，在理论研究中发现的问题，而不是从现实学校德育实践中生发出来的问题。彼此关心的问题不同，话语体系不同，因此，缺乏共同语言与互相承认。其实，德育理论研究者也已经做了一些将理论研究转化为实际成果的工作，突出表现为参与制定德育课程标准、主编德育教材、尝试开展学校德育诊断、通过大学与中小学合作推进学校德育革新等。但是，这些显然还不够。"我国深化德育改革的战略与路径选择，不应当在理论与实践分离中各自前行，也不应当再在经验绑架实践或实践倒逼理论的非生态化困局中徘徊，而应当自觉走德育理论与实践深度融合的道路，让德育理论与实践相簇而茂、融合创生。"[1] 理论研究与实践应"深度融合"已成共识，但如何结合、如何开展行动的研究却乏善可陈。

三、未来研究展望

面向未来，道德教育理论研究者需要思考的主要问题是：在研究使命上，如何使学校德育研究能够适应社会转型与经济全球化的压力，应对价值多元与道德相对主义的挑战；在研究范式上，如何超越20世纪70年代西方德育研究的理性化、一元化模式；在研究成效上，打破理论与实践的坚冰，对实践产生更大的引领作用。[2]

（一）走向综合与多元

道德教育研究有着强大的理性主义传统，对人的非理性层面，诸如情感、

---

[1] 刘惊铎，姚亚萍，王筱竹. 深度融合：德育理论与实践关系的新形态 [J]. 中小学德育，2015（01）：23-26.
[2] 程红艳. 当前学校德育理论研究之反思与展望 [J]. 教育研究与实验，2016（01）：21-27.

直觉、顿悟、体验、移情对人的道德成长的意义与影响研究相对较少。在后续的研究中，有必要借鉴心理学、艺术、美学甚至宗教研究，研究无意识、潜意识对人道德成长的影响，利用各种艺术形式及艺术教学来激发学生向善的情感，在幸福快乐的体验中自然而然地走向美善。

另外，道德教育理论研究者需要更为开阔的学术视野，将生物学、心理学、人类学、社会学、经济学等人文学科的研究成果及时进行吸纳与整理；道德教育方面的理论对话和学术活动，应有意识地邀请来自这些领域的研究者与实践者，促进教育研究的学科基础走向综合；德育研究工作者需要在国际发展大视野中审视道德教育发展的趋势，积极与国际学者进行对话，并加强对多元文化意识与国际理解教育的研究。同时，德育研究者对于技术变革造成的道德风险也应更为敏感，理论者需要从"技术—人—文化—社会"的综合视野中研究与审视道德教育问题。

在研究思路及价值取向上，应关注差异，倡导多元，将女性主义、后现代主义、多元文化主义中批判权力的思路吸纳入研究视角；在研究的方法论基础上，应有意识地将复杂思维、系统理论等作为寻求知识的方法；在研究方法上，将诠释主义和批判主义的研究范式自觉地运用于德育研究。

（二）实现理论与实践的深度融合

理论直面教育实践，实现理论与实践的深度融合，有助于理论与实践的双赢。为此，需要理论研究者：

（1）直面德育实践中出现的重大问题。比如，道德问题与价值问题之间的界限是什么，如何在道德教育的过程中融合价值多元的视角；又如，大德育体系建构问题，如何在大中小学实现德育的纵向衔接、在学校—家庭—社区中实现德育的横向融合；再如，如何进行德育评价的问题，理论研究者有义务为实践工作者开拓思维，提供更好的、超越简单加减法的行为量化评价方式；还如教育惩罚问题，理论研究者可关注教师的道德两难问题，提供理论和视角帮助教师开展教学行为的道德反思活动。

（2）走向实证。超越简单的定量研究，运用实证范式中的质的研究方法，进入自然情境的教育现场，在充分发掘事实的基础上通过归纳来建构理论。另外，以平等合作的行动研究方式取代单向的、指导式教育实验研究，其中大学与中小学合作的 U-S 模式无疑是一个推进学校变革、将理论转化为现实的良好方法。

（3）走进学校。做好理论中介工作，将理论关涉的事实与观点以大众能够理解的方式深入浅出地表达出来；积极参与同实践者进行对话的活动，为实践者提高学校教育质量提供咨询服务；将宏大理论进一步具体化、操作化，如关于道德情感培养的研究，可以为实践工作者提供培养学生同情心和移情能力的校本课程、设计系列的校本活动等，关于社会主义核心价值观的研究，也可转化为系列的教材。

（三）建构学术研究共同体

已有的研究力量，尚未形成特点鲜明的学术研究共同体。"游击式"学术研究还很常见。德育研究者打着理论的"游击战"，阵地经常转移，缺乏理论坚守，诉求不强烈、特征不够明显，因此理论不能转化为行动力，还未形成围绕核心社会转型期重大德育问题协同攻关、共同讨论的态势，学术争鸣的风气不甚浓厚。文献研究可以发现，围绕一个问题做持之以恒的深入研究，发表2篇以上、观点不断深入的高质量论文的论者较少。理论研究如同沙地过风，常常被各种时尚风潮改变面目。

其实，德育工作者已经渐渐醒悟：单打独斗式的研究不能持续。甚至有学者形象地说："过去一位研究大家就是一座高山，而现在的研究者则只是山上的草，靠团队力量才能成为小山头。"[1] 各种德育学会、研究基地、研究中心为德育研究建构了一些平台，但是这些还是远远不够的。学术研究共同体的生命在于其研究特色，关键在于研究团队的素质、年龄结构和知识结构等。彰显研究特色、突破学术亲缘关系、壮大研究团队、形成研究"学派"，是需要进一步努力的方向。

总之，当前德育理论工作者自觉地担负起社会转型时期、信息和经济全球一体化趋势、价值多元对学校德育所带来的挑战，为重建德育的理论基础付出了艰辛努力。面向未来，对研究的问题、话语、方法进行自觉反思，走向丰富的德育实践。建构综合而多元的德育研究范式，有利于德育理论研究的进一步繁荣，任重而道远。

---

[1] 程红艳. 当前学校德育理论研究之反思与展望[J]. 教育研究与实验，2016，No. 168（01）：21-27.

第二章　大中小学生道德发展的现状研究

2005年，教育部提出要整体规划大中小学德育体系，要坚持"有效衔接、分层实施、循序渐进、整体推进"的原则。要整体规划大中小学德育体系，必先要把握当前大中小学生道德发展的现状、问题及其需求。笔者试图通过多次实证调研，相对客观和准确地揭示当前大中小学生的道德发展现状。

其一，把握未成年人的品德发展现状。未成年人的品德发展极具生成性与可塑性，在此阶段成型的个人品质与道德素养不仅是未成年人个体品德发展状况的表现，更是民族与国家未来整体思想道德水平与精神风貌的彰显。因此，加强未成年人的思想道德教育，对于未成年人自身养成健全的人格，促进社会与国家的和谐、健康发展，都具有重要意义。"当代教育的责任……不仅重视提高年轻一代的文化素养、身体素质，更着力于年轻一代的人格发展，尤其是促进其道德品质的发展。"[1]

其二，把握大学生的品德发展现状。大学生是一群对新价值观、新社会风潮特别敏感的群体，他们的道德发展状况、价值观、公平感对于中国社会未来的走向将会产生重要影响。因此，本章研究了大学生的两难道德选择、价值观冲突和社会公平感等问题。

其三，中国特色的德育是一个大德育概念，不仅包括学生道德发展，还包括学生思想政治教育和民主参与和社会实践。本章研究了大中小学对于党团组织的认同问题以及党团活动参与现状，并针对问题提出了大中小学既分层又一体化的教育建议。

---

[1] 龚超. 当代青少年思想道德现状的研究综述[J]. 中国青年研究，2007（09）：19-23.

第一节 中小学生道德发展调研

对未成年人品德发展现状的研究，已有的实证研究数量众多、内容广泛。学者们从不同的视角，运用多样的研究方法，对不同群体的未成年人的思想道德发展状况进行了主题丰富的调查，在较大程度上为德育工作者了解教育对象的道德发展水平提供了直观的认识。如孙彩平等人的研究指出：中国儿童的私德（以孝敬父母和诚信为代表）在观念与行为上表现较好，言行一致度较高；相对而言，公德（以正义和规则为代表）发展中在价值观认同与行为方面都相对不足。中学是中国儿童道德发展的分叉期，在道德推理与行为中个体功利倾向方面增长明显。[1]

但已有的研究也呈现出一定的问题：问卷的道德评价指标模糊、混乱；[2] 调查样本不具代表性；问卷的信度和效度不明；调查目的与统计分析方法不匹配；[3] 数据分析尚不充分，以理论分析和描述性分析居多[4]；等等。这些问题的存在，无疑将有损研究结果的准确性，阻碍人们对未成年人品德发展状况的正确认知，进而制约中小学德育实效性的提升与改善。

一、调查设计

华中师范大学道德教育研究所研究团队编制了《中小学生品德发展状况调查问卷》（见附录），以湖北省为调查范围，对湖北省未成年人的品德发展状况进行调查研究，以便获取第一手资料，全面而准确地把握湖北省未成年人品德发展的现状，为湖北省中小学道德教育的进一步开展提供必要的现实依据。

---

[1] 孙彩平. 分层与分叉——当代中国儿童道德发展调查报告（2017）[J]. 教育科学研究，2018（02）：10-19.
[2] 熊孝梅. 中学生思想道德素质的实证研究[D]. 武汉：华中师范大学，2013.
[3] 钟柏昌，李艺. 问卷调查方法在教育研究领域的应用状况分析[J]. 开放教育研究，2012，18（06）：74-79.
[4] 佘双好. 青少年思想道德现状及健全措施研究[M]. 北京：中国社会科学出版社，2010：15.

(一) 问卷编制

1. 问卷的维度建构

进入学校后,未成年人与外界的联系逐渐紧密,交往对象逐渐增加、活动范围逐渐扩大,在此过程中,个体的社会性特征逐渐加强,道德品质的作用随之日益凸显。同时,个体在学习与生活中,需要处理与自我、他人、集体、社会以及自然的关系,其道德品质便内含在上述关系之中,随之具有同样的关系特征。据此结合中国学生发展的"核心素养",课题组将未成年人的品德划分为人与自我的关系、人与他人的关系、人与社会的关系、人与自然的关系四个关系维度,具体包含自我认识、个人习惯、人际交往、网络文明、公民素养、传统文化、国家认可、国际理解和环保认识9个二级维度(见表2.1)。

表 2.1　问卷维度设计

	一级维度	二级维度
品德	人与自我	自我认识
		个人习惯
	人与他人	人际交往
	人与社会	网络文明
		公民素养
		传统文化
		国家认同
		国际理解
	人与自然	环保认识

《未成年人品德发展状况调查问卷》终稿包括学生的基本信息和品德调查题项两大部分,为了解湖北省未成年人的品德发展现状提供测量工具。

2. 问卷的信效度检验

通过 SPSS22.0 数据分析软件对问卷数据进行分析,根据项目分析原理,按被试的问卷总分排序,取其前 27% 作为高分组,后 27% 作为低分组,然后进行高分组和低分组在各个题项上分数差异的独立样本 t 检验,删除 P>0.05 的区分度不高的题项。

将9个二级维度作为9个分问卷,对其测验数据分别进行探索性因子分析,结果显示:9个分问卷的 KMO 检验结果介于 0.611 至 0.820 之间,Bartlett 球形检验结果的显著性都小于 0.001(P=0.000),这说明本次调查所得的数据适合进行因素分析。基于特征值大于1的标准进行初始操作,并对碎石图、方差累计贡献率和因子意义进行综合分析，结果显示用特征值大于 1 来提取公共因子效果不佳。于是选择根据初始操作的结果直接指定因子的个数，采用"最大方差法"作方差最大旋转，剔除不适宜的题项，[①] 进行因子分析二次操作。经过不断地反复与探索，直至结果符合统计学要求，最后总问卷共剩 73 个题项。

9 个分问卷的因子提取情况（见表 2.2）：自我认识维度分问卷提取出 5 个因子，分别为自我责任感、自我保护意识、安全常识、情绪管理与生命热情，方差累积解释量为 59.865%；个人习惯维度分问卷提取 2 个因子，分别为学习习惯与劳动习惯，方差累积解释量为 72.445%；人际交往维度分问卷提取出 5 个因子，分别为尊重素养、合作意愿、分享意识、竞争态度与集体观念，方差累积解释量为 59.320%；网络文明维度分问卷提取出 2 个因子，分别为网络安全与网络道德，方差累积解释量为 57.285%；公民素养维度分问卷提取出 5 个因子，分别为文明礼仪、民主参与、文明用语、公共道德与法治意识，方差累积解释量为 59.758%；环保意识维度分问卷提取出 2 个因子，分别为节约资源与保护环境，方差累积解释量为 71.123%；传统文化、国家认同和国际理解维度分问卷均提取 1 个因子，方差累积解释量分别为 53.701%、56.333%、58.883%。

表 2.2 分问卷因子提取状况及其均分

一级维度	二级维度	均分	提取因子	均分
人与自我	自我认识	4.193	自我责任感	4.146
			自我保护意识	4.096
			安全常识	4.553
			情绪管理	3.972
			生命热情	4.204
	个人习惯	3.313	学习习惯	3.359
			劳动习惯	3.268

---

① 题项剔除的标准：因子载荷小于 0.4；共同度小于 0.3；在两个及两个以上的因子上有载荷且载荷之间的差值小于 0.2；题项与因子含义不一致，难以和其他题项表述的含义合并为一个概念。在剔除题项时，一次只剔除一个题项，且每次剔除后用新的数据重新进行检验和分析。

续表

一级维度	二级维度	均分	提取因子	均分
人与他人	人际交往	3.787	尊重素养	3.928
			合作意愿	3.739
			分享意识	3.148
			竞争态度	4.227
			集体观念	3.682
人与社会	网络文明	4.056	网络安全	4.200
			网络道德	3.850
	公民素养	3.783	文明礼仪	3.632
			民主参与	3.453
			文明用语	3.728
			公共道德	4.497
			法治意识	3.223
	传统文化	3.777	传统文化	3.777
	国家认同	4.206	国家认同	4.206
	国际理解	4.140	国际理解	4.140
人与自然	环保意识	3.690	节约资源	3.707
			保护环境	3.674

上述检验结果表明：本次调查问卷各分维度中题项的结构，与理论预设中各维度的基本结构是一致的，问卷各维度的结构效度良好。

信度检验结果显示（见表2.3），总问卷的内部一致性系数（Cronbach's α）为0.948，四个一级维度的内部一致性系数（Cronbach's α）分别为0.889、0.838、0.885、0.726。这说明，问卷总体及其各维度的内部一致性系数（Cronbach's α）较好，问卷的信度良好。

表2.3 总问卷及各维度内部一致性系数

	总问卷	人与自我	人与他人	人与社会	人与自然
Cronbach's α 系数	0.948	0.889	0.838	0.885	0.726

3. 调查对象

本次调查以湖北省为调查范围，主要采用分层抽样和整群抽样的方法确定研究对象。根据湖北省各地区的经济文化的综合发展水平差异，将全省分为高发展水平城市、中等发展水平城市和低发展水平城市，然后对每一发展水平内的学校按照城市与乡村的维度确定具体的研究学校，最后采用整群抽样的方法在每所学校抽取一个班级的所有学生，由此构成本次研究的总体样本。

基于上述抽样方法，本研究选取了武汉市（高发展水平城市）、襄阳市（中等发展水平城市）和孝感市（低发展水平城市）为具体调查地区。共发放问卷1100份，共回收问卷1065份，问卷回收率为96.8%。样本的具体构成情况如表2.4所示，其中一些变量存在少量数据缺失值。

表2.4 调查样本的构成情况

变量	类别	人数	百分比（%）
地区	武汉	388	36.5
	襄阳	344	32.4
	孝感	330	31.1
性别	男	576	54.7
	女	477	45.3
年级	四年级	511	48.1
	八年级	551	51.9
学校位置	城市	588	55.6
	非城市	469	44.4
是否流动儿童	是	148	14.2
	否	897	85.8
是否留守儿童	是	141	13.4
	否	912	86.6

注：数据有缺省，所以总数并不完全一致。

二、调查结果及分析

问卷采用李克特（Likert）量表五点计分方法计分，正向题从"完全不符合"到"完全符合"依次记1~5分，反向题则进行重新计分。问卷调查所得数据全部录入计算机，采用SPSS22.0数据分析软件对数据进行统计分析。调查结果以各维度及各因子的题项均分的方式加以呈现。

(一) 湖北省未成年人品德发展的总体状况

调查结果显示,问卷各二级维度上的均分介于3.313分至4.206分(见表2.2),其中,自我认识维度、网络文明维度、国家认同维度与国际理解维度的均分均高于4分,即处于"比较符合"到"完全符合"之间,其他各维度的均分均低于4分,处于"不确定"到"比较符合"之间。各因子的均分介于3.148分至4.553分,其中,自我认识维度的自我责任感、自我保护意识、安全常识和生命热情因子,人际交往维度的竞争态度因子,网络文明维度的网络安全因子,公民素养维度的公共道德因子,国家认同维度与国际理解维度的因子均分均高于4分,即处于"比较符合"到"完全符合"之间,其他各因子的均分均低于4分,处于"不确定"到"比较符合"之间。

由此可知,无论是在各二级维度,还是其下属各因子,湖北省未成年人的平均得分均高于3分,这意味着湖北省未成年人的品德发展在整体上呈现出正向、积极的倾向与风貌。这一结果,既与2007年佘双好等人对湖北省青少年思想道德发展状况进行调查所得出的积极、健康、明朗的总体发展趋势相一致,[①]又符合2017年孙彩平中国儿童道德发展调查的结果(中国儿童整体上呈现出有传统、爱国家、尚正义、守规则、重勤奋的道德风貌)。[②] 在9个二级维度中,均分从高至低的维度依次为国家认同维度、自我认识维度、国际理解维度、网络文明维度、人际交往维度、公民素养维度、传统文化维度、环保认识维度和个人习惯维度。在各因子中,均分从高至低的因子顺序依次为安全常识、公共道德、竞争态度、国家认同、生命热情、网络安全、自我责任感、国际理解、自我保护意识、情绪管理、尊重素养、网络道德、传统文化认同、合作意愿、文明用语、节约资源、集体观念、保护环境、文明礼仪、民主参与、学习习惯、劳动习惯、法治意识、分享意识。

根据上述结果,我们可以得知湖北省未成年人的品德发展在整体上具有如下基本的积极特征。

1. 国家认同感较强

国家认同维度的平均得分为4.206分,国际理解维度的平均得分为4.140

---

① 佘双好,万舒良. 湖北省青少年思想道德发展现状及特点分析[J]. 学校党建与思想教育,2007(8A):22-25.

② 孙彩平. 中国儿童道德行为表现普遍良好[N]. 中国教育报,2017-07-12(004).

分，均高于4分，即均达到了"比较符合"的水平。并且，在国家认同维度下属的题项"当看到中国运动员在奥运会中获得冠军时"中，82.9%的未成年人表示自己很激动；"当得知日本想要侵占中国钓鱼岛时"，83.1%的未成年人表示自己处于愤怒的情绪状态中；另外，湖北省未成年人的爱国热情与国家认同感还表现在人生理想的确立上，37.1%的未成年人确立的是关于社会与国家的理想，其次才是关于自己（34.8%）和关于亲人、朋友（20.8%）等其他方面；在国际理解维度中，"当其他国家出现地震等灾害时"，79%的未成年人认同中国对这些国家的援助。

这说明，一方面，湖北省未成年人有着强烈的爱国情感与高度的国家认同感，"拂去令人炫目的华丽时尚，内心涌动着的依然是民族的自豪感和自尊感以及对祖国的忠诚与热爱"[①]；另一方面，湖北省未成年人有着良好的国际友好意识，不至于囿于狭隘的民族主义而故步自封、夜郎自大。究其原因，我们认为，中华民族源远流长的发展历史与博大精深的传统文化，能够促使未成年人生成强烈的民族自豪感，同时，伴随着我国国民经济和社会发展的飞速提升，人们的生活愈加实惠丰厚，国际地位与国际影响力也与日俱增，中国人内心的民族自尊心和自豪感被不断地激发，在未成年人心中开始有了越来越明确的国家与集体观念。[②] 另外，未成年人高度的国家认同感与学校德育多年来对爱国主义教育的重视有关。国际友好意识的良好表现，则可能与中国对外开放程度日益扩大，国际合作的频次、深度日益增加有关。

2. 具有较强的自我保护意识

安全常识因子的平均得分为4.553分，是本次调查中平均得分最高的因子，自我保护意识因子的平均得分为4.096分，均高于4分，即均达到了"比较符合"的水平。77.2%的未成年人表示，自己从未有过乱动水电和煤气的行为；71.0%的未成年人表示自己每次过马路时都会看红绿灯；75.7%的未成年人表示，当只有自己一个人在家时，如果有自称快递员的人让开门，自己并不会开门；在网络的使用过程中，76.8%的未成年人在浏览网页时，不会因为好奇而点击不确定的网页；76.3%的未成年人在网络注册时，不会毫不犹豫地填写自己的真实个人信息。

这说明，湖北省未成年人在日常生活中既具有相当程度的安全常识，有着

---

① 卢家楣，袁军，王俊山，等.我国青少年道德情感现状调查研究[J].教育研究，2010，31（12）：83-89.
② 佘双好.青少年思想道德现状及健全措施研究[M].北京：中国社会科学出版社，2010：47.

强烈的自我保护意识，在隐含着潜在的安全隐患的情境假设题项中，他们拥有正确的鉴别能力，并能做出较高安全性的行为选择；未成年人在网络的使用中对网络安全也能保持较高的警惕。本次调查中湖北省未成年人的安全常识和自我安全保护意识呈现出良好的状态，可能与其家庭以及学校的安全教育有关，也可能是因为随着网络与自媒体的日常化与大众化，未成年人能够轻易地了解到上述社会中被曝光的安全事件，进而增加了警惕意识。

3. 自我责任感较强

自我责任感因子的平均得分为 4.146 分，生命热情因子的平均得分为 4.204 分，均高于 4 分，即均达到了"比较符合"的水平。82.6% 的未成年人表明，在小组合作学习中，会尽力完成自己的任务而不拖小组的后腿；74.5% 的未成年人指出，他们对自己的学习成绩是有要求的；在"我能按时完成家庭作业"题项中，76.5% 的未成年人做出了肯定的回答。在生命热情因子题项中，85.1% 的未成年人在听闻某些员工在洪涝灾害中不幸失去生命后产生难过的情绪；对于美国作家海伦·凯勒以顽强的生命意志取得人生成就的事迹，91.5% 的未成年人认可其励志效果。

上述数据显示的是湖北省未成年人有着高度的自我责任感。这种自我责任感本质上是指自己对自己的行为负责，具体表现为努力使自己的行为更加完善，使自己拥有更强的能力与更高的素养。按时完成家庭作业、对自己的学习成绩做出要求、认真完成自己应完成的任务等，则是作为学生的未成年人自我负责的表现。同时，未成年人对生命充满热情，是个体"对自我生命的体认、肯定、接纳、珍爱，对生命意义的自觉、欣悦、沉浸，以及对他者生命乃至整个生命世界的同情、关怀与钟爱"。[①] 正是因为满怀生命热情，未成年人才会对不幸失去生命的他人抱有同情心，才会认为他人的生命历程具有感染力。

4. 具有较好的公共道德意识

公共道德因子的平均得分为 4.497 分，是本次调查中平均得分第二高的因子，明显超过了 4 分"比较符合"的水平。89% 的未成年人表示，自己不会在课桌上和教室的墙上乱涂乱画；在需要安静的场合，87.2% 的未成年人表示自己没有大声说过话；在乘车买票时，86.7% 的未成年人会排队购票。在个人道德范围内的诸如竞争态度、情绪管理和尊重素养因子也呈现出良好的状态。竞争态度因子的均分为 4.227 分，高于 4 分，即达到了"比较符合"的水平；情绪管理因子和尊重素养因子的均分分别为 3.972 分和 3.928 分，虽未达到"比

---

① 刘铁芳. 生命情感与教育关怀 [J]. 高等师范教育研究，2000 (06): 26-30+57.

较符合"的水平,但已相当接近"比较符合"。

上述数据表明,湖北省未成年人具有良好的公共道德,他们能在公众场所中遵守社会秩序,凸显文明的行为举止;在班级的竞争中,大部分同学具有良性竞争的观念,即使老师经常表扬自己不喜欢的同学,或者在学习上,自己怎么努力也比不过某些同学,他们大多数也能够持有较为平和的情绪与心态。虽然在某些学者看来,我们经常能够看到一些青少年在公众场所大声喧哗,旁若无人地打闹,因此认为青少年群体轻视社会公德,公德意识不强,或者说青少年的公德行为已经弱化,[①] 但这只是基于局部现象以及个人的主观经验而得出的结论,不可以偏概全作为整体状况来认识。

同时,调查也发现湖北省未成年人的品德发展在整体上具有如下的消极特征。

1. 分享意识与合作意愿不高

分享意识因子的平均得分为 3.148 分,是本次调查中均分最低的因子,虽然处于"不确定"到"比较符合"水平之间,但已明显远离"比较符合"而非常接近"不确定"水平;合作意愿因子的平均得分为 3.739 分,虽然高于分享意识因子的均分,但与 4 分("比较符合")仍有一定距离。当问及"成绩好的同学与其他同学分享自己的学习经验"的情况时,过半的未成年人持迟疑或否定态度(58.1%);在"你愿意和能力差的同学一起合作完成课外活动吗?"这一情境设问中,仅 30% 的未成年人笃定地表示愿意,更大比例的未成年人存在或多或少的迟疑;而在"你愿意和能力差的同学一起合作完成课堂作业吗?"这一情境设问中,笃定地表示愿意的未成年人的比例则更少(25.3%)。

分享与合作是人际交往中的两种重要素养。分享强调与他人共同使用某种自己珍视的物品、经验、观念等东西,而合作旨在为实现共同的目标而共同活动,这两者共同属于亲社会行为的范畴,是人际交往中不可或缺的技能,也是人际关系的润滑剂。并且,通常而言,分享与合作是相伴相随的。在上文中我们指出,湖北省未成年人具有较为良好的个人竞争态度,他们不会为了个人的利益而不容他人,但他们又尚未达到协同性努力或者合作性竞争的高度。这背后可能存在多重原因,未成年人个体的交往技能、言语水平、性格和情感特征等主观因素,及其所处的外在环境、文化背景等客观因素都可能影响未成年人分享意识与合作意愿的发展。[②]

---

① 林琼斌. 青少年社会公德行为弱化现象分析 [J]. 教育探索, 2005 (02):92—94.
② 庞丽娟,陈琴. 论儿童合作 [J]. 教育研究与实验, 2002 (01):52—57.

2. 法治与民主参与意识不强

民主参与因子的平均得分为 3.453 分，法治意识因子的平均得分为 3.223 分，都明显远离"比较符合"而接近"不确定"水平。我们创设了这样一个情境："如果校规的制订没有让学生参与，校规又很不合理，你会向班主任表达自己的想法吗？"在此题中，27.5%的未成年人表示自己"肯定会"，29.4%的未成年人表示自己"可能会"，21.9%的未成年人表示"不确定"，剩余（21.2%）的则持否定态度；在同样的前提下，将情境变成"你会直接向校领导表达自己的意见吗？"时，明确表示自己"肯定会"的比例下降至 20%，"可能会"的比例下降至 24.2%，而持"不确定"意见的比例则上升至 26.4%，持否定意见的比例也由 21.2%上升至 29.5%。法治意识因子题项的调查结果显示，未成年人对与自身关系密切的法律文本与法律权利熟悉度还远远不够，更大部分的未成年人对此的认知只是停留在"知道一些"这种浅显、片面的程度，除此以外，则更多表现为"说不清""基本不知道"，甚至"没听说过"。

"未成年人的成长过程及其行为表现特征，实际上反映的是一个国家或一个社会综合教育效果的好坏问题。"[①] 湖北省未成年人法治与民主参与意识不强，极大可能源于学校或者其家庭的法治教育不充分甚至缺失。正是因为未成年人的民主参与能力不强、法治意识淡薄，才使得以下两种社会现象日益凸显：其一，未成年人不懂得通过民主参与或利用法律维护自己正当的权利，因而当成年人侵犯自己的权利时，也不知如何反抗与运用法律来维护自己的正当权利；其二，近年来，我国各地未成年人犯罪基本呈逐年上升趋势，有关问题甚至已经引起了政府和学界的重视。[②]

3. 劳动习惯与学习习惯不良

劳动习惯因子的平均得分为 3.268 分，学习习惯因子的平均得分为 3.359 分，这两个因子的均分在本次调查中均处于比较靠后的位置，都明显远离"比较符合"而非常接近"不确定"水平。劳动习惯因子的数据分布特点是，选项两端的极端选择较少，更多的未成年人选择的是"不确定""看情况""有时"这样不确定性、不恒常性的选项，这意味着在题项所对应的情境诸如"独自在家时打扫卫生的情况""在家时自己洗衣服、叠被子的情况""自己收拾自己房间"中，未成年人的行为表现同样也体现出不确定性与不恒常性的特点。而

---

① 吴海航. 未成年人社会责任能力培养模式探究［J］. 中国青年研究，2009（03）：30-32.

② 吴海航. 未成年人法制教育案例教程［M］. 北京：北京师范大学出版社，2008：73-97.

在学习习惯因子中，60.4%的未成年人表示自己一边看电视（一边玩手机），一边写家庭作业；56.7%的未成年人表示自己在写作业时，总是会想别的事情而不能集中；而在"我能认真完成老师布置的作业"题项中，仅有不到一半的未成年人（46.7%）持肯定态度。这说明的是，未成年人在学习的过程中存在不良习惯，从而导致注意力集中程度与认真程度不足。

"我们必须认识到，人最终都会变成仅仅在一系列习惯上行走的动物。"①而劳动习惯与学习习惯对未成年人进一步的成长与发展更是有着莫大的重要意义，这两方面习惯的不良，无疑将影响未成年人日后的发展。但是，这种现状并非湖北省所独有，鲍忠良在2013年对嘉兴市青少年学生劳动教育现状的实证调查中发现，无论在家庭教育、学校教育，还是在社会教育方面，对劳动教育的重视程度、开展情况和实际效果，都不能令人满意。② 这也能说明，家庭教育、学校教育与社会教育是导致未成年人劳动习惯不良的可能性原因。而未成年人在学习中的不良习惯，一方面，可能与其自身定力不强有关；另一方面，手机、电脑等外界的诱惑太大也可能是导致未成年人学习时注意力集中程度不高的原因。

（二）湖北省未成年人品德发展的差异分析

1. 未成年人道德品质的性别差异

分别以问卷的9个二级维度及其各因子的均分为因变量，性别为自变量，进行独立样本t检验。结果显示：男女生在自我认识、人际交往、网络文明、公民素养、国家认同维度的平均得分具有统计学意义上的显著差异（P<0.05），且均是女生高于男生。在个人习惯、传统文化、国际理解和环保认识维度，男女生的平均得分则不具有统计学意义上的显著差异（P>0.05）。在各因子中（见表2.5），男女生在自我认识维度的自我责任感、自我保护意识和生命热情因子，个人习惯维度的劳动习惯因子，人际交往维度的尊重素养、竞争态度与集体观念因子，网络文明维度的网络安全因子，公民素养维度的文明礼仪、公共道德、法治意识因子以及国家认同维度的因子均分具有统计学意义上的显著差异（P<0.05），且均是女生高于男生，在其他因子方面男女生则不具有显著性差异。

---

① 彼得斯. 道德发展与道德教育 [M]. 邬冬星, 译. 杭州：浙江教育出版社, 2000：46.
② 鲍忠良. 青少年学生劳动教育现状的实证研究 [J]. 教育探索, 2013 (08)：91-93.

表2.5 湖北省未成年人品德二级维度的性别差异

变量	性别（M±SD） 男	性别（M±SD） 女	t	Sig.
自我认识	4.147±0.529	4.249±0.485	-3.213	0.001
个人习惯	3.272±0.865	3.366±0.832	-1.774	0.076
人际交往	3.738±0.575	3.853±0.535	-3.215	0.001
网络文明	4.010±0.731	4.120±0.670	-2.486	0.013
公民素养	3.749±0.573	3.829±0.505	-2.318	0.021
传统文化	3.747±1.023	3.812±0.927	-1.063	0.288
国家认同	4.142±0.883	4.290±0.741	-2.852	0.004
国际理解	4.118±0.899	4.168±0.777	-0.937	0.349
环保认识	3.681±0.927	3.709±0.833	-0.506	0.613

值得注意的是，在有显著差异的维度与因子中，均是女生的均分高于男生。熊孝梅和苏学权对浙江省、湖北省和广西壮族自治区的五千余名中学生的思想道德素质进行问卷调查，结果也表明，初中生思想道德得分存在显著的性别差异，且均是女生高于男生。[1] 同时，女生在自我认识、人际交往、网络文明、公民素养、国家认同维度及众多因子上均分更高，表明女生在处理与自我的关系时表现得更为细腻与敏感，拥有更良好的人际交往素养、网络文明程度、公民素养和更高的国家认同感，这与我们在日常生活中所能观察到的现象相一致。整体而言，女生在人际交往中往往表现出更友善、更尊重他人的特点，无论是在网络上还是在公众生活中，女生更愿意遵守公众秩序和公共规则。但对于女生道德发展高于男生这个结论，尚须谨慎对待，一方面可能揭示的是女生在对道德规则的认可度和道德行为的服从度方面好于男生；另一方面可能是由于问卷调查方法过于简单，不能反映学生复杂的道德发展状况。

2. 未成年人道德品质的年级差异

因变量同上，以学生的年级（小学以四年级为代表年级，初中以八年级为代表年级）为自变量进行独立样本t检验。结果显示：9个二级维度中（见表2.6），不同年级的学生除了在传统文化维度与国际理解维度上不具有统计学意

---

[1] 熊孝梅，苏学权. 初中生思想道德的性别差异研究［J］. 广西师范学院学报（哲学社会科学版），2014，35（01）：116-119+132.

义上的显著差异外（P>0.05），在其他 7 个维度上均具有极其显著的差异（P=0.000<0.001），且其均分皆是四年级高于八年级。

表 2.6 湖北省未成年人品德二级维度的年级差异

变量	性别（M±SD） 四年级	性别（M±SD） 八年级	t	Sig.
自我认识	4.430±0.415	3.976±0.497	15.958	0.000
个人习惯	3.893±0.729	2.776±0.549	27.693	0.000
人际交往	3.873±0.557	3.709±0.551	4.675	0.000
网络文明	4.181±0.675	3.944±0.720	5.404	0.000
公民素养	3.914±0.516	3.667±0.544	7.352	0.000
传统文化	3.736±0.910	3.816±1.040	-1.308	0.191
国家认同	4.343±0.758	4.076±0.865	5.224	0.000
国际理解	4.085±0.894	4.191±0.796	-1.946	0.052
环保认识	3.924±0.852	3.470±0.860	8.366	0.000

未成年人品德发展的年级差异一直是学者们的关注重点。孙彩平在 2017 年的当代中国儿童道德发展调查中发现，恻隐之心与集体责任感在初中后段出现了收缩，而且在八年级后，学生个体功利的道德判断理由比例大幅度上升。[1] 这与本次调查中小学生在人际交往与公民素养方面的品德发展优于初中生的结果表现一致；在环保认识维度，小学生的平均得分为 3.924 分，初中生为 3.470 分，这说明小学生具有更强烈的环保意识。《从"90 后"到"00 后"：中国少年儿童发展状况调查报告（2005—2015）》也指出，比较而言，小学生的环保意识比初中生更强。[2] 小学生为何会在品德发展的调查中有着更高的得分？同样，对于这个结论也必须保持谨慎的态度，不可确信无疑。小学生得分更高，相关的解释可能是：小学生尚且具有"好孩子"的特点，他们相信教师和父母的教诲与管制，对社会主流道德规范深信不疑，并愿意努力将之付诸实践。进

---

[1] 孙彩平. 分层与分叉——当代中国儿童道德发展调查报告（2017）[J]. 教育科学研究，2018（02）：10-19.

[2] 中国青少年研究中心，孙旭东，孙红艳. 从"90 后"到"00 后"：中国少年儿童发展状况调查报告（2005—2015）[M]. 北京：中国青年出版社，2016：92.

入初中阶段后,随着思维能力的进一步发展,自我意识的觉醒,以及自我体验与眼界的扩大,很多初中生陷入青春期的叛逆阶段,他们对课本中呈现的思想品德感到怀疑与困惑,在行动时也更愿意顺着自己的意愿,而不是严格按照父母、教师或者学校的要求。这虽貌似是道德发展的退步,但确是学生形成视野更开阔、更有包容性的道德观、社会观的前奏。

3. 未成年人道德品质的城乡差异

因变量同上,以学校的城乡位置为自变量进行独立样本 t 检验。结果显示(见表2.7):不同学校位置的学生在9个二级维度上的均分均具有统计学意义上的显著差异（$P<0.05$）,部分维度甚至具有极其显著的差异（$P=0.000<0.001$）,且均分均是学校位置处于城市的学生高于学校位置处于非城市的学生。在各因子中（见表2.7）,不同学校位置的学生除在劳动习惯、合作意愿、民主参与和法治意识因子上均分不具有显著差异外,其他因子的均分均具有统计学意义上的显著差异,同样也是学校位置处于城市的学生高于学校位置处于非城市的学生。

表 2.7 湖北省未成年人品德二级维度的城乡差异

变量	因子	学校位置（M±SD）城市	学校位置（M±SD）非城市	t	Sig.
自我认识	自我责任感	4.244±0.712	4.031±0.801	4.476	0.000
	自我保护意识	4.258±0.807	3.891±0.915	6.798	0.000
	安全常识	4.621±0.540	4.465±0.667	4.108	0.000
	情绪管理	4.104±0.843	3.814±0.852	5.507	0.000
	生命热情	4.333±0.891	4.045±1.049	4.731	0.000
个人习惯	学习习惯	3.729±1.257	2.914±1.208	10.569	0.000
	劳动习惯	3.313±1.070	3.213±1.039	1.523	0.128
人际交往	尊重素养	3.992±0.689	3.849±0.730	3.234	0.001
	合作意愿	3.723±0.850	3.761±0.809	-0.725	0.468
	分享意识	3.267±1.088	3.008±1.062	3.878	0.000
	竞争态度	4.306±0.857	4.132±0.876	3.253	0.001
	集体观念	3.759±1.005	3.581±1.038	2.792	0.005
网络文明	网络安全	4.320±0.711	4.057±0.870	5.218	0.000
	网络道德	3.935±1.006	3.741±1.028	3.054	0.002

续表

变量	因子	学校位置（M±SD） 城市	学校位置（M±SD） 非城市	t	Sig.
公民素养	文明礼仪	3.874±0.813	3.337±0.935	9.746	0.000
公民素养	民主参与	3.482±0.996	3.418±1.060	0.992	0.322
公民素养	文明用语	3.941±0.889	3.467±0.879	8.611	0.000
公民素养	公共道德	4.594±0.554	4.376±0.686	5.544	0.000
公民素养	法治意识	3.277±1.141	3.155±1.108	1.736	0.083
传统文化	传统文化	3.850±0.923	3.680±1.041	2.701	0.007
国家认同	国家认同	4.315±0.771	4.069±0.871	4.671	0.000
国际理解	国际理解	4.205±0.819	4.059±0.872	2.686	0.007
环保意识	节约资源	3.920±1.099	3.443±1.142	6.708	0.000
环保意识	保护环境	3.844±0.901	3.459±0.997	6.455	0.000

在人际交往中，相关报告也指出，即便控制了儿童的人口学特征，农村完整家庭的儿童、单亲/孤儿家庭的儿童、流动儿童都比城市完整家庭的儿童更缺乏良好的社交技能。这种情形在单亲/孤儿家庭的儿童身上表现得更为明显。这些家庭的儿童在社交技能一项上的比值尚不及城市完整家庭的儿童的10%。[①] 未成年人的城乡差异有着诸多表现，品德发展的城乡差异只是诸多表现中的一方面。品德发展的城乡差异背后的原因，很大可能在于我国城乡基础教育的发展不均衡，正如有关学者的研究表明，在我国不同群体的学生之间接受基础教育还很不均衡，其最直接的表现之一就是学生的就学状况与其身份的代表——"户籍"是农村还是城市，有很大的关系。[②] 也有学者的调查报告指出：城乡之间青少年的父母的教养方式存在差异，城市父母比农村父母对子女有更多的情感温暖与理解的拒绝否认，农村父亲对子女的过度保护高于城市父亲，农村母亲对子女的惩罚严厉程度高于城市母亲。[③] 父母教养方式的城乡差异也可能是导致未成年人品德发展上出现城乡差异的原因之一。

---

① 陈立均，杨大力，任强．中国儿童现状调查［M］．北京：社会科学文献出版社，2016：50．
② 翟博．中国基础教育均衡发展实证分析［J］．教育研究，2007（07）：22-30．
③ 杨云云，佘翠花，张利萍．儿童青少年父母教养方式的城乡比较［J］．山东师范大学学报（人文社会科学版），2005（06）：152-155．

4. 未成年人道德品质的成绩自评差异

因变量同上，以学生的成绩自评（较好、中等、偏差）为自变量进行单因素方差分析。结果显示：在9个二级维度上（见表2.8），除个人习惯维度、网络文明维度、国家认同维度和国际理解维度不满足方差齐性不能进行方差检验外，不同成绩自评水平的学生在其他维度上的均分均具有统计学意义上极其显著的差异（P=0.000<0.001），且随着成绩自评等级的提高，各维度的得分随之上升。在各因子的均分单因素方差分析中（见表2.8），不同成绩自评水平的学生在所有满足方差齐性的因子上均具有统计学意义上的显著差异（P<0.05），同样也是随着成绩自评等级的提高，各因子的得分随之上升。这可以表明，湖北省未成年人的品德发展存在显著的成绩自评差异，品德的发展程度随其学业成绩自评等级的提高而逐级提高。

表2.8 湖北省未成年人品德二级维度的成绩自评差异

变量	成绩自评水平（M±SD） 较好	中等	偏低	F	Sig.
自我认识	4.365±0.459	4.203±0.479	3.825±0.543	63.148	0.000
个人习惯	3.365±0.930	3.386±0.829	2.970±0.691	—	—
人际交往	3.880±0.560	3.777±0.563	3.657±0.503	8.138	0.000
网络文明	4.218±0.624	4.058±0.691	3.758±0.799	—	—
公民素养	3.945±0.512	3.782±0.526	3.499±0.551	35.205	0.000
传统文化	4.028±0.920	3.730±0.966	3.440±1.037	19.500	0.000
国家认同	4.437±0.736	4.216±0.802	3.748±0.879	—	—
国际理解	4.346±0.776	4.132±0.824	3.772±0.923	—	—
环保认识	3.859±0.851	3.712±0.870	3.287±0.885	21.372	0.000

（注：不同成绩自评水平的总体在各二级维度上的均分的事后检验结果均为成绩较好高于成绩中等，成绩中等高于成绩较低。）

虽然此处的"成绩自评"只是未成年人学生对自己的成绩在班级范围之内的自我估量，其评价相对而言较为主观，而非外界客观的综合评定，但是上述调查结果也能表明，未成年人学习成绩的优劣程度是影响其品德发展水平高低的重要因素。卢家楣等人的研究所揭示的我国青少年的道德情感发展[1]、情感素质[2]发展[3]和理智情感[4]的发展[5]和学生学业成绩自评水平之间的关系与本次调查的结果相一致，即我国青少年道德情感、情感素质和理智情感的平均得分随其学业成绩自评等级的提高而逐渐提高。值得注意的是，根据调查结果，在班级当中，未成年人之所以将某位同学当作自己学习的榜样，最主要的原因在于对方的学习成绩优秀（被选比例为31.3%，是被选比例最高的选项），这说明学业成绩的高低不仅影响着未成年人自身，对其同伴也有着重要的影响。

5. 未成年人道德品质在家庭社会特征上的差异

以未成年人的家庭社会特征（留守儿童、流动儿童以及双非子女[6]）为自变量，进行单因素方差分析。结果显示：在9个二级维度中（见表2.9），此三类群体仅在国际理解维度显示具有显著性差异，具体均分大小表现为双非子女高于留守儿童，留守儿童高于流动儿童。

表2.9 湖北省未成年人品德发展的家庭社会特征

变量	家庭社会特征（M±SD)			F	Sig.
	留守儿童	流动儿童	双非子女		
自我认识	4.211±0.519	4.132±0.515	4.202±0.513	1.091	0.336
个人习惯	3.605±0.797	3.034±0.697	3.320±0.874	—	—
人际交往	3.828±0.538	3.705±0.593	3.801±0.555	1.843	0.159
网络文明	4.019±0.775	3.992±0.699	4.083±0.683	1.189	0.305
公民素养	3.803±0.569	3.713±0.502	3.795±0.551	1.240	0.290
传统文化	3.754±0.962	3.738±0.987	3.781±0.979	0.124	0.883

---

[1] 卢家楣，袁军，王俊山，等. 我国青少年道德情感现状调查研究 [J]. 教育研究，2010, 31 (12): 83-89.
[2] 根据卢家楣的研究，"情感素质"是指个体在遗传和环境共同作用下经实践形成的相对稳定的、基本的与青少年阶段发展相应的、积极的情感心理特征。
[3] 卢家楣，刘伟，贺雯，等. 我国当代青少年情感素质现状调查 [J]. 心理学报，2009, 41 (12): 1152-1164.
[4] 根据卢家楣的研究，"理智情感"是指青少年对认知活动及其成就进行评价时产生的一种内心体验。它产生于青少年获取知识的活动之中，属于我国传统的情感分类体系（道德感、理智感、审美感）中的一大类。
[5] 卢家楣，汪海彬，陈宁，等. 我国青少年理智情感现状调查研究 [J]. 教育研究，2012, 33 (01): 110-117.
[6] "双非子女"指既不是留守儿童也不是流动儿童。

续表

变量	家庭社会特征（M±SD）			F	Sig.
	留守儿童	流动儿童	双非子女		
国家认同	4.269±0.822	4.072±0.869	4.228±0.818	2.229	0.108
国际理解	4.077±0.900	3.965±0.906	4.172±0.827	3.243	0.039
环保认识	3.719±0.899	3.529±0.897	3.725±0.879	2.528	0.080

上述数据结果，与我们的调查预期有出入，导致这种不一致的研究结果出现的原因，可能在于不同调查在调查年份、样本构成、数据分析工具和分析方法等方面存在差异；但与其他研究者的发现相一致的结论为：在留守儿童、流动儿童和双非儿童中，流动儿童德育最为薄弱。

三、讨论及建议

通过本次调查，我们明确了湖北省未成年人品德发展的现状，进一步了解了该群体与自我、他人、社会以及自然的关系。湖北省未成年人品德发展的主流呈现出正向、积极的特点，整体值得宽慰。这能反映出，湖北省中小学校德育工作颇有成效，德育工作者应有基本的自信与对未来德育工作的信心。但我们也应该意识到，湖北省未成年人的品德发展在分享与合作、民主与法制以及个人习惯维度上还存在着问题与不足。并且，根据本次调查的结果，小学生的均分高于初中生、女生的均分高于男生、城市学生的均分高于非城市学生、成绩较好的学生的均分高于成绩次之的学生，但我们不能妄下定论，认为品德的发展初中生不如小学生、男生不如女生、非城市学生不如城市学生、成绩差的学生不如成绩好的学生。不同年级、性别、学校位置和成绩水平的未成年人平等地具有品德发展的需求与潜力，都需要家长、教师、学校和社会的注意与重视。基于调查结果，为了促进湖北省未成年人的品德更好地发展，笔者提出如下建议。

（一）针对道德短板的品德教育

1. 加强合作教育，强化未成年人的分享与合作意识

分享意愿是一种良好的个人素养，而合作能力则是21世纪社会和经济发展对人才的基本素质要求。但在现状中，"竞争"越过"合作"，从而成为常态，无论是成年人还是未成年人，都生存在竞争所带来的紧张与压抑之中。以成败

59

论英雄式的竞争行为，致使人们缺失分享意愿与合作行为，趋向利己，部分未成年人因此存在人际交往困难，从而产生孤僻、偏执、极端等心理障碍，个别个体甚至发生了人生悲剧。不可否认的是，未成年人分享与合作意识的淡薄，离不开成年人有意无意的影响，因此促进未成年人的分享与合作意愿，需要成年人担起引导与教育的责任。

一方面，在家庭中，父母应创造宽松的家庭环境，有意识地培养未成年人的分享意识与合作能力；另一方面，在学校中，教师可以采取一定的措施与方法，开展分享与合作教育，提高学生的分享意愿与合作能力。如在班级管理中，将分享与合作列为中心议题，通过日常行为训练与集体活动，强化良好行为，及时纠正不良行为；在课堂教学中，积极引导学生开展合作学习，通过承担共同的学习目标，共同完成相应的任务与作业，让学生相互帮助、相互交流、相互分享，体验到合作的快乐与功效。

2. 加强公民教育，增强未成年人的民主与法治素养

社会主义和谐社会应以公民为基本构成，公民在其中积极、合理、有效参与社会事务，公民合理、有效参与社会的前提在于自身具备良好的民主与法治素养，而良好的民主与法治素养的习得，则依靠有效的公民教育。可以说，培育公民意识、培养公民能力是构建我国民主法治社会的重要内容。作为现代社会的主体，合格的公民应具备基本的民主理念与法律知识，积极主动地关心公共事务，有政治参与热情并具备有效参与的能力。

如何增强未成年人的民主与法治素养？如何推动未成年人成为一名具备公共参与能力的合格公民？更大程度上还是需要学校加强公民教育，让未成年人在公民教育中建构公民身份，形成公民角色，自觉成为一名合格公民。班级生活作为未成年人最日常的公共生活领域，是学校实施公民教育最便捷、最有效的场所。通过班级自治与民主管理，培养未成年人独立的人格与批判的公共理性；通过班级权利与义务的统一，强化未成年人的法治精神；通过开展班级公益活动，培养未成年人的公共服务意识；通过班级中类似公民生活的体验，促使学生自主养成公民能力。

3. 加强养成教育，优化未成年人的个人习惯

良好的个人习惯将使个体终身受益，同样，如果坏习惯所导致的负面影响也将积习难改。个人习惯的养成教育是学校工作中的重要一面，更是优良的校风、学风形成的关键。从某种意义上讲，培养未成年人良好的个人习惯要比传授文化知识更重要。未成年人是否具备良好的行为习惯，是其能否拥有良好生活的重要前提。所以，在针对未成年人的教育教学中，教育工作者需要特别重

视对其优良行为习惯养成的教育工作。

优化未成年人的个人习惯，需要以学校教育为主渠道，加强学校制度建设，将个人习惯养成教育纳入学校发展与评定的考核标准之中，为养成教育的实施提供制度保障。教师需要注意言传身教，自身个人习惯的示范作用要到位；家庭教育应积极配合学校教育，共同推动未成年人良好个人习惯的养成。在当下日益复杂的社会中，未成年人辨别是非与抵抗诱惑的能力较弱，极易受不良风气的引导而沾染不良习惯，因而，作为父母，在家庭教育中，应及时纠正孩子的小错误、小缺点，有效抵御外界各种错误思想和行为对孩子的侵袭。

(二) 基于差异发展的道德教育

1. 尊重性别差异，因"性"施教

客观而言，男女生无论在身体发展，还是在思维模式与认知风格的形成上都存在较大差异。正因为差异的存在，教育工作者才需要基于差异对不同群体开展更具针对性的教育，而不是"一视同仁"，以相同的标准和要求来对待不同的未成年人群体。在调查结果中，男生的均分低于女生，这说明在本次调查的维度上，男生比女生更迫切需要得到引导与塑造。

就此而言，无论是教师还是父母，都需要明确未成年人在品德发展中的性别差异，根据各自的发展特点与不足，选择适宜的教育方法与教育策略，"突破传统的性别刻板印象，将蕴含于男女两性中的宝贵经验、优秀品质、能力等，同等地传递给男女两性，并鼓励他/她们对这些经验、品质、能力予以自由选择与创造性发展"[1]；同时，教育者也应该引导男女生进行相互学习、相互影响、相互帮助，取长补短，达成共同进步。如女生学习男生的刚健勇敢与阳光活泼，男生学习女生的温和友善、理解与通达。

2. 尊重个体成长规律，转变德育方法

根据心理学的研究，我们知道，随着年级的升高，初中生的身心发展逐渐体现出过渡性、社会性和动荡性[2]等特点。具体而言，初中生阶段正处于从幼稚向成熟发展的过渡期，这一时期他们的独立性与依赖性错综复杂，充满矛盾。加之与小学生相比，初中生的活动范围更大、社交范围更广，更大程度上受到社会环境的影响。在诸多因素的共同影响及其矛盾的心理状态的共同作用下，致使初中生的思想比较敏感，品德发展极具动荡性，容易爆发极端行为。初中

---

[1] 周小李. 因"性"施教的当代范式探讨 [J]. 上海教育科研, 2009 (10)：19-21.
[2] 林崇德. 发展心理学 [M]. 杭州：浙江教育出版社, 2002：362.

生的独立性、批判性以及自我意识中的自觉性有了显著的发展，这使得他们显得那么不安分，常常怀着反抗的意志向教师、父母等成年人表露出的权威发起挑战，或常与人争论各种现象及其原因与解决方案。正是这种动荡性与不安分，使得品德不良的行为表现往往出现在中学阶段。

个体成长的阶段性规律，启发我们在育德时应当针对年级、年龄差异，及时转变德育方法，以更贴切的方法促进不同年龄阶段的未成年人的品德发展。尤其面对初中生群体，"贴切"的方法意味着不能用灌输式、自上而下式的方法传授给他们道德知识。首先，教育者要做的是以平等的姿态与其进行沟通与交流，在尊重与理解初中生的想法与见解的基础上，将其向正面的价值观与行为方向上引导；其次，教育者可以加强德育的情境化设置，在具体的、真实的情境中舒缓初中生的抗拒感，增强其道德情境中的解决力。

3. 基于城乡差异，推动城乡基础教育均衡发展

湖北省未成年人的品德发展存在着显著的城乡差异，未成年人品德发展上的城乡差异在某种程度上可以视为城乡基础教育发展存在显著差异的表现，即城乡基础教育发展不均衡。因而要减少未成年人品德发展的城乡差异，推动城乡基础教育的均衡发展必不可少。推动城乡基础教育的均衡发展，需要在城乡的经费分配、师资建设和教育质量等方面做到均衡，让农村教育能够脱离办学经费不足、师资队伍落后、教育质量低下等窘况。

其中，尤其迫切需要改善的是农村教育的教师质量。教师是教育活动的直接开展者，一方面，教师有意识的德育活动直接影响着未成年人的品德发展，教师自身教学技能与教育素养不足，意味着他们很大可能上不会尊重不同学生的个体发展差异，更不会根据这种差异选择不同的德育方式；另一方面，教师自身的道德素养在潜移默化中将对未成年学生产生极大的影响，道德崇高的教师往往能成为道德榜样，引领学生的品德发展。教师在未成年人品德发展中的重要作用，与当前农村教育中中小学教师数量空缺、质量不足的现状形成反差，由此，为改善农村未成年人的品德发展，推动城乡基础教育均衡发展，特别是加强农村教育师资队伍建设尤其迫切。

4. 基于成绩差异，加大对成绩落后儿童的关注度

根据本次调查的结果，湖北省未成年人在品德各维度上的均分呈现出随学业成绩的升高而升高的特点。即使我们不能笼统断定学业成绩越好的未成年人其品德发展也越好，但调查数据呈现的这种特点也足以引起我们的注意，教育工作者需要加大对成绩靠后的未成年人的关注程度。在应试教育占据主导地位的当下教育中，学业成绩对学生的影响较重，成绩落后甚至成绩中等的学生可

能受到的关注相对较少。发展程度越好的学生得到越多的关注与培养，发展程度低的学生有更大的进步与成长的需求，反而不一定能得到应得到的关注，这说明个别教师的关注点与注意力俨然已错位。

整体而言，学业成绩靠后并不意味着个体未来发展的靠后，但个人品德靠后，其未来的发展必将严重受阻，由此才凸显出加大对成绩靠后未成年人的关注度的重要性与必要性，尤其是加大对成绩靠后的未成年人品德发展的关注度。具体来说，一方面，教师应该看到成绩靠后的未成年人在其他方面的特长与优点，并对其予以赏识与鼓励，帮助他们树立自信心，开发人生的多种可能性；另一方面，教师应着重关注该群体品德发展状况不良的维度与方面，联手家长共同培养他们良好的品德素养，使其发展为讲文明、懂礼节、有责任、有担当的合格成年人。

第二节 大学生精神信仰和道德价值观念研究

"人是有理性的动物"，这种理性能力使得他们能够建构一套精神信仰以此来解释世界、指导自己的行为，这也是人之为人的一个本质特点。信仰是人类精神世界的深层结构，发挥着对人类思想的引导作用和对于人类行为的激励作用，成为推动人类社会实践的重要力量。心理学研究证明有无信仰对于生活的幸福感和满意感有重要影响。青年大学生作为未来社会的领导者和建设者，他们的精神信仰不仅对于个人行为具有指导作用、激励作用，对整个社会的发展也会具有越来越大的引领作用。在社会转型时期，在价值观发生断裂、崇高的价值逐渐隐退、诚信产生危机的时期，他们还相信什么？是权力、金钱还是个人幸福抑或社会正义？对于这些问题的回答，无疑具有理论和实践上的双重意义。

一、信仰的含义

信仰是什么？论者众说纷纭。在现代汉语中，信仰的意思是"对某人或某种主张、主义、宗教极度相信和尊敬，拿来作为自己行动的榜样或指南"。在西方哲学中，信仰主要有两个方面的含义：①信仰（belief），在普遍意义上是指一种相信、信奉、不怀疑的心理状态；②信仰（faith），有神论者的观点。① 荆学民认为，信仰是对人生终极价值的关怀；孙克强认为，"每个人都要为自己的生存找到支撑点或生命的立足点，就要对自己所存在的过去、现实存在的意义及将来的价值，提出答案和解释，这就是信仰"；黄盛华认为，信仰是人们内在的形而上意义上的终极关切态度，即人对无限性这一终极依托的寻找。马金龙认为，信仰是人们关于普遍的、最高价值的信念。②

笔者认为，信仰是一种强烈的、持久的、不容易改变的信念（belief）。所谓信念，则是一种在经验世界内既不能被科学方法、数理逻辑和感觉经验证明为完全正确的东西，也不能被证明为完全错误的东西。如果一套定理或思想解释体系被经验证明为是完全正确的，那就是真理；如果被经验证明为错误的，那就是迷信。例如，爱因斯坦的相对论，被科学实验证明为正确，则进入教科书，成为真理。虽然波普尔认为，也许未来某一天相对论会被另一套科学解释体系所取代，但是，这并不排除相对论与现实经验之间的完全符合。信念介于真理和迷信之间，既不能在经验世界中被证实，也不能被经验世界所证伪。比如，关于个人自由意志的哲学争论，斯宾诺莎认为，人没有自由意志，如果人以为自己有自由意志，就好比被扔到天上的石头相信自己能自由飞翔一样荒谬；而康德则认为，人的自由是先验的，人的自由就是能够脱离感性世界在道德世界中自主地发布道德准则，没有自由意志，就不能显现人类的尊严。这些争论使人迷惑不解，因为它们既不能被观察、实验、定理等完全证实，也不能完全证伪，因此，只能被作为哲学的玄设而搁置起来。对于个人来说，无论他选择相信人有自由意志，还是选择不相信人有自由意志都是可以理解的。

所谓个人信仰，在笔者看来，是指一套指导个人行为的个人哲学。它是一种类似波兰尼所说的个人知识，对于信仰的体认和感悟多于个人所能说出来的，也即在表达信仰时，语词有时显得很乏力。个人哲学要回答的第一个重要问题就是你的行为追求的最终目标是什么。例如，一个人勤奋工作，追求的是他人认可，他人认可实际上是一种成就感，成就感与幸福感密切相连，因此，可以认为这个人的个人信仰便是幸福与荣誉。这同时也涉及一个价值排序，实际上是价值观问题，哪些东西是你所最看重的，是物质价值、精神价值、社会价值

---

① 佟丽华. 当代大学生信仰问题研究 [D]. 长春：东北师范大学，2004.
② 宋兴川，乐国安. 大学生的精神信仰结构 [J]. 中国临床康复，2005（16）：46-47；黄盛华. 国外信仰问题研究述介 [J]. 哲学动态，1990（07）：12-15；马金龙. 社会转型时期大学生信仰现状、原因及对策 [J]. 和田师范专科学校学报（汉文综合版），2005，25（06）：93-95.

还是道德价值。

个人哲学要回答的第二个问题是哪些观念、事物是你所相信的,即便是你的信条不能完全和经验相契合,你仍然相信所相信的东西。比如,一个乐观者的个人哲学是"明天会更好",但是明天也许会带来地震和疾病等,倒不如生活在当下。虽然,"明天会更好""好人有好报""科学造福于人类"等个人信条并不完全与事实相符,也不是完全与事实不符,但它的确是个人在生活中自主选择的、指导现实行动的总体方针。同样"人性恶""社会公正只是幻想"等信条也是如此,虽然它与主流价值观不相符合,但个人有保留这些观点的权利,这是人类的基本权利之一。

个人哲学依据个人的理性程度而建构起来,如果理性思辨程度较高,追求思想的纯粹性和对现实的解释力,个人哲学就变成对更多人有吸引力的形而上学的哲学体系;如果理性程度不高,则个人哲学也会呈现不系统、不纯粹的破碎状况,只对个人适用。

二、精神信仰的分类及特点

(一)信仰的类别

关于精神信仰的类别,历史比较悠久的分类来自康德。他把信仰分为三类:实用的信仰、学说的信仰(或教义的信仰)和道德的信仰。后人将其称为"经验性信仰"或"工具性信仰"等,就是为生活的方便、行为的必需、专业的成功而权且建立的信仰。譬如,到银行存款相信银行可靠,吃饭相信饭菜中无毒,乘坐汽车或飞机相信不致遇险,每做一件事,相信此事于己有良好的后果。如此类的信仰,一方面是出于智慧的计算,另一方面也是出于经验的积累。在三个层次中,学说的信仰统整程度最高,其次是道德信仰,再次是实用信仰。

当前常见的分类是把它分为理性信仰和非理性信仰。但是,同样的名称表达的意义不同。如弗洛姆用非理性信仰表明对权力的屈从,是对自身权力和内在独立性的放弃;韦伯认为,非理性信仰中充斥着大量神秘、巫术、情绪和传统因素。在中国研究者的话语中,非理性信仰又主要表现为对超自然神秘力量的信仰和崇拜,如宗教信仰,而理性信仰是建立在判断、推理及实践基础上,而不是建立在幻想和奇迹基础之上的信仰。

还有一些研究者可以依据关涉的对象把精神信仰分为宗教信仰、政治信仰、科学信仰、道德信仰。贺麟先生认为:"对人生和人性的信仰,相信人生之有意义,相信人性之善,对于良心或道德法律的信仰,相信道德法律的效准、权威和尊严。又如，相信德福终可合一，相信善人终可战胜恶人，相信公理必能战胜强权等，均属道德信仰。"[1] 宋兴川依照人与自然、人与社会以及人与自身关系的三个维度，在研究中把信仰分为社会信仰、实用信仰和超自然信仰。[2]

笔者认为，信仰依据它在经验世界中可证实的程度，可以分为超自然信仰和理性信仰（人生信仰）。超自然信仰是其信仰的对象在经验世界中无法呈现，如神灵或上帝，他们无法直接显现，为人类所察觉，人类可以在对其无知无觉的状况中生活。而理性信仰则是与经验世界相连的，在经验世界中建构、为经验世界所必需的，如对于道德法则、社会公正的信仰。社会舆论和法律与之相联系，违反法律的人受到惩罚，社会公正在一定程度上得以维持，虽然不能完全实现，但是也可得到部分证实。

本研究主要关注的就是这种理性信仰（人生信仰），中国有根深蒂固的无神论传统，而理性的精神信仰是影响中国人包括青年大学生社会生活和个人生活的主要力量。虽然一些研究者在南京、北京等地的调研显示，大学生相信宗教的比例在不断增长，很多学生超越了单纯好奇和功利之心，表现出真诚的精神追求。但在中部地区，宗教组织的力量还比较弱，正像在本次调研访谈的多数青年大学生所提到的，"我们没有宗教信仰，可是我们也有精神信仰。"

（二）精神信仰的特点

已有的研究指出，精神信仰的特点之一是神秘性和不可理喻性，梁启超指出，信仰完全是情感的，具有个体间不可通约的隐秘性，无法用理性进行剖析和阐述。特点之二是承继性和自主性，既是在一定的社会制度的框架下形成的，又表现出认知主体的个人选择。[3]

还有的研究者指出：其一，信仰具有超功利性和稳定性，凡信仰都是对眼前的、可变的、有限的功利性的超脱，着眼于对长远的、恒定的、无限的功利的追寻，即为了永恒的光荣而舍弃暂时的需求；其二，具有多样性和互动性，不同的人具有截然相反的信仰；其三，具有超现实性与实践性，信仰是一种对遗憾和苦难的超越，是对至真、至善、至美的一种强烈渴望，信仰的形成与实践的发展属于同一过程；其四，具有非逻辑性与亲和性，信仰是认识、情感、意志的统一体。一个人对于与自己信仰相近或相同的人，会产生极大的兴趣与

---

[1] 贺麟. 文化与人生 [M]. 北京: 商务印书馆, 1998: 92.
[2] 宋兴川, 金盛华. 大学生精神信仰的现状研究 [J]. 心理科学, 2004 (04): 1010-1012.
[3] 黄盛华. 国外信仰问题研究述介 [J]. 哲学动态, 1990 (07): 12-15.

热情，表现出强烈的亲和倾向。

笔者并不想对信仰做价值判断，认为只有表现出真、善、美的信仰才是信仰，而信仰物欲和权力则不是信仰，而认为两者都是信仰，不过有高下之分。信仰，无论相信永恒的东西，还是现世的享受，无论导向是正确还是错误的结果，都表现出如下性质。

其一，信仰具有实践性，它源于实践，又高于实践。信仰是一套思想体系，正如马克思所反复强调的，人的思想不能离开现实的物质条件和人所从事的社会生产活动，不能离开社会大环境和个人生活的小环境。很难想象，一个屡次被他人欺骗的人还会相信人性的真、善、美，一个生活在"强者为王，败者为寇"乱世中的人还能发自内心地相信法治。信仰具有实践性，还意味着信仰具有行动力，可以直接决定意志，对人的意志下命令，从而使人依据信仰而行动。仅仅停留在思想层次的想法，没有产生行动，很难说是形成了信仰。如果说一个人信仰法治，但迫于形势不得不行不正义之事，就会引起内心的极大冲突。如果这种行为是经常发生的，要么坚持信仰，但人格分裂、内心痛苦，要么改变信仰，让认知和行为达到平衡。信仰要求知行合一，不能知行合一的信仰是虚假的信仰。

其二，信仰是理性、情感和意志的混合物。笔者不同意认为信仰具有神秘性和不可理喻性的观点，而认为信仰一定需要理性的支撑。即便是宗教信仰，人们也会寻找某些证据，而对于非宗教的理性信仰更是如此。信仰道德和社会公正的人，会从各个方面寻找证据论证他们"人应该有道德"的主张。青年毛泽东也是将当时社会流传的各种理论进行反复比较甄别选定了马克思主义作为信仰。当然，信仰也不是完全理性的，它也表现出一种情感的倾向性，它似乎是一副有色眼镜，只看到和信仰相符的事实，而忽略与信仰不符的事实，相信"人应诚实"的人就会更多地注意那些诚实的行为及其所获得的回报，会忽略或者谴责不诚实的行为。"激情、信念、意志是信仰追求过程中的三大心理要素，它们相互联系、相互作用，共同构成了信仰追求过程中的心理运行机制，并使人的基本心理状态、认识水准在一个共同的目标指导下得以聚合、升华，成为人们的思想向现实行动转化的坚实中介。"[①] 也许在激情、信念、意志之外还需要加上一个认知和理性。

其三，信仰指向的中心问题具有相似性。随着经验的增长和阅历的增加，

---

① 刘泽君. 关于信仰追求的心理学论证——兼论当代大学生的信仰追求 [J]. 有色金属高教研究，1992（03）：134-136.

行为的主要目标逐渐从多样化走向单一化，逐渐定型。此时，人生中追求的主要目标就与信仰紧紧绑定在一起。献身科学的科学家，相信科学能够造福人类；献身教育的教育家，相信教育能够改变社会。不同职业、不同经历的人或许有不同的信仰，但其核心要素应是相同的，都是对人生的道德审视——人生的意义是什么？什么样的生活是值得过的？

本研究主要关注的便是青年大学生人生信仰中比较核心的信仰——人性观、人生意义观和社会价值观。人性观涉及大学生对人性之善恶，对于他人是否信任的基本判断，它是社会价值观和人生意义观的心理基础；人生意义观和幸福观涉及大学生对个人生活的目标、意义的判断，对于幸福的定义；社会价值观涉及大学生对于处理人与人之间利益关系的道德规则及社会公正的认识。

三、大学生信仰研究综述及研究设计

(一) 大学生精神信仰的文献综述

自20世纪90年代至今，很多研究者对于大学生的信仰状况进行了实证研究。1992年，王丽影、邹诗鹏对吉林大学的1194位大学生的问卷调查显示，大学生们的集体主义价值观仍占主流，大学生道德观念的水准高于其道德行为的水准，而他们的道德行为水准又高于社会人员的一般水准。奋斗型、事业型的大学生还是大多数。但大学生道德观方面还存在两个偏差：一是个人主义，强调弘扬个性和为自己的利益而奋斗；二是相对主义，表现为道德理想的失落，对于道德评价的调侃、中庸甚至厌倦情绪。[①]

进入21世纪，更多的研究者关注社会转型时期、全球化背景下大学生信仰的建构问题。宋兴川把大学生的精神信仰分为社会信仰、实用信仰和超自然信仰3类一级信仰和9类二级信仰，他针对北京地区六所高校的1100名学生的调查研究显示：大学生精神信仰的现状，可以简单描述为在3类一级信仰因素中社会信仰占优势，超自然信仰比例最少，说明民族、国家和政治信仰是大学生的主要信仰；二级信仰因素显示9类信仰类型中均值得分由高到低依次排列为民族主义、生命崇拜、国家主义、家庭主义、政治信仰、家族崇拜、宗教信仰、金钱崇拜和神灵崇拜，说明大学生精神信仰现状表现为民族主义、生命崇拜、国家主义和家庭主义，这是大学生精神信仰的主流；宗教信仰、金钱崇拜和神灵崇拜处于次要地位。宋兴川的研究还揭示，性别和居住地对于大学生精神信

---

① 王丽影，邹诗鹏. 次开放地区大学生道德观调查 [J]. 青年研究，1992 (10)：4-10.

仰有影响：女性比男性更易产生宗教信仰、神灵崇拜和民族主义；男性比女性更易产生金钱崇拜。居住在城镇和大城市的大学生比居住在农村的大学生更易产生神灵崇拜，居住在农村的大学生比居住在城镇、大城市的大学生更易产生政治信仰，居住在大城市的大学生比居住在城镇的大学生更易产生生命崇拜。[①]

对于大学生的人生价值观和道德观一直是诸多研究者关注的重点。受到宋兴川研究的启发，郭秀兰针对武汉地区的380位大学生的问卷调查研究显示，当代大学生的信仰认知呈现出多元化的趋向，表现得越来越务实，大学生的个人信仰均值由高到低依次为生命崇拜、家庭崇拜、金钱崇拜。彭晓玲等人的调查研究显示，大学生在人生价值观上，价值取向功利化，趋于讲实惠；在对待利益方面，倾向于公私并重，义利兼顾。马金龙认为，大学生信仰具有多元性、崇我性（"我崇拜我自己"）和迷信性，崇拜神秘的东西，着迷于星相、血型和命运。[②]

一些研究者揭示了大学生的政治信仰状况。曹向阳、王越芬等人的研究指出，大学生对一些深层次的重大政治理论问题存在着困惑和迷茫。曹向阳针对江苏大学生的研究显示，有近一半学生不会主动去关注党和国家现行政策、忽视树立政治信仰对自己的意义、提不起政治参与的热情，当前大学生的政治信仰仍浮于表面，对政治信仰的理解不深刻。[③]

（二）本研究的主要方法和内容

以上的研究分别从政治信仰、宗教信仰、道德信仰多维度揭示了大学生精神信仰的多个侧面，由于取样的不同和方法不同，其研究结论并不完全一致。但综合其共同之处，可以看出其主要的结论是：

（1）大学生精神信仰的主流是认同民族、国家的目标，是与社会合作式的建设者态度，而非反社会的破坏者态度。

[①] 宋兴川，金盛华. 大学生精神信仰的现状研究 [J]. 心理科学，2004（04）：1010-1012；宋兴川，金盛华. 不同性别和居住地大学生精神信仰的比较研究 [J]. 青海师范大学学报（哲学社会科学版），2008（01）：138-141.

[②] 彭晓玲，骆琪. 大学生道德观调查分析 [J]. 重庆科技学院学报（社会科学版），2009（08）：191-192+196；郭秀兰. 当代大学生信仰认知的调查分析 [J]. 思想政治教育研究，2009，25（02）：71-73；马金龙. 社会转型时期大学生信仰现状、原因及对策 [J]. 和田师范专科学校学报（汉文综合版），2005，25（06）：93-95.

[③] 曹向阳，杨红玲. 江苏大学生政治信仰调查报告 [J]. 当代教育论坛（宏观教育研究），2008（04）：44-46；王越芬，林屹，季宇. 当代大学生政治观的调查与思考 [J]. 思想政治教育研究，2007（04）：44-45.

（2）大学生在人生信仰上表现出多元化、务实化、功利化趋势。

（3）一部分大学生存在信仰危机、迷茫、缺乏目标。

以往的研究无疑增加了人们对大学生精神信仰的了解，但是，以往的研究还存在下列缺憾。

（1）以往主要致力于揭示大学生精神信仰的状态，但是忽视了大学生精神信仰中最核心的根基应是对人性的看法，如果缺失大学生的人性观，对于大学生精神信仰的揭示就是无源之水。

（2）以往研究主要揭示大学生的总体风貌，用研究者设定的标准给大学生群体下一个综合判断，但是大学生到底在思考什么，到底为什么问题而烦恼，他们在思想上有哪些困扰，这些都是不清楚的，缺乏从大学生生活的场景出发、从大学生的立场出发去理解他们的调查。

（3）以往研究主要是静态的，指出在某一个时间段大学生的信仰状况是怎样的，但是这种信仰是如何形成的，在大学生从童年到成年的过程中，哪些因素制约着信仰的形成，这方面的研究尚不多见。

（4）以往的研究主要是调查问卷，方法较单一。调查问卷的操作相对标准，对于大规模地获取数据是较好的，但是这种方法不能获得更丰富的数据材料。

为了更好地揭示大学生精神信仰状况，本次研究拟采用多种研究方法，多视角、更深入地揭示大学生的精神信仰状况。

（1）研究大学生的人性观，用问卷调查法揭示他们对人性的善恶、人性的利他性和可变性的认识，揭示他们是否相信他人。

（2）研究大学生的人生意义观和幸福观：其一，采用质的研究方法，深入访谈大学生以采集并分析他们对于人生意义、幸福是什么样的看法，以更丰富地揭示大学生的信仰状况；其二，对于大学生日常生活中的两难问题和道德困惑进行分析，用内容分析法提取大学生自己的叙述以揭示不同性别、年级、家庭居住地学生的思想困惑和现实困扰。

四、本研究主要结论

2009年8—9月，本研究组对武汉地区4所高校570位不同专业、不同年级的大学生发放问卷，回收502份问卷，问卷回收率为88%，其中，男生所占比例48.4%，女生为51.6%。调查工具采用Wrightsman在1974年改编的人性量表，其分半信度系数为0.76，运用时有改动，问题主要集中在人性的善恶性、利他性和值得信任性方面，并增加了道德观方面的内容。

(一) 大学生的人性观

调查结果显示：

其一，大学生对人性善持乐观态度。84.1%的大学生同意"多数人基本上是好的和善良的"，只有15.9%的大学生认为说不清或者不同意。76.8%的大学生认为别人不会占自己的便宜，而是会公正地对待自己。

其二，大学生对人性的可变性有充分的认识。大多数同学相信人性是善的，68.1%的大学生认为多数人是值得相信的，但是他们也同时看到了人性的劣根性：57%的学生认为"如果能不花钱进入电影院而且肯定不会被发现，那么大多数人都会那么做的"，只有不到半数的同学认为在当前社会竞争激烈的情况下，人们会按照道德原则行事。由于社会转型期存在的钱权交易、非法牟利、老实人吃亏等现象，赞同"成功的人过着清白和有道德的生活"的大学生仅为34.1%。

其三，多数大学生相信人性是利他的，是有着帮助别人的善意的。70.7%的大学生相信"如果有机会，多数人都乐善好施"，但是只有22.1%的大学生不赞同"少数人肯冒着生命危险帮助别人"，52.2%的大学生赞同多数情况下人们是只关心自己，而不是乐于助人的。

总的看来，大学生对于人性持积极态度，但他们对于人性的可变性、劣根性也有一定程度的认识。

第一，大学生对于人性善的评价最高，要高于利他性、可信性，这说明大多数大学生相信人类不会有无缘无故的仇恨，或者有伤害无辜的人的主观恶意，大学生相信他人会给予自己公正的评价。

第二，七成左右的大学生相信人性是利他的，愿意帮助别人，但五成左右的学生又认为人性是自私的。两者看似矛盾，事实上不矛盾，可能的解释：人虽然愿意帮助别人，但是这种帮助是建立在不冒风险、不损害个人利益、没有利益冲突的基础上的。

第三，大学生对于人性的坚持原则性也即诚信评价相对较低，他们认为虽然在私人生活中，朋友、熟人或者身边的大多数人是诚信的，不会故意欺骗自己，但是在社会生活中，人们会钻制度的漏洞，不会严格地按照道德原则处事，为了成功有时会不择手段。

(二) 大学生的道德观

对于道德在整个社会生活中的作用，85.1%的大学生作辩证和理性的评价，认为道德一方面限制了人们的生活，另一方面又保护人们的利益。

对于衡量人的道德行为的主要依据，22.6%的大学生认为主要是看是否遵守社会规范和法律，61.6%的大学生认为主要是看"是否符合个人原则和良心"，只有8.1%的大学生认为"善恶问题、好坏问题在今天已经没有什么意义，对道德问题最好的评价是不予评价"。可见，道德评价上的多元主义、相对主义并不盛行；在遵守规则的他律和自律之间，大学生更愿意选择自律，用自己的标准评价自己的行为。

道德观的中心问题是个人处理与他人、社会、国家之间利益关系的原则问题。本次调查显示，62.7%的学生赞同"不要问国家能给你做什么，而要问你能为国家做些什么。"非常令人吃惊的是，选择赞同"在满足个人基本需要后，尽最大努力去服务社会、关爱他人，做义工、捐献等"的大学生的比例竟然高达82.7%，远远高于赞同"主要关注自身利益，但也要兼顾他人利益"的比例（12.1%）。说明虽然"大公无私""公而忘私"的只求奉献、不问回报的极端利他主义已经逐渐隐退，但是大学生仍然有着较强的社会责任感，愿意为他人的幸福和福利而付出，而不是只关心自己的利益。但他们更多地把帮助别人、为社会服务看作自愿的选择，一旦被要求必须这样做时，他们就会望而止步。

"在您的生活中，您觉得最值得追求的价值"，如果只看第一选择的话，那么大多数大学生最为看重的价值是：个人生命健康，其次是内心满足和愉悦，再次是社会发展，与之比例几乎相当的是个人荣誉、地位和成功（见图2.1），而金钱和物质享受则排名靠后。这说明大学生追求的首要目标是个人化的，是身心健康和个人幸福；把金钱和物质享受作为生活的首要目标，拜金主义或物质主义也是他们所不欣赏的。

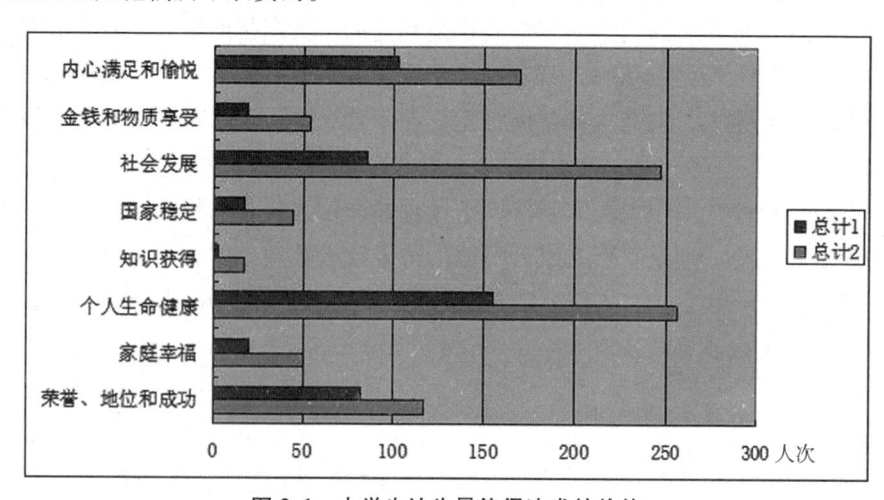

图2.1 大学生认为最值得追求的价值

但是，如果加上第二选择的话，情况就不同了，个人生命健康仍为第一（256次），但社会发展跃居第二（247次）。这说明，大学生追求的理想价值是：个人幸福与社会发展齐头并进，这说明他们充分地认识到只有社会发展，个人幸福才有保障；而追求个人幸福的同时，也要为社会、为他人的利益而付出。

综上所述，本调查不支持大学生是唯我主义、拜金主义、物质主义的论点。本研究显示：

（1）大学生的生活目标和对待利益的选择方面呈现多元化趋势，更关注个人目标、个人成功、个性展现，同时也倾向于公私并重。他们对于个人与他人、社会、国家持一种平等交换、互利互惠的现实态度，认为个人付出多少社会才能回报多少，个人与社会的关系是水涨船高的。进一步的访谈表明，多数学生并不认为中国人加入外国籍是一种不爱国的行为，而是认为当国外的发展机会远远高于在国内时，这种做法是可以理解的。他们对于个人与国家之间的关系持一种契约式、合同式的态度，如果不满意，可以另找一家再签合同，只要在感情上和行为上不背叛祖国就行了。一方面认为自己应该努力做好工作，为国服务，另一方面认为国家应给个人发展提供良好条件。对于国家单向的、绝对服从和忠诚的态度几乎完全消失了。

（2）在财富、地位、内心愉悦和满足方面，更强调内心的愉悦和满足，说明大学生把精神需要看得重于物质需要。

（三）大学生的人生意义观和幸福观

为了在大学生生命观和意义观上获得更丰富的数据，本次调研主要采取深度访谈形式，在武汉地区的各个不同类别（重点、一本、二本）共3所学校对37位不同年级、不同专业、不同性别的大学生（男生N=15，女生N=22）进行访谈，其中以本科生为主，每次访谈大学生4~6人，访谈时间为1~2小时，访谈地点为办公室、接待室。另外通过网络对武汉地区之外的5位研究生进行了访谈，获取了42份完整的访谈记录。

访谈采取结构性访谈，讨论的话题已经事前拟定，主要是关于一些社会争议较大的两难问题。例如，张华讨论案、"范跑跑"事件涉及在义利之间、个人生命和他人生命之间进行抉择，下列两个事件涉及个人的幸福观和意义观：

（1）一个女记者事业有成、工作繁忙，隔三岔五就要出差。一次，她在条件艰苦的无人区碰到一个老太太。她对老太太说："老人家，您真可怜，这里条件太差，人都没有几个。"没想到老太太拉着女记者的手也说了一番话："闺女，您太可怜，天气不好，还要四处奔走，远离家人。您看我多幸福，一辈子哪儿都没有去，就在这儿守着我的丈夫孩子，养了几只羊和几头牛。"您认为老太太和女记者谁幸福？……您认为怎样才是幸福的人生？

（2）2005年8月，26岁在读博士生小孟从7楼纵身跳下。小孟从小到大都是公认的优秀学生，其父母在悲痛中，公布小孟遗书，以警示后人。在遗书中，小孟说明自杀的原因是"厌世、想偷懒、精神抑郁"。之后发现的另一封遗书中写道："不用再犹豫了，我已经选择了痛苦最少的路。""为什么呢，在我心中，生命就那么没有价值吗？"小孟自杀的行为是应同情还是被谴责？……您觉得生命的价值是什么？

多数问题没有绝对正确和错误的回答，主要是为了借此激发大学生的思考和讨论，促使他们澄清自己的观点。在访谈中，大学生表现活跃，充分表露自己的观点，总结起来，大约可得出以下结论。

（1）绝大多数大学生赞同生命的价值高于功利的价值，道德价值高于物质价值。在张华事件上，88%的大学生赞同张华的做法，认为生命都是一样的，没有高低贵贱之分；牺牲自己的生命表现了人性的光辉和可敬。只有少数同学（N=2）持保留态度，认为救人不要超越自己的能力，要"智为"。还有3位明确反对张华的做法，认为不值。大多数学生谴责"范跑跑"，但同时认为不能强求为了他人而牺牲自己的生命，而只能是自愿的。

（2）多数大学生认为幸福没有固定的标准，不能用自己的标准去评判他人的标准。对于幸福是什么的回答，有三种代表性的观点：第一种认为幸福就是给予，"跟家人和朋友分享自己的快乐，不成为别人的负担，如果不能给别人带来幸福，宁愿去死""给予爱就是一种幸福"；第二种认为幸福就是创造，"幸福就是为了创造价值，不能创造社会价值，就是不幸福"；第三种认为幸福是奋斗，是追求自己想要的目标并达到这个目标。给予的幸福观，是一种关爱他人的情感取向；创造的幸福观，强调的是在社会中获得承认和成就；奋斗的幸福观，强调的是个人价值的实现。总体来看，在幸福观上，大学生表现出比较强烈的"社会本位"取向，关心他人的需要，如家人、朋友和社会的需要，而非个人中心。"幸福跟身边的人有关系，幸福不是自我的。如果生活在自己身边的人都觉得幸福，自己就觉得幸福，如果他们觉得不幸福，自己拥有的东西再多，也不会觉得自己很幸福"。大学生的幸福观是积极的、入世的，在很大程度上，大学生幸福的程度取决于满足他人需要的程度，也很大地依赖于大学生人际交往中体验到的友情和亲情。

（3）关于大学生自杀，只有10人觉得是应该谴责的行为，认为自杀是一种自私的、不负责任的逃避行为，其代表性的观点如下。

对于小孟的自杀，我觉得主要原因还是在于他自己人生观和价值观存在某些偏差。也许对于他自己来说，生命是没有价值的，自杀对于他来说确实也是痛苦最少的路。但我认为我们每一个人都不是生活在荒岛上的鲁滨孙，我们是社会人，从某种意义上来说，我们不仅仅是为我们自己而活着，对于其他人对于这个社会我们有着太多的责任，远的不说，就说含辛茹苦把他养大的父母吧，你自杀了也许你是解脱了，但你有没有想过你那年迈的父母，留下孤苦伶仃的他们该怎么办呢？从这个意义上来说，我觉得他是自私的，生命真的没有价值吗？我认为不是，在我看来能让我爱的人开心、快乐就是我最大的价值。小孟之所以会认为生命没有价值，只是因为他还没有找到那属于他的价值吧，但我有时候认为寻找生命价值的过程也是一种价值啊！对于他的自杀我不能理解，在我看来，不管怎样，好好活着比什么都重要！

大多数人的观点是认为自杀是可以理解的选择，其代表性观点如下。

人的心理都有一个临界点，超出这个临界点人就会选择极端的方式。他所承受的压力已经超过了他所能承受的范围，所以他选择自杀。一个人不到万不得已的情况下不会选择自杀。一个如此优秀的人选择自杀虽然不值得，但自杀对他来说是一种解脱，有他自己的原因，我们不能停留在谴责阶段。

从访谈看来，对于生命的意义或者价值有两种态度，多数人认为活着是一种责任，是为了亲人、朋友等生命中的重要人物而活，即使生来残疾，对社会不会有什么贡献，但为了亲人，他们仍然应该活下去；少数人认为活着本身就是好，好死不如赖活，不要去思考生命有什么意义，为什么要活下去。

总的结论是，大学生的幸福观是以满足他人需要为取向的，是积极的；大学生重视精神价值高于物质价值；但是大学生对于生命的价值不够珍视，对于生命的责任还不够重视，认为"自杀是个人的选择"，只有少数人认为"无论怎样，都不应自杀"，大学生对于生命的意义思考还不够深入。

第三节 大学生道德发展的两难问题

对于大多数高中生来说，大学生涯是一个全新的体验。大学生涯意味着从他人指导向个人独立迈进的重要一步，从少年文化过渡到成人文化的一个重要准备阶段。步入大学，不仅意味着生活环境的改变，还意味着必须寻找新的目标和新的指导思想，大学生涯不仅伴随着兴奋和喜悦，也带来更多的现实困境和思想迷茫。种种的困境，如果处理不好，会带来大学生思想上的困扰、现实生活中的困难，甚至会导致健康受损、学业中断、人格分裂。

一、研究的背景及综述

在以往的研究中，研究者对大学生的思想道德状况做了一些调查研究，其方法主要是调查问卷和个别访谈。如邵龙宝的研究表明，大学生在文化价值观上对中国优秀传统文化与道德的认同明显增强，对西方文化的兴趣有所减弱；在道德价值信仰上对社会终极关怀的目标期望淡漠，对自我发展的个人目标执着追求。[1] 赖萍的调查研究表明：大学生道德观存在性别差异，女生在问卷得分上高于男生，同时，专业、年级、家庭所在地、家庭经济条件对于大学生道德观有一定影响。[2] 这些研究有助于我们理解当代大学生整体的精神风貌，但是由于所运用的研究方法多为比较标准化的问卷调查研究，从中很难看出：大学生在想什么？哪些问题困扰着他们？他们是怎么做道德选择的？因此，本研究试图通过内容分析的方法，让大学生写出自己的故事，发出自己的声音，描述他们在思想上或现实生活中存在的两难选择，以及他们做出选择的方法。

运用两难故事法来研究青少年存在的思想困惑和道德选择，是国外教育研究者比较常用的方法。运用两难故事法研究儿童道德发展，最为著名的当属美国心理学家科尔伯格，从1957年开始，他运用两难故事测量儿童道德认知发展程度，并在此基础上提出了被广泛引用的道德认知发展的"三水平六阶段"说。科尔伯格运用的两难故事的主题多关涉所有权、公共福利和生死问题，都是假

---

[1] 邵龙宝. 当代大学生道德价值观现状调查分析 [J]. 高等教育研究，1997 (05)：60-65.

[2] 赖萍. 大学生道德观研究 [D]. 苏州：苏州大学，2008.

设的故事，而非现实发生的，这一点受到很多研究者的指责，他们认为：人们对于假设的故事总是表现出比真实的故事更高的认知能力和道德发展水平。此后，研究人员开始更多研究青少年生活中实际存在的两难选择，跨文化的研究也越来越多。Yussen 发现美国青少年描述的两难冲突中最常见的主题是人际关系。[1] Binfet 研究表明，加拿大青少年的道德两难关涉的主要问题是同辈压力和诚实。[2] Tirri. K 对芬兰 12—13 岁学生所写的道德两难问题进行内容分析，研究表明：学生道德两难问题的大多数主题都关涉同伴关系和人际关系，但是学生关注的主题因天赋高低、性别而有差异。天赋较高、成绩较好的学生很少关注烟草和酒精、药物和自我概念；所有的关于烟草和酒精、药物和动物权利的主题都是女孩写的，而生死问题却只有男孩关注。[3]

本研究关注中国大学生在现实生活中的两难问题，试图在中国文化背景中验证和补充国外同行的研究；同时也为大学教师、辅导员包括大学生自己了解大学生的思想状况，尤其是把握大学生为之"纠结"困扰的问题提供参考和帮助。具体来说，本研究试图回答如下问题：

（1）大学生亲身经历过的、感觉到左右为难、很难选择的思想困扰或现实问题有哪些？依据其主题，可以被分为哪几类？

（2）大学生的性别、专业、年级等因素是否对冲突的主题有影响？

（3）大学生解决困境的方法有哪些？

（4）大学生解决困境后的情感体验是怎样的？

二、方法与过程

（一）被试

本研究的被试是 308 名来自 5 所大学（178 个男生，130 个女生）的本科生，他们来自不同的专业，包括文科、理科和艺术类，来自不同的年级（大一学生为 175 人，大二学生为 78 人，大三学生为 32 人，大四学生为 23 人）。被试

---

[1] YUSSEN, S. Characteristics of Moral Dilemmas Written by Adolescents ［J］. *Developmental psychology*，1997（13）：162-163.

[2] Binfet, J. Identifying the Themes in Student-generated MoralDilemmas ［C］. San Francisco：A Paper Presented at the Annual Meeting of the American Education Research，1995：4.

[3] Tirri, K. The Themes of Moral Dilemmas Formulated by Preadolescents ［EB/OL］. Research Gate. Publication. ［2020-10-12］. https：//www.researchgate.net/publication/234738934_The_Themes_of_Moral_Dilemmas_Formulated_by_Preadolescents

的年龄从 17 岁到 22 岁。5 所大学生源质量各异，有面向全国招生的大学，也有以省内生源为主的大学，从学生来源、性别比例、专业分布上看，样本具有良好的代表性。

（二）数据收集

在本研究中，我们要求被试描述他们所经历过的两难冲突事件，通过他们的描述，我们可以收集到更具思想深度、更丰富、更具个性的数据，多维度地呈现大学生的思想状况及其发展脉络。在研究者给出简短的指导语后，所有的被试被要求在课堂上用纸笔测验方式在规定的时间内回答如下问题。

（1）请描述您亲身经历过的、让您觉得左右为难、很难选择的一件事或者对您造成思想困扰的一个问题。

（2）请写出您做选择或解决思想困扰时采用的方法或过程。

（3）请写出您现在对当时的选择结果或思考结论的情感体验。

（三）数据分析

被试所叙述的事件或问题主要用定性研究方法中的内容分析方法来处理。具体来说，我们首先对大学生所描述的冲突的主题、解决问题的方法、事后情感体验进行分类，然后把每个回答都编码到某一种类型中，接下来检查一遍，以确保每个试卷的回答在外部表现是独特的，但在内部性质上又是一致的。

我们用三个例子来说明如何对故事式的资料进行分析和编码。大学生面临的两难困境中，有时矛盾是多方面的，往往纠缠在一起，把它归结为某个主题时主要依据其中主要矛盾的性质。

例 1

让我左右为难的事情肯定是高考报志愿的事。当时分数还可以，可是上好学校又有点困难，在选学校上很纠结，在选专业上基本就是乱填了。因为之前没有做过调查，一味拿着成绩在看，自己又想一个人解决这个问题，也没有理睬父母的看法，总之那三天超级痛苦，不知如何做选择。

最后做选择基本是很痛苦的，一方面自己有很重的名校情结，另一方面又担心风险，结果自己先咨询了一些同学主要是录取分数方面，打电话给招生老师，最后确定自己进名校风险很大，就挑了一个二等的学校，至于专业就随便选了电气专业。现在觉得当时的决定很草率，方法也很失败，没有好好了解学校各方面的问题，只是关注录取分数和学校的口碑。没有好好了解自己的喜好，没有选一个自己真正喜欢的专业。

例2

去年高考后,自己因为高考失误,心情很郁闷,但家长和老师对我的期望都很大,希望我再来一年。当时自己怕在接下来的时间背负巨大压力,以及回想当初高三的艰辛和朋友们都将上大学去,我就十分不情愿,难道当今一个重点大学的文凭真的那么重要,有它可以在社会上胜人一筹吗?虽然那段时间和家人有无休止的冷战和争吵,但毕竟我一个晚辈敌不过那么多人,最后只有顺服他们。我选择了复读,虽然今年在考前病了很长一段时间,而且成绩批次也比去年低了一个等级。当旁人说,你是何必呢,图什么?但我现在可以很自信地说:我比他们多收获一份成熟,遇事我能更冷静。

例1和例2都关涉人生问题上的重大选择,但是例1的主题更单纯集中,不涉及人际冲突,矛盾主要集中在选学校和选专业上。而例2的主题更多,不仅关涉选择学校和专业,更关涉人际冲突,其中突出的矛盾是亲子冲突。因此,例1的主题被编码为人生的重大选择,包括选专业、选学校。例2的主题则被编码为亲子关系及与其他成人之间的关系。例1的选择方法被编码为自己选择,情感体验被编码为消极的;例2的选择方法被编码为听从父母意见,情感体验被编码为积极的。

下面一则例子也同样如此。

例3

在高中英语小测验中,同学时常不复习,在临考时,提出要抄袭我的答案,因为是同桌的关系,每日都有小测,我担心她长期如此,对她的英语成绩不利。但她执意要抄,说之后复习。毕竟作弊不是一件光彩的事,可是既是同桌又是好友,所以使我很为难。

从冲突包含的要素来看,既有同伴之间的人际冲突,又有个人做人原则、是否诚信的问题,我们认为其中最重要的冲突在于是否能坚持诚信的做人原则,因此把它编码为诚信及道德选择。

两位研究者独立地对大学生的描述中所有的事件进行编码、分类和列表。在情感体验、选择方法上均达到90%的一致,在冲突主题上达到85%的一致。经过协商讨论,最终的不一致达到了100%的一致。

三、冲突主题分析

我们对大学生上交的 318 份问卷进行了分析，剔除无效描述 10 份，保留 308 份描述了冲突情景的问卷，其中有 277 份问卷完整地回答了所有的问题。

冲突的主题主要包括：人生中的重大选择、恋爱关系、同伴关系和友谊、学习中的困惑、亲子关系及与其他成人之间的关系等。

（一）人际冲突

研究发现，与美国、加拿大等地的研究一样，人际关系是造成大学生两难困境的第一大重要因素，人际关系中包括与爱情、与同辈群体的关系和友谊问题，及与父母和其他成人之间的关系。涉及个人与他人之间的人际冲突主题占全部主题的 43.6%，其中与成人、同辈群体、爱恋的异性之间冲突的比例大体相当，同辈群体要略高一点，为 15%。

在成年人的人际冲突之间，正如心理学家埃里克森所言，"人生最深刻的冲突之一是由对父母的恨所引起的"，绝大多数冲突是与父母的冲突，只有 2 例（均为男生）涉及与老师之间的冲突，2 例（均为女生）涉及父母、教师之外的成年人，如亲戚或其他成年人之间的冲突。还有 1 例描述了到底依据成年人的文化来行动，还是采取同辈群体人的文化标准，在成人文化与同辈文化之间左右为难。

在与同辈群体之间的冲突中，绝大多数冲突集中在同性之间，如是否指出朋友的坏毛病，是否应借钱物给朋友，是否该拒绝朋友的要求，是否该帮助同学作弊，等等（N=8）。异性之间的冲突比较少见，两位男生描述了他们和女性同学之间的冲突。多数冲突发生在两个个人身上，但是有的时候也似乎是个人与很多人包括群体的对立。如作为一个社团的领导者，因为下属负责人工作不尽心而朝他们发火，却无济于事；是否应该把心中所想的目标告诉班上的同学，会不会因他们的不理解而带来嘲笑；个人因性别内向而带来的被群体孤立。

例 4　大一女生

刚进高中的时候，我选择住校，和同寝室的几个女生关系很好，她们会有很多的活动要我参加，有时不想参加就拒绝，但是她们会不停地劝说，偶尔还会说一些伤感情的话，让我觉得愧疚和不安。久而久之，每次活动我都得必须参加。

在恋爱主题上，感情的变化性与不稳定性是比较常见的（N=12），由开始懵懂的好感到后来感情的褪色：由于大学不在同一所城市，以前的好感渐渐消退，或者因为时间，感情到最后不了了之。想要得到爱情，却漫无目标，单恋的烦恼，或者被拒绝后的烦恼是常见的。这个时期的爱情，似乎更多地带有实验的探索性质，在合适的时机找到合适的对象，因此，即便失败了更多的不是深刻的痛苦，而是迷茫。两位男生谈到父母的态度影响他们与女性朋友之间的交往。

例5 大一男生

从初中到高中，我都暗恋过一个女孩，或许也不算暗恋吧！就是很有好感，我一直想公开地追求她，但我始终没有。或许是我太胆小，我认为高考就在眼前，无法顾及其他的事，所以我不想影响她。最终我还是什么也没有做。大学了，我总算鼓起勇气去问，她的答复是大学不打算谈恋爱。我也只能随她的意思了。最后我总算舒了一口气，还自己一个轻松，感觉自由了。

这个例子是大学生恋爱事件中比较典型的。心理学家埃里克森认为，青少年的恋爱不是"性"的问题，而是为了借助恋爱来企图明确自己的同一性，了解自己是什么样的人，可以采取什么样的行为。他们把分散的自我意象投射到另一个人身上，再看得到什么反应，而后逐步地予以澄清。在某种程度上，男性在追求女性的过程中，追求的并不是对女性的理解，而是在寻求对自己的理解，看看自己是什么样的人，挑战自己，看看能否有能力和有勇气实现目标。埃里克森认为只有当青少年建立起明确的自我同一性，了解自己是什么样的人，自己在他人眼中是怎样的，能以他人的眼光换位来看自己，此后，才可能和另一个人产生真正的亲密关系，尤其对于男性来说更是如此。[①] 在某种程度上，例5再次支持了埃里克森的理论，解释了为什么男生在示爱被拒绝之后不痛苦，反而如释重负。

（二）人生重大选择

人生中的重大选择占据了全部主题的30.8%，涉及初中择校，中考后选择学校，高考后选择学校、专业、是否复读等，这些选择不涉及对别人的利益构成损害，而主要是个人事务和个人幸福的谋划。

---

① 埃里克森. 同一性：青少年与危机[M]. 孙名之, 译. 杭州：浙江教育出版社, 1998: 111-119.

在做这些决定的时候，往往面临一个很明显的冲突——到底是按照自己的意愿选择，还是听父母的？具体的考虑主要集中在是选择好专业还是选择好学校，是选择本省就读还是外地就读？高考成绩在三本以上的学生面临更多的情感冲突，在读本科、专科、复读三种选择之间犹豫不决。

在做这些决定的时候，总是包含着大量的犹豫、徘徊、痛苦、争执，做这些选择时多数学生是准备不足的，是被动卷入的，获得的信息也是不够的。

数据分析表明，大学生涯中面临最大困境的两个年级是大一和大四。大一面临着对于大学生目标的重新定位，乃至对整个生活的重新审视，对于"我是谁""我该做什么"比较迷茫。大二和大三则更多地体现为情感问题、生活上的问题和学习上的问题。大四学生更多表现为对前途与工作的思虑。

（三）诚实、坚守道德原则及对抗诱惑

康德曾经饱含热情，以大量的篇幅去探索道德世界的放之四海皆准的法则，他歌颂在任何情况下都能坚守道德法则的人。但是人是否永远都不能撒谎？14个回答涉及诚实和坚守道德原则这一块，涉及在个人生活中是否能坚持道德原则和诚实，做道德的选择。如考试是否作弊，是否要当众帮忙把地上的垃圾捡起来，遇到不道德的行为是否应劝阻？

其中7位女性涉及内心的道德原则的再一次坚定，如决定不当高考移民，决定不再帮同学作弊，自己也不作弊等；2位男性涉及在犹豫之后依然选择内心的道德原则，而更多的男性则采取"视情况而定"，权衡利弊而不死守道德法则。1位男生则描述了不再坚守道德原则之后的轻松感。

例6 男

临近考试的前一个月，同学们都商量怎么作弊，把我也拉进去。当时我想和他们一起，毕竟谁都想分数多考一点。但又觉得这样做不诚实，违背自己的良心，可听他们每天商量怎么抄，心里又禁不住诱惑。那时每天都反复思考，到底是作弊还是不作弊，感到很为难？

我总是反复问同学，都有什么人一起作弊，作弊成功的机会有多大，成功能拿多少分，以利弊来抉择到底应不应该作弊。最终禁不住诱惑，选择了和他们同流合污。当时只想着成功以后的喜悦，把良心的谴责抛到脑后，一心想着作弊的计划。

当时作弊导致我考的分数没达到我的正常水平，心里有点不甘。

在某种程度上，可以认为女性更倾向于"听听内心的声音"，诉诸直觉，信

守良心和道德原则，无论是出于服从还是正义感；而男性则倾向于"为生活的方便、行为的必须、专业的成功而设"的实用信仰，不会为道德法则牺牲现实利益，在违背道德原则之后也没有女生那么强烈的内疚感。

对抗诱惑主题，几乎全部为男生所写。对抗美食的诱惑、睡觉的诱惑、新奇的诱惑，更多的是网络游戏的诱惑。5个男生描述了网络游戏对他们的吸引力，以及在打游戏时的矛盾心理，没有女生涉及这一主题。诱惑使得男生陷入自己对自己的战争中，但是理智往往被欲望所战胜。

例7

如果没有晚自习，我会很忧虑，到底是去网吧玩一下游戏，还是去自习室学习？当然我本人比较倾向于前一种，可是老师和父母的教诲却告诉我，我应该去学习，可是我又比较想去上网，玩一下网络游戏，这样的话，时间会过得比较快，但是这样的话，不仅浪费了宝贵的时间和金钱，还会让我心生愧疚，但是，我又忍不住这种冲动。我该怎么办？

（四）思想困扰和学习中的困惑

思想困扰主要关涉大学生人生目标、指导思想、整个价值观的重构。最常见的困扰是：大学生是干什么的？到大学来干什么？大学生活的目的是什么？这个问题大一的学生最为困惑。大二学生的思想困扰则多涉及"同学们这么优秀，我怎么办"，怎样定位，怎样重新看待自己？

例8

进入大学后突然感觉自己的生活很茫然，目标与理想模糊化，不知面对大学宽松的生活是以学习为主，还是以提高自己待人接物与人交流的能力为主。因此往往学习的时候力不从心，与人接洽之时又认为自己是在浪费时间。久而久之，内心困扰颇深不知如何解决。

还有一种思想困扰涉及哲学的形而上学层次。生活的意义是什么？死亡是什么，怎样看待死亡？儿童和少年时期所受的道德教诲是否适合于成人世界？涉及这类主题的困扰，都是男生所写。

例9

追求安定是对还是错？现在，在我们身边"犬儒"主义盛行，得过且过。这种人是幸福的，知足者常乐。可我们应该如此吗？"让自己活得艰难一点"，是另一本书的话，我不知该如何选择，无法做出选择，所以有时放纵自己有时又"折磨"自己。

学习中的困惑主要包括是否要辅修、课外知识和课内知识怎么协调、对学习的内容不感兴趣怎么办？大学生活中的困扰包括是否要参加兼职、社团活动，怎样选择书本、衣服，等等。

四、结论和讨论

本研究有三个明显的发现：在大学生的两难选择中，存在性别差异、城乡冲突，并且经济条件在很大程度上制约着大学生的现实选择。

（一）两难选择与性别差异

在冲突涉及的主题上，男性和女性有着比较明显的差异。男性的两难选择，更多地集中于抵抗诱惑和思想困扰，而女性的两难选择则更多地涉及亲密关系，选择和谁更亲密。女性的典型困惑：在老朋友和新朋友之间跟谁更亲近；是忠于老师还是告诉同学；同一个时间段两个同学发出邀请，到底答应谁；有了困惑，可以向两个同学请教，到底向谁请教。

例10

我姐姐嫁给了一个比我家背景好很多的人，姐夫对我妈妈的一些行为习惯非常看不惯，经常和我姐姐吵。姐姐对妈妈说了一些让她改变习惯的话，可是妈妈依然是我行我素。姐姐非常苦恼，与姐夫吵架，但她又不想让爸爸妈妈担心，一直在爸爸妈妈面前表现得很快乐幸福。她最近一直和姐夫闹离婚，非常伤心痛苦，她要我不要把这件事告诉爸爸妈妈。她说，和姐夫最大的问题就是妈妈的生活习惯，害怕妈妈知道有点想不开。毕竟爸爸妈妈年纪大了，他们花了很多精力在我们身上，我们要让他们高兴些。我最大的困扰就是我到底应不应该跟爸爸妈妈说。最终我还是没说，我觉得我是姐姐心理感情上的依靠，如果我说了，也许会让我姐在我面前伪装她的生活，这样为她担心倾听她诉说的人又少了一位。

美国心理学家吉列根认为，男女对于关系，尤其是依赖性的体验是不同的。对于男孩和男人来说，分离和个体化与性别认同有着重要的联系，因为与母亲分离对于男性的发展是必不可少的。对于女孩和妇女来说，女性表现或者女性认同并不取决于与母亲分离，或者个性化的过程。既然男性是通过分离，而女性是通过依恋来规定的,男性的性别认同便受到亲密关系的威胁,而女性的性别认同则受到分离的威胁。① 本研究同样证实,女性对于亲密关系更加看重,忠于所选择的情感亲密对象;而男性则更多地注意自身的问题,怎样去重构自我,抵抗诱惑,解决思想烦恼。没有一个男生涉及在朋友之间选择和谁更亲近这种话题。当与父母亲发生冲突时,女生往往有更多的负疚感,即便她认为自己的选择是正确的;在服从父母意志时有更大的满足感。

(二) 两难选择与城乡差异

来自农村的大学生在适应大学生活时,面临更多的困难。在收集的 309 份描述中,有 8 份问卷透露出农村大学生在大学生活中更复杂和更深层的困惑,其中有城乡生活的转换带来的自我意识重构,有沉重的责任感又夹杂着些许的自卑意识。

其中 3 份关涉农村大学生在选择上的信息劣势,例如"父母是农民,他们也不懂该选文科还是理科","我是村里的第一个大学生,自己没经验,也没有其他人可以询问,自己感到很迷茫,我一遍一遍地看那些大学简介,不知从何下手。"1 份关涉农村大学生的情感和交友障碍。

例 11 男,大一学生

我爱上了一个女孩,她可爱而善良。我想向她表白,却又害怕被她拒绝,而我会失去和她做朋友的机会,这样让我很为难,每天饱受折磨,学习热情下降。我知道,大学最重要的是学习,而爱情只是插曲,如果它影响了学习,那我怎样去面对我的价值,去实现他们对我的期望,我是一个来自小山村的孩子,我一直都是村里人的骄傲,我不想让村民失望,因为我也是他们的希望。将来我要领着全村人致富。

3 份关于农村学生在学业上的障碍。其中 2 份关涉在初中是放弃学业还是继续学业?一些农村学生在这个问题上挣扎,其原因正如他们提交的问卷中所描述的,或者是因为经济原因,或者是环境使然,"周围的很多同学都放弃了高中学习外出打工"。1 份关涉农村学生在大学学习中遇到的障碍。

---

① 吉列根. 不同的声音——心理学理论与妇女发展 [M]. 肖巍,译. 北京:中央编译出版社,1999:5.

例 12　女，大二学生

作为农村的学生，英语课上纯正的美国语音及大量的英语学习让我困扰。我来自农村，城乡教学的差别，让我在这两个方面落后于其他的同学，特别是口语，一开口就会被人笑，让我很长时间都是处于自卑状况，而且，我觉得我已经很努力地去改变了，但就是取不到好成绩，原来活泼的我上课也不敢讲话了。

还有 1 份则显得更为幸运，是利用社会资源主动去适应城乡差距，改变农村生活状态，其情感体验也更为积极。

例 13　男

我的家乡是农村，所以我从小在乡下学校学习，一直过得很快乐，学习成绩也很好。由于我的叔叔在城里，所以他想办法让我能够在初三那年去城里的实验中学读初三，以便我能读上好的高中。我的困扰是去还是不去城里读书。如果去了，我必须和其他几位陌生人共租一间房子，在那里生活环境会很糟糕。咨询同学们的意见，他们都赞同我去城里，加上父母的鼓励，所以选择去城里。当初的选择是正确的，正是那一年的努力我考上了省重点高中，并且在与其他人相处的过程中学会了生活，为人处事变得成熟稳重。

（三）两难选择与经济状况

尽管本次研究中以经济问题为中心的问卷只有 4 份，但是大量的问卷涉及现实经济状况的制约，以及选择时对于经济状况的考量。可以说，在中考选择学校，高考选择大学、专业等方面重大问题时经济状况是一个很重要的考虑。

例 14　女，大一学生

在我读初二的时候，由于家庭贫困等原因，我曾经有了放弃读书的念头，虽然有这个念头，可是我却不敢对父母说，因为我知道在父母心中，我们农村的孩子只有书读好了才有好的将来，他们不希望我因为家里贫困而断送我的将来。可是我还是鼓起勇气，跟妈妈说了，妈妈倒没说什么，只是说让我自己决定。其实我知道在我们那里有句话是"我是农村的孩子，读书是我唯一的出路"，这个问题让我左右为难，不知如何是好。

贫富差距所引起的问题还比较少，有 2 例描述了贫富差距带来的亲人之间的冲突，但没有人描述同学之间的贫富差距。经济上的贫穷则引起了更多的问题：心理负担增加，在本科和高职之间难以抉择，选择专业时的限制。很多学生由于家庭经济原因选择的免费师范生，但是，对于免费师范生带来的政策限制又觉得难以接受，只有2位同学因为减轻了家庭的经济负担而感到欣慰。尤其是对于男生来说，选择师范专业，给他们带来了更多的情感冲突。贫困带来了教育机会受限、选择机会受限，主要表现在两个方面：一是中断学业，多发生在初中或初中升高中之际；二是使得学生不能按照自己的意愿选择学习机会，或放弃本科选择专科，或选择自己不喜欢的专业。

五、意义与启示

（一）大学生思想道德教育的难点：满足大学生成长的需要

大学生思想道德教育应该关注大学生所思考的问题，感到"纠结"的问题，主要是以帮助他们为主，而非以管理为主。大学生大都希望能获得所在群体的认可，能有群体的归属感，班级活动、社团活动、实践活动、校园文化的建设对于大学生来说作用很大。在涉及友谊、爱情和思想困扰方面，大学生更愿意向同辈群体求助，从问卷中也可以看出，大学生活中更广泛的人际交往有助于大学生克服自我中心的定势思维。

但是大学生作为个体来说，差异是很大的，对于大学思想道德教育的实施者来说，要因性施教、因时施教、因人施教。

因性施教意味着要根据大学生的性别特点来进行教育，对于女大学生来说，她们更需要的是情感上的认同，这有可能使得她们只执着于少数几个人的较深入交往，而忽略其他人，因此大学思想道德教育有必要引导她们走出寝室和少数人的世界，把眼光投入更广阔的外部世界；对于男大学生来说，他们更需要的是加强对抗诱惑的毅力和建构一个能指导自己行为的思想体系，他们既需要行为上的磨炼，也需要思想上和哲学上的营养。

因时施教意味着，针对不同年级大学生的困惑开展道德教育。大一主要是适应新生活，建立新目标，大二、大三重在学习方面、友谊、爱情的引导，大四主要是为走上社会做最后的准备，开始选择工作和前途。

因人施教意味着，针对大学生的个性及其社会属性来施教，有倾斜地帮助农村学生、贫困学生、内向学生适应大学生活。

（二）大学生思想道德教育的重点：学会选择

大学生的问题行为，有时是出于个人主观上的故意和恶意，更多的时候是能力问题，没有办法解决问题，不知道怎样解决冲突。因此，思想道德教育不仅要解决思想上的困惑，更多的是要增强大学生学会做道德选择、学会独立解决问题的能力。

成功的选择给学生带来积极的情感体验及更丰富的解决问题的经验。"感觉自己轻松了许多，吃饭香了，睡觉也美了，使自己年轻了好几岁。"更重要的是，在关键事件上的成功选择，带来从量变到质变的个人成长，带来了自我意识的健康萌芽，不啻一次成功的思想启蒙。"我觉得经过那一次的选择，我学会了理性地分析问题，以前的我什么都是别人帮我选好，从来没有独立思考完成一件事。"

但是，在本次研究中发现，一少部分学生面临关涉自己前途、关涉大是大非的重大选择时不会选择，或者逃避选择。一个学生在填报志愿时与父母意见冲突，"我想如果我上西北工大，那再好不过，但没录取，那就惨了；但如果我报理工，不管录取不录取，主要责任不在我。"于是便听从父母，其结果是："后悔，我应该为我的将来着想，而不是图一时之轻松。"有少数学生通过掷硬币或抓阄的方式去选择。

如何去做选择？在选择中自己做决定和听父母及他人的建议，所带来的消极情感与积极情感几乎一样多。也即并不是所有自己选择的都会认同，有时也会后悔；在听从父母之后，有人感觉自己很无用，有人则感觉很幸福，两者所带来幸福与不幸的情感体验比例几乎相当。我们认为这种现象并不是意味着大学生不期望自己自主地做决定，一个可能的解释是，由于各种原因，个人做了一些不成熟的决定。因此，选择中最重要的是收集必要的信息，综合各方意见和权衡利害，形成自己的独立判断。大学生的选择能力培养是一个值得重视的问题。

第四节 大中小学生思想政治发展状况调研

思想政治教育始终是国家教育的重要命题，我国尤为重视少年儿童政治启蒙教育和大学生思想政治教育，并形成了系统扎实的课程体系与组织体系。其中，少先队组织是儿童政治启蒙教育的主阵地；党团组织和思政课教学为大学生思想政治素质发展提供了有力支持。但是由于理论指导匮乏、课程及活动体系不能满足青少年需要等诸多问题，思想政治教育还存在形式化、低效化等问题，大中小学思想政治教育一体化的态势还未能真正形成。

一、相关理论

(一) 政治社会化

政治社会化是一个人通过学习和实践获得有关政治体系的价值、知识、规则和规范的过程。通过政治社会化，一个自然人转变成为一个具有一定政治认知、政治情感、政治态度和政治倾向的政治人。在我国，青少年对少先队、共青团组织的认识过程及接纳程度受青少年政治社会化过程影响，两者呈正相关。一方面，少先队、共青团组织活动促进了青少年政治信仰、政治观点和政治认同的形成和发展；另一方面，青少年政治社会化程度的提高，会使其更加积极地参加团队活动。

6—35岁儿童、青少年政治社会化可分为五个阶段，每个阶段政治社会化的程度各具特点。

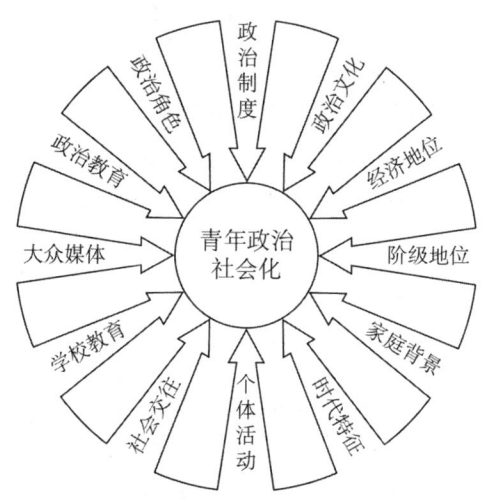

图 2.2 青年政治社会化的影响因素[①]

第一阶段：6—12岁（小学阶段），儿童期，为初步的政治社会化阶段。儿童逐渐从他律发展到自律，责任意识和公平观逐渐增强。他们还不能清晰地将道德问题与政治问题区分开来。儿童时期的政治社会化一般以政治认同、政治归附、政治忠诚、政治服从等带有情感性色彩的政治认知和感情培养为主要内

[①] 张国清. 青年政治心理探索 [M]. 上海：同济大学出版社，1994：464.

容，以直观的、感性的、形象的政治事务和政治行为作为学习对象，以服从和直接模仿为学习方式。①

第二阶段：13—15岁（初中阶段），少年期，是前一阶段的继续。他们初步意识到道德问题与政治问题分属不同的领域。这一时期个体从寻求社会认可到看重同辈群体的接纳。此时，以服从和模仿为主要方式的政治学习仍在继续，感性体验和情感培养仍然具有重要意义，青少年自主判断和活动的能力初见端倪，参与社会生活和政治生活的愿望初步显露。

第三阶段：16—18岁（高中阶段），青年前期，完整的政治社会化的初步阶段。相比初中阶段，此时的青少年表现得更为稳定、活跃、朝气蓬勃，政治知识更加丰富，政治思考更加深入，生活交往空间进一步扩大，法制意识、民主意识和自我管理意识进一步强化。政治学习以政治思想、理念和行为规范为主要内容，政治社会化的主要功能在于初步形成个人的政治思想和政治价值观念。

第四阶段：19—22岁（青年中期），完整政治社会化的深入阶段。青少年处于自我意识发展的新阶段，从着重认识外部世界转到认识自己内部世界，内在心理和思想矛盾比较突出。他们关心政治、蓬勃向上，但是思想情感比较复杂，缺乏政治经验和社会经验。这个时期的政治社会化表现出更大的个体差异。政治学习以树立人生理想、初步构建人生观为主，学会将个人命运与国家、社会的前途发展联系起来，将个人价值与社会价值统一起来，肩负起社会公民的责任和使命。

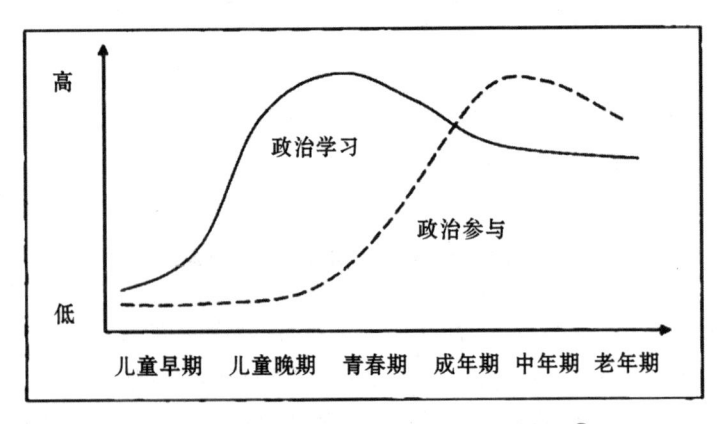

图 2.3　生命周期中的政治学习和政治参与②

---

① 燕继荣. 政治学十五讲［M］. 第二版. 北京：北京大学出版社，2013：247.
② 燕继荣. 政治学十五讲［M］. 第二版. 北京：北京大学出版社，2013：269.

第五阶段：23—35 岁（青年后期），完整的政治社会化过程的高级阶段。大学毕业之后或继续读研深造，或进入社会，政治社会化走向成熟。在这一阶段，一个人真正地从内心深处相信并接受了某种政治观点，并彻底把他人的政治观点纳入自己的价值体系之中，成为自己原有态度体系和政治行为方式中的一个有机组成部分。政治学习以社会主义、共产主义理想与信念的培养和深化为主，以积极的、负责的公民的姿态投身于国家、社会的建设发展中去，在为实现"中国梦"的过程中实现和提升自己的人生价值。

（二）组织认同理论

"政党在民众中获得认同的比例，与政党取得政权的概率及执政地位的巩固成正比。"[①] 对于中国共产党的政党认同，影响着共产党的执政基础，同时也在很大程度上影响着广大青少年对共青团这一组织的认同。共青团组织对青少年的影响力和吸引力，可以借用心理学与管理学常用的"组织认同"这一概念来体现。所谓组织认同，即个体由于具有组织成员身份从而产生的一种自我定义，由于这种成员身份产生了价值观上的一致和情感上的归属。组织认同的程度非常明确地指示了学生团员意识和队员意识的强弱程度。人类在社会生活中有两种认同的需要：一是通过寻找"我"和"我们"的差异获得自我认同，二是通过寻找"我们"与"他们"的差异获得社会认同。前者使得个体获得一种与众相同的一致性，后者使个体获得一种与众不同的独特性。为了同时满足这两种需要，个体总是不断寻找着二者之间的平衡。[②] 这一心理需要说明组织认同对个人发展有着重要作用。

那么，组织认同是如何建构起来的？社会学家乔治·米德认为，认同是主体选择与社会关系的互动过程，个体只有融入社会团体并与该团体的其他成员进行交往，才能实现个人的认同。[③] 在此过程中，差异认知、情感慰藉、信息交流、资源分配等都是塑造组织认同的重要因素。差异认知，即对组织使命、目标的认识，以及对组织成员与普通人之间差异的认识。差异认知是塑造组织认同和社会认同的基础。共青团组织以其权威的社会声誉、独特的身份标示系统、团歌、团旗、团徽和一套完备的组织系统和活动方式，赋予参与者以一种"我

---

① 柴宝勇. 西方政党组织与政党认同的关系［J］. 当代世界社会主义问题, 2009（02）: 98-106.
② 张勉, 魏钧, 陈中原. 组织认同的基础理论、测量及相关变量［J］. 心理科学进展, 2007（06）: 948-955.
③ 梁丽萍. 政治社会学［M］. 北京: 中央编译出版社, 2009: 410.

是共青团员,我与他人不同"的独特身份意识。

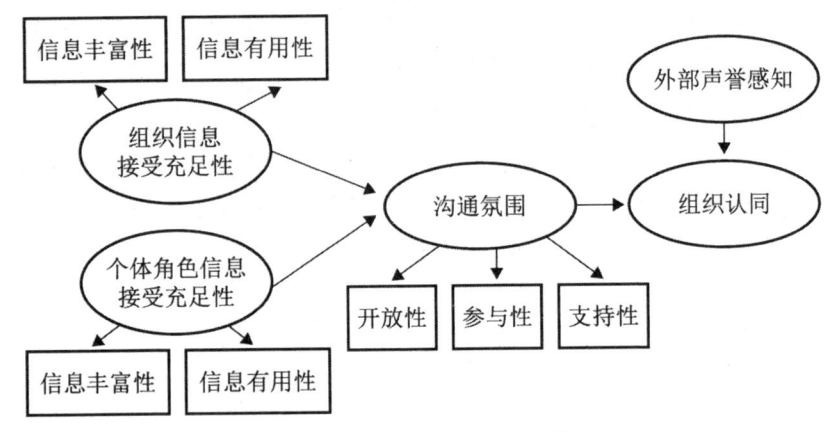

图 2.4 组织认同影响因素①

少先队组织亦是如此。同样,信息分享及沟通氛围也影响了团员意识。作为共青团三大活动形式之一的民主生活会,无疑担任了信息分享和情感交流的重要任务。信息的丰富性、有用性,沟通氛围的开放性、参与性和支持性在很大程度上促使着团员意识的可持续发展。同时,在组织认同形成的过程中,随着年龄的增长,利益或资源的分配也成为青少年加入党团组织重要的考量因素。

二、问卷调查及其数据分析

湖北省是颇富中国特色的省份,既有中部特大城市武汉,也有广大的农村地区。尽管新农村建设取得了明显成效,但是由于历史与制度原因,城乡之间差异明显。鉴于这一"省情",本研究选取了武汉市、天门市两个调查点,前者代表城市文化、城市学校和城市学生,后者代表农村文化、农村学校和农村学生。一共调查了6所小学、7所中学(外加一所中专院校)、3所大学。此次调研年级分布如下:

小学:四、五、六年级;中学:七、八、九年级和高一、高二年级(由于高三学生正在备战高考,不允许打扰,故没有调研);大学:专科两个年级、本科一到三年级、硕士三个年级和博士一年级。此次调研共发放问卷2000份,回收1964份,回收率为98.2%。其中,有效问卷1865份,有效问卷率95.0%(见表2.10)。

---

① 张勉,魏钧,陈中原. 组织认同的基础理论、测量及相关变量[J]. 心理科学进展,2007(06):948-955.

表 2.10　有效问卷一览表

学校	性别	城市	百分比	农村	百分比	总计
小学	男	188	51.8%	175	48.2%	363
	女	141	56.4%	109	43.6%	250
中学	男	235	53.7%	203	46.3%	438
	女	235	59.2%	162	40.8%	397
大学	男	238	100.0%	0	0%	238
	女	179	100.0%	0	0%	179
合计		1216	65.2%	649	34.8%	1865

开展问卷调查的主要目的有三：第一，弄清学生对少先队、共青团与共产党三大组织的认同状况及其随年级（年龄）变化的趋势；第二，弄清学生对团队基础知识的了解情况；第三，揭示大中小学生参加团队仪式活动、主题活动和民主生活的一般情况及其效果。为此，课题组以政治社会化的阶段理论与组织认同理论为指导，编制了调研工具指导，编制了调研工具，即党、团、队认可度量表，部分借鉴和改编了共青团中央进行中学生政治社会化调查的问卷。中学生党、团组织认同量表与大学生相同，只是个别量表述针对大学生的实际略有调整（问卷见附件）。问卷信度良好，数据可信。全部数据用 SPSS17.0 分析处理。

表 2.11　各量表的信度检验

量表名称	题目数（取值范围）	内部一致性信度系数
小学生党组织认同量表	7（7~35）	a=0.76
小学生少先队组织认同量表	10（10~50）	a=0.67
中学生党组织认同量表	10（10~50）	a=0.82
中学生团组织认同量表	10（10~50）	a=0.81
大学生党组织认同量表	10（10~50）	a=0.86
大学生团组织认同量表	10（10~50）	a=0.77

（一）学生对队、团、党的认同与认知

1. 小学生对党、队组织认同情况

小学生问卷中党组织认同量表的满分为 35 分，少先队组织认同的量表为 50

分。数据分析可知，党组织认同量表的内部一致性信度系数 a = 0.76，信度良好；少先队组织认同量表内部一致性信度系数 a = 0.67，信度较好（见表2.11）。小学生在党组织认同量表的得分情况见表2.12，平均分为30.6501，可见认可度比较高。在典型问题上，小学生中有69.8%对"是共产党给了我们美好的生活"的观点表示"非常同意"，表示"比较同意"的也有20.4%；对"少先队员要争做共产主义事业的接班人"，表示"非常同意"的有65.8%，表示"比较同意"的有17.6%；对"成为少先队员是一项光荣的事"，表示"非常同意"的有74.5%，表示"比较同意"的有19.3%。可见小学生对党和少先队的认同度很高。

表2.12　小学生党组织认同量表平均值及标准差

认同类型＼量表得分	最小值	最大值	均值	标准差
党组织认同	7.00	35.00	30.6501	4.18523

若将少先队组织认同量表的总分扩大2倍，总分以100分计，那么小学生对少先队组织认同的得分为85.4分（见表2.13）。可见少先队在小学生心目中有着良好的认可度。

表2.13　少先队组织认同量表均值及标准差

认同类型＼量表得分	最小值	最大值	均值	标准差
少先队组织认同	22.00	50.00	42.7263	5.07208

以年级来进行分组，则可以发现6年级对少先队组织认同的情况在四、五、六年级中是相对较低的。综合访谈情况，可以大致推论六年级是小学所有年级中对少先队组织认同度最低的年级。

表2.14　少先队组织认同的分年级得分情况

年级＼量表得分	最小值	最大值	均值	标准差
四年级	26.00	50.00	42.8926	5.18984
五年级	23.00	50.00	43.2740	4.84712
六年级	22.00	50.00	41.3119	5.01239

2. 中学生对党、团组织的认同情况

从实际得分来看，若以 100 分为满分计，中学生党组织认同度的分数为 72.6，团组织认可度分数为 66.4。党组织认同度与团组织认同度两个变量之间的相关系数高达 0.58，为中强程度相关。中学生中有 33.4% 对"我会一直支持中国共产党"的观点表示"非常同意"，表示"比较同意"的也有 30.3%；对"到了入党年龄，每个人都应该积极加入中国共产党"，表示"非常同意"的有 29.8%，表示"比较同意"的有 33.6%；对"共青团员意味着一种责任，能够不断鞭策自己"，表示"非常同意"的有 33.3%，表示"比较同意"的有 39.5%；而对"共青团员和普通同学没啥区别"，15.8% 的人表示"很不同意"，表示"不太同意"的有 30.5%，大于表示"比较同意"和"非常同意"的人数。可见中学生对党和共青团认同度总体尚可。

表 2.15 中学生党团组织认同量表均分及标准差

认同类型	最小值	最大值	均值	标准差
党组织认同	10.00	50.00	36.3259	6.43087
团组织认同	10.00	50.00	33.2247	7.03695

分年级来看，随着年级的增高，中学生对党组织认同度逐渐下降，对团组织的认可度亦是如此。

表 2.16 中学生党团组织认同量表得分的年级分布

年级	认同类型	最小值	最大值	均值	标准差
七年级	党组织认同	19.00	50.00	38.9394	5.48337
	团组织认同	18.00	50.00	37.0842	5.95404
八年级	党组织认同	26.00	49.00	37.7385	5.22450
	团组织认同	21.00	48.00	34.7846	5.72359
高一年级	党组织认同	10.00	50.00	35.1765	6.46674
	团组织认同	10.00	47.00	30.8661	7.06408
高二年级	党组织认同	13.00	48.00	33.6706	6.87830
	团组织认同	10.00	48.00	30.5407	6.70285

3. 大学生对党、团组织的认同情况

大学生问卷中党、团组织认同量表与中学生党、团组织量表相同，满分均为50分。数据分析可知，党组织认同量表的内部一致性信度系数 a = 0.86，信度良好；团组织认同量表内部一致性信度系数 a = 0.77，信度良好。若以100分为满分计，大学生党组织认同度的分数为73.5，团组织认可度分数为64.4。两者相关明显，相关系数高度 0.50。从平均分比较可见，大学生对党组织认同度较之于中学生有所提高，但是对于团组织的认可度较之于中学生在继续下滑。进一步分析可见，大学生对党组织的认同与高中生相比还是有所回升的。从访谈中也可发现，虽然大学团委发挥了丰富学生校园生活、组织学生参加党团活动等非常重要的功能，但是，名目众多的活动在增加大学生对共青团组织的向心力和认可度方面作用有限。

表 2.17　大学生党团组织认同量表得分均值及标准差

认同类型＼量表得分	最小值	最大值	均值	标准差
党组织认同	11.00	50.00	36.7664	6.82035
团组织认同	15.00	50.00	32.1970	6.04218

由于大三、大四、硕士生和博士生人数较少，故进行分年级比较时忽略不计。由表 2.18 可见，专科二年级学生较之于专科一年级而言，对团组织的认可度均值在下降；大学二年级学生较之于大学一年级，对于团组织的认可度均值也在下降。分项目进行统计显示：大学生中对"我支持中国共产党"的观点有 33.4% 表示"非常同意"，表示"比较同意"的有 41.8%；对"到了入党年龄，每个人都应该积极加入中国共产党"，22% 表示"非常同意"，31.3% 表示"比较同意"，显示大学生对党的认同度较高。对"共青团是一个有政治信仰的组织"，只有 4.8% 的人表示"非常同意"，表示"比较同意"的也只有 7.1%；对"共青团员意味着一种责任，能够不断鞭策自己"，1.4% 表示"非常同意"，7.4% 表示"比较同意"，而表示"不太同意"的有 22.8%，表示"很不同意"的有 42.2%；对"共青团员和普通同学没啥区别"，22.7% 表示"不太同意"，4.8% 表示"很不同意"，而表示"非常同意"的有 12.6%，表示"比较同意"的有 33.9%。可见大学生团员意识比较淡化。

表 2.18 团组织认同量表均分的年级分布情况

量表得分 年级	最小值	最大值	均值	标准差
专一	21.00	49.00	35.5294	6.20759
专二	21.00	43.00	31.5345	4.91405
大一	15.00	50.00	32.4472	6.47973
大二	16.00	47.00	31.0548	5.50082

综合上述数据，可绘出初中、高中、专科生、本科生对共青团认可度的变化趋势图。可见，对于共青团的认可度初一学生最高，高中学生最低，大学生团组织认可度位于两者之间。访谈数据也可佐证这一数据：高中学生因为考试和学业压力，参加共青团活动的机会较少，因此，共青团组织认可度相对偏低。在回答问卷开放题"对于增强学校共青团组织的吸引力有何建议"时，有学生写道："积极开展一些团组织活动，我们对共青团的认知仅限于知道这一个组织。"还有些学生批评得很尖锐："我建议学校不要把入团形式化，交个钱你就是团员，这种行为不符合共青团的入团仪式，而且交完钱后，什么事都没有，钱丢水里还有涟漪，交进学校共青团什么都没有。"

4. 学生对团、队基础知识的了解

问卷中还设计了一些题来考查学生关于少先队和共青团的了解。小学生中能准确写出少先队全称的有41.8%，知晓少先队入队年龄时限为"6—14岁"的有73.8%，能准确把握少先队的性质为"少年儿童的群众组织"的有22.4%。问及对少先队员权利的了解，表示"很了解"的人有9%，"比较了解"的有40.2%，"不确定"的有14.9%；对于少先队员的责任方面，表示"很了解"的有24.9%，"比较了解"的有42.5%，"不确定"的有12.5%，好于对权利的了解。总体来看，小学生对少先队的了解不够清晰，有的人入队多年，对少先队的性质、队员的权利和责任的认识依然比较模糊。

中学生中能准确写出共青团全称的有22.2%，知晓加入共青团的年龄范围为"14—28岁"的仅有12.3%，能准确把握共青团的性质为"中国共产党的助手和后备军"的有45.2%。问及对团员义务的了解，表示"很了解"的人有0.8%，"比较了解"的有18.6%，"不确定"的有19.8%，而表示"不太了解"的有45.2%，表示"很不了解"的也有15.7%；权利方面，表示"很了解"的有1.2%，"比较了解"的有12.9%，"不确定"的有20%，而表示"不太了解"的有46.8%，"很不了解"的也有19.2%。可见中学生关于共青团的知识严重欠缺，教育宣传亟待加强。

大学生的情况较中学生略好。大学生中能准确写出共青团全称的有37.9%，知晓加入共青团的年龄范围为"14—28岁"的有29.9%，能准确把握共青团的性质为"中国共产党的助手和后备军"的有67.1%。问及对团员义务的了解，表示"很了解"的人有3.8%，"比较了解"的有26.7%，"不确定"的有18.6%，而表示"不太了解"的有45.2%，表示"很不了解"的也有5.7%；权利方面，表示"很了解"的有3.1%，"比较了解"的有20.7%，"不确定"的有22.6%，而表示"不太了解"的有46%，"很不了解"的也有7.6%。总体状况不容乐观。

（二）学生参加队、团活动情况

1. 小学生参加少先队活动情况

随着年级的提升，仪式类活动逐渐减少，集体关爱类活动增多。小学生最喜欢的少先队活动见表2.19。对比而言，学生较为喜欢的岗位锻炼实际开展得少，而不太受欢迎的队章学习开展得较多。

表2.19　小学各年级学生最喜欢的少先队活动

	第一位	第二位	第三位	第四位	第五位
四年级	榜样学习	集体关爱	岗位锻炼	仪式活动	队章学习
五年级	榜样学习	集体关爱	仪式活动	岗位锻炼	队章学习
六年级	榜样学习	集体关爱	岗位锻炼	仪式活动	队章学习
总体	榜样学习	集体关爱	岗位锻炼	仪式活动	队章学习

参加活动的频率，选"一次没有"的最多，占32.7%；选"一周一次或更多"的其次，占23.3%；选"一年一次"的为19.2%。各年级情况见表2.19。可见六年级开展活动的频率最高，五年级次之，四年级较少。少先队活动课开展的频率，选"一周一次"的最多，有39.2%；选"没开展过"的其次，有28%；选"4~6个月一次或更少"的有12.6%。可见，每周一次少先队活动课的要求并未落到实处。

对少先队活动，多数小学生表示愿意参加，选择"非常愿意"的有52.8%，选择"比较愿意"的有31.3%。各年级情况大致相同。对"少先队的活动对于我的成长作用不大"的说法，61.2%的人表示"很不同意"，另有22%表示"不太同意"，可见小学生总体肯定少先队活动对自己的成长具有重要的影响。但比较少先队活动与兴趣小组或社团活动,认为少先队活动对自己影响大的有27.6%,认为兴趣小组或社团活动影响大的有39.2%,不确定的有30.1%。可见少先队活动的影响力不及学生兴趣小组或社团活动。

2. 中学生参加共青团活动情况

中学生团员中,没有参加过校学习的有63.2%,参加过1次的有23.2%,参加过2次或更多的有13.6%。在参加过团校学习的团员中,对于团校学习过程及效果,表示"很满意"的有4.4%,表示"比较满意"的有27.6%,表示"说不清"的有44.5%。可见,团校这一思想教育途径在中学并没有得到很好的运用。

在最近一年中,中学生团员参加仪式活动的频率,"一次没有"的最多,有38.1%;"一周一次或更多"的其次,有37.2%;"半年一次"的有16.3%。各年级情况见表2.20。可见高中团员较初中参加仪式活动更频繁。论及仪式活动对于增强团员意识的影响,认为"影响巨大"的有3.3%,"有些影响"的有38.4%,"说不清"的有27%。

表2.20 中学生团员参加仪式活动的频率

	第一位	第二位	第三位	第四位	第五位
初一	一次没有	一周一次或更多	半年一次	2~3个月一次	1个月2~3次
初二	一次没有	一周一次或更多	半年一次	2~3个月一次	1个月2~3次
高一	一周一次或更多	一次没有	半年一次	1个月2~3次	2~3个月一次
高二	一周一次或更多	一次没有	半年一次	1个月2~3次	2~3个月一次
总体	一次没有	一周一次或更多	半年一次	1个月2~3次	2~3个月一次

最近一年中,中学生团员参加主题活动的频率,"一次没有"的最多,有65.8%;"半年一次"的其次,有20.9%;"2~3个月一次"的有6.5%。可见中学团组织的主题活动开展得较为有限。各年级差异不大。对这些主题活动的效果,表示"很满意"的有3.8%,"比较满意"的有29.7%,"说不清"的有43.4%。

最近一年中,中学生团员参加团组织生活的频率,"一次没有"的有65.5%,"半年一次"的有23.7%,"2~3个月一次"的有7.4%。可见中学团组织生活开展得也比较有限。各年级差异不大。参加团组织生活的心理感受,表示"哪怕牺牲一些学习时间也值得参加"的有7%,表示"不影响学习时尽量参加"的有30.2%,"说不清"的有22%,表示"偶尔也可以参加一下"的有35.1%,表示"不值得参加"的有5.7%。可见目前开展有限的团组织生活对学生的吸引力也并不大。关于"最希望学校共青团组织多开展的活动",列前四位的分别是:"寒暑假夏令营活动""社会实践活动""青年志愿者活动""读书活动"。各年级情况见表3.21。最不喜欢的活动,列前三位的分别是:"政治理论学习""讲座、报告及培训""团员间开展批评与自我批评"。可见实践性、交往性的,增进知识、经验,提升能力的活动受到欢迎,而过于理论化、形式化的活动不易于被中学生团员接受,且随着年龄的增长愈发显著。

表2.21 中学各年级团员最希望开展的共青团活动

	第一位	第二位	第三位	第四位	第五位
初一	寒暑假夏令营活动	读书活动	社会实践活动	青年志愿者活动	文化娱乐活动
初二	寒暑假夏令营活动	社会实践活动	读书活动	青年志愿者活动	交流联谊活动
高一	寒暑假夏令营活动	社会实践活动	青年志愿者活动	读书活动	交流联谊活动
高二	社会实践活动	寒暑假夏令营活动	青年志愿者活动	读书活动	交流联谊活动
总体	寒暑假夏令营活动	社会实践活动	青年志愿者活动	读书活动	交流联谊活动

在访谈中也发现,共青团活动的开展存在城乡差异。在乡村、乡镇中学,共青团组织开展的活动较之于城市学校,其频率更少。有的学生说道:"对于我们乡镇学校,共青团只是一个躯壳,根本毫无意义,起不到任何的实际作用,参加或不参加都无所谓,所以共青团在我们这里都无法得到提升"。同时,共青团活动参与呈现"小众化"趋势,有些学生抱怨:"活动只有班长和班干部参加,平民根本就轮不到,所以说只有让所有活动只要是共青团员就能报名就好了。"而且,共青团活动还有"简单化""重复化"的倾向,比如,有的学生建议:"我不喜欢队章学习这个活动,可学校总举办这个活动"。相比于社团活动,共青团活动在中学的开展具有更大的合法性和权威性,而且一般是以大型活动的形式开展,因此,班主任一般不会阻挠学生去参加共青团活动。但是,在针对中学团委书记教师的访谈中也发现,部分团委书记开展一些工作时要"看班主任的脸色""陪着小心""靠人情办事",因为共青团活动可能会被班主任及教师视为是对正常学习的打断和干扰。

3. 大学生参加共青团活动的情况

大学生团员中，没有参加过团校学习的有37.7%，参加过1次的有31.5%，参加过2次或更多的有30.5%。在参加过团校学习的团员中，对于团校学习过程及效果，表示"很满意"的有6.3%，表示"比较满意"的有40.8%，表示"说不清"的有34.7%。可见相较于中学，团校这一思想教育途径在大学得到较好的运用，对学生产生了积极的影响。

在最近一年中，大学生团员参加仪式活动的频率，"一次没有"的最多，有46.5%；"半年一次"的其次，有29.8%；"2~3个月一次"的有14.7%，"1个月1~2次"的有5.4%，"一周一次或更多"的最少，只有3.7%。相较于中学，大学团员较少参加仪式活动，这可能与大学共青团组织的仪式活动较少而其他活动，特别是学生自主活动较多有关。论及仪式活动对于增强团员意识的影响，认为"影响巨大"的有4.3%，"有些影响"的有43.7%，"说不清"的有18.2%。可见虽然大学组织的仪式活动较少，但效能更高。不同年级、不同学历层次相比较，专科一年级比专科二年级，本科一年级比本科二年级开展仪式活动更多，频率也更高；专科相对于本科，开展的仪式活动更多。

最近一年中，大学生团员参加主题活动的频率，"一次没有"的最多，有34.9%；"半年一次"的其次，有25.9%；"2~3个月一次"的有24.4%。对这些主题活动的效果，表示"很满意"的有4.3%，"比较满意"的有43.9%，"说不清"的有27%。可见相较于中学，大学团组织的主题活动开展得较多，且影响更好。不同年级相比较，专科一年级比专科二年级，本科一年级比本科二年级开展主题活动更多，频率也更高，这与前面的仪式活动情况基本相同；不同学历层次相比较，本科相对于专科，开展的主题活动更多，与前面的仪式活动情况正好相反，反映出本科团组织主题活动更加丰富多彩。

关于"最希望学校共青团组织多开展的活动"，列前四位的分别是："青年志愿者活动""社会实践活动""交流联谊活动""寒暑假夏令营活动"。各年级情况如表2.22所示。最不喜欢的活动，列前三位的分别是："政治理论学习""仪式活动""团员间开展批评与自我批评"。大学生团员与中学生团员类似，都倾向于实践性、交往性的活动。

表 2.22 大学各年级团员最希望开展的共青团活动

	第一位	第二位	第三位	第四位	第五位
专一	交流联谊活动	社会实践活动	青年志愿者活动	寒暑假夏令营活动	读书活动
专二	交流联谊活动	青年志愿者活动	寒暑假夏令营活动	读书活动	社会实践活动
本一	青年志愿者活动	寒暑假夏令营活动	社会实践活动	读书活动	交流联谊活动
本二	社会实践活动	青年志愿者活动	交流联谊活动	寒暑假夏令营活动	读书活动
总体	青年志愿者活动	社会实践活动	交流联谊活动	寒暑假夏令营活动	读书活动

（三）学生政治社会化及队、团民主生活情况

1. 影响学生思想品德、政治立场的因素

对小学生品德影响较大的十个因素中列前三位的分别是："父母长辈""学校老师""同学、朋友"，而"少先队、共青团组织"仅列第六位。对中学生品德影响较大的十个因素中列前三位的分别是："父母长辈""同学、朋友""学校老师"，而"少先队、共青团组织"仅列第八位。对大学生品德影响较大的十一个因素中列前三位的分别是："父母长辈""学校老师""同学、朋友"，而"少先队、共青团组织"也仅列第八位。可见少先队、共青团组织在学生道德成长中影响较小。

对中学生政治立场和观点产生影响的因素按影响力大小排序为：①父母长辈，②学校老师，③同学、朋友，④电视、报纸、网络等媒体，⑤政治家、企业家、专家学者，⑥道德模范，⑦少先队、共青团组织，⑧明星、偶像，⑨宗教信仰，⑩其他。可见，随着年龄的增长，中学生接触的信息面越广，电视、报纸、互联网等媒体对中学生的政治立场、观点越来越产生不可忽视的影响。相对于传统的道德模范，市场经济和民主政治的发展使得政治家、企业家、专家学者等对学生具有更大的影响力。

对大学生政治立场和观点产生影响的因素按影响力大小排序为：①父母长辈，②学校老师，③电视、报纸、网络等媒体，④社会风气，⑤重大事件，⑥同学、朋友，⑦政治家、企业家、专家学者，⑧少先队、共青团组织，⑨宗教信仰，⑩明星、偶像，⑪其他。相较于中学生，电视、报纸、网络等媒体对

大学生的影响更为显著，新增加的"社会风气""重大事件"影响也较为突出。随着年龄的增长，大学生对社会风气的不良影响有了较强的抵抗力，而高考、家庭变故、灾难等人生中的重大事件对学生的政治认识和立场也有着重要影响。相较于中学生，同学、朋友的影响明显下降。大学生问卷中团组织认同量表得分与政治社会化程度得分密切相关，其相关系数高达0.54。这也在某种程度上印证了前文的理论假设：团组织认同量表除了与团组织本身的特质（活动是否吸引人等）相关以外，也与大学生、中学生对政治生活的关注度与参与度密切相关。换言之，共青团活动再精彩，但学生对政治不感兴趣，他们也不会投入精力与热情去参加共青团活动。

2. 学生参加团队民主生活情况

问卷中以学生参与少先队、共青团干部选举的频率和方式来评价队、团民主生活情况。在小学里，中队长及中队委的产生，"主要由老师指定，同时征求同学意见"的方式最为普遍，有41.2%，"候选人自愿报名，全班投票选举"的次之，有37.5%，"老师直接指定"的有20%。大队长及大队委的产生，"候选人由班级民主推举，全校学生代表投票决定"的方式较为普遍，有36.4%，"要老师指定，同时征求同学意见"的次之，有28.7%，"老师直接指定"的有19.1%，"其他"占15.8%。

在中学里，班长及班委会成员的产生，"候选人自愿报名，全班投票选举"的方式较多，有27.1%，其次是"主要由老师指定，也征求部分同学意见"，有25.6%，"教师提议人选，同时学生自愿报名，全班投票选举"的有23%，"老师直接指定"的有22%，"其他"的有2.3%。若将"候选人自愿报名，全班投票选举"和"教师提议人选，同时学生自愿报名，全班投票选举"两种方式看作是民主投票的方式，那么在中学教师中实施民主程序的共约50.1%。校学生会干部或团支部委员的产生，"候选人由班级民主推选，全校学生代表投票决定"较多，有21.4%，"老师直接指定"的有20.4%，"主要由老师指定，也征求部分同学意见"的有20.1%，"其他"有19.6%，"候选人由各班教师推荐，全校学生代表投票产生"的有18.5%。可见中学班级和校级学生干部的产生方式都较为多样化。最近一年中，学生参与投票选举班级或校级学生团干的频率，"一次没有"的占一半，有50.3%，"1次"的占四分之一，有25.2%，"2次"的有13.6%。

在大学里，班长及班团支部书记的产生，"学生自愿报名，民主选举"最为普遍，有79.1%，"辅导员提议人选，同时学生自愿报名，民主选举"有14.8%，"辅导员任命"的有5.9%。可见大学生中民主管理的程度更高，基层直接民主实施得较为彻底。校学生会干部及校团支部委员的产生，"各院系推荐候选人，校领导任命"最为普遍，有51.5%，其次是"各院系推荐候选人，学生代表民主选举"，有26.6%，"全校学生自愿报名，校领导任命"的有15.7%。在班级层面上，大学的民主程序相对于中学更高；但在校级范围内，大学生的民主选举活动较之于中学生进步微小，这与大学生未来要承担的社会责任和要发挥的社会功能严重不匹配。

总体观之，少先队活动在小学开展得比较成功，小学生对少先队组织的认可度比较高，但是六年级时学生对少先队组织的认可度相对于其他年级有所降低，略有虎头蛇尾之嫌；每周一次的少先队活动课开展的情况也不太理想。共青团活动开展的情况不容乐观，呈现"小众化""简单化""形式化"等特点，学生的团员意识有待提升。另外，团员发展也存在"精英"路线和"大众"路线的矛盾。走"精英"路线，不利于调动广大学生的积极性；走"大众"路线，全民皆团员，则带来组织的泛化，导致组织认同的模糊。同时，调研发现，无论是少先队活动还是共青团活动都存在明显的城乡差异，在部分农村学校，学生从四年级才开始加入少先队，而农村学校共青团组织及其活动尤为薄弱。

三、访谈调查及其结果分析

为了弥补问卷调查的不足，更为直观、具体地了解学生的团队活动情况，课题组设计了访谈提纲，开展了访谈调查，总计有超过2000分钟的访谈录音。访谈对象基本情况如表2.23所示。

表2.23 访谈对象一览表　　　　　　　　　　（单位：人次）

	学生			教师		
	城市	乡村	合计	城市	乡村	合计
小学	21	33	54	10	0	10
初中	16	12	28	7	0	7
高中	12	12	24			
职高	0	12	12			
大学	14	0	14	7	0	7
合计	63	69	132	24	0	24

需要说明的是，由于条件所限，此次调研并未对乡村教师进行专门访谈，但与天门市团市委部分职员就天门市中小学团队活动开展情况进行了多次交流。

访谈的主要目的：①弄清不同地区、层级学校团队活动开展的一般情况；②弄清不同地区、层级学校的学生对各自学校开展的团队活动的喜好情况；③弄清不同地区、层级学校的学生希望校团队多组织的活动内容与形式是什么。

（一）团队活动开展情况

城市小学生普遍感知到丰富的少先队活动，如升国旗、学雷锋、办黑板报、读书节、集体舞、书信比赛、运动会、评选优秀少先队员、入队仪式、队章学习等，并且学校间少先队活动差异很小。此外，少先队活动课都有开展，但频率不同，有的学校每周一次，有的学校"一个半月或两个月乃至一个学期一次"。与之相反，部分乡村小学生既不知道学校有少先队组织，又几乎未参与过少先队活动，甚至有的小学生直言"我们没有升过国旗"。部分乡村小学虽然开展了少先队活动，但无论内容、形式都较城市小学贫乏。乡村小学少先队活动课的开展情况学校间差异较大，有的小学每周开展一次，有的小学则没有开展。

城市中学生普遍反映学校开展的共青团活动涉及仪式活动、主题活动和团组织生活。仪式活动包括入团仪式、表彰大会、国旗下的讲话等；主题活动包括"中国梦"主题表演、诗歌朗诵等；团组织生活则主要是班级团员开会。各中学还多开展社会实践活动、青年志愿者活动、阳光教育活动等。此外，各中学每周都有团会课，部分中学团会课在形式上"是与班会课交替在一起的"，部分中学团会课之所以定期开展是因为"这是校团委下达的任务，每个班的团委都要进行"。与之相反，乡村中学生部分认为学校几乎没有开展任何共青团活动，部分只能提及入团宣誓、国旗下的讲话等少数活动，甚至在问及班上有无开展团组织生活时，有学生直言不讳地回答："不知道什么是团组织生活，是团员集合在一起做些别的什么事情吗？"至于团会课，部分学生指出开展较少，部分学生则回答没有开展。

大学生反映共青团主题活动、团组织生活较多，但仪式活动较少。较之中小学"硬性指定"的团主题活动，被访大学生表示"学校或学院会给一个大的主题，具体的小主题可以自己定。但很多指标性的任务，导致学生的兴趣在降低。"而团主题活动的频率为一个月一次。团组织生活则根据团主题活动来进行。

（二）学生对团队活动的认可度

小学生普遍喜欢和认可学校和老师举行的活动。对于这些活动，城市小学生和乡村小学生喜欢的理由差异较大。城市小学生的理由主要涉及集体荣誉、同学关系与学业压力,如"可以丢掉学习的烦恼""同学聚在一起很开心""大家聚在一起会有集体感""如果得奖的话,就会很光荣,想起革命先辈"等。而乡村小学生似乎更具有"助人"意识,如"可以做好事""可以知道很多知识,可以帮助其他人""可以让我们知道少先队员应该做的事"等。

城市中学生认为共青团活动"增长了见识,了解了社会""体现同学之间的团结和友谊""(相对于学习)是一种放松的方式""在实践活动中对思想上的觉悟可能更高""培养了学生的团结意识和责任意识""享受活动中帮助别人的过程"等。乡村中学生喜欢共青团活动的理由是"因为比较少开展,高中学习紧张""(某讲座)讲了许多历史知识,感觉挺好的""(活动)讲到一些国家政策,我对国家是比较关心的,会想知道最近有没有新的政策出来",甚至有学生表示"只要有实践的活动,我们都喜欢"。谈及不喜欢的共青团活动——主要是理论课、讲座等类型的活动,部分乡村中学生表示"讲的都是专业术语,太枯燥了""不是不喜欢上课,只是不喜欢照本宣科""时间太长"等。这类活动同样也是城市中学生不喜欢的活动,他们的评价是"很死板,一个人在上面干巴巴地讲课""毫无趣味、无意义""反感作秀大于实际意义的活动",更有学生一针见血地指出"不喜欢的就是学生参与度不高的活动"。

和中学生的态度相似,大学生认为"理论知识,大家都比较反感。有些课必须去听,老师又讲得比较死板";"演讲、讲座等比较枯燥乏味,可以尝试音乐、小品等,增加趣味性、互动性";"党团活动比较严肃,而大家自己组织的活动比较有趣味"。同时,有人建议"老师需要走进学生,与学生一起参加活动,交流谈心,效果会比较好"。

(三)学生对团队活动的期望

城市小学生喜欢的少先队活动更为具体,如六一表演、元旦表演、知识竞赛、体育竞赛、读书活动、办黑板报等。概观而言,城市小学生喜欢"全班学生都参与的活动"。就活动数量来说,城市小学生希望举办的次数增加。就活动主题的制定来说,城市小学生希望可以师生一起制定节目。就活动内容来说,城市小学生希望有趣、多样化,并且要贴近学生的生活。就活动的形式和目的来说,城市小学生希望多开展一些集体活动,可以锻炼团队精神和合作意识。就活动的年级差异来说,城市小学生希望每个年级的活动符合每个年级学生的心理特点。总之,城市小学生倾向于少先队活动可以自主、自愿、多元。相对而言,农村小学生希望少先队多开展一些户外活动,比如"可以多参观博物馆、纪念馆,能够更加了解中国的历史文化""喜欢去敬老院,因为可以帮助老人",

此外，农村小学生同样希望活动的内容与形式能够更加丰富，并且希望老师能够和学生一同参与活动。

城市中学生希望共青团能够多组织社会实践活动，如志愿者活动、走进福利院、参观省博物馆、到公园捡垃圾等，"因为（这些活动）比较放松，在紧张的学习之余，让自己快乐一些，而且能够与同学交流感情，增进彼此的了解"。此外，与生活联系紧密的主题演讲、辩论赛、知识竞答等活动也是中学生青睐的活动形式。与之相似，乡村中学生同样表现出对社会实践活动的偏好。

大学生对于共青团活动内容没有太多疑义，但是他们希望活动形式能够更加轻松活泼、娱乐性强、实践性强，以此激发学生参加活动的热情和积极性。此外，针对大学生较少浏览共青团网站的事实，他们认为共青团网站除了发布通知、公告外，可以发布一些有吸引力的内容。

概观而言，从小学到大学，学生更倾向于团队活动可以多元化，学生参与活动是自主、自愿，而非"完成任务"。首先，就活动形式来说，学生们更偏好实践类活动——贴近自然与社会生活，文体艺类活动——展示学生个性与特长，辩论赛、知识竞赛类活动——增进学生知识等。其次，就活动内容来说，学生们更偏好能够传递公正、关爱的活动，增进师生了解、同学关系的活动以及增进集体凝聚力、团体荣誉感的活动。最后，从小学到大学，学生也表现出从偏好组织校内活动向组织校外活动过渡的趋势。

（四）值得深思的十个问题

通过对城乡不同地区大中小学生的问卷调查和访谈，课题组发现了如下一些值得思考的问题。

（1）就团队活动数量而言，从小学到中学，随着年级的升高，学生感知到的团队活动越来越少，内容与形式也越来越单一，到了大学阶段，团队活动又丰富起来。就团队活动满意度而言，从小学到大学，也呈现"V"形发展趋势。为什么在中学阶段，学生感知的团队活动最少、最不满意？除了学生身心发展特点与我国现行教育体制的叠加影响外，团队组织该如何发挥自身作用以提升学生的幸福感、道德素质与政治素质，这值得深思。

（2）就团队活动形式而言，从小学到大学，随着年级的升高，学生越来越偏好参与社会、体验生活的社会实践活动，相反，对在校内组织的活动（如讲座、报告、理论课等）满意度越来越低。为什么学生听到报告类活动就表现出"极度反感"？为什么学生"极度渴望"社会实践活动？团队组织该如何在保证安全性的前提下开展让学生满意的团队活动？

（3）就团队活动内容而言，随着年级的升高，团队仪式活动越来越少，团队主题活动与团队组织生活也呈现出形式大于内容的趋势。面对这种形势，团队组织该如何提高团队活动内容的吸引力以加强思想政治教育？

（4）就城乡差异而言，无论从团队活动数量、团队活动形式与内容，还是团队组织的活动意识、学生的参与意识，城市学校都明显优于乡村学校。那么，随着年级的升高，团队组织如何尽量做到让城市学生"更少地排斥"思想政治教育，让乡村学生"更多地学习"思想政治内容？

（5）就团队干部和普通团员、队员差异而言，团队干部的思想政治知识、观念更强于普通团员、队员，撇开学生个体间的人口学差异，为什么团队活动对普通团员、队员的影响不如团队干部？这与二者在团队活动的组织开展过程中的参与度、地位和发挥作用差异有无关系？团队组织该如何提升普通团员、队员的思想政治意识？

（6）研究假设学生更喜欢自己组织的团队活动，而非学校和教师组织的活动。而访谈表明，在中小学阶段，学生的态度并非如此，他们更希望也更认可教师来组织活动，只是在组织过程中教师不应该成为绝对权威，搞"一言堂"，而是应该师生共同参与、民主协商。而大学生则表现出更多的自主、自由的意愿。那么，团队组织的教师对师生共同参与、民主协商的活动组织形式是否有足够的敏感性？对何时指导、何时"放权"是否有清醒的认识？

（7）团队组织对学生进行思想政治教育的现行机制是什么？这一机制是否关心学生的成长、尊重学生的成长需要？为什么学生更多地渴望接触真实的社会，践行正义与关怀，而学生感觉却是被包裹在讲座、报告、上课等"被安排的、虚假的生活"中？

（8）就团队衔接而言，在中学阶段，尚未入团的队员缺乏团队的组织与管理，中学生普遍认为少先队、红领巾和小学生对应，所有学生都是队员相当于所有学生都不是队员。相对于少数团员，其他学生并没有特别的权利与责任。在大学阶段，党团衔接也出现类似问题。为什么会出现这种现象？团队组织能够通过哪些方面改善团队衔接问题？

（9）当代社会已进入网络时代，学校教育自不例外。访谈学生多数表示自己上网有节制，不像新闻媒体说的那样骇人听闻。相比中小学生，大学生对于网络的使用更为频繁，然而学生除了通过网络提高接收信息的效率之外，网络在现行团队组织活动中发挥的作用并不明显。此外，城乡学生对于网络的使用存在差异，尤其是落后农村地区学生与城市学生的差距较大。团队组织如何充分利用网络进行思想政治教育，而不仅仅是通过网站、QQ、微信、微博等工具传递信息而已？

(10) 从知行统一的角度来说，大中小学生都能从不同方面回答"共青团员应该做什么，不应该做什么"，但是其道德行为是否与道德知识同步，道德知识与道德敏感性是否同步，尚待进一步的实证研究。团队组织如何提升学生的道德认知（尤其是道德判断）、道德敏感、道德动机与道德行为？

四、实施一体化分层思想教育的构想与建议

根据前面所述的三个方面的理论基础，结合问卷调查的数据分析和访谈调查的归纳总结，课题组提出实施湖北省青少年思想教育一体化分层的构想与建议。

思想教育"一体化"有四个方面的含义。

第一，培养目标的一体化。青少年思想教育的最终目标是全面贯彻党的教育方针，促进学生的全面发展，为党和国家培养合格的建设者和接班人。

第二，指导思想的一体化。青少年思想教育要以社会主义核心价值观为准绳、为纲领，使之成为评价是非曲直的价值标准。倡导富强、民主、文明、和谐，倡导自由、平等、公正、法治，倡导爱国、敬业、诚信、友善，积极培育和践行社会主义核心价值观。

第三，教育影响的一体化。学校教育、社会教育、家庭教育和团队教育"四位一体"，相互支持，相互配合，形成合力，构建高效教育场。

第四，教育过程的一体化。小学、中学和大学思想教育，依据学生各个年龄段的成长需要，既各有侧重、存在差异，又纵向衔接、前后一贯，层层递进，螺旋上升。

思想教育"分层"是指根据不同年龄阶段学生身心发展的年龄特征，根据社会主义核心价值观内在的逻辑层次，把青少年思想教育区分出不同的层次，不同的时期有不同的内容要求。一般认为，思想品德主要由认知、情感和行为三方面构成，因此，思想教育的内容要求分为三个维度：知识与能力、情感与态度、行为与规范。

除了内容要求分层之外，青少年思想教育的方式方法也应该依据学生的年龄特征，根据内容要求的差异而区分出不同的层次。

(一) 儿童期政治启蒙教育 (6—12岁)

1. 思想教育的内容要求

遵循6—12岁儿童心理发展与思想品德成长规律，整体把握《品德与生活》

《品德与社会》课程标准，依据少先队组织的性质与任务，参考《少先队活动课指导纲要及年级活动建议》等相关文件，本课题组提出儿童期（6—12岁）思想政治教育的阶段目标是：促进儿童对社会主义核心价值观的了解与认同，培养儿童诚实守信、关爱生命、乐于助人、文明礼仪、爱亲敬长、勇敢坚韧、勤劳节俭、热爱国家、保护环境、团结协作等基本的道德品质；促进儿童初步的政治社会化和政治意识启蒙。

表2.24 儿童期思想教育的内容要求

年龄	知识与能力	情感与态度	行为与规范
6—7岁（一年级）	1. 了解少先队章程，初步了解少先队知识 2. 认识党的主要领导人 3. 爱亲敬长、喜欢学校、团结同学	1. 渴望成为少先队员 2. 产生少先队员光荣的情感 3. 初步的集体荣誉感	1. 讲文明，讲礼貌 2. 遵守课堂纪律，与同学和睦相处 3. 具有初步的自我管理与自我约束能力
7—8岁（二年级）	1. 进行党旗、团旗、队旗的教育，了解少先队组织及其历史 2. 了解家乡 3. 懂得校纪校规的意义与价值	1. 初步产生集体荣誉感，形成少先队员分工合作意识 2. 初步形成少先队员的责任感	1. 遵守基本礼节和文明规范；维护校园环境的整洁，不破坏公物 2. 养成良好的学习习惯 3. 养成佩戴红领巾的习惯 4. 学会遵守少数服从多数原则，通过举手、投票表决来达成一致意见
8—9岁（三年级）	1. 知道国家近期发生的重大事件 2. 有初步的国家观念 3. 培养勇敢坚韧、勤劳节俭等品质，发展耐挫能力	1. 形成集体荣誉感 2. 自信乐观，不骄傲，渴望向其他优秀少先队员学习	1. 自觉遵守行为规范，不需他人提醒和监督 2. 承担值日生和值日班长等管理校园和班级的责任 3. 尝试开展社会实践活动

续表

年龄	知识与能力	情感与态度	行为与规范
9—10岁（四年级）	1. 学会比较理性、客观地看待和评价其他少先队员的行为 2. 初步养成环保意识和平等意识 3. 发展在教师的指导下，组织班会、班级活动、少先队活动的能力	1. 热爱集体，做老师的小帮手 2. 进一步增强责任感、团队精神与合作意识 3. 愿意帮助年龄较小的少先队员	1. 学会在班集体、少先队组织中过民主生活 2. 积极开展竞选中队委、大队委活动 3. 参与志愿者服务活动 4. 能自觉控制上网、看电视、打游戏的时间
10—11岁（五年级）	1. 初步了解中华优秀传统文化 2. 具备初步的社会实践能力 3. 增加国防意识，知道解放军的历史，认识军旗，会唱军歌，知道几个战斗英雄的故事	1. 进一步增强责任感、团队精神与合作意识 2. 学会情绪调控，培养耐挫品质	1. 知道所处的社区和地区发生的重大事件 2. 进行岗位锻炼等活动 3. 积极开展节能、节水、环保活动
11—12岁（六年级）	1. 知道理想的意义，懂得少先队员要树立远大志向 2. 具备一定的社会实践能力和掌握初步的社会考察方法	1. 学会评价自己的学习和生活情况，学会自我减压 2. 学会选择并对自己的选择负责	1. 关注时事新闻，并能用自己的话语面向全班同学讲述事件的来龙去脉及表达个人看法 2. 参与演讲活动 3. 经常性地开展社会实践活动

2. 思想教育的方式方法

本课题组的调查研究数据表明，对于小学生来说，父母长辈、学校老师和同学朋友是对他们产生巨大影响的人，是他们最"重要的人"，成人权威高于同辈群体的影响力。对于以形象思维为主的低年段小学生（1—3年级）来说，他们比较喜欢有奖品的活动、热闹的仪式活动、手工活动和舒展身体的文体表演活动；对于向初级抽象思维方式发展的高年级学生（4—6年级）来说，他们更愿意参加有知识含量的活动，比如，知识竞赛、办板报、演讲与读书活动等。小学生对于抽象的大道理接受能力有限，有着较强的模仿心理，榜样是"大道理的载体"，所以榜样学习对各年级小学生都比较适用。

表 2.25　儿童期思想教育活动方式

年龄	具体活动方式
6—7岁（一年级）	榜样学习、集体关爱、仪式活动、以班级为单位的竞赛活动、集体舞等表演活动、猜谜、有奖品的活动
7—8岁（二年级）	榜样学习、集体关爱、仪式活动、表演活动、文体活动（健美操比赛、登山、六一表彰活动、元旦晚会等）、出黑板报
8—9岁（三年级）	榜样学习、集体关爱、仪式活动、表演活动、文体活动、读书
9—10岁（四年级）	榜样学习、集体关爱、岗位锻炼、表演活动、文体活动、读书、演讲活动、学生报告、投票、竞选活动、募捐活动、为低年级同学系红领巾、社会实践活动、完成德育作业、参观博物馆、纪念馆
10—11岁（五年级）	榜样学习、集体关爱、仪式活动（为低年级小朋友系红领巾）、岗位锻炼、表演活动、文体活动、读书、知识竞赛、演讲活动、学生报告、投票、竞选活动、募捐活动、社会实践活动、志愿者活动、完成德育作业、与高年级学生互动
11—12岁（六年级）	榜样学习、集体关爱、岗位锻炼、表演活动、文体活动、读书、知识竞赛、演讲活动、学生报告、投票、竞选活动、社会实践活动、辩论会、志愿者活动、快乐驿站（团队活动）、与高年级学生互动

（二）少年期思想政治教育（13—18岁）

1. 思想教育的内容要求

依据少年期身心发展迅速、自我意识突显的年龄特点，参照初中《思想品德》与高中《思想政治》课程标准，结合本课题调查研究的数据，我们提出少年期思想教育的阶段目标包含两个阶段。初中阶段：促进学生对社会主义核心价值观的理解与认同，推动少年儿童初步的政治社会化，激发其关心社会、参与社会生活的愿望，培养初步的公民素养。高中阶段：促进学生深刻理解社会主义核心价值观，初步了解马列主义、毛泽东思想、邓小平理论和"三个代表"重要思想；了解国家经济、政治、法律体系，关心国情时事，知晓公民的权利和义务；遵循逻辑思维的要求，基本把握辩证思维的方法；初步形成"天下兴亡、匹夫有责"的家国情怀。

表 2.26 少年期思想教育的内容要求

年龄	知识与能力	情感与态度	行为与规范
12—13 岁（七年级）	1. 做好中小学少先队工作的衔接，了解团的基础知识 2. 独立组织和开展少先队活动、班会和综合性学习的能力 3. 形成自力更生、不依赖他人的独立品质；形成较强的道德自律能力	1. 渴望了解更多有关共青团的知识，形成共青团员是优秀学生代名词的意识 2. 以开放、平等、积极的心态与其他同学尤其是异性同学交往，渴望融入班级	1. 遵守社会公德 2. 合理制订计划，有效利用课外和假期时间，合理使用零花钱 3. 有自己学习的偶像、榜样和奋斗目标 4. 参与校园社团和兴趣小组活动
13—14 岁（八年级）	1. 做好少先队与共青团的衔接，了解团员的权利与义务 2. 进一步了解自己，增强自我反省能力，理性地表达个人诉求 3. 逐渐学会换位思考，能站在其他人的角度来思考问题 4. 逐渐学习处理好个人与同学及父母之间的关系 5. 初步了解国家政治和经济体系，初步了解公民的权利与义务	1. 渴望成为共青团员，积极向共青团员学习，争取加入共青团 2. 知道成为共青团员意味着服务意识、责任意识和奉献精神要进一步增强，渴望走出校园、服务社会 3. 学会理性控制和调剂感情，稳定个人情绪，避免骄傲、任性 4. 能体验他人的感受，顾及他人情感	1. 遵纪守法，不参与校内外不良团伙的活动 2. 履行作为学生、孩子、小主人等多种角色的责任 3. 班级尝试自我管理和实施诚信考试，无须教师监督 4. 参与校园民主管理和竞选活动 5. 开展团员间的经验交流、分享，批评与自我批评活动 6. 尊重人与人之间的个性差异，不嘲弄、不歧视他人 7. 开展研究性学习活动
14—15 岁（九年级）	1. 能够处理好个人与同学、个人与父母之间的矛盾 2. 了解世界文化、民族的多样性，尊重其他国家民族的文化习俗 3. 初步锻炼做出选择和人生决策的能力	1. 认识到每个人都是独特的，尽量少将自己与他人做比较 2. 渴望参与和体验社会生活，渴望做一些有意义的事情，为了理想而奋斗	1. 进一步的职业体验 2. 尊重人与人之间的语言、文化差异，不嘲笑、歧视来自不同文化群体的学生 3. 在父母的指导下，初步尝试做出人生中的一些重大选择，如高中就读学校、未来从事的职业等

续表

年龄	知识与能力	情感与态度	行为与规范
15—16岁（高一年级）	1. 初步了解马克思列宁主义、毛泽东思想、邓小平理论和"三个代表"重要思想的基本观点 2. 进一步了解国家经济生活和政治生活，逐渐学会独立思考社会问题和理性分析社会现象 3. 更清楚地了解宪法及公民的权利和义务，知道怎样用法律的手段维护公民权利，知道公民参与民主决策的途径	1. 做真正的、坚定的共青团员，坚持原则，正直、公正、不虚假 2. 进一步学习差异化合作方式，追求合作、和谐	1. 理性解决寝室或班级同学争端 2. 不拉帮结派 3. 民主选举班级团支部书记
16—17岁（高二年级）	1. 对国家政府、政治体系有更完整的理解，并能围绕一些感兴趣的问题做深入的专题阅读和理论探讨；进一步了解中华文化的区域特色 2. 初步了解马克思主义哲学及其他哲学流派的一般原理和基本观点，遵循逻辑思维的要求，基本把握辩证思维的方法 3. 初步了解国际社会与国际组织 4. 逐渐形成媒介素养，批判性地分析大众媒体中呈现的各种信息 5. 初步发展在公共生活中演讲和辩论的能力	1. 养成民主的态度，谦逊、倾听，乐于向他人学习 2. 养成科学、客观的态度 3. 相信通过每个共青团员的努力，我们的社会和国家会变得更美好。为了中华民族伟大复兴而努力学习	1. 成为学校社团的创立者和领导者 2. 参与校学生会干部竞选活动 3. 参与学校管理，了解学校政策以及背后的利益考量 4. 在公共生活（包括虚拟的网络社区）中用语文明，不搞恶意攻击

续表

年龄	知识与能力	情感与态度	行为与规范
17—18岁（高三年级）	1. 进一步了解民主的各种形态与实质，了解国际社会和国际组织 2. 反思个人的价值追求与生活态度，并将其整合为个人的价值观 3. 比较深入地了解世界文化的多样性，并能围绕一些感兴趣的问题做深入的专题阅读 4. 具备较为稳定的、明确的职业倾向 5. 锻炼独立进行选择和决策的能力	1. 情绪平和，心态稳定、积极 2. 克制欲望、抵抗诱惑的坚定的意志力	1. 尊重他人宗教信仰自由 2. 尝试独立做出人生中的一些重大选择，如大学就读的学校、专业等

2. 少年期思想教育方式方法

本研究报告数据表明，对于初中生和高中生来说父母长辈、同学、朋友和学校老师是对他们品德发展产生巨大影响的人，其中同学、朋友等同辈群体的影响力逐渐超过了学校教师的影响力。访谈也证实，初中生寻求集体认同的心理比较突出，因此他们喜欢的活动是全员参与（全班参与）的活动，不是竞争性的、少数人参与的精英性活动，也不是没有多少人际互动和情感交流的仪式活动，而是夏令营、远足、参观博物馆等形式比较轻松、全班同学都可以参加的活动。另外，许多学生提出"只要是活动，都想参加""只要没有考试和作业就好""只要能走出校园就行"。学生最欢迎的是能带领全班同学走出校园围墙的活动。形式轻松活泼、全员参与的团队活动最受初中生青睐。高中生相比初中生情绪更稳定，参与社会和政治生活的愿望更加强烈。问卷显示，对于高一的学生来说，他们最喜欢的是寒暑假夏令营活动和社会实践活动，而对于高二学生来说，第一位的当属社会实践活动。访谈也表明，那些既有知识含量，又能激发更多学生参与的活动比较受高中生青睐，比如模拟联合国活动。

表 2.27　少年期思想教育活动方式

年龄	具体活动方式
12—13岁（七年级）	寒暑假夏令营活动、读书活动、社会实践活动、青年志愿者活动、文化娱乐活动
13—14岁（八年级）	寒暑假夏令营活动，社会实践活动（志愿者活动、走进福利院），14岁集体生日，入团宣誓，退队仪式，阳光教育活动，诗歌朗诵，职业体验活动，企业家、政治家、学者励志讲座，城乡学生交流活动，校园歌手大赛，礼仪风采大赛
14—15岁（九年级）	演讲比赛，社会实践活动，读书，诗歌朗诵，职业体验活动，企业家、政治家、学者励志讲座
15—16岁（高一年级）	寒暑假夏令营活动、社会实践体验活动、大手拉小手（帮助更小的学生）、撰写政治问题研究性学习报告、青年志愿者活动、读书活动、阳光义卖活动、模拟联合国和模拟法庭活动、文体活动、交流联谊活动
16—17岁（高二年级）	社会实践体验活动，大手拉小手（帮助更小的学生），撰写政治问题研究性学习报告，青年志愿者活动，读书活动，阳光义卖活动，模拟联合国和模拟法庭活动，文体活动，交流联谊活动，政治家、学者、企业家励志讲座
17—18岁（高三年级）	成人礼、青年志愿者活动、读书活动、阳光义卖活动、模拟联合国和模拟法庭活动、文体活动、交流联谊活动

（三）青年期思想教育（19—28岁）

1. 青年期思想教育的内容要求

依据青年期身心发展的年龄特征，参考大学生德育课程标准，结合本课题组的调查研究，我们提出青年期思想教育的阶段目标是，推进大学生政治社会化向深入阶段发展，坚定热爱人民、热爱祖国、拥护中国共产党的政治信念，发展独立思考、追求真知的态度，进一步强化"以专业知识服务社会"的责任感，提高思想道德修养和精神境界，在深入理解与全面认同社会主义核心价值观的基础上，形成坚定的人生观、价值观和世界观。

表 2.28 青年期思想教育的内容要求

年龄	知识与能力	情感与态度	行为与规范
18—19 岁（大学一年级）	1. 重新认识自己，重建奋斗目标，合理规划个人学业生活 2. 比较系统地了解党史、党情，系统地了解马克思列宁主义、毛泽东思想、邓小平理论 3. 进一步提高网络媒体素养	1. 避免封闭，走出孤独 2. 正确认识自我，积极寻求自我锻炼的机会 3. 容忍差异，人际和谐 4. 愿意成为入党积极分子	1. 克服失落与迷茫感，尽快适应新生活 2. 遵守网络规范，遵守网络道德 3. 更多地开展团员之间的交流与分享活动，积极参加班级活动和社团活动
19—20 岁（大学二年级）	1. 对国际国内形势有进一步的了解 2. 运用马克思主义基本原理理性地分析我国国情与社会风气，提高政治鉴别力 3. 对团员的权利与义务有更深入的了解，强化社会责任感与奉献意识，提高思想道德修养和精神境界	1. 强化为了中华民族伟大复兴而努力的信念，把中国梦与个人成才联系起来 2. 追求学业、个性及品德的全面发展 3. 维护民主程序，追求社会公正	1. 在参加各种校内活动、竞选中积累管理、组织经验 2. 逐渐减少对家庭的经济依赖，通过社会实践、勤工俭学等方式自力更生 3. 参与学校生活，关注学校发展，能为学校发展建言献策
20—21 岁（大学三年级）	1. 能够综合各种理论和各种信息来辩证、全面地看待社会问题，形成独立判断，提高独立思考能力，不盲从，形成比较开阔的政治视野 2. 进一步坚定热爱人民、热爱祖国、拥护中国共产党、建设公平正义社会的政治信念	1. 客观、理性的态度，追求真知，不偏激、不盲从 2. 以专业知识服务社会和他人的愿望	1. 积极参加专业实习和实践活动 2. 做好职业发展规划，在创业、就业方面积累初步的知识 3. 关注学校所在社区、地区的发展，了解其经济和文化，能对地区发展提出合理建议

续表

年龄	知识与能力	情感与态度	行为与规范
21—22岁（大学四年级）	1. 树立正确的人生观、择业观，正确处理理想与现实之间的矛盾 2. 处理好国家需要、个人发展之间的矛盾 3. 具有独立进行人生重大问题上的选择和决策的能力	1. 克服恐惧感，从容应对就业挑战 2. 提高抗挫能力，克服在就业困难时产生的焦虑 3. 崇尚公平竞争 4. 对于母校、教师的感恩，对于同学的留恋	1. 在对社会发展趋势的把握和认识自我特点的情况下，寻找个人发展机遇 2. 理性做出就业或考研的决定

2. 青年期思想教育方式方法

多数大学生都不喜欢甚至抵触"被动式""灌输式"和"单一化"的思想政治教育方式。在访谈中，大学生对共青团组织表达的个人需求是：解决思想困惑；疏通心理压力；进一步锻炼自己，提升服务社会的能力；在个人生活，包括爱情、婚姻及就业方面得到更多的帮助与指导。因此，共青团组织应解决他们的思想困惑，关注他们的成长需要，帮助他们实现锻炼自身能力、服务社会的愿望。可供选择的教育活动方式有：

（1）小型的理论研讨会。就读于综合性大学的大学生表示：不喜欢空洞的政治理论学习，但是比较喜欢小型的理论研讨会，20~30人在教师的引导下围绕社会问题进行头脑风暴、观点碰撞。针对社会时事、热点个案开展的理论研讨会，是非常契合学生需要、提升学生理论思维水平和政治社会化程度的一个重要途径。

（2）大学生喜欢锻炼自己能力、了解社会现状的志愿者活动和社会实践活动，尤其愿意参与同专业学习相关的志愿服务活动。如师范院校的大学生非常愿意参加暑期支教活动，医学院学生愿意参加医疗援助项目等。开拓假期社会志愿服务的渠道，容纳更多的大学生参与社会志愿服务，并努力使志愿服务的项目与他们的专业学习相匹配，这也应是共青团组织努力的重要方向。

（3）社会风气、网络媒体对18—22岁的青少年产生的影响逐渐增加，甚至超越了同学、同伴和朋友的影响。大学生习惯于从网络获取信息。在访谈中，大学生表达了希望共青团开通微博和微信的意愿。共青团活动应利用信息技术平台，广泛地传递社会发展的信息和正能量，吸引学生更多地点击和参与。

（4）心理健康教育。在人际交往、心理压力的疏导、重塑自信、婚姻爱情家庭方面给予更多指导，尤其是与异性交往方面，培养尊重女性、承担责任的态度。

表 2.29 青年期思想教育活动方式

年龄	具体活动方式
18—19 岁 （大学一年级）	青年志愿者活动、寒暑假夏令营活动、社会实践活动、读书活动、交流联谊活动
19—20 岁 （大学二年级）	社会实践活动、青年志愿者活动、小型理论研讨会、交流联谊活动、寒暑假夏令营活动、读书活动、心理健康咨询
20—21 岁 （大学三年级）	社会实践活动、青年志愿者活动、小型理论研讨会、交流联谊活动、寒暑假夏令营活动、读书活动、创业活动、心理健康咨询
21—22 岁 （大学四年级）	社会实践活动、小型理论研讨会、经验交流会、读书活动、创业活动、心理健康咨询

（四）综合建议

在上述理论研究、问卷调查和访谈调查的基础上，课题组提出如下建议。

第一，尽管团队组织、团队活动对党和国家具有极其重要的政治使命与政治价值，但是，我们的调查表明，无论是对大中小学生的思想品德发展，还是政治立场的形成，少先队和共青团活动的影响都未能进入前五名。二者之间存在的巨大差距，清楚地说明团队活动、团队教育改革创新的急迫性。

第二，团队组织、团队活动、团队教育的改革，应该与学校教育改革相融合，甚至要以学校教育改革的成功为前提。之所以中学阶段团队活动影响甚微，根本原因在于应试教育的束缚，使得中学阶段以考定学、以考定教、为考而学、为考而教，留给团队活动和团队教育的空间十分有限。

第三，团队活动、团队教育在坚持政治使命的前提下，必须持有满足学生成长需要、服务学生、为了学生的"生本"立场。没有生本立场，政治立场就会落空；没有政治立场，生本立场就会迷失方向。生本立场与政治立场相互联系、相辅相成。

第四，正视城乡差异，推进教育公平、社会公平。我们的研究表明，城乡学校在团队活动和团队教育的数量、形式、质量、资源、师资、阵地等诸多方面都存在不小的差距,因此,对城市与农村的团队工作应该有不同的要求,不能一刀切。农村学校应该在团队资源建设、阵地建设和组织建设方面做出更多努力;城市学校应该在提升团队活动质量、丰富活动形式、提高活动实效方面作出更多尝试。

第五,提高团队活动的专业化水平,加强对团队辅导员的教育培训。湖北省有18万名中队辅导员,目前几乎没有接受过任何团队工作的专门培训。在新的形势下,很有必要制订辅导员教育培训的五年规划。

第六,把一至八年级每周一课时的少先队活动课落到实处。目前,湖北省8000所中小学仅有不到一半的中小学开设了少先队活动课,还有一半学校尚未落实。为此,要制订少先队活动课的课程标准,与中小学德育课程相结合,开发出专门的少先队活动课教材,按照国家课程的标准来建设少先队活动课。

第七,加强团队工作的组织建设与资源建设,特别是在农村地区。湖北省还有70多个县市区尚未建立关工委;一半的中小学没有少先队活动室,有队室的学校中,70%的学校是图书室、队室合用;加之受到市场化的冲击,团队校外活动基地大幅萎缩;全省没有专门的少儿频道;团队活动经费没有保障。要解决这些问题,必须有明确的制度安排与足够的经费保障。

第八,加强大中小党团队工作的有机衔接。在小学一年级,要重点研究解决怎样入队的问题;在七年级、八年级,要重点研究解决队团工作的无缝对接;在大学阶段,要重点研究解决党团组织教育的相互配合,形成合力!

第三章　现代学校德育的文化重构

学校是教育的一条途径，而教育则是文化的一种功能。要认识学校，必须放眼于学校赖以生存的整个文化系统。脱离文化的发展就学校研究学校，孤立地、抽象地考虑教育，把教育化简为学校，再将学校化简为课程，再将课程化简为知识习得和考试[1]，这无异于将教育变成了孤岛和沙漠。

中国现代化过程是一个对传统文化去芜存精的过程。20世纪初期，随着西方列强的侵略，中国内忧外困、前路渺茫，在西方文明的冲击和救亡图存的压力下，传统文化成了众矢之的，一度被认为是阻挠中国社会发展的罪魁祸首。1905年，科举制度被废止；1912年，南京国民政府教育总长蔡元培宣布废止读经。新文化运动更是一次对传统文化的激进清算，打倒"孔家庙"的呼声一浪高过一浪。1922年，国文课被改为国语课，国学经典及其语言载体——文言文被赶出了正规学校的阵营。

20世纪90年代以来，人们开始重估传统文化的价值。"反封建"的议题逐渐被发扬优秀传统文化的议题所置换，"国学热"取代了20世纪80年代的"文化热"。市场经济建设过程中出现的道德滑坡、价值真空、信念缺失、物质崇拜等"精神危机"激发国人思考"重建精神家园"的问题。从中国传统文化中寻找精神资源，成为国人自发的精神需要，国学热开始自民间兴起。

传统文化的回归意味着人们开始逐渐认识到，中国教育现代化不能是西方化，而必然包括中国化。现代化不是把中国人变成美国人，或其他国家什么人，而是要在继承传统的基础上重塑中国人的精神气质和民族特性。现代化不能抛弃自己的历史和文化传统，否则便会出现灾难。同样，德育理论也要扎根于中国的传统精神文化，探讨中国特色的道德人格和生活方式。

---

[1] 布鲁纳. 布鲁纳教育文化观［M］. 宋文里，黄小鹏，译. 北京：首都师范大学出版社，2012：7.

第一节 优秀传统文化教育的复归

一、优秀传统文化的价值重估

1992年,王宏志主编的全国义务教育初中历史教科书中,认为孔子是"大思想家、大教育家",还增加了画像、语录等诸多正面肯定内容。1998年,中国青少年发展基金会发起"中华文化经典诵读工程",一些中小学开始自发地尝试增加中华文化经典诵读、弘扬传统美德等内容,私塾、学堂、书院等体制外组织也悄然兴起,私立学校、培训机构更以弘扬传统文化的特色来吸引生源。当然,这一时期的"国学热""国学教育"还主要表现为民众自发的活动。

21世纪,在国际经济与信息全球化的背景下,"民族的才是世界的",本土文化的价值再次浮现。随着中国经济高速发展,物质文明极大丰富,精神文明的重建显得更为重要。复兴传统文化被认为是增加中国文化竞争力和国家软实力的重要途径,承载着实现中华民族伟大复兴的梦想。复兴传统文化成为国家需求与国家意志。重振国学对于传承中华文明,实现文化认同与民族认同意义巨大。至此,复兴传统文化的需要与大国崛起中的"文化自觉"密切相关。

(一)传统文化的政策回归

借助于教育让年轻一代建立对传统文化的亲切感、认同感显得尤为迫切,推进传统文化进校园开始逐步进入政策视野。

(1)中小学课程体系中传统文化内容在增加。2001年开始试点实施的基础教育新课程中,教育部制订的《基础教育课程改革纲要(试行)》把"继承和发扬中华民族的优秀传统"作为重要目标之一,古代诗文作品在教科书中的比例有所增加,教学要求也有所提高。

(2)传统文化教育开始从体制外走向体制内,开始被纳入国民教育全过程。2002年,党的十六大报告指出"必须把弘扬和培育民族精神作为文化建设极为重要的任务,纳入国民教育全过程"。2004年,《中共中央、国务院关于进一步加强和改进未成年人思想道德建设的若干意见》出台,文件提出要对3.67亿18岁以下的未成年人"进行中华民族精神教育",因为"国际敌对势力与我争夺接班人的斗争日趋尖锐和复杂",要"从确保党的事业后继有人和社会主义事业兴旺发达的战略高度"来进行此项工作。为落实此精神，2004年教育部、中宣部联合印发《中小学开展弘扬和培育民族精神教育实施纲要》文件，提出"把弘扬和培育民族精神教育纳入中小学教育全过程，贯穿在学校教育教学的各个环节、各个方面"。

（3）十八大以来，传统文化被认为是中华民族的"魂"与"根"，其价值被推崇到一个历史的新高度，在各地政府的支持与推动下，传统文化进校园活动呈现蓬勃发展态势。2011年，中共十七届六中全会明确指出：中国共产党自成立之日起就是中华优秀传统文化的忠实继承者和弘扬者，要从增加文化自信和国家文化软实力的角度来弘扬中华文化。党的十八大报告明确提出"文化是民族的血脉，是人民的精神家园"。习近平总书记多次指出：抛弃传统、丢掉根本，就等于割断了自己的精神命脉，博大精深的中华优秀传统文化是我们在世界文化激荡中站稳脚跟的根基。2014年3月26日教育部出台《完善中华优秀传统文化教育指导纲要》，政策已经为中小学进行传统文化教育铺设了较好的舞台。

（二）优秀传统文化是社会主义核心价值观的根源

中华优秀传统文化源远流长，蕴含了丰富的精神文化，是"国家文化软实力"的重要组成部分，是中华民族饱经沧桑而经久不息的强大精神力量，是中华民族走向世界的根基，是社会主义核心价值观的源头活水。

培育社会主义核心价值观必须立足于中华优秀传统文化，从中汲取丰富的营养，否则就不会有很强的、持久的生命力和影响力。正如有学者指出："培育社会主义核心价值观只有立足于中华优秀传统文化，不断吸取中华优秀传统文化的精神滋养，才会有深厚的文化根基和充足的精神血脉，才能得到全体中国人广泛的价值认同，进而形成伦理精神的自觉和行为的自主，产生内在的亲近、亲善和源于生命并且充实生命的担当与创化。"[1] 还有学者指出："社会主义核心价值观的产生、形成和完善，是中华优秀传统文化的延续和发展。离开了中华优秀传统文化的支撑，社会主义核心价值观将成为无源之水、无本之木。"[2] 可见，中华优秀传统文化和社会主义核心价值观具有内在的、有机的、历史的联系。

---

[1] 王泽应. 论承继中华优秀传统文化与践行社会主义核心价值观[J]. 伦理学研究，2015（1）：7.
[2] 张东刚. 完善青少年优秀传统文化教育[N]. 人民日报，2014-04-11.

核心价值观是立国之本、兴国之根。"人类社会发展的历史表明，对一个民族、一个国家来说，最持久、最深层的力量是全社会共同认可的核心价值观。核心价值观，承载着一个民族、一个国家的精神追求。"[1] 党的十八大提出以"富强、民主、文明、和谐、自由、平等、公正、法治、爱国、敬业、诚信、友善"为价值取向的社会主义核心价值观。"富强、民主、文明、和谐"是从国家层面提出的价值目标；"自由、平等、公正、法治"是从社会层面提出的价值目标；"爱国、敬业、诚信、友善"是从公民个人层面提出的价值目标。社会主义核心价值观是总结、继承优秀传统文化的必然产物。以国家层面为例，富强是国家发展的最重要、最根本目标。《管子》曾言："凡治国之道，必先富民"。[2] 只有民众富强了，国家才得以真正的治理，国家才有真正的安宁。"民为贵，社稷次之，君为轻"体现了"民本"思想。古代中国创造了光彩夺目的东方文明，被誉为四大文明古国之一。和谐，自古即为人们向往和追求的目标。《礼记》写道："大道之行也，天下为公，选贤与能，讲信修睦。故人不独亲其亲，不独子其子，使老有所终，壮有所用，幼有所长，矜、寡、孤、独、废疾者皆有所养，男有分，女有归。货恶其弃于地也，不必藏于己；力恶其不出于身也，不必为己。是故谋闭而不兴，盗窃乱贼而不作，故外户而不闭，是谓大同。"[3] 这充分体现出了"和谐"的深刻意蕴。社会层面、公民个人层面的价值目标同样体现了对中华优秀传统文化的继承和发扬。总之，24个字的社会主义核心价值观，是对中华优秀传统文化的传承和升华。有鉴于此，习近平总书记提出："要讲清中华优秀传统文化的历史渊源、发展脉络、基本走向，讲清楚中华文化的独特创造、价值理念、鲜明特色，增强文化自信和价值观自信。要认真汲取中华优秀传统文化的思想精华和道德精髓，大力弘扬以爱国主义为核心的民族精神和以改革创新为核心的时代精神，深入挖掘和阐发中华优秀传统文化讲仁爱、重民本、守诚信、崇正义、尚和合、求大同的时代价值，使中华优秀传统文化成为涵养社会主义核心价值观的重要源泉。"[4] 然而，如何"讲清""认真汲取""大力弘扬"中华优秀传统文化的精华？教育何为？2014年3月26日，教育部

---

[1] 吴安春. 在完善中华优秀传统文化教育中培育和践行社会主义核心价值观[J]. 基础教育参考, 2014 (11): 8.

[2] 转引自于春海, 杨昊. 中华优秀传统文化教育的主要内容与体系建构[J]. 重庆社会科学, 2014 (10): 70.

[3] 转引自于春海, 杨昊. 中华优秀传统文化教育的主要内容与体系建构[J]. 重庆社会科学, 2014 (10): 70.

[4] 习近平. 把培育和弘扬社会主义核心价值观作为凝魂聚气强基固本的基础工程[N]. 人民日报, 2014-02-26.

正式颁布《完善中华优秀传统文化教育指导纲要》（后文简称《纲要》），把完善中华优秀传统文化教育列入教育改革与发展的顶层设计中，为践行社会主义核心价值观、落实立德树人根本任务提供了可靠的制度保障。《纲要》明确指出了加强中华优秀传统文化教育的重要性和紧迫性，明确了加强中华优秀传统文化教育的指导思想、基本原则和主要内容。《纲要》的颁布，既突出了中华优秀传统文化教育的重要性和必要性，又为中华优秀传统文化教育指明了前进的方向。

（三）中华优秀传统文化教育是实施素质教育的必然要求

1985年5月27日，中共中央、国务院召开了改革开放以来的第一次全国教育工作会议，会议颁布的《中共中央关于教育体制改革的决定》中指出，教育体制改革的根本目的是提高民族素质，多出人才、出好人才。素质教育概念出现在20世纪80年代后期，时任国家教委副主任柳斌于1987年在《努力提高基础教育的质量》一文中使用了"素质教育"一词[①]。此后，不少学者纷纷撰文从学理上探讨素质教育的相关问题。但这些学理上的探讨，大多与"应试教育"相比较而进行，往往把课堂教学改革、减轻学生课业负担等内容作为素质教育研究的重点，在很大程度上停留在如何纠正"应试教育"弊端这一层面上。在这样的背景下，人们到底如何理解素质教育？素质教育到底该如何进行？如何求解素质教育？不少学者纷纷将目光转向西方。应该说，我国教育向西方学习、借鉴是必要的。问题是，仅仅向西方学习一些教育的"技术""模式"，我国的教育就能实现素质教育吗？舍弃"中华优秀传统文化"的教育还是真正意义上的素质教育吗？正如1999年6月，中共中央、国务院颁布的《关于深化教育改革全面推进素质教育的决定》中所指出的："要有针对性地开展爱国主义、集体主义和社会主义教育，中华民族优秀文化传统和革命传统教育，理想、伦理道德以及文明习惯养成教育，中国近现代史、基本国情、国内外形势教育和民主法制教育。把发扬中华民族优良传统同积极学习世界上一切优秀文明成果结合起来。"可见，西方教育的理念和方法，并不能为我国素质教育的实现提供真正的动力和基础。素质教育的真正实现，必须从中国教育的实践出发，从中华优秀传统文化教育中汲取营养和精华。

从理论上讲，中华优秀传统文化，特别是其中所蕴含的人文精神，"不仅对一系列人生价值进行了形而上的思考，而且还对个人的生存、荣辱做出了实际

[①] 柳斌. 柳斌谈素质教育［M］. 北京：北京师范大学出版社，1998：200.

上的指导。她的核心就是以人为根本，不为神役，不为物役。她注重人的发展与完善，强调人的价值和需要，关注人存在的基本意义，引导人们以真善美为旨趣，在自我完善和为人类而献身的过程中，逐渐逼近真善美的理想境界，通过伦理教育，达到人与自然的和谐，人与社会（人与人）的和谐以及个人身心的和谐。这恰恰也是我们素质教育的理念所在。"[1] 中华优秀传统文化所蕴含的人文精神，与素质教育所倡导的精神内核是一脉相承的。

从教育现实来看，早在20世纪上半叶，理学大家马一浮就批评中国的新式学校教育之弊主要在以追求知识技能为主，只注重培养分科的专业人才，却不注重人的德性的培养和人格气质的养成。时至今日，在应试教育的背景下学校教育仍然重知识习得、轻德性培养，这种做法严重忽视了学生健全人格、高尚情操和道德行为习惯的养成。在中小学开展诵读国学经典活动，使中华传统文化进校园、进课堂、进头脑，可以把对中华优秀传统文化的学习成为中小学生的自觉爱好；同时可以提高中小学生对中华优秀传统文化的认同和自信，增强他们作为中华民族一员的民族自信心和自豪感，增进"天下兴亡，匹夫有责"的责任意识与担当意识；培养中小学生的"仁者爱人""老吾老以及人之老"的社会关爱意识。因此，优秀传统文化进校园有助于纠正中小学应试教育的痼疾，助力于素质教育的真正落实。

（四）传统文化教育预示着"教育中国化"的转向

中国教育现代化是在向西方教育不断学习、不断移植与复制西方教育制度的过程中形成的，在这一过程中，发生了文化割裂现象，西方文化占了主导，中国传统文化被边缘化；科学与外语学习占据了学生主要的学习时间，中国的人文传统和精神资源几乎是一片空白。一些受过中国高等教育的学生，对中国古代经典不甚了了，对中国历史一知半解，却对中国文化妄自菲薄、口诛笔伐。

中华优秀传统文化的大力弘扬，预示着中国教育的转向，预示着教育中国化，即要舍弃教育现代化就是西方化的思路，寻找中国教育现代化的独特路径。中华优秀传统文化为教育中国化提供了丰富的思想理念，中国教育现代化必须扎根于中国文化的土壤中。然而，长期以来，我国的优秀传统文化并没有受到应有的、足够的重视。在相当长的岁月里，"因材施教""有教无类""教学相长""长善救失""学思结合"等古老的教育智慧，均是中华优秀传统文化的重

---

[1] 张宇，夏晓虹. 中国传统文化与当代素质教育[J]. 山东大学学报（哲学社会科学版），2003（1）：85.

要组成部分和结晶。近代以来，国人为了反压迫、反封建、启发民众、救亡图存，猛烈地抨击传统文化，力主西学，放弃了对优秀传统文化的传承，优秀传统文化教育自然也就无从谈起。就教育而言，由于放弃了对中国文化中优秀教育传统的承继，我国教育在总体上呈现"西化"，注重移植和追随西方教育体系，教育学术话语尊奉西方，简单地照搬、照抄西方的教育话语体系甚至成为某种思维定式。由于放弃了对优秀传统文化的传承，我国教育失去了精神坐标，经历了教育为政治服务、教育为计划经济服务、教育为市场经济服务三个阶段，从政治的奴仆转变为经济的附庸，虽然学校规模不断壮大，质量却被人诟病不已。

有鉴于此，大力弘扬中华优秀传统文化有利于中国教育从"西化"向"中国化"转轨。何谓"教育中国化"？其主要意蕴包括：第一，中国的教育总体上必须呈现出"中国社会"的特色、底色和基质。也即是，中国的教育，首先应该是"中国的"，而非"西方的"；第二，在教育方法、途径上，要凸显中国教育优良传统的继承性和超越性；第三，"化"标示的是教育动态发展的过程，说明"教育中国化"不可能一蹴而就；第四，中国的教育研究要立足于"中国教育实践"中的问题，提炼"中国教育的经验"；第五，要用"中国话语"表达中国教育。总之，教育中国化即是要在博采融贯中西文化之长的基础上，重建教育系统中的中国精神，探索扎根于中国文化的教育目标、方法及内容。

教育的最根本的问题是"培养什么样的人""如何培养人"的问题。中华优秀传统文化教育的根本目的是"培养富有民族自信心和爱国主义精神的社会主义事业的建设者和接班人。"[①] 其基本原则是："坚持中华优秀传统文化教育与培育和践行社会主义核心价值观相结合；坚持中华优秀传统文化教育与时代精神教育和革命传统教育相结合；坚持弘扬中华优秀传统文化与学习借鉴国外优秀传统文化相结合；坚持课堂教学与实践教育相结合，等等。"[②] 其主要内容为："加强对青少年学生的中华优秀传统文化教育，要以弘扬爱国主义精神为核心，以家国情怀教育、社会关爱教育和人格修养教育为重点，着力完善青少年

[①] 中华人民共和国教育部，《完善中华优秀传统文化教育指导纲要》【EB/OL】_ 中华人民共和国中央人民政府门户网站（www.gov.cn），2014-4-1. http：//www.gov.cn/xinwen/2014-04/01/content_ 2651154. htm

[②] 中华人民共和国教育部，《完善中华优秀传统文化教育指导纲要》【EB/OL】_ 中华人民共和国中央人民政府门户网站（www.gov.cn），2014-4-1. http：//www.gov.cn/xinwen/2014-04/01/content_ 2651154. htm

学生的道德品质,培育理想人格,提升政治素养。"① 由上可知,无论是从中华传统文化教育的目的、基本原则,还是从其主要内容来看,中华传统文化教育是由中国教育元素组成的,带有鲜明的民族风格和中国特色,是中国教育的"原创性理论",这昭示着中国教育必将走向"中国化"。

二、优秀传统文化进校园遭遇的困难

当前,学者、教师及社会大众就优秀传统文化教育的价值已经基本达成共识:优秀传统文化具有重要的教育价值,是学校教育必要的一部分。然而,争议在于:优秀传统文化应该在中国现代教育中占有多大的份额?传统文化教育担负的是本体性价值,还是工具性价值?其关键的问题还是在于东西文化论争以及传统教育与现代教育的论争。

(一)读经运动的争议

对于传统文化教育价值认识的不同,突出地体现在"读经教育"的论争过程中。民国初年废除读经之后,围绕恢复读经和反对读经产生了一系列论争,这是我国教育现代化过程中的一个世纪难题。百年来,关于读经的争议主要经历了四次。

第一次发生在民国初年,主要围绕着袁世凯、康有为等复古尊孔和以陈独秀为代表的新文化运动者反复古斗争展开,严复亦著文称"读经当积极提倡",对废除读经的"苦其艰深、畏其浩博、宗旨与时不合"的三大理由进行了批判。

第二次是20世纪20年代在东西文化反思过程中出现的,以1925年章士钊"读经救国"论和鲁迅的批判为标志,新文化运动的倡导者从改造国民精神的高度,一致否定了读经的必要,"读经是不足以救国的",反对读经派占据了政治与舆论的优势。

第三次发生在20世纪30年代抗战前夕,高潮为《教育杂志》1935年"读经专号"发起的关于读经的大讨论。赞成者认为读经可以救亡图存,"正人心以拯民命,救中国以救世界";反对者认为高唱读经,只能造就顺民,经书中的文化是落后的古董,不应以古代的遗物来充实现代人的生活;要"采取果断的措

---

① 中华人民共和国教育部,《完善中华优秀传统文化教育指导纲要》【EB/OL】_中华人民共和国中央人民政府门户网站(www.gov.cn),2014-4-1.http://www.gov.cn/xinwen/2014-04/01/content_ 2651154.htm

施,一刀截断与经的联系,采用欧洲的文化,学习欧洲的问题"。①

第四次肇始于20世纪90年代,至今尚未结束。② 20世纪90年代初,南怀瑾先生的《论语别裁》风靡各地;1994年以来,学者王财贵发起读经活动,儿童读经在消失80多年后再次回到基础教育。

"读经教育"态度分歧折射出人们对于中国文化和中国教育的价值与路径选择的根本不同。中国社会现代化到底是以西方文化与精神为本,还是以中国文化为本位?中国教育现代化是移植与复制西方教育模式,还是探索中国教育发展的独特道路?因此在建立社会主义文化过程中的一个至关重要的问题就是中西文化关系问题。自新文化运动中马克思主义传入中国起,问题变得更加复杂,变为如何正确处理马(马克思主义)、中(中国传统文化)、西(西方文化)的关系问题。③

(二)优秀传统文化教育遭遇的现实瓶颈

当前,传统文化教育回归校园既有广泛的民间支持,也获得官方认可,并有相应的制度加以鼓励与引导。其回归特征可以概括为:"从港台到内地""从老人到少儿""从精英到民众"和"从研究院到幼儿园"。④ 中小学推行传统文化教育的热情日渐高涨,形式日趋多样。有些学校尝试建立国学小剧场,学生以中华传统典籍《弟子规》《孝经》《论语》等为指导,将经典的小故事改编成剧本;有些学校开设了国学实验班,除了教授国家标准课程外,还增加了书法、武术、民族乐器、围棋、中华经典诗文等中国传统文化的学习课程;还有些学校开设了国学教育的校本课程,每周两个课时;更多的学校将传统文化融入校园文化建设中,开展孝敬、感恩、爱国教育。

但从文献检索来看,开展传统文化教育的学校以小学为主体,中学比较少见;教育内容尚不系统,比较零碎,效果只能是浅尝辄止;少数学校和一些机构进行的传统文化教育出现形式化、功利化现象,以吸引眼球和营利为主要目的。

当前,武汉市着力推行的传统文化教育中也发现存在着诸多不平衡现象:

---

① 黄明喜,张文敬.读经抑或不读:一场教育界内外的争辩——以1935年《教育杂志》关于"读经"问题的讨论为中心[J].江西师范大学学报(哲学社会科学版),2015,48(05):129-136.
② 洪明.读经论争的百年回眸[J].教育学报.2012(01):3-12.
③ 陈先达.中国传统文化的当代价值[J].中国社会科学,1997(02):31-41.
④ 刘丽娜,葛金国.儿童读经:百年六次论争述评[J].教育导刊.2011(12):27-30.

如校际差距大，好学校开展传统文化教育的热情较高，而薄弱学校则推进乏力；师资不平衡，语文教师参与较多，而其他学科教师参与较少。

另外，当前优秀传统文化进中小学校园仍然面临考试制度、师资与教材三大瓶颈。

其一，片面看重升学率的应试教育传统束缚了中小学学校开展传统文化教育的热情，不改变中考、高考评价制度，中小学推进优秀传统文化教育难以深入。

其二，师资问题。目前中小学的国学教师多以语文教师为主体，师资队伍尚缺乏足够的国学知识储备，难以满足开展国学教育的特殊需要。

其三，优秀传统文化如何与现有课程体系有机融合实现课程目标与内容的重构，国内进行传统文化教育的教材尚比较缺乏，《中国传统文化教育全国中小学实验教材》（人民教育出版社2013年出版）为目前国内唯一一套中华传统文化教育系统的中小学教材，传统文化教育教材如何校本化仍是问题。虽然近两年来一些传统文化教育的地区性教材应运而生，然而对于教材的内容、编写的指导思想等仍存在许多争议。

第二节　优秀传统文化教育的个案研究

M学校于2008年开始推行优秀传统文化教育，并在实践中不断摸索和改进策略。因此，以M学校为研究个案，研究如何深入、系统地推进优秀传统文化教育，对于中小学传统文化教育具有积极的示范作用。课题组于2015—2016年开始进行M学校优秀传统文化教育的科研工作，试图全面而完整地探究M学校在开展优秀传统文化进校园方面的具体做法与实施成效，提炼出传统文化进校园的"M模式"，并就完善和推广"M模式"给出具体的实施建议，以期对于传统文化进中小学校园的教育探索有所启示。

一、研究设计与方法

（一）研究设计

聚焦于 M 学校开展优秀传统文化教育的实践，主要研究内容如下：

1. 理论研究

其一，揭示传统文化教育与未成年人思想道德建设、社会主义核心价值观学习的关系。传统文化与社会主义核心价值之间的关系何在？传统文化教育对学生的道德意识与道德行为有什么影响？对学生接纳社会主义核心价值观的影响体现在哪几个方面？其二，揭示优秀传统文化教育与素质教育的关系。传统文化教育与素质教育理念如何有机融合？传统文化教育实践与素质教育实践如何融合？传统文化可以提高学生的哪些素养？

2. 实证调研总结和提炼"M 模式"特点

聚焦于五大问题：传统文化的课程价值与目标、课程结构与内容、教学方法、师资建设、考评与支持体系。

（1）传统文化课程价值与目标（为什么要教）。传统文化的教育价值何在？传统价值如何与现代价值相结合？传统文化教育的目标是什么？培养目标在小学、初中如何进行分层？

（2）传统文化课程结构内容（教什么）。传统文化教育课程如何与现有课程体系相结合？如何建立起跨学科综合课程？每周两节课——说文解字课、经典讲解课的设计思路是什么？教材编写的指导思想是什么？教材是否适应学生的身心发展需要？

（3）传统文化教学方法（怎么教）。经典诵读、每周两节课、功过格是否为学生所接纳和喜欢？如何深化知行合一体系，以提升学生的爱国精神与社会责任感？传统文化教育中如何促进学生独立思考能力之发展？

（4）师资建设（谁在教）。现有的国学教师在进行传统文化教育时存在哪些困难？如何提升国学教师素质？

（5）考评和支持体系（怎么知道教的效果）。传统文化教育中如何对学生进行评价？如何对教师进行评价？如何处理传统文化教育与应试教育的矛盾？国学教育中如何争取家长支持和社区支持？

3. 实证调研，综合评价"M 模式"之实施成效

主要评价学生学习效果，从下列五个方面进行：过程评价，揭示学生在接受传统文化教育过程中的投入及专注状态、学业负担实际状态；传统文化教育

对学生道德意识（忠、孝、善、恕）及学生接纳社会主义核心价值的影响（爱国、敬业、诚信、友善）；传统文化教育对学生个体道德行为（礼仪、孝亲、自省、自主管理）的影响；传统文化对群体生活秩序及人际关系改善（师生关系、生生关系、亲子关系）之影响；传统文化学习对学生语文素养和写作能力之影响。

4. 对策研究

基于研究，提出对策与建议：①进一步完善 M 模式的策略；②分三个学段——小学低年级、高年级和初中提出具体改进措施，并编写在中小学进行传统文化教育的问答及操作实施手册，供全市乃至全省各中小学校实施国学经典教育参考。

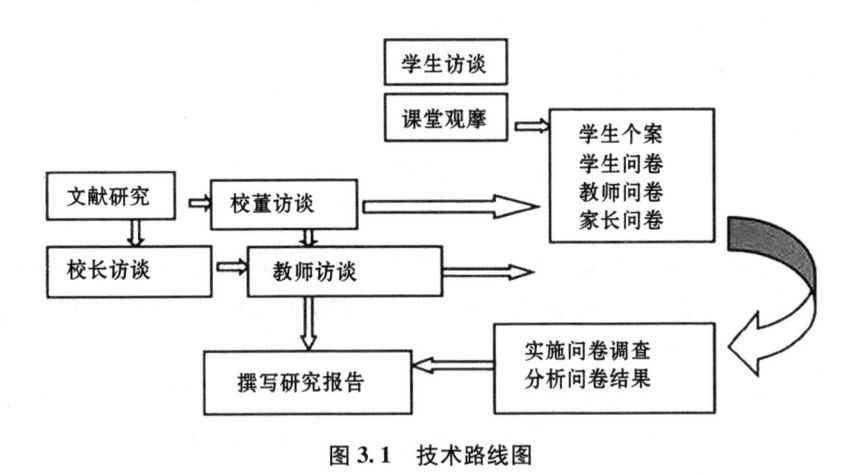

图 3.1　技术路线图

（二）研究方法

1. 访谈法

11 月 23 日—26 日，共访谈 M 学校 12 位老师（主要为直接参与传统文化教育的班主任和语文教师），访谈时间共计 518 分钟；访谈了 X 董事长及参与教材编写的若干教师；访谈了 32 位来自不同年级的学生。

2. 观察法

在一周的时间内，课题组赴 M 学校进行了 6 次访谈，听课两次，共计 80 分钟。蹲点观察三个班级，一年级、四年级和初二，并形成系列观察记录。

3. 问卷调查法

随机发放教师问卷、学生问卷与家长问卷，回收率达 100%。问卷为自编问卷，对于问卷各分量表信度系数进行检测，发现多数分量表内部一致性信度系数在 0.8 以上，表明问卷信度良好。学生问卷与家长问卷具有相关性，也即问卷调查的样本为 4-8 年级的学生与他们的家长。对于可量化的选项采用五点计分法，最小值为 1，最大值为 5，用 SPSS Statistics 20.0 进行数据分析。

表 3.1　问卷调查样本分布

问卷类型	调查目的	调查对象	回收份数（份）
教师问卷（国学教师卷）	教师实施传统文化教育的成效与问题	国学教师	37
教师问卷（非国学教师卷）	对学校文化氛围及学生表现的评价	英语、体育、美术等非国学教师	30
家长问卷	家长对传统文化教育的支持程度及建议	3-8 年级家长（共 9 个班级）	405
学生问卷	学生对传统文化教育的支持程度及建议	4-8 年级学生（共 8 个班级）	357

4. 个案研究法

研究的目的：学生的家庭因素、个人努力因素如何影响传统文化学习的效果。选取 12 名在校学生及 18 名已毕业的学生个案（包括优秀学生和学业落后学生）进行研究。对毕业生个案的研究目的，主要是对于 M 学校传统文化教育的影响效果做追踪研究。其中小学毕业生共 9 名，初中毕业生共 9 名。

二、M 学校进行优秀传统文化教育简介

2005 年，M 学校创立，为九年一贯制寄宿制学校，同时开设高中国际班。学校的办学理念是秉承"中西合璧，文武合一"，以"传承中华优秀传统文化，融汇西方科教，培养具有中国文化优秀素养和国际视野的现代化人才"为办学宗旨，以传统文化教育为特色，将优秀传统文化引进教材、课堂、生活和家庭。

（一）M 学校生源、师资基本情况

学校教师总数为 237 人，其中小学部教师为 116 人，初中部教师为 94 人，语文教师共 52 人，所占比例为 22%。其中：20-30 岁年龄段教师共 16 人；31-40 岁年龄段教师共 31 人；41-50 岁年龄段教师共 5 人。以年富力强、经验丰富的中青年教师为主。语文教师中 83% 以上为本科学历，研究生学历占比 5%；教师职称以小一、小高、中二、中一为主，其中小一职称及职称未定者共 31 人，

获小高、中一职称者13人，中高职称者仅有1人。语文教师职称分布状况相对其年龄而言，并不十分理想。

从家长问卷来看，61.4%的学生为独生子女，38.6%的学生为非独生子女；89.4%的学生来自原配家庭，4.7%的学生来自单亲家庭；孩子父亲的文化程度以本科学历为主体，接受过高等教育的比例为77.2%；孩子母亲的文化程度也以大学本科学历为主体，接受过高等教育的比例为71.6%。其父母亲从事的工作见下表，按照社会阶层划分理论，M学校学生家长主要隶属于中上层，如果按照职业分层，学生父亲中来自中上阶层的比例高达94.3%，母亲中来自中上层阶层的比例高达85.9%，学生家庭的社会经济地位（SES）比较高。可以将M学校视为中上层阶层子弟学校，且其突出特点是与其他中上层阶层子弟相比，M学校来自专业技术人员阶层家庭的比例偏低，而来自经理人员、私营企业主、个体工商户的比例比较高，如学生家长中父亲从事上述三种职业的比例总和高达68.2%。

表3.2 M学校学生家长职业分布情况

分布情况 职业类型	父亲职业分布 频次（人）	有效百分比（%）	母亲职业分布 频次（人）	有效百分比（%）
国家和社会管理者	49	12.1	36	8.9
经理人员	81	20.0	54	13.4
私营企业主	131	32.4	84	20.8
专业技术人员	64	15.8	78	19.3
办事人员	4	1.0	30	7.4
个体工商户	64	15.8	65	16.1
商业服务业员工	5	1.2	12	3.0
产业工人	4	1.0	2	0.5
务农	2	0.5	1	0.2
失业或无业	0	0	42	10.4
缺省	1	0	1	0
合计	405	100.0	405	100.0

表 3.3 学生家庭总收入在当地所处的社会位置

	频次	有效百分比
中等偏下	4	1.0
中等	205	50.8
中等偏上	170	42.2
高	24	6
合计	405	100.0

注：缺省 2 人

无疑，教师素质、学生的社会阶层来源极大地影响着传统文化教育的目的、内容、方式手段，同时也影响着以 M 学校为个案所做的研究成果的可推广性。

（二）M 学校开展传统文化教育的历程

M 学校开展传统文化教育的具体内容处于不断探索与更新迭代的样态中。办学伊始，X 董事长就矢志于将传统文化的传承工作落到实处。但受制于当时外部氛围中传统文化并未受到足够推崇和学校内部风气中传统文化也未受到深刻认同，传统文化教育的工作暂时便束之高阁。可以初步将 M 学校开展传统文化教育的历程分为两个阶段：第一阶段（2008—2012 年）为摸索期，第二阶段（2012 至今）为形成期，在内容、方法、评价方面逐渐形成了一套行之有效、独具特色的传统文化教育体系。

2008 年开始，整体社会氛围开始重视传统文化的意义，再加以 X 董事长本人排除困难强力推行，传统文化教育开始在 M 学校实施起来。2008 年 10 月开设"经典诵读"校本课程，每天诵读经典半小时，每年举办"经典诵读比赛"，将国学经典教育纳入课程体系，坚持至今从未间断。

2012 年 X 董事长亲自执教混龄国学班，可以视之为形成期之开端。国学班从小学 3 年级到高中 1 年级共 100 人，按照南怀瑾先生的课堂形式，国学课程中辅以中外历史经验教训、现代科学验证、经典与生活息息相关的例证，深入浅出，课后批阅学生的心得报告，课上解答学生现实生活与经典矛盾的各类问题。

2013 年 3 月，M 学校构建素质教育国学"5+1"考核体系，包含：经典背诵、国学考试、国学心得、功过格、敬业乐群、武当武艺，将国学经典教育纳入系统的考核体系，促进学生的素质教育提升，后又增加音声瑜伽、书法，为素质教育"7+1"考核体系。同月，学生开始写功过格，从"孝道""就餐""课堂""锻炼"等各方面让学生反思自己的言行。2014 年 5 月，功过格改版为三个栏目:"日行一善""日行一恕""日行三省",持续至今。

2014年9月,国学课程中增加了说文解字内容,由语文组教师担任授课。同时增设了中医课堂,从生活及身心健康的角度感受传统文化的魅力,扩大学生对国学学习和理解的范畴。2015年7、8月X董事长亲自参与并组织国学教材《M学校国学读本》的编撰,9月27日印刷完成,《M学校国学读本》目前共有四册,包括1、2、7、8年级,3-6年级暂时使用1-2年级的教材。

2015年9月,M学校承办了"传统文化教育进校园"的国学推广现场会,吸引了众多的媒体及教育人的关注,声名鹊起。

M学校开展传统文化教育的目标即"立足优秀传统文化,养成孩子健全人格"。通过经典诵读和践行,建立了立足中华优秀传统文化的"知行合一"素质教育体系,让学生学习国学经典中的"孝、悌、忠、信、礼、义、廉、耻",教育孩子"诚意、正心、修身、齐家",懂得"爱乡、爱国",在传统文化教育中融汇社会主义核心价值观的培养。

(三)M学校传统文化教育的内容与方法

通过8年的实践,M学校围绕"立足优秀传统文化,养成孩子健全人格"的目标,不断完善中华优秀传统文化素质养成教育的校本课程教学体系,在教材、教法、教研上做出了积极的探索,取得了阶段性成果。具体而言,M学校传统文化教育的内容与方法如下。

1. 精选经典、背诵经典

根据南怀瑾先生对未成年人学习国学经典的指导原则,结合经典诵读教学实践经验的阶段性总结,学校组织国学经典诵读备课组的中小学语文骨干教师,精选国学经典原著进行汇编,依据古籍详细校检、标点和注音。在《M学校国学读本》(以下简称《国学读本》)校本教材的编辑过程中,强调"经亦求精",并贯穿下列思想。

首先,从生活教育入手。通过"洒扫、应对、进退",养成孩子良好的行为规范和生活习惯,懂得文明礼仪,如选取《弟子规》《朱子治家格言》。

其次,为人格养成奠定基础。以儒家经典为主,选取《大学》《中庸》《论语》《孟子》《孝经》,进一步融会贯通儒家学说的《易经系传》《礼记·礼运》《礼记·儒行》等,以供学生学习。

最后,"行有余力则以学文"。要求学生背诗词、背好文章,如选取《笠翁对韵》《千家诗》《诗经》《古文观止》,读史则可选取《鉴略》。

配合《国学读本》教材所实施的教学设计,适用于每天20分钟的经典背诵、每周一节经典讲解课与一节说文解字课。20分钟背诵经典由正副班主任负责督导完成，在此时段内不做任何讲解占用时间，每日的经典背诵内容要求在背诵时间内完成，不另占用孩子其他学习时间，不增加孩子学习负担。

《国学读本》的内容见下表。小学低年级以养成良好的行为习惯为基础，诵读《弟子规》《千字文》《大学》《论语》《中庸》等；小学中、高年级以养成人格为基础，诵读《论语》《孟子》《老子》《庄子》《黄帝内经》《易经》等，提高学生的道德和思想素养。为了引导学生感受中华优秀传统文化的丰富多彩及汉语言文字的魅力，《笠翁对韵》的学习贯穿于1-6年级，穿插进行；1-4年级学习《千家诗》每周背诵2首，5-6年级学习《诗经》，可提高学生的古文修养。初中与小学国学读本内容基本相同，只是因为学习时间较短，显得更为浓缩。

表3.4　M学校《国学读本》主体内容

主要内容	所学年级
《大学》（上、下）	1（上）-1（下）
《千字文》（1-226首）	1（上）-4（下）
《笠翁对韵》（一东—十五删）	1（上）-6（上）
《论语》（第一篇—第九篇）	1（下）-4（下）
《孝经》（1-18）	2（上）-4（下）
《中庸》（1-24）	2（上）-2（下）
《老子》（1-80）	3（下）-5（下）
《诗经》（节选）	5（上）-6（下）
《孟子》（梁惠王、尽心篇）	5（下）-6（下）

经典讲解课与说文解字课以语文教师为主体承担教学任务。说文解字课以《千字文》为教材，小学每周一节课教师讲解4个汉字，初中每节课教师讲解8个汉字，让孩子懂得中国造字原理，同时知晓中国文化的基本概要，开启孩子心目中的中国传统大门，培养热爱中国优秀传统文化的感情。

2. 践行经典与功过格

践行经典，是M学校中华优秀传统文化素质养成教育的关键环节，学校教师和各级领导均高度重视，要求正副班主任为主要落实责任人，同时积极争取家长们的支持和配合。班主任、家长一同践行经典所教育的为人处事的准绳，以身作则为孩子的表率，这对教育效果能否内化到孩子的心中尤其重要。在日常生活中，通过"洒扫、应对、进退"开展生活教育，孩子每日有基本生活劳动，比如，自己叠被子、打扫卫生、饭后擦桌子等行为规范。正副班主任要随时指导，帮助孩子养成自理自立的生活能力，懂得待人处事的礼节。

"功过格"则是践行经典教育中的重要步骤。每天全体孩子每晚花十分钟写"功过格"，对照每日的动心起念、言行举止，围绕着"日行一善、日行一恕、三省吾身"进行自我反省，践行经典所教。学校要求学生每天至少做一件好事，养成友爱互助习惯；每天至少包容宽恕别人一次，养成宽心待人的习惯。"三省吾身"即每日从三个方面反省自己：在学习上，是否掌握了课堂所学；在生活上，是否诚信；在为人上，是否忠实。正副班主任教师要全批全改"功过格"，及时了解学生的思想动向，由内及外、由小及众，激发形成良好的班风和学风。学校年级组长、政教主任、学部校长逐级责任到人，发现问题及时提醒和纠正。

3. 开展多种传统文化教育活动

学生除每天背诵经典、每周两节国学课之外，每天早上锻炼武当武艺 30 分钟，强身健体；每天中午习练毛笔书法 30 分钟，练心专一；每天晚上练习"音声瑜伽"10 分钟，练平心静气。此外，假期要求学生背诵《增广贤文》《幼学琼林》等内容，增长古典文化知识；并开展国学夏令营活动，争取家长了解并参与到学校的传统文化教育活动之中，学校开展"周行一孝"感恩实践行动，坚持学生、家长和老师三者综合评价。通过举办"经典与少年""百善孝为先"主题队会，开展"最美孝心少年"评选等活动，让学生与家长更亲近。

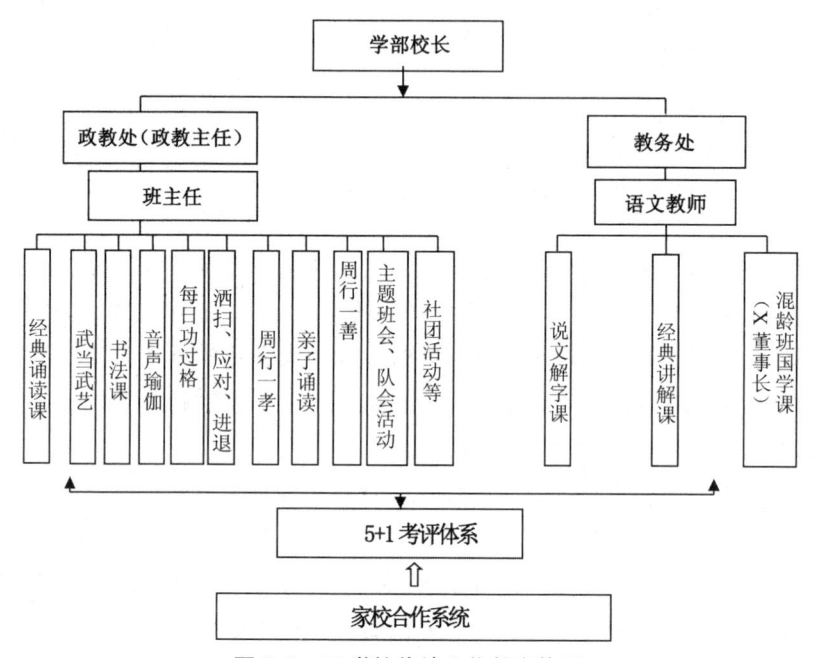

图 3.2 M 学校传统文化教育体系

为确保学校中华优秀传统文化素质养成教育的贯彻落实,经过多年摸索和实践,学校制定了与之配套的学生评价体系和教师考核体系。

以上虽是两个平行的系统,但值得说明的是,90%以上的语文教师也要担任班主任工作,仅有个别语文老师没有担任班主任工作。

三、M 学校优秀传统文化教育的实效分析

(一)学生行为表现

总体上看,M 学校学生不良行为出现的频率是很低的。在学生自评中,共选择了 3510 次,选择"没有"和"偶尔"两个选项的次数共计达到 3093 次,累计占 85.3%,可以得出学生个体对于所属群体的行为表现是比较满意的。在教师评价中,共做出了 370 次选择,选择"没有"和"偶尔"两个选项的次数达到了 244 次,累计占 93%,且教师评价中,无选择"比较多"与"非常多"的选项,表明教师对学生行为的总体表现是很满意的。

表 3.5　学生行为的总体表现情况

		学生自评		教师评价	
		N	百分比	N	百分比
不良行为出现频率	没有	2074	59.1%	158	42.7%
	偶尔	919	26.2%	186	50.3%
	有些	327	9.3%	26	7.0%
	比较多	115	3.3%	0	0
	非常多	75	2.1%	0	0
总计		3510	100.0%	370	100%

就单个不良行为来看,由表 3.6 可见,学生认为,"语言不文明"和"抄袭作业"的行为相较于其他不良行为出现的频次为最多,均值分别为 2.03 和 1.9045,这两个方面选择"没有"与"偶尔"的累计百分比分别只有 71.3% 和 74.4%,远低于其他不良行为的相应比例。而教师认为,"不遵守课堂纪律"和"同学之间闹矛盾"的不良行为要稍高于其他行为,这两个方面的均值分别为 2.000 和 1.9730,同时,这两项的标准差也是很小的,表明教师个体的看法比较一致。

教师与学生属于性质不同的两个评价主体,对外界的需求是不一样的,重点关注的对象也是不同的。学生与同伴之间交流时,较易发现语言不文明和抄袭作业的现象。教师特别关注的是课堂纪律的情况,要求较高,且又要担任学生之间矛盾冲突的裁判者,所以对学生遵守纪律行为的评价较低,而对于抄袭作业则相对较难发现。

合计师生统计结果来看,师生比较一致的观点是:认为欺侮行为、不爱护公物、不讲礼貌、打架行为出现的频次比较少,这体现出 M 学校良好的班风与校风。

表 3.6　学生各行为分值统计

	学生自评行为表现			教师评价学生的行为表现		
	N	均值	标准差	N	均值	标准差
欺侮行为	354	1.63	0.947	37	1.5135	0.65071
语言不文明,说脏话,叫人外号	355	2.03	1.130	37	1.7838	0.53412
同学之间闹矛盾、不说话	355	1.63	0.825	37	1.9730	0.60030
不遵守课堂纪律	356	1.68	0.907	37	2.0000	0.52705
不诚实,撒谎	356	1.4916	0.75986	37	1.7297	0.56019
不爱护公物	355	1.3465	0.66465	37	1.5676	0.60280
攀比、比吃、比穿、比用	356	1.5253	0.92960	37	1.2973	0.61756
不讲礼貌	356	1.4410	0.79746	37	1.5135	0.55885
打架	356	1.6854	0.99402	37	1.6486	0.48398
抄袭作业	356	1.9045	1.12181	37	1.4054	0.59905

(二) 家长对 M 学校传统文化教育的评价

98%的家长对 M 学校开展传统文化教育的态度是比较支持与非常支持的,以五点计分来看,在下表各项中均值较高,都是 4 至 5,即选择倾向为"比较符合"和"非常符合"之间,且标准差较小,说明绝大多数家长支持 M 学校开展传统文化教育。95%的家长认为 M 学校教授的是优秀传统文化。86.4%的家长认为孩子很喜欢上传统文化课；85.4%的家长评价孩子对于传统文化的兴趣更浓厚了；86.2%的家长认为，传统文化教育让家长与孩子冲突变少了。

表3.7 家长对M学校传统文化教育的评价

	均值	标准差
支持M学校开展传统文化教育	4.63	0.547
M学校教授的是优秀的传统文化	4.58	0.646
孩子很喜欢上学校的传统文化教育课	4.40	0.780
孩子对于传统文化的兴趣更浓厚了	4.35	0.853
因为学校的影响，家庭成员也更为认同传统文化的价值	4.37	0.827
传统文化教育使家长和孩子的冲突变少了，亲子关系更和谐	4.38	0.798

14.6%的家长明确认为接受传统文化教育后，孩子的学习负担加重；只有7.5%的家长明确认为传统文化教育会增加家长的负担，13.1%的家长担心国学经典太难，孩子理解不了。可以看出，有一小部分家长还是对传统文化教育持保留态度的。

表3.8 传统文化教育与学生学习负担

	比较符合（%）	非常符合（%）	合计比例（%）
传统文化教育加重了孩子的学习负担	9.4	5.2	14.6
传统文化教育加重了家长的负担	4.0	3.5	7.5
国学经典太难了，孩子理解不了	10.9	2.2	13.1

家长对现行的传统文化教育形式的评价很高。总体上分析所有的教育方式，家长选择"好"和"非常好"的比例都达到80%以上，表明家长对学校各项传统文化教育的方式都比较认可。在各项目中，家长对于"周行一孝"的教育方式最为认可（4.63±0.663），均值最高，且标准差最小。66.7%的家长认为"周行一孝"非常好，希望保持下去。除此之外，"每日经典诵读"得到"非常好"的评价的比例为65.1%，为家长第二认可的教育方式。"周行一孝"与"每日经典诵读"两项得分最高的可能原因如下："周行一孝"能够让家长与学生之间互动，增加亲子间的感情，让家长看到切实的成效；经典诵读是国学教学中的传统方法，可以提高学生的学习能力与写作能力。

表 3.9　家长对传统文化教育的评价

	N	M 均值	SD 标准差
功过格	395	4.21	0.947
国学课堂教学	383	4.57	0.701
国学读本内容	385	4.57	0.696
周行一孝	380	4.63	0.663
每日经典诵读	387	4.59	0.686

(三) 师生对 M 学校传统文化教学的体验

1. 学生对于传统文化课堂和教育活动的体验

整体来看，学生对传统文化教育的课堂体验是积极的。对于国学课堂的评价，75.8%的学生认为国学课堂活跃，82%的学生认为国学课堂有趣。81.4%的学生认为课堂上传统文化教育的内容还具有现实价值与现实意义。但值得注意的是，在课堂氛围的评价上，16.3%的学生认为课堂沉闷，使人无精打采，这提醒教师要适当地注意调节课堂氛围。

表 3.10　学生上国学课的体验（有效百分比）

	很不符合实情	不太符合实情	说不清	比较符合实情	很符合实情
国学课的课堂气氛很活跃	5.1	9.0	9.8	18.8	57.0
国学课比较沉闷无聊，使人无精打采	56.6	16.3	10.4	7.3	9.0
老师的授课内容生动有趣	3.7	4.2	9.9	18.9	63.0

学生对传统文化教育形式的体验，以功过格为例，78.9%的学生认为功过格让自己学会了反省，这与传统文化的思想是一脉相承的。这项活动受到了学校的重视，希望学生能通过反思让自己成长。

2. 教师对于课堂效果的自我评价

调查显示，教师对自己的教学能力以及调动学生学习传统文化兴趣的能力是持明显积极的态度的。94.6%的教师认为"我的上课方式能够吸引学生的注意力"，94.5%的教师认为"通过我的讲授，学生对传统文化教育的兴趣浓厚了"。虽然传统文化教育没有考试任务，但学生在实际学习中的兴趣是浓厚的，只要组织得当、安排合理，学生对传统文化教育还是很欢迎的。教师上课时，呈现的状态也是积极的，89.2%的教师认为自己在传统文化教育课堂上是兴致勃勃。需要注意的是有一小部分教师对国学教学工作感到厌倦，认为学生上国学课不积极，这部分的教师比率均达到了10%以上。

表3.11 教师对课堂效果的评价（有效百分比）

	完全不符	基本不符	说不清	基本符合	完全符合
1. 与我的其他课堂相比，学生上国学课似乎更不积极	51.4	27.0	5.4	13.5	0
2. 我对国学教学工作感到倦怠	48.6	27.0	13.5	10.8	0
3. 在国学课上，我不太喜欢学生提问，怕回答不了	56.8	18.9	16.2	8.1	0
4. 我的课堂，很注重学生参与、师生互动	2.7	2.7	0	32.4	62.2
5. 我的上课方式能够吸引学生的注意力	0	0	5.4	43.2	51.4
6. 我在课堂上教学时会觉得兴致勃勃，很有意思	0	2.7	8.1	37.8	51.4
7. 通过我的讲授，学生对传统文化的兴趣变浓厚	0	0	5.4	48.6	45.9
8. 我的讲授似乎并没有激发学生学习传统文化的兴趣	48.6	32.4	5.4	10.8	2.7

3. 学生对目前开展的关于传统文化教育活动的评价

学生对于学校开展的各项传统文化教育活动评价如表3.12。除"写功过格"和"武当武艺"的均值 M 小于4之外，其他教育方式的 M 都超过4，表明目前开展的传统文化教育形式还是令人满意的，大多数学生还是喜欢这些教育形式的。这些教育形式里，得分最低的是"写功过格"这一教育形式，"很喜欢"和"比较喜欢"两项合计比例为61.6%，其均值同样也是最小的（M = 3.7255），"武当武艺"受喜欢程度同样也不是很高（M = 3.9746）。

通过均值与标准差分析，可以看出，"周行一孝"的均值最大（M = 4.4213），且标准差最小（SD = 0.97691），书法课的均值和标准差与"周行一孝"最接近，表明这两种教育形式学生的受欢迎程度最高。这与家长问卷调查结果相符，说明"周行一孝"无论是对学生来说还是对家长来说，都是最受欢迎的活动；而

143

"写功过格"相对于其他各项活动来说，其受欢迎程度较低。

表3.12 学生对传统文化教育方式的态度

	N	均值	标准差
1. 写功过格	357	3.7255	1.42125
2. 每日背诵经典	356	4.1545	1.15369
3. 说文解字课	357	4.3585	1.03602
4. 经典讲解课	357	4.3529	1.06202
5. 书法课	353	4.4051	0.99011
6. 武当武艺	355	3.9746	1.39082
7. 音声瑜伽	356	4.0449	1.25292
8. 周行一孝	356	4.4213	0.97691

4. 学生对于传统文化学习收获的自评

调查问卷中有一项目涉及学生对学习传统文化效果的自评表，以开放题"在传统文化教育中，你学到了什么"的形式呈现。分析学生问卷中开放题的答案，收集了324条信息，可将其中的主题词归纳11个，并对其频次进行了统计，对其典型表述进行了总结，结果见表3.13。可见，传统文化对学生道德品质和道德行为最大的影响依次是：培养了学生对父母的孝顺与关爱之心；提升了学生的自我修养、自我约束的修身意识；提升了学生的礼貌意识和文明行为习惯；有利于学生友善意识和反省意识的培养。

表3.13 "传统文化学习收获"的学生自评结果

品质获得	频次	比例	典型表述
孝顺	63	19.4%	我更加关心、孝敬父母。比如帮助爸爸泡茶
修身	47	14.5%	提高了自身修养；学了中庸之道，做事不能太过，言行举止应该与身份符合，注意自己穿着整洁
博学	41	12.7%	懂得了汉字的来源，从M学校传统文化教育中学到了历史典故
礼貌	31	9.6%	我最大收获是懂礼貌、不说脏话
友善	26	8%	懂得关爱他人，为他人着想
反省	26	8%	每天都反省自己，懂得了很多道理

续表

品质获得	频次	比例	典型表述
爱国	20	6.2%	能够更深入地了解国家文化与博大精深的历史知识，感受到了中华文化的魅力
责任感	17	5.2%	"国有道，不变塞焉，强哉矫；国无道，至死不变，强哉矫"，让自己更坚定了自己的初心，主心放在学习上了
宽恕	14	4.2%	有时候生活中遇到一点小摩擦，原来就满面怒容郁闷半天，但学了国学以后我能宽恕他人让自己的心宽松下来并保持良好的心情，我认为这一点国学真的帮了我很多
诚信	14	4%	每次在家我都会诚实守信，如果妈妈说话不算数了，我就会说"言而无信不知其可也"

四、传统文化教育与社会主义核心价值观培养

社会主义核心价值观是作为道德素养的一个方面进行呈现的，结合中小学生实际，他们对社会主义核心价值观的学习主要集中在公民个人层面，因此本研究着重从爱国、敬业、诚信、友善、文明五个价值观进行实效分析，通过学生卷、教师卷和家长卷来综合评估传统文化教育对于学生学习这五大价值观的影响。

（一）对"爱国"价值观的学习

问卷将爱国价值观划分为两个维度——"民族自豪感增强"与"认同传统文化的价值"。在学生卷、教师卷及家长卷中，让不同的主体评价传统文化教育对上述两个因素的影响。就"民族自豪感"这一选项来看，67%的学生认为传统文化教育对自身的爱国情感与行为有很好的影响，18.6%认为有一些好的影响，累计占85.6%。教师问卷中，64.9%认为传统文化教育对学生该方面有很好的影响，27%认为有些积极影响，共计91.9%。同样，72.7%的学生认为传统文化教育对自身认同传统文化的价值有很大影响，16.3%认为有一些好的影响，共计89%。教师中认为传统教育对学生认同传统文化的价值有很好的影响的占67.6%，有一些好的影响的比例为27%，共计94.6%。

表 3.14　学生核心价值观——爱国

	民族自豪感增强了		认同传统文化的价值	
	学生自评	教师评价	学生自评	教师评价
没有影响	10.1	5.4	6.2	5.4
有一些好影响	18.6	27.0	16.3	27.0
有很好的影响	67.0	64.9	72.7	67.6
不清楚	4.2	2.7	4.8	0

分析得出，传统文化教育对于学生的爱国情感与行为产生了重要的正面推进作用。爱国这一维度上，以"有一些好的影响"和"有很好的影响"之和为例，教师赞同的比例均要高于学生6%-7%。

(二) 对"文明"价值观的学习

传统文化的核心针对的是日常生活中行为的规范，孝是传统伦理的精髓，接近生活的伦理规范对于学生的影响更加直接，使学生能更好地去加以实践，知行合一。文明维度从"孝敬长辈""懂礼貌""语言文明"等三个方面呈现。从学生的自我评价来看，传统文化教育对于自身孝敬长辈这一行为有很好影响的占79.5%，有一些好影响的占14.9%，共计94.4%，对于学生的懂礼貌行为有好的影响的占95.8%。教师认为传统文化教育对于学生孝敬长辈与懂礼貌有好的影响的比例分别为97.3%和100%。在文明这一维度上，学生自身的评价很高。结合对家长的访谈可知，几乎所有的家长都认为，学生在接受传统文化教育后，在学会懂礼貌与孝敬长辈上，有了很大的改进。

表 3.15　学生核心价值观——文明

	孝敬长辈		懂礼貌		语言文明，不说脏话	
	学生自评	教师评价	学生自评	教师评价	学生自评	教师评价
没有影响	3.7	0	2.5	0	9.3	2.7
有些积极影响	14.9	16.2	15.8	18.9	21.1	32.4
积极影响很大	79.5	81.1	80.0	81.1	65.4	64.9
不清楚	1.4	2.7	1.7	0	4.2	0

(三) 对"诚信"价值观的学习

通过百分比分析可以看出，学生认为，传统文化对于自身诚信品格的养成有好的影响的比例为91.8%与90.7%，得分居于爱国与文明之间。相对应的，老师的评价分别为97.3%与100%。

表3.16 学生核心价值观——诚信

	诚实，不撒谎		守信，说话算话	
	学生自评	教师评价	学生自评	教师评价
没有影响	5.6	2.7	5.6	0
有一些好影响	17.7	32.4	14.6	32.4
有很好的影响	74.1	64.9	76.1	67.6
不清楚	2.5	0	3.7	0

教师的评价比学生要高一些，可以从两个方面分析：一是学生自身的确会表里不如一，在教师面前会相对来说表现得好些，二是表明学生对于自身的认知较为客观，这应该得益于功过格的推行，学生们知道反省自己在生活中的错与对。

(四) 对"友善"价值观的学习

对于今天独生子女偏多的中国家庭来说，友善品格显得尤为重要，是和谐社会的润滑剂。本维度考察了"友好，爱帮助同学""克制自己情绪，不乱发脾气"和"宽恕别人，不斤斤计较"三个方面。以"友好，爱帮助同学"为例，学生认为，传统文化教育对自己的友善品格有好的影响的占92.2%，老师则认为100%有好的影响。M学校的寄宿性质，决定所有学生都在一起生活，同学之间的友谊会更加深刻，更可能导致其同学之间的友谊。根据学生家长的访谈可知，学生在克制自己情绪、不乱发脾气上有了很大改观，能够合理、耐心地与家长合理沟通与交流。

147

表3.17 学生核心价值观——友善

	友好，爱帮助同学		克制自己情绪，不乱发脾气		宽恕别人，不斤斤计较	
	学生自评	教师评价	学生自评	教师评价	学生自评	教师评价
没有影响	5.6	0	7.6	2.7	5.3	2.7
有些积极影响	13.0	27.0	16.7	40.5	16.7	35.1
积极影响很大	79.2	73.0	71.8	56.8	74.0	62.2
不清楚	2.2	0	3.9	0	4.0	0

（五）对"责任"的学习

对于核心价值观中敬业的理解，可将其转化为责任一词。学生在学校中的生活以学习为主，那么责任心就表现为学业的自觉完成与生活中的自立了。以"学习自觉，无须家长监督"为例，这方面的得分学生与教师的认知相差较大。学生认为传统文化教育对于"无须家长监督"有一些好的影响的占20.3%，有68.2%的学生认为有很大影响。教师方面，有73%的教师认为传统文化教育对于学生的自觉学习有一些影响，只有18.9%的教师认为有很大影响。可以看出，这一维度的积极评价是远远落后于其他几个核心价值的。

表3.18 核心价值观——敬业

	有责任感了		学习自觉，无须家长监督		生活自立，无须家长代劳	
	学生自评	教师评价	学生自评	教师评价	学生自评	教师评价
没有影响	6.8	0	6.4	2.7	9.0	0
有一些好影响	17.5	40.5	20.3	73.0	12.7	43.2
有很好的影响	72.7	59.5	68.2	18.9	74.9	51.4
不清楚	3.0	0	5.1	5.4	3.4	5.4

敬业，对于学生来讲，主要就是能主动学习，无须家长监督。学生与教师在影响很大这一选项上差别很大，教师认为只有18.9%，学生则认为68.2%。学习主动性主要与学习能力、学业负担有关，纵使学生知道应该独立，但是繁重的课业压力、个人能力的不一致，导致大多数学生虽然知道应该独立完成学

业，但现实中却不能按照这一认知行动，意愿与行动相悖。这说明，学习责任心的改善，传统文化教育可以起到引导作用，但实际学习能力的提升需要一定的知识、能力作为保障，问题的解决主要在于学科教学上。具有学习自觉意愿的学生实际上却需要很多的帮助，知道是一回事，能不能执行下去是另一回事。

（六）传统文化教育对学生理解社会主义核心价值观的影响

在中国漫长的历史发展过程中，形成了多元一体、开放兼容的传统文化格局。社会主义核心价值观是中国文化发展演进的客观规律使然，也是近代中国进行文化传播、文化选择、文化创造的主观努力结果。[①] 许多学者指出，社会主义核心价值观与优秀传统文化是同根同源的，社会主义核心价值观也必须扎根于优秀传统文化的沃土中。社会主义核心价值观与中华优秀传统文化并不是时间上的简单接续，也不是内容上的机械拼凑，更不是表达方式上的偶然巧合，而是具有更高境界、更深层次的有机化合和本质契合。[②]

一项对近 500 名中学生的调查结果显示，对于社会主义核心价值观的基本内容表示不太了解的为 52%，不了解的为 10.4%，两者合计为 62.4%。对近 300 名小学生的调查结果显示，对于社会主义核心价值观"不知道但听说过"的比例为 24.67%，"没有听说过"的比例为 19.67%，两者合计近 45%。[③] 从 M 学校的实践来看，优秀传统文化的学习有利于学生掌握和熟悉社会主义核心价值观的内涵。据调查，M 学校学生对于社会主义核心价值观很了解和有所了解的比例高达 90% 以上。究其原因，一方面是因为，传统文化教育增加了学生及家长对于中华汉字、典籍等民族文化的认同，92% 以上的家长认可"即使学校考试不考传统文化内容，学校也应该教"，这种认同会潜移默化地转化为对社会主义核心价值观的认同；另一方面是因为，学校在进行传统文化教育的过程中，比较注意用社会主义核心价值观来取舍遴选教育内容，舍弃与核心价值观要求不符的陈腐内容。

可以说，脱离了优秀传统文化的学习，社会主义核心价值观教育就缺乏附着，成为无源之水。从调研结果来看，优秀传统文化的学习，增加了学生对于社会主义核心价值观内涵的认识，学生能够自觉地将优秀传统文化学习与社会主义核心价值观习得相联系。通过课题组收集了 21 份小学生撰写的国学心得及

---

① 房广顺.社会主义核心价值观与中国传统文化［M］.北京：人民出版社，2015：128.
② 房广顺.社会主义核心价值观与中国传统文化［M］.北京：人民出版社，2015：142.
③ 徐贵权.社会主义核心价值体系融入国民教育方法途径研究［M］.北京：中国社会科学出版社，2015：48-49.

66份初中生撰写的国学心得,对其内容进行分析,发现学生的学习反思几乎涉及所有的核心价值。其中,对于小学生来说,传统文化的学习加强了他们对于诚信、友善、敬业、和谐等理解,主要集中在公民个人价值方面;而初中生的价值学习更加广泛,传统文化学习不仅加强了他们对于公民个人层面价值的学习,也加强了他们对于社会平等、和谐与国家富强文明的认识。书面材料中,学生能够自觉地运用古典思想,引经据典地阐发社会主义核心价值观的现代含义,从中既可以看出,社会主义核心价值观有着悠久的中华传统优秀文化作支撑,又可以看出学生对于社会主义核心价值观内涵的理解已经超越了简单的12个条目和24个字,走向深入。

表3.19 小学生对于社会主义核心价值观的认识(N=21)

核心 价值观	频次	占所在学段 百分比	典型表述
爱国	1	4.80%	《朱子家训》:为官心存君国,岂计身家。
平等	1	4.80%	《弟子规》:凡是人,皆须爱。天同覆,地同载。
文明	1	4.80%	《礼记》:坐如尸,立如齐。礼从宜,使从俗。
公正	1	4.80%	《礼记》:大道之行也,天下为公,选贤与能,讲信修睦。
敬业	3	14.30%	《礼记》:敖不可长,欲不可纵,志不可满,乐不可极。
友善	4	19%	《孟子》:仁者爱人,有礼者敬人。爱人者人恒爱之,敬人者人恒敬之。《弟子规》兄道友,弟道恭。兄弟睦,孝在中。《论语》吾日三省吾身,为人谋而不忠乎?与朋友交而不信乎?传不习乎?
和谐	6	28.60%	《礼记》:老有所终,壮有所用,幼有所长……故外户而不闭。是谓大同。《诗经》:妻子好合,如鼓琴瑟。兄弟既翕,和乐且湛。宜尔室家,乐尔妻帑。
诚信	7	33.30%	《弟子规》:凡出言,信为先。《论语》:人而无信不知其可也。《弟子规》:用人物,须明求,倘不问,即为偷,借人物,及时还,后有急,借不难。《论语》:知之为知之,不知为不知,是知也。

表3.20 初中生对于社会主义核心价值观的认识（N=66）

核心价值观	频次	占所在学段百分比	典型表述
公正	1	1.50%	《中庸》大德，必得其位，必得其禄，必得其名，必得其寿。
民主	2	3%	《孟子》：善政民畏之，善教民爱之；善政得民财，善教得民心。《大学》：尧、舜率天下以仁，而民从之；桀、纣率天下以暴，而民从之。其所令，反其所好，而民不从。
自由	2	3%	《孟子》：父母俱存，兄弟无故，一乐也；仰不愧于天，俯不怍于人，二乐也；得天下英才而教育之，三乐也，君子有三乐，而王天下不与存焉。
爱国	2	3%	《朱子家训》：读书志在圣贤，非徒科第；为官心存君国，岂计身家。《岳阳楼记》：先天下之忧而忧，后天下之乐而乐。
富强	3	5%	《礼记》：南方之强与？北方之强与？抑而强与？宽柔以教，不报无道，南方之强也，君子居之。衽金革，死而不厌，北方之强也，而强者居之。故君子和而不流，强哉矫！中立而不倚，强哉矫！国有道，不变塞焉，强哉矫！国无道，至死不变，强哉矫！
文明	4	6%	《礼记》：故人不独亲其亲，不独子其子，使老有所终，壮有所用，幼有所长，鳏、寡、孤、独、废、疾者皆有所养。《礼记》：物格而后知至，知至而后意诚，意诚而后心正，心正而后身修，身修而后家齐，家齐而后国治，国治而后天下平。
敬业	5	7.60%	《孟子》："三过家门而不入"。《朱子家训》："守分安命，顺时听天。为人若此，庶乎近焉。"《礼记》：莫见乎隐，莫显乎微，故君子，慎其独也。
平等	5	7.60%	《朱子治家格言》：毋恃势力而凌逼孤寡；毋贪口腹而恣杀牲禽。见富贵而生谄容者，最可耻；遇贫穷而作骄态者，贱莫甚。《道德经》：众生即我，我即众生。

续表

核心价值观	频次	占所在学段百分比	典型表述
和谐	16	24.20%	《朱子治家格言》：因事相争，焉知非我之不是，须平心暗想。凡事当留余地，得意不宜再往。居家诫争讼，讼则终凶。
诚信	22	33.30%	《中庸》：自诚明，谓之性。自明诚，谓之教。诚则明矣，明则诚矣。《朱子家训》：与肩挑贸易，毋占便宜。《论语》：人而无信，不知其可也。
友善	22	33.30%	《朱子家训》：见贫苦亲邻，须加温恤。《朱子治家格言》：施惠勿念，受恩莫忘。《老子》：上善若水。《论语》：仁者安仁，知者利仁。《弟子规》：兄道友，弟道恭。事诸父，如事父，事诸兄，如事兄。

对于学生文本进行进一步的内容分析，结果表明，传统文化教育促进了学生对于国家层面核心价值观的反思。学生对于富强、民主、文明、和谐的认识加深了，尤其是增加了对国家富强与和谐社会的认识。

其一，初中生能够自觉地吸纳传统文化中的自强不息、刚健有为的精神，将其转化为认真学习的动力，将责任、敬业与国家富强紧密地联系在一起，认为好好学习就是敬业，就是热爱国家的具体行动。学生引用较多的经典为《孟子》："虽有天下易生之物也，一日暴之，十日寒之，未有能生者也"，"人一能之己百之，人十能之己千之。果能此道矣，虽愚必明，虽柔必强。"

其二，学生对于和谐的认识更多元、多维，其中既有对于家庭和谐的感悟，也有对于班级和谐及社会和谐的认识。虽然还未涉及传统文化中阴阳和谐、天人和谐等哲学思想，但显然，对于和谐的认识要较其他同龄学生深入。小学生对于文明的理解主要是行为举止文明；初中生对于文明的理解则涉及精神文明，包括社会文明和道德文明。

其三，学生对于民主的认识打上了传统文化的烙印，认为民主即尊重民意、善待人民、收获民心。这种民主观中包含着对于贤能政治人物的期待，也符合学生的认识特点，有助于实现价值转化的个体化过程——价值认同。

社会主义核心价值观是多维度的，要在社会生活的丰富性中实现。一般来说，实现价值学习和认同有四种途径：盲目认同、诱导认同、强制认同与自觉认同，比较理想的方式是第四种，即通过教育的方式让学生在内心深处自觉地认同价值的合理性，实现价值的内化和个体化。

从现实效果来看，M学校传统文化教育有助于将宏大抽象的价值具体化、生活化。学生在"学问思辨行"的过程中自觉利用社会主义核心价值观对于社会现象进行独立思考、批判与反思，有利于学生对于社会层面的核心价值观——自由、平等、公正、法治的认识，对于初中学生效果更佳。

其一，从文本分析中可见，学生能够体悟国学经典中的仁爱精神与自由、平等这些现代价值观之间的联系，感悟到"爱人者人恒爱之"，养成人人平等、尊重他人、关爱他人的意识。下列四种自由平等意识是比较突出的：学生学习到不以财富多寡来衡量人的价值，贫富平等，养成不势利的态度；学生学习到对于德性的尊重，而非对于有身份权势者的遵从，身份卑微者也应因其日常善举而被人尊重；学生学习到对于真理的敬畏，不能偏听盲从，从"君子不以言举人，不以人废言"中学习到"我们不要以一个人的地位、财富、所处的位置，而判断他的话是否正确"，"不论是什么人，都有可能让我们学到许多东西，而有些很有知识的人或工作很好的人，说的话也不一定全是对的"；学生学习到摒弃歧视，不可以貌取人，"不能因为别人的学历而瞧不起他，或者不把他当回事"，对于学历歧视、相貌歧视、财富歧视等现象产生了自觉的批判意识。

其二，学生对于公正认识相对较少。中华传统文化包含着大量社会公正的思想，如"天下为公""无偏无党"等，但是由于中小学生接触的社会生活有限，且受其主要阅读范围所限，在这方面反思不多。仅有少数学生提到做人要有公正的态度，不要以个人好恶来评判他人，如"以道义为标准，放下偏见，一些不起眼或者你讨厌的人对你说的话，可能会一语点醒梦中人"。对于法治的认识相对薄弱，几乎无人提及此主题。

五、M学校模式的主要特征

（一）文化本位

南怀瑾先生认为：现在为了面对当前时代的需要而传授知识和技能，距离中国文化的本位，就愈来愈远了。我们所谓的中国文化的宝库，都在上下五千年的古典书籍里。

1. 中国文化为本

在教育界，常见的观点或做法是将传统文化教育视为工具，认为传统文化教育担负的是一种工具性价值，其价值体现在两个方面：一是加强道德教育，二是提升文学素养，增强语言理解力，发挥了类似于语文教育与思想品德教育的作用。亦有学者更进一步认为国学课程类似于通识课程，它不是语文课程的补充，也不是思想品德教育的辅助教材，而是一种跨学科课程，国学教育的目标锁定为：亲近母语、文化播种与德性培育。①

另一种看法认为，传统文化是现代教育的补充和匡正，发挥的是辅助的工具性价值。在现代教育发展人的主体性的总目标下，传统文化起到的是对个体主体性发展中出现的自私自利等负面倾向进行纠正的作用，"使国人的个体主体性得以健康发展应是国学教育的基调或国学教育所应秉承的基本的目标方位"。②

而 M 学校 X 董事长深受南怀瑾先生思想的影响，认为传统文化教育不仅仅是一种点缀或工具，更是目的。教育的目的在于培养人性，而人性只能在文化中孕育生成，因此教育要基于文化，在文化之中，并且传承文化。教育应该以中国文化为本位，坚持中国文化的主体地位，这是 X 董事长很自觉的使命。早在 1935 年 1 月 10 日，王新命、何炳松、章益等十位教授联名在《文化建设月刊》上发表了《中国本位的文化建设宣言》，指出：所谓中国本位就是依据中国此时此地的需要来吸收借鉴西方文化，其基本内涵则是在纵的（时间的）方面反对全盘复古，在横的（空间的）方面反对全盘西化，"不守旧，不盲从；根据中国本位，采取批评态度，应用科学方法来检讨过去，把握现在，创造未来。"在吸收外国文化的同时，要坚持中国文化的主体地位。③

在 1995 年 3 月的第八届全国政协会议上，赵朴初、叶至善、冰心、曹禺、启功、张志公、夏衍、陈荒煤、吴冷西等九位德高望重的全国政协委员以 016 号正式提案的形式，发出了《建立幼年古典学校的紧急呼吁》，以焦急迫切的文字指出："我们文化之悠久及其在世界文化史上罕有其匹的连续性，形成一条从未枯竭、从未中断的长河。但时至今日，这条长河却在某些方面面临中断的危险。……构成我们民族文化的这一方面是我们民族智慧、民族心灵的庞大载体，是我们民族生存、发展的根基，也是几千年来维护我们民族屡经重大灾难而始终不解体的坚强的纽带。如果不及时采取措施，任此文化遗产在下一代消失，我们将成为历史的罪人、民族的罪人。" X 董事长也正是有感于南怀瑾先生对传

---

① 何成银. 小学国学教育区域化推进研究——以重庆市江北区为例［J］. 教育研究. 2010 (01)：104-108.
② 吴全华. 少一些盲目性多几分理性——对国学教育的若干思考［J］. 广东教育（综合版），2007（10）：55-57.
③ 郑熊. 解析陈寅恪文化本位论［J］. 西北大学学报（哲学社会科学版），2006（02）：130-134.

统文化"命若游丝"的担忧,才在 M 学校推进传统文化教育。

我的父亲是国民党中将,很早就向南怀瑾老师学习,在我读大学的时候就一直在看南老师的书,有感于南老师说过的一句话"命若游丝",这是很危险的。中国台湾在文化的继承方面不尽如人意,我认为能让中国传统文化传承下去的唯一方法就只有靠教育。(来自 X 董事长访谈)

文化本位并不是文化复古主义或狭隘民族主义,而是认为从总体上看中国文化是优秀文化,有开放包容的心智与不断更新的能力,中国文化是中国人的根本,要以开放的心态与视野用中国文化来融通西方文化,而不要丢弃中国文化根本追逐西方文化,要"全盘化西"而不要"全盘西化"。诚如梁漱溟先生所言,要学习民主与科学,但须走自己的文化道路。①

问:如何对待传统文化中的糟粕,如何对待传统价值与现代价值的冲突?
答:这个事是很好处理的。比如《弟子规》中所讲"丧三年,常悲咽",现在已经很少这么做了,遇到这些问题时,我们会告知孩子这是传统时代的方法,与现代存在差异。又比如遇到"郭巨埋儿"这则故事,我们一般不会采用,对于难懂晦涩的不切实际的东西我们会避开不讲。但是《弟子规》里的很多内容讲得很细致、全面。现在的很多孩子视父母的话为耳旁风,这对孩子们还是很受用的,比如"父母呼,应勿缓;父母命,行勿懒"。(来自 X 董事长访谈)

针对经典原著中一些因古人的生活起居方式和礼节习惯不同,与当今时代背景产生差异的内容,X 董事长会重点讲解,让孩子明白因时代不同,所以有不同的做法,应予正确的引导,切忌让孩子步入盲目复古、故步自封的误区。(来自学校材料)

2. 培养文化中国人

早在 20 世纪 30 年代,国联专家对中国教育进行考察后撰写的"报告书"指出:"外国文明对于中国之现代化是必要的,但机械的模仿却是危险的。"②极力主张中国的教育应构筑在中国固有的文化基础上,对外来文化,特别是美国文化的影响,抨击甚力:"现代中国最显著的特征,即为一群人所造成的某种

---

① 梁漱溟. 今天我们应当如何评价孔子(上)[J]. 群言. 1985(2):30.
② 孙邦华. 中国教育现代化运动中的中国化与美国化、欧洲化之争——1932 年国联教育考察团报告书《中国教育之改进》的文化价值观及其反响[J]. 教育研究,2013,34(07):116-127.

外国文化的特殊趋势，不论此趋势来自美国、法国、德国或其他国家。影响最大的，要推美国。中国有许多青年知识分子，只晓得摹仿美国生活的外表，而不了解美国主义系产生于美国所特有的情状，与中国的迥不相同。"① "中国为一文化久长的国家。如一个国家而牺牲它历史上整个的文化，未有不蒙着重大的祸害。"② 而王财贵也认为，如果我们丧失了传统文化教养，就"很容易同时丧失其理性的反省力与创造力……把自己简化为浅陋；只一味学习西方，是文化的自我设限、自我矮化，从此中国将永远培养不出大人才来。"③ 对于传统文化的排斥与隔膜，只会造就文化侏儒，助长精神殖民。传统是心灵的栖息地，是每一个人塑造理想的地方，我们的信仰，我们的人生观，我们的宇宙观，乃至人与人之间的关系和我们对自我的理解，皆发源于此。④

虽然语文在学校占有重要的一席之地，但是语文学习主要是白话文的学习，且一般人认为语文考试区分度较低，因此对于语文学习不甚重视，而科学、数学与英语则占据着非常重要的地位，耗去了学生大部分的精力。所以，当前学校系统培养的人，与中国传统经典之间比较割裂，对于传统文化一知半解。有鉴于此，M学校在培养有文化的中国人方面进行了自觉的探索，其教育的目的就是传承传统问题，培养出具有文化自觉和文化自豪感的中国人。

问：借助于传统文化教育，M学校想要培养什么样的人？

答：第一，懂得如何做好一个中国人，有自己的文化中心思想；第二，作为中国人，要以自己的文化为豪，这是全人类最先进也是最高尚的人文文化；第三，大家处在地球村时代，孩子们要懂得现代化的工具，比如外语学习，达到中西合璧。

追问：中国文化与西方文化之间会不会存在冲突？

答：西方文化其实是在沉沦，但是古典的西方文化和中国传统文化之间是相通的。中国讲究"海纳百川，有容乃大"，我们在学习西方优点的时候要树立

---

① 孙邦华. 中国教育现代化运动中的中国化与美国化、欧洲化之争——1932年国联教育考察团报告书《中国教育之改进》的文化价值观及其反响[J]. 教育研究，2013，34(07)：116-127.

② 孙邦华. 中国教育现代化运动中的中国化与美国化、欧洲化之争——1932年国联教育考察团报告书《中国教育之改进》的文化价值观及其反响[J]. 教育研究，2013，34(07)：116-127.

③ 曾小英. 继承中国优秀传统文化的教育创举——王财贵"儿童读经运动"述评[J]. 云南师范大学学报（对外汉语教学与研究版），2000（03）：7-11.

④ 杜维明. 中国传统文化的当代价值[J]. 江海学刊. 2011（03）：5-7.

开放包容的态度。

以中国文化为本位,强调传承中国文化的精要。中国古代文化包括文史哲经、典章制度、天文地理、名物典故、风俗人情、礼仪道德等,浩如烟海。文化本位强调的是要让学生接受最低限度的文化传承和最精华的文化要素。胡适曾为青年人学习国学开列指导书目,认为思想与文学两部分为国学最低限度。而在 X 董事长看来,传统文化的精要即是文字与思想。M 学校传统文化教育最重要的部分就是背诵经典,并且每周开设一节说文解字课和一节经典讲解课。文字学习主要以《千字文》为主,讲述汉字的含义与历史演变;思想则以"四书"等经典为主。汉字与经典中蕴含着中国的文化基因,是中国文化得以传承数千年的根基,因此应该是学校进行国学教育的重点。

3. 以文化涵养人性

19 世纪末 20 世纪初,中国教育在移植西方教育形态和学习西方教育理论中逐渐实现现代化,其中杜威的实用主义教育理论对中国教育界产生了不可磨灭的深远影响。一般认为,杜威是现代教育理论的奠基人,他促使教育理论发生了哥白尼式的变化,将传统教育的"教师中心、教材中心、课堂中心"转变为"儿童中心、经验中心、活动中心"。虽然杜威否认他是"儿童中心"的代表,而且做了大量的努力试图在儿童本能与社会需要之间架起一座桥,从儿童本能出发通向社会需要,但是毋庸置疑,他的理论非常强调儿童的本能、兴趣、活动、经验、自由,反对传统反复背诵式教育和静听式教育,主张教育应让学生积极参与课程操作,教育的方法是"做中学",教育目的在于培养能够参与民主生活、分享民主价值的公民。杜威的理论进一步深化了卢梭自然教育的思想,让"解放儿童""以儿童为中心"的思想从理论走向可以操作的实践。

杜威理论给现代教育打下了深刻的烙印,其影响无疑是积极的,但是,其理论并非完美无缺的。其一,理论本身存在忽视文化的缺陷,在其理论中,杜威充分重视了社会对个体发展及学校教育的影响,但是却忽略了文化及跨文化对于教育的影响,因此,他的理论中的人近乎"生物有机体",而没有染上文化因素;其二,理论不可避免地被滥用,被推向极端,过于强调儿童中心与个人主义,弱化人的义务感和责任感,暗暗鼓励物质消费的欲望与个人成功的野心,培养出"精致的利己主义者"和"自我的放纵者"。

可以认为,文化本位是一种相对于个人本位(儿童中心)的思维方式与理论体系。在访谈中,X 董事长对于杜威理论持保留态度,对于"儿童中心"持批判态度。她不赞同过于强调儿童的个性与自我,不喜欢"猖狂张扬"的个性,

157

而更加注重的是在传统文化的学习中培养儿童的理性。中国文化中包含着丰富的人文性与理性，是中国人不断突破自己，去寻找知识、美德和善的智慧结晶；如果个性的形成不伴随着吸纳文化精髓的过程，那么个性也是无源之水、无本之木；必须以文化来涵养人性与个性。这种观点与永恒主义的观点相近，永恒主义认为宇宙中的一切运动变化都受到永恒原则的控制，要使人真正成为一个人，就必须理解这些永恒的原则，否则他们便不能理解宇宙和生活的意义，人类也就没有希望。而永恒的原则并不存在于科学等经验学科中，而是存在于人文学科中。① 因此，赫钦斯和阿德勒强调读古今名著，并于1952年编纂出版了共计54册的《大英名著丛书》，将古今名著中所提出的最重要的问题及基本观念，抽绎出来，按照各年龄学生所能了解的程度进行编排，以供学生研读。② 而在当代欧美各个阶段的教育中，也都包含经典教育的成分，例如英国最著名的贵族学校——伊顿公学，仍然把英国文化经典与经典艺术作为核心教育内容；现在很多美国顶级的商学院，都把莎士比亚的戏剧列为核心课程。③

对于文化本位的强调，会不会走向另外一个极端，即忽略儿童需要，强调教师权威，走向"驯化教育"？"中国文化最大之偏失就在个人永不被发现这一点上。一个人简直没有站在自己立场说话的机会，多少情感要求被抑压、被抹杀"。④ X董事长的回答是："关于'驯化'的问题其实是不存在的，现在的孩子都有自己的思想，开放的思维。我们要推崇启发式的教育，慢慢开导他们，孩子们自然不会盲从。"访谈和收集到的国学心得资料进一步可以验证，M学校的国学教育并非"驯化"教育。恰恰相反，国学教育鼓励学生在当今物欲横流的社会中不随波逐流，而是要做一个正直、具有独立品格的君子。比如五年级的学生在学习了"方而不割，廉而不刿，直而不肆，光而不耀"之后，写道："君子温和，但不随波逐流，如果社会很混乱，也要坚持自己的道德原则"。初一的学生写道：

"要有用并做得好，但不要成为众人的焦点。做到这一些之后，我们就要去努力，去向往成为一个'外圆内方'的人。外圆内方，就是表面上和大家都玩得很好，和谁都好像无拘无束，但其实内心有一杆秤，能判断是否，辨清

---

① 刘静. 教育的变与不变——永恒主义教育目的观的现代启示［J］. 首都师范大学学报（社会科学版），2000（03）：112-115.
② 王晨. 美国名著教育方式之争及其问题［J］. 教育学报，2009（05）：13-17.
③ 沈立. 对当前儿童读经运动的反思［J］. 中国教育学刊，2006（05）：18-21.
④ 梁漱溟. 中国文化要义［M］. 上海：学林出版社，1987：281.

是非。"

而在学习了"君子不以言举人,不以人废言",学生则对人生和社会现象有更多的独立思考。四年级学生写道:

"我曾经遇到一件事,令我感受很深。那是一个冬天,整个小区要提升卫生环境,要把所有张贴的广告单撕掉。我到小区里去,看到一个清洁工在撕单子。她撕掉第一张,准备撕掉第二张,突然,她定住了,仔细看了看,走了。我走过去,原来是一张寻人启事。她这种善举可能不会被人重视,但总会有人注意的。"

从中可以看出,优秀的传统文化可以涵养学生的平等、尊重、求真等人文精神。M学校的传统文化教育不是培养听话的顺民或"忠臣孝子",而是具有独立人格、批判性思考能力和良好道德品性的君子。

(二)德性教化

优秀传统文化有哪些重要的教育价值呢?至少有下列几点:探讨人类生存的根本道理,引导人类向上、向善,适应大自然生活环境;可深察古今之变的内在原因,由现象中了悟"天理";倡扬中华民族的传统美德,使人们借以发扬博大、宽厚、笃实的民族精神,使生活完美祥和;它不仅含有崇高的义理,并为我们提供了切身实用的为人、处事及立身涉世的各种方法和道理;具有系统精神,如具有明晰的逻辑条理和顺序,倡导格物致知的科学方法等。因此,在传统文化教育中,有的学校以语言教育为主,强调对诗词歌赋的学习;有的学校以艺术教育为主,强调琴棋书画的学习;有的学校以民俗教育为主,强调仪式与节日。M学校X董事长认为中华文化最重要的价值在于德性教化。德性是一个人安身立命之根基,"行有余力,则以学文",诗词学习和文艺教育只是辅助。

1. 孝亲为始,与人为善

中国文化是一种伦理型文化,其最重要的根基是以血缘关系为纽带的宗法制度。它在很大程度上决定了中国的社会政治结构及其意识形态。家国同构的宗法制度是形成中国传统文化重伦理道德、倡孝亲敬长的根本原因。在家国同构的宗法观念的规范下,中国人特别重视家庭成员之间的人伦关系,特别重视孝道。将这种孝亲敬长的精神推而广之,用以处理个人与社会、个人与他人的关系,其基本的道德原则就是"能近取譬"。即以自身作譬喻,来考虑如何对待

159

别人，古人叫作"设身处地""推己及人"。到了宋代，这种孝亲敬长的思想被进一步发展成"厚德载物"的思想，强调一个有道德的人应以极其宽厚仁慈的爱心来对待自己的同类，甚至一切有生命的东西。

问：在您看来。传统文化最重要的价值在什么地方？

答：第一，道德。懂得什么该做什么不该做，日行一善，助人为乐，在孩童时期就让孩子讲道德，这样社会才会变得和谐。第二，与人为善，人与人的关系因此和谐，以和为贵。通过潜移默化的作用，感化他们。（来自X董事长访谈记录）

中国传统伦理讲究八德：孝悌忠信、礼义廉耻。此八德是M学校的重点教育内容，尤其是孝，更是教育的起点。在孝的基础上，学会悌忠信，关爱他人、践行诚信。因此学校开展"周行一孝"感恩实践行动。从前文呈现的数据来看，无论是家长还是学生，在所有的传统文化教育方式中，最为认可的还是"周行一孝"活动。

2. 童蒙养正，正心育德

中国古人将儿童称为童蒙，即不大懂事的孩子。《易经》中有蒙卦，讲童蒙的启蒙教育，蒙卦，下坎，上艮，象征"蒙稚"。《序卦传》："物生必蒙"，"蒙者，蒙也，物之稚也。"蒙卦下坎为水、上艮为山之象。《象》曰："山下出泉"。童蒙好像是安静得如不动的青山下的清澈的渊泉。山静，泉清，象征着童蒙的天然善性，是极为宝贵的资源。那么如何去启蒙开发呢？《彖》曰："蒙以养正，圣功也。"意即童蒙时应当培养纯正无邪的品质，保持其天然善性，这是造就圣贤成功之路。道德教育比知识教育更重要，要让学生早立下"做君子"的志向。

朱熹认为"为学之道，莫先于穷理；穷理之要，必在于读书。读书之法，莫贵于循序而致精，而致精之本，则又在于居敬而持志，此不易之理也。"[①] 根据这个说法，朱熹所说的为学之道的三个阶段就是居敬持志、读书和穷理。对照朱子的蒙学主张，显然，居敬持志就是小学的功夫，而穷理就是大学的提升。

在M学校，也强调通过静心来诚意正心、居敬持志。音声瑜伽帮助学生平静，访谈中一些班主任告诉研究者"每到周三学习国学的下午，学校显得特别静"。

对于X董事长的访谈显示，她多次提到"静"字，她认为直观地看，传统

---

① 张洪、齐熙：《朱子读书法》卷一，台湾：商务印书馆，1969年版，第6页。

文化教育的作用体现在：

第一，孩子通过机械式的背诵逐渐地提升他们的专注力和阅读力。另一方面对他们的写作能力和语言类学科也会有直接的作用，从而让他们静下心来，学习能力也得到加强。

第二：孩子通过系统的锻炼，比如背诵、书法、说文解字等课程让他们能够变得专一，丢弃浮躁，我们请书法学会的优秀的老师教书法，目的就是让他们静心和专一，静的第一步就是专一。

第三：通过练习音声瑜伽，让他们学会控制好自己的情绪，身心也能得到平衡。

3. 先儒后道，儒道相辅

《M学校国学读本》教材主题内容如下：以"四书"为人伦道德教育的主体内容，以《笠翁对韵》《千家诗》作为语言文字学习的主要内容，并辅之以老庄、黄易之学，涉及古典哲学及思维方式。无论小学生还是中学生都以儒家经典《大学》《中庸》《论语》《孟子》学习为主，并杂以黄老之学，如《老子》《庄子》《黄帝内经》等，并以《幼学琼林》《增广贤文》这些传统的蒙学教材作为课外读物，增长传统文化知识。"行有余力，则以学文"，《笠翁对韵》《千家诗》主要是作为学习儒家经典的调剂。

问：为什么强调儒家经典呢？

答：首先人格的养成要从儒家入手。道家的思想漫无边际，比较自由。我们讲究孩子们在学习儒家的基础上再去学习道家的东西。《大学》与《中庸》比较温柔敦厚。……遴选传统文化教育内容的时候，要先从生活教育入手，首先让孩子养成良好的文明礼仪、生活举止，对父母要讲孝道，洒扫、应对、进退等等。其次对孩子们进行人格和品德的教育，采用的是《大学》和《中庸》。它拥有温柔敦厚的文风，使孩子修身养性。(X董事长访谈资料)

(三) 体系推进

X董事长认为：掐头去尾、片段式的文化无法很好地渗透校园文化，因此，传统文化教育要成体系推进。其中学校领导人或校长的重视及顶层设计是推进传统文化教育的一个非常关键的因素。

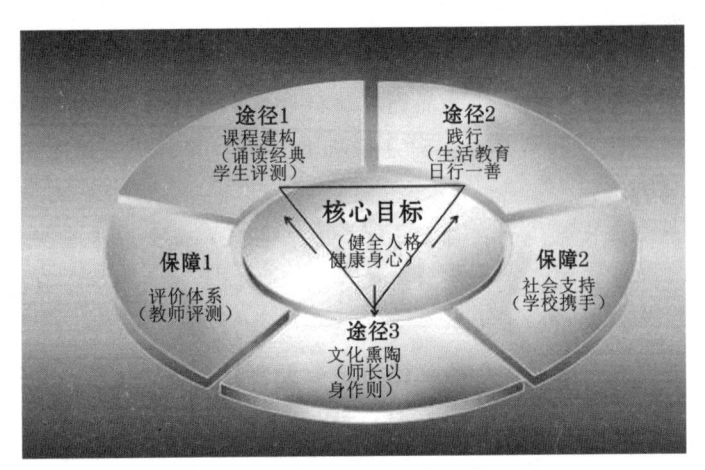

图 3.3　M 学校传统文化推进体系图

1. 顶层设计，亲力亲为

X 董事长对于传统文化的重要作用有着深刻体认，问题是：这种认识如何能够变成教师们的共识与一致的行动？

最重要的因素，是通过学校领导层的人格示范和行为示范。教师问卷调查显示：教师对于学校的氛围、管理方式比较认可。X 董事长亲自执教国学班，为教师和学生做行为示范，且其敬业的精神，也是一种无声的感染力量。绝大多数教师表达了对学校传统文化教育的认可，希望学校开展定期的国学交流活动与国学知识讲座。

表 3.21　教师在 M 学校工作的体验

选项	均值	标准差
在 M 学校工作，我的心情是比较愉悦的	4.1667	0.74664
同事之间的关系比较融洽	4.5333	0.62881
师生关系是融洽的	4.5333	0.62881
我的工作能够被公正地评价	4.1333	0.73030
在 M 学校工作，我学到了很多，在不断进步	4.4667	0.57135

其次，是建立了完备的管理体系与评价体系，前文已经涉及，此处不再赘述。另外，争取家长的支持，通过家校合作共建传统文化教育体系，也是 M 学校开展传统文化教育的重要特色之一。家长问卷显示，家长对于传统文化教育的认可度非常高；访谈也证实，很多家长之所以选择 M 学校，正是因为被其传统文化教育特色所吸引。同样，家长对于 M 学校的教育质量的信任，也强化了

对传统文化教育的认同。95.8%的家长表示孩子送到 M 学校比较放心，94.1%的家长表示 M 学校教师关心学生，95.1%的家长表示"我对 M 学校的教育质量整体上很满意"。

但是，顶层设计遇到的最大障碍就是：应试教育的束缚、经费短缺以及师资力量匮乏。

问：应试教育对传统文化教育有无制约？
答：首先我们对老师的考核是多维度的，所以老师也有成绩和升学的压力。但是，越是在压力之下越要静下心来，我们提倡在学习中反省。传统文化教育对孩子未来人格均衡、全方位的发展是起促进作用的，对成绩起促进作用的，与应试教育是不矛盾的。

通过培训，可以统一认识，让教师认同传统文化的价值。另外，传统文化教育主要是在 1-8 年级进行，不影响 9 年级中考。

问：当前进行传统文化教育的困难何在？
答：当前的大环境还是很乐观的。但是要做好，首先政策上要支持（物质上）。老师们付出很多，要给予老师津贴福利。其次领导要重视。万事开头难，对班主任的要求也高，老师要有精神追求，讲究师德。
追问：在推行中，花费最多的地方在哪里？需要额外支出多少钱？
答：课时费方面，教师的劳动量增加了。大概在原来的班主任津贴基础上再翻一番。

2. 课程融合，评价导向

课程融合主要是将传统文化教育融入课堂教学、学生社团、知识讲座、校外活动、家庭教育等各方面，使得传统文化成为学校课程有机的一部分。在 M 学校，主要依靠语文老师来进行传统文化课堂讲授，依靠正副班主任来督促学生背诵经典、学习传统文化。这一体制，有利于将传统文化教育与语文教学比较好地结合起来，也有利于将传统教育与生活教育、学生德育结合起来。

另外，M 学校抓住了评价这一利器，以此来推进传统文化教育，包括学生评价和教师评价制度，以此来实现导向作用。

我们有专门的行政组对教师进行考核，如何甄别老师有没有做好本职工作，就是交叉出题，对学生进行考查。国学课要进行笔试，老师进行批改，老师也要对功过格进行批改。

教师考核体系分为三个部分，政教处、教务处对正副班主任的"5+1"评价考核体系，"5"包括经典背诵、国学测评、国学心得、功过格、经典践行，"1"是指武当武术。行政值班记录，记录老师的工作到岗情况。绩效考核，将以上两项的考核结果直接与考绩工资挂钩。

问：班主任考核具体包括哪些？

答：国学考核有一个国学考试，学生功过格这一项占到五分之一的分数，对班主任工作进行打分，这个是和工资挂钩的。有一个200元的国学津贴，按总分从高往低排。

追问：有没有过因为班主任功过格工作不到位，而被扣掉200元津贴呢？

答：有啊，怎么没有呢。老师会很好面子，如果扣除了会很没有面子。（来自教师访谈材料）

问：您对5+1考评体系是怎样看的？

答：其实每个学校都差不多。M学校在这方面主要是抽查学生对国学经典的背诵情况以及功过格的批阅情况，每一周都有随机的抽查。当然这个也有压力，也增加了我们很多的工作量。（来自教师访谈材料）

学生评价体系分为两个部分，在经典背诵部分，实行周测评和月测评，评价方式以口试和笔试为主，班主任交换班级对学生掌握经典的情况进行考察。在践行经典部分，由班主任负责评价，撰写评语并进入学生素质评价手册。

另外，传统文化教育内容进考试，语文考试附加题中有涉及传统文化的考试题目，如填空、默写等，以此来检查和巩固学生背诵经典的效果。

课程融合不仅要考虑传统文化教育与学科教学、德育、学校文化建设的融合，也要综合考虑学生课业负担问题。从调研来看，随着学生年级的增加，尤其是对于初中学生来说，学业负担过重制约着传统文化教育的效果。虽然对于寄宿制学校来说，学生时间要更为宽裕些，因此课时不足、学生负担过重的问题相对要小点，但是一些学生反映出国学课不得不赶作业、周末作业过多等问题。

3. 知识建构，全本教育

《国学读本》编排内容按照年级顺序依据从少到多、从易到难、从行为塑造到人格培养的顺序。7-8年级内容基本与1-6年级相同，自《弟子规》始，兼取儒家思想与道家思想之精粹，只是因为时间较小学短，所学内容也要较小学少。

在设计上，全以黑色文字呈现，字体颇大，配以拼音，无图画、注释及故事。教材编写的指导思想是:"也许在大人眼里,生动的图画会吸引孩子的注意力,但是如果书本里有图片和故事将不利于孩子专注力的养成"。书中无注释,是因为各种版本的注释太多,难以辨析与取舍,恐怕将错误的含义教授给学生。

在教材内容呈现上,对于大多数儒家经典不做节选或改编,而是呈现经典的原貌。M学校坚持全本教育,而非节本教育或洁本教育。他们认为之所以如此,是因为经典书本就是历史的一部分,保持古典原貌就是尊重历史,而非运用当前的价值观对其进行改造。并且,学生的学习顺序也完全按照主要经典内容的排列顺序,从第一章第一个字开始,依次进行,不做跳转或重排。比如《千家诗》的学习,就是按照原书排列的顺序,按照每周2首的速度进行。

当然,教师在讲解时,可以引导学生进行古今差异对比,引导学生"领会传统文化的精神实质",做一些现代性的转换,而非原教旨主义似地照搬。

(四)快乐记诵

1. 理解记诵

南怀瑾先生曾说:"过去家塾教育的唯一方法便是'记诵',这种方法以现代教育眼光看来,完全是'注入式'的死读死记的方法,毫无启发才智的教育意义。甚至是把人的头脑填成'书呆子'式的笨办法。"然而,记诵"在旧教育的理论上""有一种'反刍'的妙用","因为从童年脑力健全、思想纯洁时开始注入这些经书诗文,虽然当时理解力不够,但一到了中年,从人生行为的日用上和人事物理的经历体验上,便可发生如牛吃草的'反刍'作用,重新细嚼,自然而然便有营养补益的用处了。"[①] 读经运动的发起人王财贵也认为:"最有价值的书""永恒之书",儿童读之艰深难懂,也还是有必要让他们自幼诵习。那些蕴涵着人类最高的修养和智慧的经典书籍,对于未脱凡庸之见乃至生活主要受生物习性所驱策的未受教育者,自然很难读得懂、读得进。如果等待他们能读懂、读进的时候再读,那就晚了,而且可能永远不会有这一天。因此,不求理解,先行习诵,这是我国传统的、流传千古、培育了历史上无数英才的教育方法,今天仍然值得继承发扬。[②]

针对M学校学生的调查显示,学生明确表示"喜欢"与"非常喜欢"背诵经典的比例高达73.8%(M=4.1573,SD=1.1545),可见大多数学生对于经典

[①] 南怀瑾. 亦新亦旧的一代 [M]. 上海:复旦大学出版社,1995:81.
[②] 曾小英. 继承中国优秀传统文化的教育创举——王财贵"儿童读经运动"述评 [J]. 云南师范大学学报(对外汉语教学与研究版),2000(03):7-11.

背诵持欢迎态度。来自学生的访谈同样表明，学生比较喜欢背诵经典。

六年级学生：前10分钟朗读，后10分钟就用来背诵。差不多一次可以背一章，觉得比以前一二年级背诵更熟练了。长段落大概需要两天时间，短段落一天就可以了。

针对家长与学生的问卷调查显示，家长与学生对于"无理解的记忆"态度有些差异。47.6%的家长明确表示支持"无理解的记忆"，进一步的分析表明父亲学历不同的家庭在此选项上的得分均值差异达到统计学上的显著水平，父亲学历越高的家庭，越倾向于支持"无理解的记忆"。学历为研究生的父亲家长除外，但其均值仍然达到3分以上。

表3.22 在背诵国学经典方面，家长是否支持"无理解的记忆"？

学历	N（样本容量）	M（均值）	标准差（SD）
初中及以下	16	2.13	1.147
高中及中专	60	2.53	1.321
大专	80	3.16	1.307
本科	196	3.32	1.348
研究生	52	3.13	1.387

而针对学生的问卷调查显示，比较支持"无理解的记忆"的学生比例仅为8.7%，其中34位来自X董事长国学班的学生除1人选择"说不清"选项之外，33位学生都选择"坚决反对"或"不太支持"。进一步分析表明，学习成绩基础不同的学生在支持"无理解的记忆"的选项上没有显著差异。4-8年级学生在此选项上表现出一定的年级差异，7-8年级学生选择"说不清"的比例更高，总体来说在各年级段选择"坚决反对""不太支持""说不清"的比例均高达90%左右，说明"无理解的记忆"并不为4年级以上的学生所认可。来自初二学生的访谈资料同样证实了这一观点。如有的学生说："其实背起来是很枯燥无味的，但如果知道了什么意思，结合注释后背起来就容易多了"。"刚开始有点难，但背多了之后就朗朗上口，自然而然记下来，加上老师讲解更易懂。""无理解的记忆"效果并不好，追踪研究中发现受过M学校第一阶段传统文化教育的孩子，如曾经在小学阶段按此方法背诵的内容，到初中就遗忘了小学背诵的经典。来自家长的问卷证实，84%的家庭中孩子学习国学中出现问题可以"有时""经常"得以解决。也可以表明教师的经典讲解课、课外查资料、亲子背诵

等多种方式帮助学生理解经典,从而背诵经典。

在M学校,每周一节经典讲解课的开设,使得学生记诵与理解交替进行,呈现出"感知记诵—教师讲解—理解记诵"三个阶段,效果比较好。来自初二学生的访谈资料表明学生比较支持这一做法:"M学校是先背书后讲解,设计有其深意,自己有所了解之后,老师再讲解,更深入、全面了解,背书不是很困难"。

来自国学读本的统计表明,学生每周平均背诵的字数适中,随着年级增加而增加。其中一年级平均每周背诵字数为161个(最大值为275个,最小值为24个),二年级周平均进度为241个(最大值为656个,最小值为106个),7年级周平均进度为508个,8年级周平均背诵字数为311个。从学生的学习效果来看,这种进度是比较合适的。并且,每周背诵内容也不是完全固定的,可以根据国学组长与国学教师们的协商而有所调整,变得更为弹性。

表3.23 各年级学生背诵进度表

年级	背诵总字数(个)	周平均背诵字数(个)
1(上)	2410	151
1(下)	3293	183
2(上)	4330	241
2(下)	4327	240
7(上)	8856	492
7(下)	9411	523
8(上)	6508	362
8(下)	4687	260

2. 多通道记诵方法

要记忆外部信息,必先接收这些信息,而接收信息的"通道"不止一条,有视觉、听觉、动觉、触觉等。有多种感知觉参与的记忆,叫作"多通道"记忆。这种记忆方法效果比单通道记忆强得多。因此,群体记诵不同于个体记诵,其效果更好,是因为群体记诵中有听觉信息的输入。

学生之所以喜欢背诵经典,从课堂观察来看,主要原因是由于M学校教师使用了一些能够吸引儿童注意力、贴近儿童心理的方法,比如利用小组合作学习促进学生背诵,先由领读员带领学生背诵,之后则以学生合作方式来加强背诵效果。这种方式比较好地发挥了学生的主体作用,让学生主动学习,而非被动学习。

我们班的经典诵读课堂，上课铃声一响，领读员就会立刻走上讲台，带领大家大声地朗读起来。我们每天的朗读，会按照固定的流程走，既要复习前面学过的内容，也会重点反复朗读新学的内容。朗读完所有的内容，就会由孩子们逐一上台来讲解当天的内容，而老师会适时地进行补充、深入讲解，或者提问了解孩子的掌握情况。这样的交流过后，孩子们对当天的内容有了深入而具体的了解，再来背诵，就非常轻松了。这样的经典诵读课堂，我们坚持了整整一年。孩子们背诵的积极性一直保持得非常高。（五年级）

六年级是以学习小组的形式来进行背诵的，跟读、男女对读、赛读，之后各小组练习，再小组展示。小组形式效果更好。借助多媒体，提高学生兴趣。六年级是两天背一段或一面，第一天熟知，小组展示。第二天巩固，个人展示。

唱读法或唱诵法为低年级学生所喜欢，且要结合一定的肢体动作，有节奏地背诵，利用身体节奏的律动来背诵。南怀瑾先生说：6岁到9岁之间，要依次读《大学》《中庸》《论语》和《孟子》，"必须背诵得滚瓜烂熟"；《幼学琼林》《千家诗》《唐诗三百首》等课外读物"都需要背诵熟练"。他这样评价这种教育："当时读书注重'背诵'，所以便养成读书人'朗诵'的功夫和本领，有腔有调，合板合拍，等于唱戏或唱歌一样的有趣。"[①]

问：你们平时都是怎么背国学的？

学生1：嗯，有拍手背、轮流背，还有好多。

学生2：背的形式有很多，比如，拍手背、轮流背、全班背、小组背，最喜欢的是拍手背。

老师：同学们都比较喜欢拍手背的形式，但是，有的适合拍手背，像《千字文》《笠翁对韵》，比如《千家诗》就比较难背，它的句子比较长，如果让同学们拍手背会没有节奏而更加乱。

除了吟诵以外，其他学习方式至少还有5种，书空、影写、描红、摹写和默写。因此每本教材，无论是《三字经》《千字文》，还是《大学》与《论语》，只要经过吟诵、书空、影写、描红、摹写与默写，儿童都能够烂熟于心。当然，书法在此过程中起到了极其重要的作用。在M学校，学生学习书法主要写《千字文》。

另外，提供学生表演展示的舞台，让学生以戏剧、表演、歌唱、绘画等艺

---

① 南怀瑾：新旧教育的变与惑［M］．北京：东方出版社，2015，66页。

术的方式来展现他们学习的内容,也为学生所喜欢。比如,有同学提到在学习传统文化中印象最深的事是"国学推广会"上的表演:"我们班背诵了《千字文》《学而》《中庸》《老子》《礼记》,我们是穿古装背的,在各个学校的校长面前表演,我们班准备了一个月,在台上表演很激动。"可见,传统文化教育如能与艺术形式结合起来便能发挥更大的教育效果。

(五) 知行合一

一些研究者指出:当前的德育教学实施效果较差,其主要原因在于以智育教学为主要思考模式,未能考量如何才能真正打动道德意识,养成群我观念。相对于正规课程的失败,读经对于德育、群育、美育的影响效果则是相当显著的。M学校试图遵循中国传统德育"知行合一"的原则,注重生活教育,注重学生道德自我反省能力的培养,利用功过格这一自勉自省的工具来提升学校的德育效果。

1. 生活教育

根据朱熹的讲法,古时候,"人生八岁,则自王公以下,至于庶人之子弟,而教之以洒扫、应对、进退之节,礼乐、射御、书数之文;及其十有五年,则自天子之元子、众子,以至公、卿、大夫、元士之适子,与凡民之俊秀,皆入大学,而教之以穷理、正心、修己、治人之道。此又学校之教、大小之节所以分也"。① 他曾经写过一首题为《小学》的绝句,其中强调的正是小学注重实践躬行的本质。诗云:"洒扫庭堂职足供,步趋唯诺饰仪容。是中有理今休问,教谨端详体立功"。

M学校知行合一的体系首先是从生活教育开始的。M学校强调"洒扫、应对、进退"的生活教育,作为寄宿学校,在这些方面是有便利的。

以洒扫和应对为例,孩子每日有基本生活劳动,比如说自己叠被、打扫卫生、饭后擦桌等行为规范。正副班主任和生活老师,要随时随地跟踪指导,帮助孩子养成自理自立的生活能力,懂得待人处事的礼节。进退,则要学习爱亲、敬长、隆师、亲友之道,在班级和寝室中建构和谐的人际关系。

另外,配合传统文化课堂教学实施的,还有种植中草药、开设中医养生课堂等活动。如2013年10月"知行合一"实践课又增设了"包饺子"体验课程,学生从买菜、洗菜、切菜、调馅、擀皮、包饺子直到饺子煮熟分享后,清洗餐

---

① 朱熹:《大学章句序》,见朱杰人等主编:《朱子全书》第6册,上海:上海古籍出版社,2010,第13页。

桌、抹布，做好地面卫生一系列的环节都由学生独自进行，老师只负责安全保卫和引导工作。此课程安排在每周五的下午，2014年2月"知行合一"实践课再次增设课程，学生将每天就餐的餐桌擦干净也纳入每天的实践必修课中。

2. 国学班探索：学思合一

2012年10月起，X董事长在校内开设"知行合一"国学课堂，采取混龄的班级建制，从小学三年级到高中一年级，组成一个约100人的混龄大班。每周四晚亲自为孩子们上课，阐释国学经典、回答学生提问、批阅学习心得，一直坚持到如今。

问：您为什么在百忙之中，还要亲自去做混龄班的教学？

答：混龄班的开设是从2012年开始的。我必须带头做，身体力行，老师们也会因此很有动力，能够受到鼓舞。我也因此对孩子们的情况得以深入地了解。孩子们每次课之后都会写心得报告，其中孩子们会提出自己的困惑，这是很有必要的，能够把握孩子们的情况。

学生问卷包括34个X董事长国学班学生、314个非国学班学生，数据显示，两者在认同传统文化教育的价值方面并无差异，但在"是否能完成国学背诵任务"和"我认为学习国学的负担很重"方面有差异，非国学班学生要比国学班学生觉得压力更大，两者达到显著性差异。两者在"传统文化已经过时，与现实生活没有联系"的选项得分上呈现显著性差异，国学班学生更倾向于否定这一论述，支持传统文化的价值。

从收集起来的"知行合一国学班"学生学习心得体会可以看到，汲取中国传统文化中符合现代精神的智慧，结合学生的实际与社会现实情况通过故事对学生讲道理，非常有助于帮助学生完善人格与提升道德修养。如"不以人废言，不以言废人"引起了学生多方面的理解："不以貌取人""我们不能因为别人的地位、财富、学历而瞧不起他，或者不把他的话语当一回事，更不要把自己熟悉的人的言论都认为是对的"。

"知行合一国学班"也创造了一种师生直接交流的渠道，学生们真诚地向X董事长敞开心扉，提出了诸多困惑，涉及交友、个人发展、人际关系、思想认识等多个方面。如有的学生思考：真正的成功，到底是对社会作出贡献，还是拥有一颗仁德的心呢？学生通过反思性学习将国学经典与现实社会、个人生活紧紧地联系在一起，学思结合是一种促进知行合一的重要方法。国学经典承载的社会关爱、家国情怀等传统精神应为学生所理解、认同、践履、笃行。经典诵读要走向知行合一，须经过理解记诵、学问思辨、自我省察和事上磨炼四个阶段。其中学问思辨,即中国传统学术之道"博学之、审问之、慎思之、明辨之"。

3. 功过格:培养自我省察的能力

M学校使用功过格来帮助学生反省一日之得失。访谈中教师对于功过格的作用多持肯定态度。很多教师都将功过格定义为学生自己与自己的对话。

教师:功过格相当于日记,更简单、舒展、自由。

问:功过格格式固定,怎么会更舒展、自由呢?

答:学生不需写太多字,这是一种倾诉的方式、对话的方式、交流的方式,学生不会当成任务来完成。老师的评语也很能鼓励学生,如"老师看到一个更加美好的你!"并不像改作文的评语。

针对学生的问卷调查显示,学生明确表示喜欢与非常喜欢写功过格的比例为61.9%,若以五点计分来计算,其均值为3.7367±1.41545,低于学生对每日背诵经典、说文解字课和书法课以及周行一孝的喜爱程度,而标准差则高于上述四项传统文化教育活动,说明学生对于写功过格的态度差异较大。访谈中同样发现,一些学生说"功过格可以让我们更好地反省自己",一些学生则认为:"功过格没有存在的意义,写来写去每周都是几件事乱凑""我认为应该可以取消功过格,因为帮助别人是一种由内心而生发出来的感情,而不是为了应付功过格去做好事"。另一些同学则表示经历了一个从被动适应到主动转变的过程:"一开始做好事是为了写功过格,时间一长就成了习惯,会帮助身边同学,和老师同学的关系得到了改善"。

从访谈来看,学生对于"善"的理解也比较充分,认为善不仅包括善行,还包括善念;不仅包括对他人施以援手,也包括尽到自己的本分。

问:你们对功过格的态度是什么?

学生答:很有必要写功过格的,写功过格要回忆今天自己做了什么,把做得不好的事情记住加以改善,可以让自己变得更加优秀。因为我们一开始写的时候都觉得没有什么好写的,我们没有留意生活中的事情,也没有意识到一件事情的好坏。当我们写功过格时,就会有意识地做一些善事,去帮助别人或者多多地原谅同学。

问:每天都写功过格会不会没有什么东西可写?

学生答:不会啊!老师说过不是只有帮助别人就是做善事,做善事的途径很多,好好学习、认真听课、上课认真做笔记都是善事。

研究者收集了五年级、六年级、初一年级、初二年级学生共书写的323份功过格。从学生提交的功过格来看，"日行一善"完成情况相对比较好，周一至周五出现频次较多的善事为："捡垃圾""借东西给同学""关水龙头""扶摔倒的同学""教同学做题""帮同学整理床铺或收拾东西""帮老师收作业"；周末出现频次较多的善事为"帮父母提东西、捶背、做家务"等。

"三省吾身"栏，学生主要反省的是自己在学习习惯、生活习惯和个人修养方面存在的过失。从学生提交的功过格来看，学习习惯方面主要有不专心、不能按时完成作业、马虎、迟到、看书少、上课表现不好等；生活习惯方面主要有挑食、乱花钱、无计划、不珍惜粮食、未按时就寝等；提及个人修养方面的主要是不礼貌、说脏话、偷懒、不听父母言、撒谎、发脾气、多管闲事、任性、骄傲等。也有同学在此栏以某种理想或行为标准来勉励自己，如"要全面发展""要和他人多沟通"等。

"日行一恕"栏，则主要涉及在学校处理与同学的关系、在家里处理与兄弟姊妹以及父母之间的关系。典型事例为：宽恕骂人行为或推拉碰撞误伤行为、不计较未按时归还物品行为或指责批评自己的人。小学生对于"恕"的理解相对较弱，甚至有误解。比如五年级学生写道："爸爸做了一个创新的菜，我们都认为很好吃，可是表妹却不这样认为，但我原谅了她"；"外公病得轻了一点，但是妈妈还是要去看他，我原谅了妈妈"；"虽然妈妈的手艺不好，做饭很难吃，但我原谅了她"；"上课时，老师提出的问题我都没有回答，我原谅了自己"。初中学生虽然对于"恕"有更正确的理解，但是"日行一恕"栏依然是比较浅层、比较形式化的内容，如："同学未经过我允许就把我的东西拿走了，我原谅了她"；"同学走路时撞到了我，我原谅了他"。恕道古今含义差异较大。朱熹认为："尽己之谓忠，推己之谓恕"，恕是自我对待他人的原则，己所不欲，勿施于人，推己及人，设身处地地为他人着想。因此，在传统文化中，恕不仅仅是原谅、不计较，更多的是宽容、平等、不强制、不苛责、不求全责备等多种意义的混合；而学生则主要将其理解为"原谅"和"不责备"之意，且对于"原谅"的理解也呈现出自我中心的特征。

从收集的323份学生功过格的内容来看，学生书写功过格的质量差异较大。有些功过格形式雷同，为了写足每日生活中的三件事而生硬拼凑，或者被迫将一件事分解成"善""恕""省"三个方面。而从家长和教师多方面收集信息可知，为了书写功过格，学生造假、敷衍、报喜不报忧等现象亦有存在。学生问卷分析结果显示，16.8%的学生认同"写功过格只是为了应付检查"、27.3%的学生认同"没有东西写"、22.4%的学生"担心自己的秘密被别人知道了"。

然而，研究也发现，少数学生则经历了不断学习适应、越写越好、越写越真实、越写越深刻的过程。以一位五年级同学为例，第1周写"日行一善"时干巴巴地写道："我帮一年级小朋友拿书包"。到了11周的时候，她写道：

大家正在宿舍里玩得好好的，突然出现了一只虫子，大家很害怕。可我和另一个同学却发现虫子已经断了一条腿。我们把虫子移走，让同学们不害怕。我不停地玩这只虫子，却一不小心弄断了它的翅膀，然后，我们发现它不停地挣扎，坚强的小生命令我敬佩。

到了12周的时候，她写道：

今天，老师选我们几个人去给一年级跳绳数数。我高举双手要去。当然，我去了，我被安排到了一（X）班，正好是A老师的班。A老师走过来跟我说，多加5个呀！听到没有？虽然是老师，可我没有多数。因为我知道要公平竞争，不能弄虚作假。

这种变化不止发生在一个同学身上，而是在若干个同学身上都出现，他们的态度更加坦诚了，书写的内容也更加丰富生动了，对于自己的生活和学习反省更为深刻了，思考也更加深入了。他们共同的特点是：袒露胸怀，不对教师或同学设防；不是在三个栏目中绞尽脑汁地写三件事，而是比较具体地只写一件事情，在这件事情中或者领悟到人生道理，或者反省自己，或者感恩他人。这表明如果将功过格稍做调整，变得更为弹性，不要硬性要求学生支离破碎地写三件事，而是要求学生写自己每天印象最深的一件事情，或许功过格会更好地发挥出应有的"自己与自己对话"的功能。

六、M学校模式的不足及完善建议

M学校在传统文化教育方面做出了卓有成效的探索，形成了文化本位、德性为首、体系推进、快乐记诵、知行合一五大特点。然而，受制于师资力量、教材、应试教育体系等现实因素的制约，还存在师资培训匮乏、教学方式儿童化不足、教育体系分层化不足等问题。

（一）M学校模式不足之处

1. 师资培训匮乏

就现实情况而言，有超过一半的教师（55.5%）明确表示当前在应对国学课（包括经典讲解、说文解字课等）时感到压力很大，工作负担还是比较大的。"我的工作量太大，感觉自己在超负荷运转"。原因就在于进行传统文化教育对于教师的知识、人格素养要求较高。

首先，教师对国学本身要有比较丰富的知识储备，这样才能更好地进行深入探讨，目前教师缺乏系统的国学知识，所以教师不能在学生感兴趣的内容方面有所拓展发挥，或者不能回答学生在课堂上提出的问题，造成部分国学课堂的教学效果不佳。

其次，教师需要查阅大量的文献资料，因为经典古籍时代遥远，而相关注释繁多，往往对某字某句的含义有多重阐述，教师需要对释义和版本进行考证查实，择取精要，以资料支撑，才能在课堂上讲；而这些工作往往超出了教师的能力范围。

再次，教师需要做传统文化的现代性转换，将古人智慧与当今社会相结合，注意内容的知识性与智慧性结合，让教学内容走进学生生活，联合实际，才能深入浅出，这是对教师知识水平与教学能力的双重考验。

最后，教师必须向学生示范传统文化所重视的道德品质和行为方式。研究中发现，如果班主任教师公正、关爱学生，获得学生喜爱，则其班级传统文化教育的效果良好；如果班主任体罚学生、酒后上课、作业负担过重、师德有碍，则影响传统文化教育的效果。所以，传统文化教育的效果与班主任素质及管理班级能力密切相关。

因为有上述四方面的困难，语文教师备课任务繁重，效果却未必好。虽然可以通过集体备课、收集网络视频资源等手段加以缓解，然而终究不是解决之计。有鉴于此，M学校注重对教师的培训，包括培训重点篇目等，这固然在一定程度上缓解了教师的备课压力。但是，这种国学培训目前还相当有限，另外其对于工作任务繁重的教师而言，作用仍然杯水车薪，如有教师表示"语文教师同时兼班主任，作为寄宿学校，事务繁多，工作强度较大。国学知识博大精深，没有系统学习研究过，研究教材内容得花费大量时间和精力，压力很大。即便是培训，效果也未必明显。因为班主任本身就工作烦琐"。

就此而言，为数不少的教师建议校方聘请专业的国学课教师，以促进国学教学的专业化和系统化，同时也可以让语文教师抽身出来专心地做好自己的本职工作。毕竟，只有当教师持续地专注于特定的科目时，其工作的熟练程度才会提高，教师自然就有时间花心思去专研教材教法和理解学生，去寻找更科学更高效的教育方法，这在当前知识累积日益精深和学生发展日趋多元的时代境况下显得尤为重要。

另外，M 学校的国学培训或国学教育活动局限于语文教师，非语文科目的教师被排除在外，这在一定程度上引发了他们的失落感，如有教师表示"希望能给非语文学科的教师以传统文化教育及有关的培训机会"；非语文学科的教师也希望通过参与国学培训、国学讲座、X 董事长国学班听课途径等，来学习国学，感受传统文化的魅力。

2. 教学方式儿童化不足

M 学校国学教育的特征为文化本位、德性为首，主要通过经典背诵、写功过格等方式进行传统文化教育，强调学生的静心、居敬，因此对于儿童活泼好动、好奇的特点有所忽略；重视经典学习与背诵，而社会实践活动相对薄弱。因此，其教育方式略显枯燥，比较形式化，其教材读本也不能为儿童所喜好。

在背诵国学经典方面，教师可能有下列错误的认识：①对于儿童来说，背儿歌和背国学经典都是一样的难度，所以越难的内容就安排给年级越小的孩子去背诵；②背诵不需要理解；③童年所记得的，会非常牢固，伴随终身。其实，本研究发现背诵的材料影响学生的背诵效果。如果背诵的文字朗朗上口，具有音律美，学生就比较爱背诵；或者形象生动，也比较容易背诵。学生反映："有的时候如果文章太长，我们就不太喜欢，有些古文很绕口很难懂它的意思，我们就不想背。"二年级老师告诉研究者，一年级下学期学生背诵《大学》背不动了，二年级学生背诵《中庸》背不动了，因为太多的"子曰"，学生给绕糊涂了。"学生背得太多，这就造成一些弊端。第一，学生背得多了，国学有很多内容上的相似，而同学的年龄又比较小，他们很容易把相近的内容混淆。第二，文中还有很多'之乎者也'，会让同学感觉有些晕。还比如：诗的题目断句很难，学生很难理解。"另外，对于中小学生来说，理解背诵的效果更好。而且其背诵的内容也会遗忘，需要周期性地回顾。因此，如何按照儿童的身心发展规律对传统文化进行相应的编排与教授，这是 M 学校需要继续探索的问题。

在课堂教学方面，依据课题组的观察，有些国学课，尤其是经典讲解课课堂氛围沉闷，令人昏昏欲睡。由于学习材料年代久远，与现实生活差距较大，所以如何使这些学习的材料让学生感兴趣，对于教师来说是一个很大的挑战。

在功过格方面，长时段来看学生有关"日行一善""日行一恕"与"三省吾身"方面的反思的内容逐渐集中到作业完成、上课听讲、待人接物等层面且流于琐碎，进一步而言，学生对"善""恕"等观念的认识较为浅薄，所以有教师表示，"这个功过格初期通过学生写的过程和我们老师的批阅，对于学生德性的增长和理性的提升有所帮助，可是时间长了一些观念与行为需要升华就有瓶颈。比如怎样让学生在一个更高的层次去理解善"。功过格的书写目前还存在过于形式化的问题，高达34.3%的家长认为其应该改进。自我反省无疑是非常有价值的道德教育方法，但通过何种方式让学生喜欢与接纳，还需要思考与尝试。

3. 教育体系分层化不足

在教育对象分层方面，M学校学生主要可以区分为国学班学生与非国学班学生。国学班学生由X董事长亲自传授，可谓是学校学习传统文化教育的中坚力量，在班上充当领读员角色；而非国学班学生则主要是在班主任的带领下学习，是学习传统文化的群众力量。这种精英学生与群众学生的区分，有利于彰显传统文化学习的价值，体现教育内容的分层。

但是，目前教育目标、教育内容、教育方法在初中和小学如何进行区分，学校在此方面的探索是不够的。小学和初中分属不同学部，各学部独立运作，交往和沟通不足。虽然在德育目标上也有所区分，小学以行为养成为主，初中以人格修养为主，但是还不够具体。如洒扫、应对、进退在各年级该如何落实？初中与小学学习的教材内容基本重合，由于许多初中部学生在小学未接受传统文化教育，所以，初中教材的学习在目标、内容、方法上均未能与小学形成一个螺旋上升的系统知识体系，而变成小学教育的重复。

另外，分层化教学除了要考虑初中、小学传统文化教育的一体化之外，还要考虑如何加强初中生传统文化教育。相对于小学生来说，初中生传统文化教育效果受到更多因素的制约，如学业基础、学业负担、自身认识水平、青春期心理特点等。从问卷统计结果来看，对于系列项目的回答，小学生与初中生的差异都是极其显著的。如认为"现实生活中不能按照传统文化要求的去做，否则吃亏"不符合实情的比例，小学生为76.7%，初中生为64%；赞同"写功过格只是为了应付检查"的学生比例小学生中为7.3%，而初中生则为26.4%；害怕"写功过格时，秘密被别人知道"的小学生比例为12.9%，初中生比例为32%。可见初中生对于学校传统文化教育的价值、方法相比小学生有更多的质疑，相比而言，初中生传统文化教育的效果要差一些。访谈中也发现，学生在初中学习国学存在较大困难。在4-8年级之间进行比较分析，发现8年级学生无论是在按时完成背诵任务方面还是在对学业负担的感受方面，在各年级中均处于最不乐观状态。

另外，分层化教学还要考虑因学生个别差异而导致的学业负担问题。对于初一学生来说，主要是适应M学校传统文化教育比较困难，少数学生因基础差，比较吃力。对于初二学生来说，主要是背诵任务较重、作业较多而带来学习负担较重的问题。学生年级层次越高，学业负担越重，学习基础较差的同学就越容易感到学习压力，从而对传统文化学习产生消极的抵制心理。对于学业基础较差的同学来说，学习传统文化比较吃力，而且同时应对背诵经典与各科作业的负担显得力不从心。学生进入初一就开始持续分化，一部分能力较强的同学适应了传统文化教育，在适应中慢慢地培养兴趣，进入良性循环状态；而对于学业较差的同学，则进入恶性循环状态。

(二) 完善之建议

1. 完善师资培训

考虑现实的资源、资金等因素，校方暂时无法配备专业的国学教师。故此，学校可以集中有限的资源着力完善教师培训，具体如下：第一，完善"集体备课、伙伴协作"。以往教师克服备课压力的重要方式便是进行协同合作，如有教师表示"通过教师同步合作，共同讨论学习，以此来克服这些压力"。当前需要通过强化组织管理、规范活动过程、统筹时间安排等措施来完善集体备课制度。第二，举办讲座。举办讲座是使教师得到有针对性的学习的培训方式。M学校可以通过访谈或调查问卷的方式，就全体教师所关注的共性问题和不同教师群体的不同需求进行归类，针对这些专题，校方从校外聘请国学研究人员开办讲座，增加教师的国学知识。第三，完善听课与评课制度。听课与评课是教师间相互学习、取长补短、相互促进、提高教学水平和质量的重要途径，也是教师培训的主要方式。听课的主要目的是从所听的国学课堂中吸取经验和教训；评课的主要目的是对其他教师国学课堂教学的优劣做出鉴定，并对国学课堂成败的原因做出评析，帮助教师总结经验教训，提高教学认识。第四，完善课题研究制度。课题研究是教师培训的一条重要途径，指的是教师从自己的国学教育教学实践中选择若干亟须解决的或较为重要的问题作为研究项目，通过对这些实践性课题的研究，在解决国学教育教学实际问题的同时，达到提高教师自己的专业素质和能力的目标。开展课题研究，能够促使教师对自己的国学教育教学实践和有关的教育现象进行反思，并且善于从中发现问题，从而不断改进自己的教学并形成理性的认识。校方需要为教师进行课题研究提供技术支持与路线指导，并辅之以必要的经济补贴。

2. 夯实知行合一

第一，教师需要在国学教育教学中改善教学方法，在内容讲解的时候，加入国学故事、人物传记、视频资源等，让教学材料丰富化；同时，可以适当地吸取国内较为成熟的"翻转课堂"模式，如"以学为本""先学后教""以学论教""变革教学组织形式"等，来逐步落实学生在国学教学过程中的本体地位、主体作用或自主学习方式。此外，还需要在教材内容表现形式的丰富（如针对小学低年级的同学，可以增添一些图片和注释，以提升趣味性）、教学手段的革新（如有学生表示，"希望老师讲课时多放一些动画，让我们更好理解"）等方面多做努力探索。

第二，丰富课程类型。M学校需要拓宽课程类型，可以考虑增加国学选修课，对于经典学习不要贪快求多，以使一般学生达到基本要求；对于基础较好、学有余力的学生则可以增设如"中医养生""易经学习""儒家思想探源"等选修科目，帮助爱好国学的同学拓展与深化国学内容的学习，让他们在国学学习上脱颖而出、出类拔萃；同时，国学活动课，比如让学生就某些国学内容展开"情景表演""主题演讲""朗诵歌咏""辩论赛"等，通过多元活动平台的设置，以满足不同学生的需求，让学生更为生动细致地领会传统文化的精髓与奥妙。

第三，要改进学生"知"的方式。诚然，现有的学生通过背诵、听教师讲解等方式"知道"了一些传统文化，但考虑国学教材内容本身迥异于现代生活且量过大，以及内容呈现方式较为单一（仅仅为"文字"）等原因，学生接受起来还是有"囫囵吞枣、走马观花"之感。因此有家长建议，"要更好地安排合理的时间让孩子学习。我认为M学校强制的背诵是有必要的，但是有些孩子未必可以适应。因为早上要早起，有些孩子不一定能起来，加上有些孩子处于叛逆期，不容易接受；改变单一的背诵学习方式。死记硬背有时候不容易让孩子接受，应该再细腻些，可以开展一些类似的活动或者国学讲堂，让孩子自己上去讲国学，这样可以提高孩子学习传统文化的兴趣，尽量避免灌输式的教育，让孩子更加自主地学习。也可以开展不同的小组，组与组之间加强交流和学习，集思广益"。由是观之，死记硬背式的学习方式并不为家长和学生所支持，因此，如果将文学教育、艺术教育与传统文化更好地结合起来，其学习效果会更好。比如经典背诵与古筝等古典乐器的配合，将经典故事改写为戏剧进行表演，经典学习与传统节日、游艺活动结合等等。通过将传统文化教育与文艺教育相结合，必会提升学生的学习兴趣，发挥学生的特长。

第四，要提升"行"的力度。虽然M学校在"行"的活动设计上已经做了一些工作，如书写功过格、开展亲子诵读等，已经促使学生"行为"层面上可观甚或可喜的变化，如有学生以自己为例做了说明：

"《弟子规》传递着一个'孝'字，学习了之后，在家里我会帮爸爸妈妈做一些简单的家务活，比如洗碗、拖地等等，以此来减轻父母的负担"。

但总体而言,学生"行"的举动还限于个体层面,校方在学生集体层面引导学生"行"的活动安排还较为匮乏,所以有家长建议"希望M学校今后能够多组织一些'接地气'的、可操作的亲子活动。因为现在的学校很少有这种增强父母与孩子之间感情的活动,或者说在这方面很薄弱,孩子这个年纪也不喜欢或者不好意思把自己对父母的爱和感恩表达出来,所以我觉得加强这方面蛮重要的"。另外,还必须加强学生的社会实践活动。有学生自己就希望"学校组织过给贫困山区的孩子捐书的活动,可以再多开展一些活动,比如去孤儿院、敬老院,让我们去实践国学,特别希望走出学校到外面去感受、去参观"(八年级学生访谈材料)。在访谈中,学生在社会实践方面表达的需求特别强烈,因为M学校为寄宿学校,相对于走读式学校来说比较封闭,不仅应该创造出精神净土,也应该让学生了解社会、走向实践,培养家国情怀与更为深沉的责任感。

3. 注重"以生为本"

如前文所述,为了尊重和发挥学生的主体性,教师在国学课的教学形式上进行"翻转课堂"的尝试。这种课堂教学形式的革新当然是必要的,但也是不够的。为了更好地促进学生学习传统文化、养成健全人格,M学校还需要在以下方面进行突破。

第一,在纵向层面加强年龄分层。考虑学生在不同的年龄段身心特点、成长需要等方面的差异,M学校在国学教材编写、功过格设计等方面应有所了解且进行必要的内容分层。仅就国学教材编写而言,M学校已经有所反思,"我们整个国学教育最初是教学生《弟子规》、诸子之家格言(小学),这其实也是一种生活教育。即通过学习《弟子规》、诸子之家格言以及老师对其中有教育意义的一些内容的讲解,使孩子养成一些自理、自立等优秀的习惯。其次,是教《大学》《中庸》,这些内容较难,对于小学生来说,不太适合他们的年龄,因此主要是教初中生这些内容。《大学》《中庸》主要是一种修为的教育"。只是就现实情况而言,M学校自编的国学教材还存在量过大、呈现方式单一等问题。当前M学校自编教材的编写在时间上略微仓促,编写原则上也仅仅考虑了选材的完整性,而忽视了学生成长的阶段性,忽视对儿童学习兴趣的激发。有鉴于此,教师要充分了解并向校方积极传达学生使用教材时生发的感受和表达的意见,交流使用教材的心得体会,系统地借鉴国内其他优秀国学教材的编写和使用经验。总之,在听取师生意见、掌握科学数据、吸取成功经验的基础上有组织有计划地对这套教材进行必要的修订。除了要注重年龄分层,还要关注学生横向层面的多元差异。首先是学生学习能力与学习基础的差异,班主任对于学习基础较差的同学要给予更多关注;其次,关注性别差异,有家长反映"男孩子不喜欢背诵"等,家长的态度也会影响孩子的学习状况。

第二,要注意减轻学生的学业负担,尤其是对于初中生来说,面临着中考的压力,所以学业负担相对偏重。教师需要综合考虑学科作业与传统文化学习作业,控制作业总量,还给学生更多自由支配的时间。

第三节 立足于中国文化的德育现代化

一、德育现代化:重建中国人的精神家园

由于现代化取得的辉煌历史成就,一些学者认为以自由市场、民主制度为代表的现代化是一列单轨列车,它的过程是同质的,必将驶向一个终点。也即现代化只能是以西方为样板的西方化。柏森斯的现代化理论认为现代社会只有一个源头,即西欧的理性化,而在20世纪美国则是现代性的典范。福山认为,不论什么样的社会,只要登上了工业化这部上升的电梯,它们的社会结构就会发生变化,政治参与的要求就会增加。[1] 亨廷顿认为:现代化是同质化的、不可逆的进步过程,增加了人类在文化与物质上的幸福。[2] 尽管现代化有不同的路径和形态,如有法国模式、德国模式或拉美模式之分等,但其本质上都体现为不发达国家向发达国家看齐与过渡的过程。发展中国家要实现现代化,就必须引进西方科学技术,仿效西方国家道路,并全盘引进西方的价值观点和政治体制。

另一些学者持审慎态度反思或批判现代化中的西方霸权。如英国哲学家毕尔认为:现代性许下的承诺与取得的成就尽管宏伟非凡,但危险和灾祸正迫在眉睫。人类见证了工业社会不公的危害、法西斯主义的崛起、全面战争的爆发以及大规模杀伤性武器的发明。当前人类生活所遭受的核威胁,正是现代性的产物。[3] 法兰克福学派则进一步指出:这些灾难并非现代化过程的偶发事件,反

---

[1] 福山. 历史的终结与最后的人[M]. 陈高华,译. 桂林:广西师范大学出版社,2014:6.

[2] 亨廷顿. 文明的冲突与世界秩序的重建[M]. 周琪,刘绯,张立平,译. 北京:新华出版社,2010.

[3] 毕尔. 观念、行为与制度:政治科学的现代性根基[J]. 马雪松,译. 社会科学文摘,2018(05):35-37.

之，他们是须臾内造于启蒙大业本身的。① 后现代学者对现代性同质化神话的批判更是不遗余力。另一些学者指出：现代性本身充满矛盾，有不同的发展理路。如萨义德认为帝国主义及其文化史破天荒地第一次不再被看作铁板一块，也不再粗枝大叶地被看作与世隔绝、与其他历史截然有别的历史。中国学者何传启认为，当前以知识化为基础的第二次现代化与以工业化为基础的第一次现代化迥然有别，它强调对传统文化的"回归"，人类将如同保护生物多样性一样保护文化多样性。② 王岳川认为全球化或现代化应该是差异化的。"全球化等于全球'同质化'认识只是全球化是美国化的一个翻版"，"现代化不等于西化，西化不等于美国化，美国化也不等于基督教化"。③

传统文化能够贡献于中国教育的第一大财富便是中国古典人文精神。中国传统文化中未能开出"科学"与"民主"，这自然是事实。然而，科学与民主更多的是一种方法、工具或手段，其背后更重要的应该是西方宗教理念和独特的社会生活中保有的"精神自由"传统，这些是滋生科学与民主观念的土壤。而中国教育精神之魂，也应该是来自中国传统文化中追求精神自由的人文精神。中国传统文化最能贡献于教育的人文精神就是"气节"与"道德"，以天下为己任的家国情怀，重义轻利、舍生取义的精神气节，刚毅进取、自强不息的人生态度等。这些精神应该成为学校的灵魂，在学校文化、人际关系、行为方式等多个维度打下深刻的烙印。

二、文化的 DNA 双螺旋结构

教育现代化并非文化中立，而是要在教育主导精神及文化价值方面有所选择和依傍。教育中国化强调教育现代化要以中国精神文化为本位，要培养了解中国传统文化和认同传统文化价值的公民，具有中国人的开放心智与传统美德。以中国精神文化为本位并非复古主义，而是强调传统文化并非固定的，而是在不断与其他文化的对话交流中重新生成和建构的，中国传统文化恰恰具有这种开放性和流动性。

强调中国精神文化为本，恰恰是要从现代化视角诠释中国文化。传统文化并非亘古不变、铁板一块的东西，传统文化是什么依赖于我们如何认识和诠释传统文化。今人阐述传统文化的方式亦非像过去所认为的那样是完全客观的，

---

① 汤林森. 文化帝国主义 [M]. 冯建三, 译. 上海: 上海人民出版社, 1999: 273.
② 何传启. 东方复兴: 现代化的三条道路 [M]. 北京: 商务印书馆, 2003: 257-278.
③ 陈广亮. 全球化与现代化: 同质化与差异化 [J]. 攀登, 2013, 32 (04): 22-26.

而是用已经经受了西方文化洗礼的视角去看，也即批判性的、现代性的视角去看，因此我们眼中的中国文化是已经经受现代化过程大浪淘沙选择过的传统文化，是经过创造性转化的传统文化。如此这般，传统文化是一种无形而强大的精神力量，它对于重建中国文化和中国精神家园是有益的，且具有根本性作用。[①] 即便是其中的黑暗，也是每个中国人必须背负的历史记忆。

强调中国精神文化为本，要强化中国教育的文化基因。引用美国教育学者阿克曼（D. B. Ackerman）生物学上的隐喻[②]，中国传统文化和西方文化亦是文化基因的双链，两者是相互缠绕、相互补充，如钱币的两面，缺一不可。

[①] 杜维明. 建构精神性人文主义——从克己复礼为仁的现代解读出发 [J]. 探索与争鸣, 2014（02）：4-10.

[②] 单中惠. 学校变革与社会变革——基于西方教育历史的诠释 [J]. 河北师范大学学报（教育科学版），2013, 15（11）：24-28

第四章 现代学校德育的目标重构

现代化的特征是理性的增长与道德的世俗化。马克斯·韦伯曾指出：科学理性和工具理性驱走了蒙在事物之上的神秘面纱，"上帝已死"，终极价值和最高价值已经消失了。韦伯有些冷酷地描述了终极价值从公共领域退缩到私人领域的情境："我们这个时代，因为它所独有的理性化和理智化，最主要的是因为世界已被除魅，它的命运便是，那些终极的、最高的价值，已从公共生活中销声匿迹，它们或者遁入神秘生活的超验领域，或者走进了个人之间直接的私人交往的友爱之中。我们最伟大的艺术卿卿我我之气有余而巍峨壮美不足，这绝非偶然；同样并非偶然的是，今天，唯有在最小的团体中，在个人之间，才有着一些同先知的圣灵相感通的东西在极微弱地搏动，而在过去，这样的东西曾像燎原烈火一般，燃遍巨大的共同体，将他们凝聚在一起。如果我们强不能以为能，试图发明一种巍峨壮美的艺术感，那么就像过去20年的许多图画那样，只会产生一些不堪入目的怪物。"[1] 价值多元主张道德宽容和道德自主。不同个体和群体对于正义与善、个人与共同体、权利与利益、普遍主义与历史主义、中立性与至善主义、团结与多元性等都有不同的主张，在自由允许的范围内他们可以进行独立的选择。

二战以后，发达资本主义国家开始进入丰裕社会和消费社会。20世纪60年代，少数族裔、工人、妇女等弱势人群开始寻求文化认同和政治权利，在他们的推动下社会运动风起云涌，尊重差异、欣赏差异的多元文化主义成为一大潮流。消费文化和身份政治影响强劲，遮蔽于现代性的同一性之下的各种"差异"纷纷涌入公共领域。由此，价值多元走向了多元文化主义，要求少数群体的生活经验和独特身份得到承认和保护。

近些年来，在全球化的进程中，各种文化、种族、宗教信仰的交流日益频

---

[1] 韦伯. 学术与政治 [M]. 冯克利, 译. 上海：上海三联书店, 1998：48.

繁，西方文化和本土文化冲突加剧。人们对于道德的认识受文化系统的影响。正如亨廷顿指出的，冷战结束之后的世界冲突不再是意识形态的冲突或经济利益的冲突，而是文明的冲突。异质文明的集团之间的社会暴力冲突不但持久而且难以调和。"那些古老的神，魔力已逝，于是以非人格力量的形式，又从坟墓中站了起来，既对我们的生活施威，同时，他们之间也再度陷入无休止的争斗之中。"[1] 在此情形下，承认文化差异和文化边界的文化相对主义的诉求应运而生。

价值多元主义和文化相对主义，对全球化时代的道德教育带来挑战。笔者认为，人类之间、族群之间、个人之间依然应该坚守人类社会最底线、最基本的道德原则（如"己所不欲勿施于人"的正义原则），与此同时对于文化差异和道德差异持一种开放和对话的态度。在这种背景下，道德教育一方面要培育学生作为中国公民的社会正义感和关爱意识，另一方面要培养学生作为全球公民的多元意识和对话意识。同时，道德终究与个人精神境界和自我认同密切相关，它既深深地扎根于"我是谁""我们是谁"的自我认同和社会认同之中，又与"什么是美好生活"的价值追求密切相关，两者结合的产物便是道德信仰。道德信仰是个人道德栖身的港湾，道德教育要启发学生通过反思和实践建构起个人的道德信仰和道德世界。

第一节　价值多元与价值共识

两次世界大战以后，价值多元化的趋势愈加明显。这种多元化的趋势同人们对于现代性的两点认识相关：其一，人们认识到现代性的风险，科技的进步带来的不仅是物质繁荣，也可能带来毁灭，两次世界大战就是明证；其二，人类关于永恒进步的信念开始动摇，开始思考进步与增长的极限，认识到人类并没有能力解决他们所面临的所有问题，实际上，随着他们征服自然能力的提高，他们面临的新问题也层出不穷，他们不仅无法处理环境问题、新疾病，也无法克服人类本性中毁灭、破坏、嫉妒的死亡本能。人们进一步认识到对于人类的问题并没有唯一的、终极的答案，不存在一个完美如天堂的世界，在那里一切人类问题和社会问题都解决得非常完善。

---

[1] 韦伯. 学术与政治 [M]. 冯克利, 译. 上海：上海三联书店，1998：41.

一、价值多元与美好生活

价值多元是人们在经历了世界级战争之后获得的教训，是为了减少争端、调和矛盾而采取的息事宁人的折中手段。价值多元承认各种善（健康、财富、权力、自由等等）都有其存在的合理性，不应以一种价值为正统，各种价值之间虽然有矛盾，但都可以共存。

（一）价值之间不可通约

20世纪初，马克斯·韦伯便预言式地提出价值中立说，认为祛魅后的世界变得透明和清晰，价值领域不再有统一与和谐，作为人类基本价值的"真""善""美""圣"彼此独立并相互抵牾。面对着价值的分裂，马克斯·韦伯给出的解决方案便是"追寻你内心深处的激情"。另外，价值多元理论也来自自由主义的传统，认为人有自由追求幸福的权利，生活是价值的试验场。

自由主义者之中对价值多元的提倡最为闻名的恐怕是伊赛亚·柏林。他认为，对于道德和政治问题以至任何价值问题不可能有一个最终的解答，因此必须妥协和宽容。[1] 首先，价值之间的冲突不可避免。人类处于一种悲剧性的、永久性的价值冲突之中。所有的善不能同时实现，不可能和谐地共存。生活中存在着大量的道德冲突和两难问题，其根源就是一种善和另一种善之间是不相容的，例如在人类历史发展中根深蒂固的自由和平等之间的矛盾。

其次，柏林认为，价值之间不可通约（incommensurability）。每一种价值在本质上都是复杂的，包含着一些冲突的因素，有些因素是不可通约、不可比较的。对此，英国自由主义者约翰·格雷也持同样观点。比如，友谊和金钱就是两种不可通约、不可互换的价值。善也根植于不同的社会结构，当这些社会结构无法通约时，善也是如此的。《伊利亚特》所称颂的武士的美德同苏格拉底所实行的自省，《福者之歌》所揭示的尽职和超脱的美德同佛教所宣扬的普遍同情，普鲁斯特《追忆逝水年华》所表达的自我创造的理想同陀思妥耶夫斯基《卡拉马佐夫兄弟》中阿廖沙所体现的神圣简朴，这些理想都是对立的。这不仅仅是因为它们涉及培养那些不容易在同一个人身上共存的态度与性情，也是因为一些人眼中的美德是另一些人眼中的恶行。要一个极富同情心的人同时做到客观公正，若非完全不可能也是很困难的。伴随着这些美德的同情和超脱的心灵反应彼此排斥。……心灵存在着一种不足，从而没有哪一种人类生活能够展

---

[1] 贾汉贝格鲁. 伯林谈话录［M］. 杨祯钦，译. 南京：译林出版社，2002：40.

现所有的美德。①

柏林认为，由于上述两条原因，价值之间不可进行排序，价值之间的冲突不可调和。我们不能求助于一个更高的价值来解决价值冲突，就如我们不能断言泰姬陵和巴洛克式的大教堂哪一个更好一样。因此，不存在完美的生活和完美的社会。

（二）多种价值并存不悖

既然对道德和政治问题没有一个终极答案，那么何不兼容并蓄？何苦要打得两败俱伤？因此，最低限度的宽容，不管是否情愿，都是必不可少的。

人们的行为，总是指向一个最终的目的。价值总是指向人们的理想和最终目的，因此，也是和人们的需要与兴趣紧密相连。有人想要获得更多的真理，有人想获取更多的财富或者欲望的满足。比如，为什么要挣钱？因为有钱才能有更好的物质享受。或者，有钱才能更好地帮助别人。或者，钱带来了成功，可以获得社会的承认。物质享受、帮助他人、社会承认这些都是人们所追求的价值，所谓价值多元，即是这些目的都应该有存在的空间，都应得到承认。无论价值是短暂的还是永恒的，乞丐的梦想和科学家的理想都有价值。德国哲学家斯普兰格将人们的生活方式分为理论型、宗教型、社会型、权力型、经济型、审美型六种，实际上就这六种生活方式所指向的价值而言并没有高下贵贱之分。关键在于个人的选择，可以说"我选择，所以有价值"。选择体现了人的自由本质，这才真正实现了"人是目的"这一理想。

当然，这并不意味着为了达到这些目的而采取的各种手段也合理。因此，在理解价值多元的时候，必须在目的和手段之间做一些区分。例如，同样是为了感官的享受，通过合法工作去挣钱和抢劫银行恐怕就不是一回事。价值多元承认人们所追求的理想和最终目的是合理的，但是，目的的合理并不能说明手段的合理。因此，必须对人们行为的手段进行评价和判断，评价所依据的标准是法律、社会的风俗、习惯、人们的共识等。

二、价值共识

许多政治学研究者指出：由于多元文化主义盛行带来了社会分裂，使得身份政治流行。与追求个人自由和政治权利均等化的权利政治不同，身份政治要

---

① 格雷.自由主义的两张面孔[M].顾爱彬，李瑞华，译.南京：江苏人民出版社，2002：39-40.

求差异化身份得到承认,"普遍尊严的政治反对任何歧视,要求完全无视公民差异,差异政治则重新界定了非歧视,要求基于公民之间的差异对其区别对待。"① 以美国为例,在右翼民粹主义与多元文化主义的对抗中,二者的冲突是以身份为界聚集的文化群体之间的利益冲突,双重冲突相互强化,这已与半个多世纪之前的阶级阶层冲突具有根本区别。身份政治带来了右翼民粹主义的兴起,对于社会团结和价值共识产生了进一步的撕裂性破坏作用。② 这不仅是对西方的民主政治的挑战,而且对全球和平也有潜在的威胁。

(一)公共善的寻求

伦理学界也在批判价值多元所带来的价值私有化趋势。麦金泰尔批判到:现代以来的主导道德哲学中,"善"有私人化趋势,被理解为个人欲望或偏好的满足,而欲望或偏好又是因人而异的,因此善是个人追求的目标,不存在共同的善。道德主体是作为个人的自我,所以"我"所扮演的角色都是"我"个人选择的结果,"我"所赞成的道德原则和所做出的道德判断都是在表达"我"个人的偏好。因为道德语言所表达的无非是"我"的偏好,所以在实践推理中,首先"我"要对各种偏好进行排序和计算,然后追求偏好满足的最大化。在"什么是善"的问题上,人与人之间充满了分歧,而这种分歧是无法消除的。为解决这一现代性问题,麦金泰尔试图回到古希腊亚里士多德处去找到答案,重建社会共同体和个人德性。③

亚里士多德的时代毕竟一去不复返了,虽然人们还可以在书籍里领略它曾经的荣光和辉煌,然而"回到亚里士多德"毕竟不切实际。另一些共同体道德的倡导者试图另谋出路,在共同体中寻求价值共识。他们指出每个人都出生于共同体之中,人们永远都无法脱离共同体;不是个人优先于共同体,而是共同体优先于个人。个人并非"无羁绊的自我"(个人不受家庭、宗教、传统和环境的约束,能够毫无牵挂地做出决定),而是生活在给定的历史与文化传统中,与共同体有着千丝万缕的联系。真实的情况是:"我"是某人的儿子或女儿,属于某个家族、部落、城邦或国家,这样"我"就从"我"的家族、部落、城邦或国家继承了它们的过去,继承了它们的债务、遗产、正当期望和义务。因此,

---

① 张国军,程同顺. 当代西方民主的基础与危机——右翼民粹主义与多元文化主义对抗的政治冲击 [J]. 中南大学学报(社会科学版),2019,25(04):116-127.
② 张国军,程同顺. 当代西方民主的基础与危机——右翼民粹主义与多元文化主义对抗的政治冲击 [J]. 中南大学学报(社会科学版),2019,25(04):116-127.
③ 姚大志. 什么是社群主义 [J]. 江海学刊,2017(05):15-23.

个人生活在一个给定的环境之中，生活在历史和文化的链条之中。各种身份群体自由地生活在一起，多元的诉求如何能够和谐共生？另一个可能的答案便是共同善或公共善。"共同善"，即共同体之所有成员共同追求的目的。公共善是什么？可能是健康、幸福、自由、安全、真理、美、友谊等。对于这些好东西，人们都有相当程度的共识。这些价值之间可能是相互冲突的，可能是并行不悖的。应该把对公共善进行排序的过程交给各种共同体，如家庭、教会、社区等，让他们各自选择对于共同体而言的最善之物。

（二）价值共识的建构性

自由主义者如试图在自由、平等、理性的基础上建构价值共识。罗尔斯提出重叠共识论（overlapping consensus）。罗尔斯把价值多元观融合到他的自由社会理论框架，在《政治自由主义》中提出："社会统一的本性是通过一种稳定的诸合乎理性的完备性学说之重叠共识所给定的。"[①] 重叠共识是指不同的价值观念体系，在各自保持自身的前提下，就政治生活的基本秩序和原则所形成的共识。罗尔斯是通过"权宜之计—宪法共识—重叠共识"的动态过程来论证这一结论的。他注意到，对许多合理公民而言，正义原则一开始只是被他们作为解决彼此利益冲突的权宜之计接受下来的；正义原则成功实施，会逐渐培养起人们对它的忠诚，进而改变他们的整全学说，使之至少能够接受基本的宪法原则；在不断参与公共政治生活的过程中，理性公民们将会逐步认识到正义原则内在的吸引力，并在发现正义原则和自己信奉的一套学说（如宗教）冲突时尝试去改变这些学说，而不是正义原则。即便是历史上的那些反对民主政治的宗教、哲学学说，也有可能在现实社会中得到发展和改变，最终加入关于正义原则的重叠共识之中。重叠共识其实是理性公民在普遍正义原则和个人整全学说之间进行反思平衡的过程。[②]

哈贝马斯则试图从交往对话行动的社会活动中建构共识。他认为：真正的共识绝不会否定差异，取消多元性，而是要在多元的价值领域内，对话语论证的形式规则达成主体间认识的合理的一致，并将这一前提引入语言交往。每一个有语言和行为能力的主体在自觉放弃权力和暴力使用的前提下，自由、平等地参与话语的论证，并且，在此过程中，人人都必须怀着追求真理、服从真理的动机和愿望。不但如此，通过话语共识建立起来的规则，还必须为所有人遵

---

① 罗尔斯. 政治自由主义. [M] 万俊人, 译. 南京：译林出版社, 2000, 141 页.
② 惠春寿. 重叠共识：既不重叠，亦非共识 [J]. 社会科学文摘, 2019 (07)：86-89.

守，每个人都必须对这种规则的实行所带来的后果承担责任。在这里，话语行为的三大有效性要求——真实性、正确性、真诚性——起着决定性作用。满足这三大条件，社会群体之间便可以建立起价值共识。①

无论是罗尔斯的理论，还是哈贝马斯的理论，都不认为在政治领域和社会生活中应该有一个强价值的预设，比如先拟定关爱、仁慈、环保等价值，而是认为社会共识是在参与社会活动中与他人对话交往的过程中生成的。价值共识是公共理性和交往理性的产物，而如果缺乏价值共识则也表征着公共理性和交往理性的匮乏。

笔者认为，哈贝马斯和罗尔斯理论的结合是当前学术界能给出的形成价值共识的最优路径。在正义和善的诸多争执中，笔者坚持认为：社会是一种合作体系，而使得合作能够稳定、维持下去的首要要求是正义。因此，正义是社会的首要道德，无论是何种文化对于正义都有着执着、真切的诉求。早在2000多年前，亚里士多德就指出，正义是一种对他人善的关注，是一切德性之首。18世纪，亚当·斯密在《道德情操论》中强调道："正义准则可以比作语法规则；有关其他的美德的准则可以比作批评家衡量文学作品是否达到杰出和优秀水平而订立的准则。"② 正义优先于善，既是自由主义者的坚守，也符合中国传统文化的要求——"不义而富且贵，于我如浮云"。与西方文化不同，在中国传统文化中，没有脱离正义概念而单独存在的善，善必须依靠正义才有其合法性；正义始终高于善，是社会生活中的第一准则。中国传统文化中有诸多术语与正义诉求相关，如"道""义""公""平""均"等。但是，美好生活和美好生活的建构中，正义并非唯一的善。关于公共善的寻求，可以诉诸历史、传统和公民之间的理性对话。

在正义制度的基本框架下，社会可以对善的选择和优先性排序进行协商、对话，形成独具某国特色的价值共识。1991年，新加坡政府提出作为国家意识的核心价值观，即新加坡的《共同价值观白皮书》，倡导"国家至上，社会为先；家庭为根，社会为本；社会关怀，尊重个人；协商共识，避免冲突；种族和谐，宗教宽容"。新加坡倡导的主导价值观是一个有机整体，内涵丰富，辩证统一，具有东西方元素交汇、传统与现代整合的特点。中国共产党"十八大"提出积极培育和践行社会主义核心价值观。富强、民主、文明、和谐是国家层

---

① 章国锋.哈贝马斯访谈录[J].外国文学评论，2000（01）：27-32.
② 亚当·斯密.道德情操论[M].蒋自强，钦北愚，朱钟棣，等译.北京：商务印书馆，2003：215.

面的价值目标,自由、平等、公正、法治是社会层面的价值取向,爱国、敬业、诚信、友善是公民个人层面的价值准则。无疑,这些价值也是我国社会大众的价值共识。

第二节 公民正义感的培育

罗尔斯说:"一个缺乏正义感的人,一个除非出于自私利益和权宜之计的考虑否则就从不履行正义要求的人,不仅没有友谊、情感和相互信任的联系,而且也不能够体验到不满和义愤。他缺乏某种自然态度和一种极其基本的道德情感。换言之,一个缺乏正义感的人也缺乏包含在人性这一概念之下的某些基本的态度和功能。"[1] 可见,正义感是基本人性的体现,是公民德性的首要的基本的素养之一。正义感的缺失拷问着整个社会的良知。整个社会如同马尔库塞所说的,一方面很多人对于腐败、潜规则等不正义的现象习以为常,另一方面出现了怀疑崇高的思想倾向,很多人质疑那些做善事的人是为了博取名声。因此,重申公民正义感的重要性,重申学校德育培养学生正义感的必要性,迫在眉睫。

一、正义感是公民的基本德性

(一)正义感与侠义、情义

亚里士多德指出:"做一个好人和做一个好公民可能并不完全是一回事。"[2] 做一个好人,需要具备个人德性,知道什么是幸福什么是善,并且能够运用明智的判断,选择最好的手段去追求个人的幸福;做一个好公民,则需具备公民德性,在公共生活中参与公共决策,在不同的时间段轮换承担管理与被管理的角色。公民,在现代的意义上,是权利与义务的统一体,为了维护和促进公共善而承担责任的社会成员。科恩在《论民主》中指出,公民要实践民主必须具备一定的知识能力和心理特点。他们应该相信错误在所难免,重视实践,对领

---

[1] 罗尔斯. 正义论 [M]. 何怀宏,何包刚,廖申白,译. 北京:中国社会科学出版社,1988:491.
[2] 亚里士多德. 尼各马可伦理学 [M]. 廖申白,译注. 北京:商务印书馆,2003:133.

导人持批判态度,要有灵活的现实的态度,愿意妥协能容忍。① 科恩似乎并不认为正义感是维持公民社会和民主社会的一个基本条件,但罗尔斯认为,正义感是支撑整个社会公正的心理基础。没有正义感,社会公正就没有根基。诚如休谟所言:"正义是极其脆弱的,如正义美德及其附属部分所促进的人类幸福也许可以比喻成一座拱形建筑,构成这座建筑的每块石头,按它自身的性质都将落向地面。整个建筑之所以没有倒塌仅仅是由于组成它的每块石头相互结合与支撑的结果。"② 某种程度上,正义感就是每块石头之间的黏合剂,正义感的缺乏会带来整个社会合作体系的崩溃。

中国历史上,历来重视义利之辨,推崇舍生取义的大丈夫,"生,亦我所欲也,义,亦我所欲也。二者不可得兼,舍生而取义者也。"③ 另一方面,又历来有"子为父隐""亲亲相隐"的传统,利益并不是公正的敌人,而维护血缘关系和人情社会的伦理本位思想是谋求社会普遍公正的头号大敌。公正感是在人与人之间关系远近亲疏的差序格局中产生的,同时也不断加固这一差序格局。在这种格局下,从理论上说,一个人对于非亲非故的陌生人没有道德义务去伸张正义,除非这样做的代价很小,而收益很大,如"拔一毛而利天下"。如果他付出很大代价为陌生人伸张正义,这只是一种额外的好行为。另外,正义感的典型表现是,"路见不平拔刀相助",绿林好汉劫富济贫的侠义行为和"为朋友两肋插刀"的江湖义气。如果社会整体结构和制度是不公正的,个人无法在合法的框架内寻求正义,这些出于正义感的侠义行为,在某种程度上能够矫正社会上的不正义,但是这种行为代价很大。侠义行为依靠"英雄主义"的力量快意恩仇,无拘无束,带来的是对维系社会合作的规则的破坏和社会法律的蔑视。江湖行为的"义",带着无视权威和规则、滥用暴力的危险。显然,这种侠义感与公民正义感相差甚远。

据《菊与刀》的记述,日本人也有忠于情义和偿还情义的历史传统。在《菊与刀》中,几个日本人经历千辛万苦,甚至用不正义的手段,为他们曾经效忠的领主报了仇。显然,这种"义",是来自社会结构中人与人对依赖关系而形成的依附感和忠诚感,这也不同于现代社会的公民正义感。

---

① 科恩. 论民主 [M]. 聂崇信,朱秀贤,译. 北京:商务印书馆,2007:187.
② 休谟. 道德原理研究 [M]. 周晓亮,译. 北京:中国法制出版社,2011:117.
③ 《孟子·告子上》,转引自陈训章. 中华文化基础教材(下). 北京:中华书局2013年版,26页.

(二) 现代意义上的公民正义感

克莱布斯认为:"正义感是由一系列思想与情感所组成的,这些思想与情感涉及的是,什么是公平,什么是不公平;哪些是你可以向别人要求的权利与义务,哪些是别人可以向你要求的权利和义务。"[1] 现代公民的正义感,诚如罗尔斯所言,是对人类生活需要合作,合作需要规则,规则必须是平等互惠的一种坚定信仰。正义感是以德报德的能力,是相信正义使得人类社会变得更美好的信念。罗尔斯指出:"一种正义感至少以两种方式表现出来。首先,它引导我们接受适用于我们的、我们和我们的伙伴们已经从中得益的那些公正制度。其次,正义感产生出一种为建立公正的制度(或至少是不反对),以及当正义要求时为改革现存制度而工作的愿望。"[2] 正义感引导人们遵守法律、尊重规则,把它们看作是公共理性的表现;但当法律和规则是不公正的,正义感驱使人们去改变和纠正社会的不公正。苏格拉底为我们提供了前一种意义上的典范,他用自己的死阐述了一个道理:不是当法律对我们有利的时候就去遵守,不利的时候就不去遵守,而是要一以贯之地遵守;甘地则是后一种意义上"公民的不服从"的典范,当社会基本制度不公正时,通过游行、示威、蹲监狱等和平而公开的手段去反抗不公正,促进社会变革。

正义感是有利于人类合作的道德情感,作为一种道德情感,它是复合性的,它至少包含了感激、愤恨、负罪感与义愤。愤恨是"为自己而要求于别人的考虑",是当别人伤害自己的权利后产生的一种情感;负罪感是"为别人而要求于自己的考虑",因为自己对别人的不公正而自责;义愤是"为别人而要求别人的考虑",为别人受的不公正而出手相助。义愤指向妨碍人类合作和相互信任的行为,要求那些反社会的行为受到惩罚。[3] 在人类合作中,有一种搭便车的行为,既想享受合作之便,又不愿意承担义务,遵守既定的游戏规则。义愤感指向这类"搭便车"的偷税漏税甚或犯罪行为,希望其被惩罚,人类合作的社会秩序得到有效维护。[4] 愤恨、负罪感与义愤,这些强烈的道德情感,能有效地驱动道

---

[1] 陈江进. 正义感及其进化论解释——从罗尔斯的正义感思想谈起 [J]. 伦理学研究, 2011 (06): 1-6.

[2] 罗尔斯. 正义论 [M]. 何怀宏, 何包刚, 廖申白, 译. 北京: 中国社会科学出版社, 1988: 477.

[3] 陈江进. 正义感及其进化论解释——从罗尔斯的正义感思想谈起 [J]. 伦理学研究, 2011 (06): 1-6.

[4] 叶航. 人类正义感与司法制度的起源 [J]. 学术研究, 2010 (02): 43-47.

德行动的产生。"羞恶之心,义之端也。"愤恨、负罪感与义愤可能都是孟子所说的人的羞恶之心。

二、正义感的产生机制

(一) 正义感产生于互惠和同情心

正义感从何而来?休谟指出:正义感来自在人类社会合作中产生的互惠、同情意识。互惠原则,使得人们相信诚信及遵守社会法律会带来好的结果,正义有用,所以正义才成为必然,正义的有用性主要体现于它能在人类正常的生活环境下实现互利,维护社会生存和发展。为了保证正义的普遍性,休谟又指出,同情则是一种普遍的情感,对利益等价交换的空白地带进行协调。利益原则解决的是动机问题,道德感的产生需要人之同情能力。[①] 例如,对于乞丐的施舍,也许不会带来任何回报,但是同情原则超过了互惠原则,导向助人行为。与休谟不同,罗尔斯更强调正义感是人性的一部分,通过信任、人际合作关系的建立,正义感依次在家庭、学校和社会中逐步建立起来。

正义感是建立在同情心的基础上,但是它比同情心更能导向行动。同情心,诚如石中英教授所指出的,是公民产生良好行为的心理基础,具有他向性、反应性、能动性的特点。[②] 但是同情心是有限度的,同情心总是指向他人所受的苦难,而且在他人所受的苦难中,也不是对所有的苦难都同情,而是对那些我们将来在很大程度上也可能遭受的苦难的同情。同情心可能会导向行动,但是它导向的是那种不需要多大努力就能完成的行为。比如,地震之后,在互联网上发起募捐行为,于是不需要费很多事只需要动动手指就能在手机上捐出一笔钱,如此则捐款的概率会提升。但如果需要费些周折,捐款人亲自跑邮局、填邮单,则会降低捐款的概率。另外,同情心的敏感度也会随着人们的经历而逐渐变得钝化,有些苦难在当事人初次观察到的时候,可能会感同身受,然而当其大量发生,就会变得麻木、司空见惯、见怪不怪了。因此,正义感的产生虽然导源于互利互惠及同情心,但如果仅仅建立在同情心上则并不牢固。

---

① 汤剑波,高恒天.正义的两重性:互利与同情——休谟正义论难题之解读[J].伦理学研究,2011 (03):42-46.
② 石中英.社会同情与公民形成[J].北京师范大学学报(社会科学版),2012 (02):5-11.

(二) 正义感来自履行公民权责的实践活动

公民正义感，除了产生于互惠和同情意识外，还来自权利意识的觉醒。权力来自依赖和支配；权利，不同于权力，它来自独立，因此是普遍的。所以，人类权利意识的核心是保护他人的权利。他人，包括陌生人，不在场的人，没有发言权的人。当人们看到，不在场的人、没有参加决策的普通大众的利益被损害，也会自然地联想到自己不可能每次都在场，不可能每次都居于优势地位，因此自己的权利也可能被损害。于是，奋起而保护他人的权利。所以，权利意识的觉醒带来了维护权利的意识，激发了责任感的觉醒。[1] 不正义的行为带来权利的侵犯。人们越多地参与公共生活，就会越感到一个人所受之苦不再是一个人的遭遇，而变成社会之苦和社会之辱。这种关系交互性、利益相关性、情感共同性进一步激发了社会正义感。[2]

表4.1 不同的公民种类[3]

	个人负责型公民	参与型公民	正义取向型公民
描述	在社区中行为负责 工作与纳税 遵守法律 循环利用和献血 发生危机时主动帮助的志愿者	社区组织和改良社会的积极一员 组织社区照顾有需要的人，提高经济发展、清洁环境 了解政府机构如何工作 知道完成集体任务策略	批判性地、超越表面原因地评价社会政治经济结构 关注并找出社会不公正 了解社会运动并知道怎么产生系统性改变
典型行为	捐赠食物者	组织食物捐赠活动	探索人们为什么会饥饿，并采取行动去解决根本性问题

---

[1] STARKEY, H. Children's Rights and Moralising Discourses of Responsibilities in Schools [C]. "教育公平与质量"论文集，2012.
[2] 贺志敏，杨秀军. 略论社会正义的道德心理学基础 [J]. 桂海论丛，2006 (02)：53-56.
[3] GRAMMES, T. Editorial: Patriotism, Nationalism, Citizenship and Beyond [J]. Joural of Social Science Education, 2011 (10)：2-11.

续表

	个人负责型公民	参与型公民	正义取向型公民
核心假设	为了解决社会问题和改善社会，公民必须有好的性格，他们必须是诚实、负责和遵守法律的社区成员	为了解决社会问题和改善社会，公民必须积极参加并在已经建立的系统和社区结构中担任领导角色	为了解决社会问题和改善社会，当已经建立的系统和结构复制不公平的模式，公民必须提出质疑并试图改变

公民正义感是公民在履行公民责任和享有公民权利的实践活动中发展起来的。从表4.1可见，不同社会因其权责分配体制不同和教育理念不同而有着不同类型的公民。对于个人负责型的公民来说，他所要承担的公民责任较少，主要是缴税、服兵役、配合性地做点好事，因此，与之相连，公民的正义感也相对较弱，指向个人自律、自保；对于参与型的公民来说，他所要承担的社会责任更多，是改良社会的组织者，因此，其正义感也更强；而对于正义取向的公民来说，他所要承担的社会责任是要改变不公正的社会结构、法律，其正义感最强。

三、正义感的培育与公民德育

先有正义的社会，还是先有具备正义感的公民？这一直是个鸡生蛋还是蛋生鸡似的争论不清的问题。其实这一问题的答案在于两者要同时进行，双管齐下，形成公民社会与公民德育的双向良性互动。从社会发展的角度来说，当公民承担更多的社会责任时，从个人负责型公民逐渐发展到参与型公民，其正义感会逐渐加强。

（一）公民社会培育与公民德育的双向良性互动

科恩指出："民主社会的公民必须相信他们的集体能力能管理自己。如果社会成员互相轻视，视为不足信赖，把自己这伙人视为乌合之众，这个社会（如果有的话）就是没有志气的社会"。[1] 公民社会的培育需要练习公民自治能力，让他们为了公共善而组织人力和资源，这是一种重要的公民教育。汶川地震救

---

[1] 科恩. 论民主 [M]. 聂崇信，朱秀贤，译. 北京：商务印书馆，2007：191.

灾和北京奥运会的志愿行为都是重要的社会教育。固然,国家政府对于维护社会正义负有主要的责任,但是,公民通过自发的努力,组建社团,参与志愿者活动,参与关注贫困,促进环境保护,关注学校教育、食品安全等社会公共问题,为社会创造良好的氛围,这也是非常重要的。例如媒体人邓飞发起免费午餐的努力,无论其动机如何,至少解决了一些贫困孩子的午餐问题。政府如何引导资金流向慈善,赋权民众自己管理自己,而不是因为体制结构问题而妨碍人们去做好事,阻碍人们去注册慈善机构,这是一个重要的问题。仅仅靠严刑峻法和经济制裁这些他律手段来维持公正还是不够的,必须依靠赋权民众和引导人向善的教育,才能更好地培养有正义感的公民。

学校德育要培养有正义感的下一代,在学生年幼时要注意同情心的培养和自我管理的技能,及至年长,必须强调其承担服务社会的责任,"为人民服务"的理念并不过时。美国人非常强调学生从事社会服务学习(service learning)和志愿者活动,将社会服务学习看作从青少年过渡到成人的重要一环,是培养领导力的重要途径。中国公民德性的培养可以结合学校开展的社会实践活动,比如传统学农、学工、学军活动。但这些运动式的、形式化的短期项目还是不够的,学校还必须探索更多地将社会服务和课程学习相结合,鼓励学生的社团活动、捐款活动、环保活动等等,培养学生关心社会、关心他人的能力;培养学生的社会责任感;培养学生改变当地社区的一种志向,而非鼓励学生通过学习逃离当地社区。

(二)通过教育公正和教师公正来促进学生正义感的养成

教育公正是社会公正的一部分,实现社会公正需要教育的公正。而教师公正则是教育公正最显著的表现,对学生发展更有着最为直接的影响。中国古代教育家孔子提出的"有教无类",朱熹提出的"圣贤施教,各因其材,小以成小,大以成大,无弃人也",这都体现了教育公平的思想。一些调查显示,在学生不能容忍的行为中,教师不公正位居首位。现在我国仍然存在教育不公正的现象,例如发达与贫困地区、城市与乡村的儿童所接受的教育仍然存在着巨大的差距。教育投入不足、投资结构不合理等原因是导致这些差距的主要因素。一些校长和教师有一种错误的公平观:认为根据学生的成绩来分配学生的座位和学习的机会。其实,从教育为建设美好社会和公正社会承担责任,为丰富公民生活承担任务的角度来看,教育公正和教师公正是要保障每一个人都享有受教育的机会,使得自身的潜能得到充分的发展。

（三）尊重他人权利的教育

2012年，一家商户的四名员工未完成公司下达的任务指标，被要求从百米开外的两个不同方向，跪行至店门口。该商户负责人称，跪行都是员工自愿的，也是一种培训员工的方式，"通过跪行方式可以让员工在心灵上得到一种升华"，自己在接受培训的时候，也曾经跪行过。[①] 没有对他人的尊重，是非会被颠倒，正义感也会被扭曲变形。教育中，最重要的是要教会儿童尊重别人。从幼儿园到中小学，在学校教育的竞争中，孩子从小就会感觉到某些孩子特别聪明，某些孩子相对差一点，有的孩子会以轻视的口气谈到某个其他孩子"他是个笨蛋"。这种能力本位的教育忽视了每个人独特的价值，潜在地将人分为三六九等。这种教育是势利的教育，而不是平等的教育。以人为本教育的精髓就是"尊重每个人"，要让孩子看到：每个孩子都有自己的聪明之处，在一方面表现逊色，在其他方面却很出色，每个人都是独特的。即便是爷爷奶奶可能不识字，他们也有自己的智慧和聪明。这种尊重他人的教育要时刻贯彻到家庭教育和学校教育之中，将尊重他人的意识深深地烙印在儿童心中。人被尊重，不是因为他的能力或财富，而仅仅因为他是人，人本身便是目的，不可被作为工具对待。有了尊重他人的教育，就会形成良好的自尊感，不会把个人快乐建立在他人的失误上，也不会斤斤计较得失，时刻与其他人家的孩子相攀比，害怕输。

尊重他人不仅是尊重他人的人格尊严和独特性，也要尊重他人的权利。每个人都是别人眼中的别人，尊重他人的权利就是尊重自己的权利。尊重他人的权利是一项法律义务，更是社会公民道德的基本要求。麦克考比认为，"道德的起点就是尊重别人的权利"。他认为，"在道德发展中，由于惧怕惩罚而控制自己，这代表不成熟的道德阶段。而从惧怕别人的惩罚发展到惧怕自己的惩罚到良心发现，则代表成熟的道德阶段。"[②] 权利教育不仅要让学生意识到自己的权利，也要让学生尊重和保护其他人的权利。权力的践踏和藐视，威胁着每个人的权利，每个人的权利状况都是另一个权利状况的折射。在权利保护的缺失中，每个人都可能成为权力滥用的下一个受害者。权利一体的观点应该由每个教育者和家长教授给年轻一代，促进他们保护社会和保卫权利的责任感。

[①] 员工因未完成业绩当街跪行[N]．华商报，2012-8-21．
[②] 李保茹．尊重他人权利[J]．世纪桥，2007（02）：33-34．

第三节　培养道德主体的关心能力

诺丁斯认为："学校是关心中心，学校的第一个目的是教育学生彼此关心。"① 或许有人认为这种论述过于浪漫和煽情，但是笔者认为：在工业文化和信息技术推动下的人类社会现代化，使得人与自然及人的自然本质逐渐产生隔膜，人类社会逐渐变得"原子化"。经济高速发展所带来的竞争与生存压力及追求物质利润的欲望，一定程度上压缩了人们之间真诚关心的空间。现实地说，真正意义上的好学校都是通过建立关爱的学校氛围而促进学生的学习，真正意义上的好教师都是能够关爱学生、激发学生自尊自信的教师。学校教育尤其是德育应该培养道德主体的关心能力。

一、关心是一种人性的体现

（一）对于关心伦理的两种误解

长久以来，人们认为关心主要存在于朋友、熟人之间，是一个在小范围内发生的事件。典型的代表是亚里士多德，他认为友爱是一种必需品，但认为友爱来自相似性："一切友爱……都意味着某种共同体的存在。"② 近代以来，随着个人权利的觉醒，个人生活逐渐从社群中游离和解放出来。公共领域和私人领域的划分，使得关爱这一价值始终屈居于个人私人生活的狭小空间，似乎难登公共领域的"大雅之堂"。"从人际范围的角度来看，人类社会发展史证明，在像家庭、近亲、朋友这样一种近距离的场合之中，关爱无疑是一种对个体活动起主导作用的道德原则。而在一个超越了该范围的广博的社会领域里，对于个体行为而言，真正能够产生持久、稳定和决定性影响的道德原则是公正。"③ 很长一段时间以来，笔者很认同上述认识，还曾经写过一篇文章，题为《公正比关爱更重要》。但是，最近笔者认识到：如果没有关爱，公正也会变成"伪公

---

① 诺丁斯. 学会关心——教育的另一种模式［M］. 于天龙，译. 北京：教育科学出版社，2003：96.
② 亚里士多德. 尼各马可伦理学［M］. 廖申白，译. 北京：商务印书馆，2003：251.
③ 甘绍平. 人权伦理学［M］. 北京：中国发展出版社，2009：56.

正",因为公正是关注他者的善,尤其是包含着对于弱者利益的关心。公正的实施,一方面需要制度制约,强迫一部分人去关注他人的善;但另一方面,如果这种强制没有心理基础,个体在情感上不愿意考虑他人的利益,没有正义感,整个社会"原子化""沙漠化",不能成为有机的社会,那么公正也行之不远了。而正义感也是根植于关心之中。美国心理学家卡罗尔·吉利根（1982）首先提出关怀伦理（an ethic of care）的说法,认为关怀是一种母亲的语言,它在道德哲学上相对于父亲语言的道德推理方式（西方传统所谓逻辑、普遍、抽象的理性原则）,而诉求关系、情意、情境的思考价值与态度。美国教育家诺丁斯继以女性主义的观点,建立关怀伦理学（ethics of care）的知识体系,并在教育上重新诉求道德教育的重要性。诺丁斯进一步将关怀伦理扩展延伸到动植物、整个生物圈。至此,关心作为一种价值已经步出了私人生活和家庭生活的狭窄领域,走向了广阔的社会空间和政治空间,成为支撑整个政治制度的基础伦理之一。

对于关心,还有一种误解,认为关心就是"关心弱者"。[1] 其实关心不是同情。同情怜悯有着一种道德或者处境上的优越感,但是关心却是人与人之间更为开放、平等与包容的关系。比如同情的品质,使人对于弱者的悲惨遭遇同情,但对于强者则可能嫉妒;而关心的品质则使人既同情弱者,也能分享强者成功的喜悦。诺丁斯用现象学的研究方法试图揭示广泛地存在于亲子之间、教师之间、朋友之间、医患之间等关爱现象的共同特点,发现关心这种现象有两个显著特点:专注和动机位移。专注即对被关心着的那种开放的、不加选择的接受。是一种全身心的投入和接受。"这种看待别人的方式是需要注意力的。你掏空自己的灵魂以便接纳你所注意的那个人。你对他不加选择,接受他的全部。只有具备了注意这种能力,你才能做到这一点。"[2] 当真正关心一个人,道德主体就会认真去倾听他、观察他、感受他,愿意接受他传递的一切信息。动机位移即"一种能量流向他人的过程",他人感到温暖和有力量。在关心的关系中,无论是关心者还是被关心者,都重新发现了人生的意义,体验到一种崭新的、充满人性光辉的力量。例如父母因为孩子的成长而感觉生命在不断延续、教师因为学生的成长而欢欣鼓舞、医生因为患者病情好转而欣慰,这种关心不会使关心者消耗生命,被关心者感觉有负担。关心促进了双方的人格完善。

---

[1] 侯晶晶.被阻滞的关心——青少年道德学习面临的挑战[J].教育研究与实验,2011(3):53-58.
[2] 诺丁斯.学会关心——教育的另一种模式[M].于天龙,译.北京:教育科学出版社,2003:24.

(二) 关心是一种综合性能力

关心既是一种美德，更是一种人与人之间的一种相互积极促进的关系性存在。当人与人之间存在理解、信任、包容和激励这四种因素时，我们就可以合理地说，他们之间存在着关心的关系。

对于人类来说，关心不仅是一种人的生理性需要，也是人的社会性需要。人对于被关心的需求和主动实施关心的需求广泛地存在于各种文化之中。关心的需求或许是根植于人类物种及遗传基因中的。哺乳动物教养、抚育并保护他们的幼崽，而爬行动物却是冷血动物，遗弃自己的后代。哺乳动物的大脑结构、情绪认知和社会性交往模式使得它们具有移情能力和责任感。[①] 人类的近亲，从出生直到死亡，猴子和类人猿都一直关注亲属、非亲属、支配和性关系，以及在这些关系领域中的社会交换和交互性中的那些错综复杂的事务。社会生活为灵长类动物提供了独特的适应方面的好处。[②] 菲斯科认为在所有的灵长类动物中都体现出四种基本的社会交往方式：共同分享、权威等级、平等匹配和市场定价。在共同分享关系内部的道德判断和意识形态是以群体内部的关怀、仁慈、利他主义和无私的慷慨为中心的。[③] 其表现是：不仅存在亲属关系，还建立了朋友关系，相互亲近或整理毛发、对因争抢食物引起的问题更加宽容。生物学家曾长期认为，生物关心的利他行为是为了保存和传承基因。但另一些社会生物学家，如罗切尼指出：在一个种群中，没有基因遗传关系的相互成员之间的利他行为会增加物种繁衍和生存的可能。[④]

有人说，如果只要关爱就够了，那么母鸡也能做个好教师。其实，人类的关爱虽然建立在生物学基础上，但是绝对不是本能反应，而是一种需要学习的能力。关心能力被诺丁斯认为是一种可以迁移的"综合性能力"。对于人来说，关心是人性的基础。人是一种社会性的动物，只有在人类文化、语言、思维方式、价值的影响下，才能成为人，才能成为依据道德原则、做出道德推论、采取道德行动的道德主体。也就是说人类的互惠行为、利他行为是在社会生活中

[①] 基伦, 斯美塔娜. 道德发展手册 [M]. 杨韶刚, 刘春琼, 等译. 北京：教育科学出版社, 2011：504.

[②] 基伦, 斯美塔娜. 道德发展手册 [M]. 杨韶刚, 刘春琼, 等译. 北京：教育科学出版社, 2011：441.

[③] 基伦, 斯美塔娜. 道德发展手册 [M]. 杨韶刚, 刘春琼, 等译. 北京：教育科学出版社, 2011：442.

[④] 基伦, 斯美塔娜. 道德发展手册 [M]. 杨韶刚, 刘春琼, 等译. 北京：教育科学出版社, 2011：485.

不断习得的，而不是自然而然形成的。教育必须立足于培养有能力的人，能够关心人、爱人也值得人爱的人。

二、培养关心能力的阻碍因素

体验关心、实践关心有助于道德主体的完善。但是，为什么关心却是越来越稀有的一种能力？以下的事件并不罕见：生病的母亲躺在床上，呻吟着让12岁的孩子倒杯茶水，孩子却因母亲没有给自己准时做饭而很不高兴，对母亲的请求颇不耐烦，对于母亲的病痛无动于衷。母亲伤心不已。但是毋庸讳言，孩子关心品质的不足，却可能正是因为母亲的教育造成的。关爱是一种需要培养的能力，不是自然而然就发展起来的，也不是通过榜样示范就能自动生成的。爱人这种能力不是仅仅感受到被爱就能形成的。

一个孩子在初中入学后遭遇了这样几件事情：其一，军训一结束就分班，因为成绩不好，被分到平行班，孩子哭了一夜，但无法改变结果，只得接受。他刚上初中的兴奋、好奇与豪情壮志，马上被低人一等的"自卑"所代替，陌生人看他，他都以为是在鄙视他。其二，初中有大同学欺负小同学现象，孩子被几个高年级女生勒索钱财。其三，与同学打架，腿上缝了四针，他非常生气，老师尚未采取措施以让两个敌对的同学解开心结。其四，期中考试公布每个学生的成绩与名次，他处于倒数，觉得没有脸见人。家长把这个情况告诉他的班主任，于是，班主任改变公布的办法，每次公布作业、小测试的前十名，后面的不公布。如上所说的孩子，开始的时候自卑、压抑，接着愤怒、叛逆，甚至于会选择暴力去反抗，最后可能发展至冷漠，对于整个教育体制不配合、对于任何教师都不信任。虽然这个孩子本性善良，但是贬低其自我价值的教育评价系统使得他处于防卫状态，内在的愤怒感和抑郁感不断滋生。这就是学校里产生了如此之多的厌学学生的原因所在。

愤怒是指向他人的仇恨和敌意，抑郁则是针对自己的斗争，自己贬低自己、自己压迫自己。抑郁，在某种程度上认同了权威和压迫方的观点，将他们的观点内化起来，站在他们的立场上审视自己、批判自己、鞭挞自己，认为自己一无是处。愤怒、抑郁削弱了对他人的理解和包容能力，抑制了人的关爱能力。

在这种氛围中长大的成绩优异者，会自然而然地认为学习成绩不好的孩子不配得到关心；当他们走向社会时，也会自然而然地认为无钱无权的人不配得到关心。如果说教育有负功能，这就是学校教育最大的负功能。

三、从自然关怀到伦理关怀

"学校有责任教导学生学会关心,学会关心是学校教育的真谛所在"。正如人们所理解的一样,关心是从自然关怀发展到伦理关怀的,从"关心自我—关心身边的人—关心陌生者和远离自己的人—关心动物、植物和整个地球—关心人类创造的物质世界—关心知识",其中"关心自我—关心身边的人—关心陌生者和远离自己的人"最为重要,因为关心更多地涉及人类成员之间的相互关系。不可否认,随着道德主体的世界越来越复杂、越来越拓展,关怀的自然性会越来越淡去,努力性越来越突出。关怀的秩序是从家人到友人到陌生人,从家庭到学校以及社会。

(一)学会接受关心

师生之间、亲子之间的关心可能是单向的,由成年者向未成年者实施的关心。心理学家卡布尔曾经论述过这个观点:"一个人向你求助。你和他的角色之间存在本质上的不同。他是来向你求助的,而你对他却毫无所求。不仅如此,你有能力帮助他。他可以给你做很多事情,但是他无法帮助你。而且,你真的可以洞察他。你也可能犯错误,但是你知道他的内心。他呢,却不懂得你的内心。"[①] 作为关心者的教师、家长是关心关系建立的重要发起者和维系者。他们的关心不应是指向外在功利的,而应是为了儿童自身的幸福、自由及发展。在真正的人与人的关心关系中,存在着一种伟大而神奇的力量。这种关心不仅帮助了被关心者,最重要的是它对关心者意义重大。如果一个教师在他的职业生涯中,没有感受到为学生的成长而欢欣鼓舞,没有感到自己的工作充满了意义和力量,那一定是有欠缺的。这种意义和力量感,激发着关心者持续实施关心行为。

教师和家长是关心的实施者,儿童是关心的接受者。如果儿童没有感受到关心,那么即使家长和教师认为"都是为你好",关爱关系也是不成立的。在诺丁斯看来,接受关心的能力也是需要学习的。"身为教师的一个最重要的任务就是帮助学生学会接受关心。如果一个孩子在进入小学时还没有学会如何接受关

---

① 诺丁斯. 学会关心——教育的另一种模式 [M]. 于天龙,译. 北京:教育科学出版社,2003:138.

心，那么这个孩子的人生将处于危险之中。"① 当前常见的状况是，儿童对于父母之关爱习以为常，趋于麻木；对于教师之关爱，也缺乏明确的意识去确认和反馈，羞于表达感激。这使得关心关系很难持久下去。对于道德主体来说，学会接受关心也是一种很重要的能力。感受到关心者的善意，并作出积极的反应和回馈，这是道德主体必备的基本能力。

（二）培养健全的自然关心

霍夫曼从发展的角度，对人类（个体发生的）移情和关心行为的进化进行了最为详尽的阐述。他假设移情有四种水平，第一种是普遍性移情，婴儿以哭声应对其他婴儿的哭声被称为一种原始应对生物学意义上的、初级水平移情的唤醒；第二种水平是自我中心的移情，儿童开始意识到人我之别，要求个体以减轻自身忧愁的方式去安慰受害者；在人生的第三年，婴儿开始发展到第三阶段的移情，对他人感受的移情，帮助和安慰处于忧伤中的人的能力在增强；第四阶段，对他人生存状况的移情，在儿童晚期时，儿童超越当下具体情境，把忧伤的移情感受运用到整个群体或同类的人当中，比如对于穷人和受压迫人的同情。② 上述研究为理解儿童关心品质的发展提供了线索，揭示出儿童对他人的关心是从具体发展到抽象、从自身发展到他人的。

要培养道德主体健全的自然关心能力，首先可以从关心生命开始，无论是动植物的生命，还是人的生命，要引导儿童认识到生命的独特性、唯一性和不可逆性，学会善待动植物的生命。

要培养道德主体健全的自然关心能力，也必须从关心身边亲近的人开始。比如爱祖国、爱人民对儿童来说有些抽象，但是爱父母、爱老师、爱同学是可以做到的。一些研究者发现：青少年关心成人的行为比较窄化。90%的关心行为是关涉到父母身体不适，认为其他的事情也帮不上忙。③ 笔者认为，即便是对于处于相对弱势的青少年来说，也能实施关爱行为。因为关爱是人与人之间相互理解、相互包容的一种关系性存在。成人世界面临的压力、感受的恐惧也可以适时、适度地向青少年袒露，寻求他们的支持和鼓励，这更有助于帮助儿童

---

① 诺丁斯. 学会关心——教育的另一种模式 [M]. 于天龙, 译. 北京：教育科学出版社, 2003：139.
② 基伦, 斯美塔娜. 道德发展手册 [M]. 杨韶刚, 刘春琼, 等译. 北京：教育科学出版社, 2011：505.
③ 侯晶晶. 被阻滞的关心——青少年道德学习面临的挑战 [J]. 教育研究与实验, 2011 (3)：53-58.

成长为道德主体。他律阶段的儿童可以运用反应—刺激模式，当其出现关爱的行为，给予其夸奖、物质报酬进行强化，或者以物质报酬去购买关爱的行为。等到儿童对物质报酬方面的要求弱化下来，自然关爱的行为和习惯就开始在儿童身上逐渐发展起来。这种关爱虽然建立在互惠的物质交换的基础上，但是如果合理地引导，关爱可以超越物质交换，逐渐达至精神层面。

要培养道德主体健全的自然关心能力，需要正确的榜样示范。在一些家庭生活中，我们看到了夫妻之间、亲子之间的"爱"，但是却没有信任和尊重。缺乏信任和尊重的爱是一种病态的爱，变成一种负累，损害了爱人者与被爱者双方的人格完整，以爱的名义实施压迫和控制。这一点在很多所谓神童成长的过程中都有体现，父母不满于自己失败的人生，将成功的理想寄予孩子，剥夺了孩子的童年，急于求成地训练孩子的记忆力和才艺，而孩子则怨言满腹，并不快乐。这种爱，如弗鲁姆所言是一种占有式的爱，剥夺孩子的独立性，使得孩子成为父母的附庸。

（三）伦理关怀源于责任感

人们在做出某种道德行为的时候，遵从的是道德判断的结果。在进行道德判断时，人们在做两种推理：一种是道义判断，另一种是责任判断。前者是判断某种行为是否合乎道德的判断，后者则是"我是否有责任去做"的判断。以关心为例，比如某地发生海啸或地震，满目疮痍，人们生活困顿。此时，生活在另一地区的道德主体，可能所做的道德推论是：在道义判断上，承认帮助遭受灾害袭击的人们是有道德的行为；但是在责任判断上，并不承认自己有责任去实施援助和关爱的行为。于是，两种判断叠加的结果是，道德主体没有产生任何关爱的行动。可见，从自然关怀到伦理关怀中，最难跨越的一步是责任感。因为没有感觉到我们对陌生人的责任，因此就没有关心的行动。

要促进道德主体的关怀行为从自然关怀发展到伦理关怀，就要培养责任感。笔者的感受是，关心源于个别化的接触，即个人与个人之间关系的建立。关心总是来自个体、指向个体，那种"来自组织的关心""全社会都要关心某某某"要么是象征式的，要么就很难落实。

关心源于个人与个人之间的相遇。在相遇之前，人们在自己的想象中，很容易将没有接触过的陌生人、外国人模式化。要么贬低化，认为他们含有敌意、居心不良；要么理想化，认为外国人道德素质高、能力强等。个别化的接触有助于打破这些刻板印象，将对方作为一个真实的人来感知。比如：班上有一个行为和成绩均不良的孩子，但是老师在对其困顿的家庭造访之后，改变了感观，因为他对这个孩子有了更深入的理解。同样，要唤起道德主体对于贫困地区、社会弱势人群的关心，图片、文字、报告在某种程度上都是不够的，必须有与这些人面对面的交流对话，必须有对于他们生活环境的切实的体察，甚至与他们成为朋友，才可能产生进一步的关心行动。因此，在道德教育中需要体验和实践，需要服务性学习，建立起社会责任感，才可能促进道德主体的关心从自然关怀发展到伦理关怀。

第四节　相对主义时代的公民教育

诚如马克斯·韦伯所言：现代社会迫使那些终极的、最高贵的价值"从公共生活中销声匿迹"。随着"目的论式"的世界秩序被摧毁，经由康德、斯宾诺莎、涂尔干等人不断努力的道德科学化运动似乎已经山穷水尽，道德世俗化、理性化的结果便是拥抱相对主义——道德相对主义成为回避"地球村"道德纷争的最佳选择。道德相对主义质疑"崇高""神圣"等字眼，认为道德服务于人们现实利益的需要，只是满足和促进人们互惠合作需求的规则体系；善恶都是相对的，"今日之善未必为明日之善，你之善未必为我之善"；甚或认为"道德只不过是比服装样式更为固定更有强制性的社会风习而已"。教育学界对道德相对主义对学校教育的影响忧心忡忡，对相对主义的理论基础进行了批判[1]，担忧相对主义会削弱道德教育的基础，导致虚无主义和为我主义[2][3]。道德相对主义的盛行，造成了道德规范的合法性危机，迫使人们将价值多元和文化多元纳入道德教育的视野，为学校道德教育寻找更加稳固和坚实的阵地。

一、道德相对主义及其对学校德育的挑战

道德相对主义认为：不存在普遍有效的终极的道德原则，因此没有统一的判断是非善恶的道德标准。[4] 道德判断具有相对性，没有终极标准解决道德判断之间的分歧。道德相对主义反对启蒙主义以来的道德普遍主义的追求，认为文

---

[1] 余维武. 对相对主义道德教育理论基础的批判［J］. 教育学报，2009（03）：91-97.
[2] 黄向阳. 道德相对主义与学校德育［J］. 全球教育展望，2001（06）：5-8.
[3] 张夫伟. 道德相对主义与学校道德教育［J］. 思想理论教育（上半月综合版），2005（05）：38-42.
[4] 陈真. 道德相对主义与道德的客观性［J］. 学术月刊，2008（12）：40-50.

化的边界为道德规范的普遍运用设下了层层篱障，适用于一种文化系统的道德规范可能并不适用另一种文化系统。

(一) 道德相对主义的崛起

自19世纪以来，中国传统"伦理本位"的等级差序社会格局不断瓦解，由政治权力与意识形态主导的道德理想主义色彩渐弱、实用理性思维主导的道德世俗化和工具化特征渐强。尤其是自20世纪80年代以来，社会转型加快了道德理想主义的破灭。自1980年"潘晓来信"青年们所表现出来的自我意识觉醒及对意识形态钳制的质疑，到20世纪90年代人文精神与世俗精神的争论，借由道德理想主义来击退社会世俗化和物质化趋势的努力宣告失败。

同时，全球经济一体化趋势使得社会结构日趋开放，增加了不同种族、宗教、语言群体的跨文化交往活动。并且，中国社会分化加速，文化异质性、多元化特征不断凸显。人们会发现曾经没有机会接触的群体现在却频繁出现在身边，这些群体要求文化理解的呼声渐高。不同文化群体使用的道德规范存在差异性，为减少冲突，跨文化交往活动要求人们悬置道德判断，道德的文化多样性属性逐渐显现出来，客观上要求人们反思道德普遍主义心态下可能隐藏的道德专制与道德偏见。

道德相对主义的崛起，在学术上亦有其发展渊源。康德理论中对理性人的主体地位的弘扬，埋下了道德相对主义的伏笔；尼采"重估一切价值"的呼声，将道德看作弱者制约强者的工具；实用主义"有用即真理"也助长了道德的相对性；价值多元主义认为价值不可通约、相互冲突；后现代主义也试图解构道德的普遍性。当然，对道德相对主义支持最有力的当属文化相对主义。20世纪初，人类学家鲍亚士提出文化多元主义假设：文化没有优劣之分；文化必须被放置于自身内部的网络中才能被理解，而非用一种普遍的理论坐标去衡量所有的文化。在后继者推动下，鲍亚士的文化多元主义观点逐渐走向了文化相对主义，在他们看来，每个人似乎都是乘坐"文化列车"的乘客，对其他文化系统的认识，都是以自己所乘坐列车的速度、长度为参照系的。受文化相对主义影响的道德相对主义认为：道德权威不是来自理性，而是来自文化习俗；道德规范与推理不是对客观道德真理的响应，而不过是地方文化习俗的一种"伪装"；道德推理及道德规范的运用，不能超越文化、宗教与语言所设定的特定范围。[①]

吉尔伯特·哈曼是道德相对主义的坚定支持者，他认为：道德相对主义是

---

① 卢克斯. 道德相对主义 [M]. 陈锐, 译. 北京：中国法制出版社, 2013: 161.

对人类道德多样性这一事实最好的解释框架;道德规范是一种人为约定,因此道德判断并不适合那些没有接受这种约定的人或文化群体;禁止谋杀、欺骗、背叛、残忍的道德规范也不是普遍的,因为它们只适用于群体内部。[1] 道德相对主义的观点获得一些积极响应。有学者认为,从实施成效来看,历史已证明道德普遍主义会发展到道德绝对主义,导致道德专制,而道德相对主义会增进道德宽容和道德自由。[2]

对道德相对主义的批判则相对无力。政治哲学家施特劳斯认为相对主义导致道德堕落,试图回归古典德性,但曲高和寡,反对者认为他企图"以哲学家对于真理的垄断来对抗民主制下的平等"。一种常见的观点认为道德相对主义会导致唯我主义和虚无主义。其实,主流的道德相对主义并不是将道德判断的标准完全交给个人,而是交给文化系统。道德规则系统在不同的文化系统中不可共通,在同一个文化系统中相对固定,并不必然导致虚无主义。另一种拒斥道德相对主义的观点认为:道德相对主义导致法律混乱。"如果道德相对主义是真的,那么我们就没有理由控告杀人放火、谋财害命是有罪的,即无法把法律奠定在道德的基础上。"[3] 这种批判亦不能令人信服。哈贝马斯指出现代以来道德系统和法律系统逐渐分离,彼此渐行渐远,法律的合法性不是建立在道德基础上,而是建立在程序合法基础之上。[4] 试图重构道德相对主义的努力也很少能够取得成功。有论者提出用先天客观主义代替相对主义,试图将道德判断的客观性建立在先天知识之上。[5] 而祛魅后的现代社会使得一切试图回到康德时代、借助先天理性的努力都显得有些无能为力。

(二) 道德相对主义对学校德育的挑战

道德相对主义的崛起虽有其历史渊源及现实诉求,但因其对道德规范普遍性的质疑而动摇了道德教育的根基,成为一个横亘在道德教育理论工作者和实践工作者面前的深层理论困境。

其一,极端道德相对主义所带来的虚无主义对道德教育的影响日益加深,

---

[1] 陈真. 从约定主义到相对主义——评哈曼的道德相对主义 [J]. 南京师大学报(社会科学版), 2012 (02): 26-35.
[2] 聂文军. 道德相对主义的多重合理性、挑战与续思 [J]. 道德与文明, 2014 (01): 23-31.
[3] 张言亮, 卢风. 道德相对主义的界标 [J]. 道德与文明, 2009 (01): 26-29.
[4] 哈贝马斯. 交往行为理论:行为合理性与社会合理化 [M]. 曹卫东, 译. 上海: 上海人民出版社, 2004: 446.
[5] 陈真. 道德相对主义与先天道德客观主义 [J]. 道德与文明, 2014 (01): 12-22.

尤其在社会风气不良、正气不彰的"去道德化"环境中，是非善恶标准被模糊，学校陷入"道德孤岛"困境。

其二，道德相对主义将道德问题混同于价值问题，使得价值多元演变为道德多元，进一步消解了道德教育稳固的基础。道德教育不复有"良知""天理""敬畏"的位置。教师们不再确定是否要继续教学生"节俭""勤劳"这些传统价值，也不确定教导学生选择"高雅"还是"通俗"，人生要"追求伟大"还是要"甘于平淡"。应该教导"何种价值""谁之价值"？教师面临大量两难问题。

其三，道德相对主义的致命弱点是过于强调道德原则的多样性，而否定普遍的、终极的道德原则，因此无法进行道德判断和采取道德行动。相对主义者带着平等的仁爱之心，"忙于与国内外的种族优越论者、狭隘的民族主义者以及种族主义者争论，然而，一当他们的学说遇上了纳粹主义，就变得软弱无力了"[①]。

但是，道德相对主义的出现也并非全然消极，它提供了一个反思我国公民德育的独特视角。近年来，尤其是2002年以来，我国出现了大量研究公民教育的文献。这些文献对公民教育进行了多方面的深入探讨，然而在很多文献中，公民角色似乎是与文化无关的，没有性别差异、没有民族差异、没有文化差异，只有一个统一而苍白的公民形象。道德相对主义要求将文化多元和价值多元理念更好地融入公民德育，让公民德育更具本土文化内涵，在追求普适价值与尊重多元价值之间达成平衡。因此，直面道德相对主义的挑战，有助于超越狭隘的国家公民教育，增加多元文化教育和国际理解教育视角，克服意识形态割据和文化偏见，培养能在国际事务中发挥积极作用的中国公民。

二、权利视角：道德普遍主义与伦理多元主义之间的分野

学校德育的困境要求我们回答：适用于不同文化群体的道德原则究竟是普遍的还是多元的？道德相对主义取代道德普遍主义有着某种历史性和合理性，须得将其中的合理因素加以利用，在道德普遍主义与道德相对主义之间达成平衡。所以，上述问题就演化为：在哪些领域，道德原则是普遍的？在哪些领域，道德原则可以是多元的？一个可能的解决方案是：从"道德权利"视角重新审视道德规范的合法性——在保障人的基本道德权利领域，道德原则是普遍的；在促进人的发展性权利领域，道德原则是相对的。

---

① 卢克斯. 道德相对主义［M］. 陈锐, 译. 北京：中国法制出版社, 2013：161.

(一) 最低限度的道德普遍主义关乎基本人权

全球范围内,在不同文化系统之间寻找跨文化的道德共识、建构普遍性道德原则的努力一直在进行,大致有两个方向:一是"重建德性"的宗教文化路径,强调人类基本美德,如1993年世界宗教大会通过的《全球伦理宣言》强调互助友爱、正直诚信等基本德性;二是"重建人权"的政治路径,认为人权即人的自然权利,其关乎用什么方式对待人是合乎道德的。①② 两者之中,以"重建人权"的路径更为常见,如1945年通过了《联合国宪章》、1948年制定了《世界人权宣言》。《世界人权宣言》以西方国家、民主国家的人权观念为基本蓝图,与文化多样性缺乏良好的兼容性,以至于在实施过程中出现"以人权来干涉主权"状况,引发国际争端。20世纪六七十年代以来,西方发达国家由于外来移民和少数族裔要求保存本民族文化和独特身份的呼声愈来愈高,逐渐放弃文化同化模式,认可文化多元。2006年,联合国教科文组织通过《保护和促进文化表现形式多样性公约》,肯定了文化多样性也应属于人权之一。

人权是近代政治哲学的核心范畴之一,是启蒙运动以来人类智慧的光辉结晶。人权是人凭其是人类一员身份就应享有的道德权利。如果人最基本的权利得不到保障,人或将被物化,或被迫于非人道社会中生存,从而使得自身之人性和基本道德感之养成也成为不可能之事。即便是在多元文化世界,也需要普遍的道德原则来保障人之所以为人的必然条件,保障人性养成的基本条件。换言之,道德普遍主义更重视的是保障人的消极自由、共同人性与普遍价值。

现代学者则极大地拓展了基本人权的范围,随着社会的进步,人权列表会越来越长,而各文化系统关于"什么是基本人权"的态度分歧也会愈来愈大。大卫·米勒认为在多元文化世界里,人权表应返璞归真,变成"薄人权表",只是作为某一特定社会基础的权利不应该被称为人权。"薄人权表"主张与罗尔斯和沃尔兹(Walzer, M)等人的观点不谋而合,有利于刨除西方中心主义的偏见,寻求最广泛的道德共识,建立"低限度"和"最小主义"的普适伦理。

"薄人权表"包括的基本人权应为:初始人权、首要人权和"重叠共识人权"。其一,在历史上最早出现的自然权利即为初始人权。美国学者马歇尔和雅诺斯基认为:权利的出现有其历史顺序,按照法律权利、政治权利、社会权利

---

① 沈宗灵. 人权是什么意义上的权利[J]. 中国法学, 1991 (05): 22-25.
② 高德胜. 人权教育与道德教育[J]. 全球教育展望, 2011 (02): 51-55.

的顺序依次发展，分别出现于18世纪、19世纪与20世纪。[①] 法律权利即为初始人权，包括财产权及信仰自由权。其二，对人的自我保存及人性养成最重要的即为首要人权，包括生命生存权、人身自由权和人格尊严。其三，各文化系统交叉重叠、反复出现、世代相传、生生不息的权利即为"共识人权"。[②] 三种基本人权，所包括的人的基本道德权利为四个方面：生命生存权、自由权（人身自由与信仰自由）、财产权、人格尊严及平等权。在这些领域，道德原则是普遍的，与文化习俗无关的。

（二）伦理多元主义关乎发展性权利

在基本人权之外，涉及社会权力结构、两性关系、婚姻生育、饮食着装、宗教信仰等文化习俗与价值选择，要求推行民主体制、普及选举权和受教育权、保护儿童权利、废除死刑、完善社会福利制度、保障人们的环境权利等，涉及对"美好社会"和"个人幸福"之善的追求，涉及公民权利在社会制度和法律体系中的具体保障，则应是伦理多元主义协调的范围。政治权利、社会权利和参与权利三者，如果匮乏，会影响公民的社会福利和幸福生活，但不至于剥夺人生存之基本条件，不至于影响基本人性之养成，因此可以被视为发展性权利。对于与发展性权利相关问题的道德判断，主要取决于此人所在的社会接受何种道德规则，而不能基于"普适价值"。

换言之，由于文化多样性的事实，在发展性权利方面所做的道德判断，主要依系于文化系统的内部判断；从文化系统之外所做的"局外人"道德判断可能是无效的，基于这种判断而采取的干涉行为在道德上也是站不住脚的。"局外人"在进行道德推理时，要悬置判断，进行现象还原和历史还原，将道德事实还原于当事人所在的文化系统之中。如果直接依据"普适伦理"来进行判断，则会犯指鹿为马的"投影错误"，即错误地相信在自己的文化中受到指责的行为在另外的文化中也同样受到指责。[③]

（1）在社会权力结构方面，民主制国家不能认为有限政府、权力制衡、公民参与是放之四海而皆准的制度，以这些原则去衡量他国制度之优劣。这并不意味着对于威权制度的具体实践和做法不能加以道德判断，而是意味着这种道

[①] 雅诺斯基. 公民与文明社会［M］. 柯雄，译. 沈阳：辽宁教育出版社，2000：427.
[②] 罗尔斯. 作为公平的正义［M］. 姚大志，译. 上海：上海三联书店，2002：511.
[③] COOK, J W. Morality and cultural differences［M］. New York：Oxford University Press，1999：204.

德判断更多地应该置于该文化系统的历史、传统、习俗之内，以"局内人"的眼光去做判断。

（2）在宗教信仰方面，应肯定不同文化体系中宗教存在的多元性。没有一种宗教比另一种宗教更优良。当然，如果有一种宗教还实施"活人殉葬"，那就是道德普遍主义可以加以谴责的对象，因为它侵犯了人的基本生命权。

（3）在两性关系和家庭领域，我们不能指责实施两性隔离的社会是愚昧的，也不能指责一些国家法律允许的一夫多妻制度是邪恶的；在婚姻生育方面，不允许流产的国家不应从道德上指责允许流产的国家是邪恶的；个人隐私权也不是绝对的。

（4）在价值选择上，伦理多元主义认可价值多元，不同文化体系中人们对于"善"的追求是多样的，对于什么是"美好生活"、什么是"美好社会"并没有一个唯一正确的标准答案。素食主义者与肉食主义者的生活方式，并无优劣之分，价值的选择只是个人偏好，"我喜欢咖啡，你喜欢香槟，我们口味不同，没什么可说的"。① 这并不意味着崇高与平庸、伟大与平凡、高雅和粗俗、勤奋与懒惰之间没有区别，而是认为对于这些行为的道德判断应该还原到行为所产生的文化系统中去。

（三）道德普遍主义与伦理多元主义之间的平衡互动

道德普遍主义揭示了人类道德种属的统一性，伦理多元主义反映了人类道德现象的多样性；道德普遍主义与伦理多元主义反映了人类基本价值与多元价值之间的平衡。价值多元主义者认为价值之间是冲突的："如果我们选择了个人的自由，也许紧跟着就是要牺牲掉某种形式的组织化，而这种组织化或许本来可以带来更高的效率；如果我们选择了正义，也许就被迫要牺牲掉仁慈；如果我们选择了知识，也许就牺牲了天真和快乐；如果我们选择了民主，也许就牺牲了由军事化或是森严等级而形成的那种力量；如果我们选择了平等，也许就在某种程度上牺牲了个人的自由；如果我们为自己的生存而选择了战斗，那么也许就牺牲了一些文明价值，而我们为了创造这些价值曾经不辞辛苦。"② 的确，价值之间存在冲突，但是对于人类生存和保障人性的基本价值应为优先价值。在优先价值选择方面，并不适合价值多元。道德普遍主义作用的范围就是

---

① 马德普. 历史唯物主义对伯林价值多元论的破解［J］. 中国社会科学，2013（11）：25-45.

② 王敏，马德普. 价值多元论与相对主义——论以赛亚·伯林对价值多元论的辩护［J］. 天津师范大学学报（社会科学版），2012（04）：7-12, 22.

要保障人类基本价值的优先性。

道德普遍主义与伦理多元主义的区分,其意图亦为在道德问题与价值问题之间做出区分:道德领域更关注正当性问题,价值领域更关注善的问题。可以设想这样一个对话。

A:价值是多元的,没有终极价值。你看重社会认可度,所以你努力工作;我喜欢内心自由,所以我四处流浪。

B:是的,我赞同你的某些观点,理想的生活方式和社会形态是什么没有标准答案。但是,这并不意味着没有是非对错之分。价值更多地与追求善相关,而道德则更多地与正当性相关,在于防止罪恶或避免伤害。因此,道德更多地涉及在善恶之间进行选择,通常只有一个选择。在和平与杀戮之间选择和平,在理性和疯狂之间选择理性,在宽容与仇恨之间选择宽容。

A:问题是善恶判断,并非黑白对立、非此即彼。

B:在这些分歧之外,还是有共识的。任何社会都会谴责那些拿着枪到校园中扫射,杀害无辜孩子的疯狂行为。这是对生命权的侵犯。人们对什么是善的看法分歧大,但对于什么是基本恶却可能有更多共识。

正如人们所察觉的,道德普遍主义关涉的领域相对较少,而伦理多元主义关涉领域相对宽广。人们可能会批判伦理多元主义实施的结果是某种程度上对社会特权和歧视采取了包容的态度,甚至对女性被剥夺政治参与权、集权政治、家庭暴力等都持容忍态度。的确如此。但是,坚持伦理多元主义的原因在于:社会现实是流变的、不是僵化静态的。在这些文化系统中,统治阶层特权、男性特权、人的不平等状况的存在有其历史原因;这些文化也是不断发展的,文化系统中局内人会痛陈这些社会弊病、采取促进文化演进的行动。这一过程可能是缓慢的,依系于文化系统局内人的觉醒和行动,也依系于该文化系统与其他文化系统之间自然的文化交流与互动;其他文化系统不宜以强力来干涉这一过程,否则便破坏该文化的内在机制,带来文化失衡和文化殖民。

可以说,每种文化中都兼有公共理性和文化偏见的共同存在。正如 Michael F. Brown 所指出的:每种文化内部都会有一种教育,即本团体的文化和价值要优于其他团体。[1] 文化偏见是人的存在不可剥离的一部分,任何文化系统中的人都会产生"自己文化系统的道德准则是普遍的"错觉;都更愿意把自己的文化

---

[1] BROWN, M F. Cultural relativism 2.0 [J]. Current Anthropology, 2008, 49 (03): 31-42.

标准施加给另一文化。因此,道德普遍主义与伦理多元主义之间存在着某种紧张的辩证关系,西方强势文化群体要求扩大道德普遍主义的运用范围,而欠发达国家和地区则高举伦理多元主义的旗帜为本文化系统的道德实践做正当性辩护。这种紧张,推动了道德的多元化发展,但也带来了冲突增长的可能性。缓解这种紧张关系,一方面依赖于各文化系统之间平等的交流对话互动,另一方面则依赖于公共教育来培养公民的交往理性和多元文化意识。

三、培育全球公民

在文化多元和价值多元背景下,中国公民道德教育要应对道德相对主义的挑战,一个可能的出路就在于培育出在道德普遍主义和伦理多元主义之间能做出合理判断与合理行动的公民。为此,需要拓展公民德育的目标与内容:学校德育不仅需要培养理解本土文化的国家公民,更需要培养具有文化移情能力和文化对话能力的全球公民。

(一) 理解本土文化

个人对于道德规范的学习与道德判断的运用,不是来自中立的、理性的对道德真理的探求,而是来自其所在文化系统中的人际互动。公民道德的发展不是"以原则为本"的,而是"以关系为本"的。人不是原子,而是文化的负载者。参与一种民族文化不但不会限制个体选择,还会使个体自由变得更有意义。文化是人存在的给定性"前在",限定了人们看待幸福的方式。人是"特殊个人",是某一家庭的成员、某一国家之公民、某一历史的承担者。生活于德国的现代公民,在继承了国家经济繁荣富强的同时,也继承二战战争发起国历史的愧疚感。阿尔蒙德也指出,公民文化是村民政治文化、臣民政治文化、参与者政治文化三者的综合,"在公民文化中参与者政治取向与臣民和村民政治取向结合在一起,而不是以前者取代后者。个人在政治化过程中成为参与者,但他们并不放弃他们作为臣民或村民的取向"。公民身份是村民、臣民和参与者三种角色之间的平衡。[①]

因此,公民教育不能延续西方中心主义和一元主义的传统,而要揭示公民教育的本土文化属性及多元文化属性。

其一,在世界范围内,后殖民时代发展中国家面临多重文化冲突,殖民文

---

① 阿尔蒙德,维伯.公民文化——五个国家的政治态度和民主制[M].徐湘林,戴龙基,唐亮,译.北京:华夏出版社,1989:610.

化、本国主流文化、强势民族文化以及少数民族文化在冲突中共存。在非洲，这一矛盾比较突出，集中体现为选择什么语言作为官方语言和教学语言这一问题。在中国，也始终存在外来文化与本土文化之间的互动关系。中国公民教育，应帮助公民理解中国人的历史，而不是对历史做脸谱化解读，将传统社会完全界定为"黑暗的""专制的""变态的"，将现代社会界定为"光明的""美好的""进步的"；中国公民教育要探索公民教育的本土模式，突破简单线性思维，突破公民教育的唯一道路就是继续西方化、美国化的认识误区；中国公民教育要重建"中国公民"形象，而非西方价值的复制品；不是把中国公民变得像美国人，而是要体现中国文化的优良特性，将君子的自强不息、厚重的家国意识、天下意识等深沉的道德情怀融入公民教育。

其二，在一国范围内，由于性别、民族、宗教等差异，公民身份具有多元文化属性，公民教育应强调对差异文化的容忍、认可与尊重；同时公民的独特文化身份在公民教育时应该得到保存与发展，而非在同化中消灭差异。中国公民教育应在师资、课程、教学等方面运用多元文化教育理念，针对性别、语言、民族、地区差异，帮助中国公民建构积极的多元公民身份。如针对少数民族群体，应培养族群认同与国家认同并重的公民，而非厚此薄彼地相互对立。

（二）培育文化移情能力

本土文化中不可避免地具有某种消极因素，如歧视、偏见、社会刻板印象等。同时，国家是一种排斥性的共同体，"国家内在地具有种族和性别歧视的倾向"。[①] 国家公民或许相信"道德共同体"成员应该得到人道的对待，而对"道德共同体"之外的他国、他族人的道德权利诉求可以漠视。排斥会带来分裂，"如果公民具有移情或者宽容的美德，潜在的分裂可以被减少。培养这种美德的场所明显是学校"。[②]

因此，学校德育需要培养公民的文化移情能力。借助于移情能力，公民在认知上可以克服一元主义所带来的文化偏见，自觉地警惕道德普遍主义背后可能夹带的道德偏见；借助于移情能力，公民对文化造成的道德差异更为敏感，增加了对差异文化群体的理解和对少数人群体（如同性恋等）的道德宽容；借助于移情能力，公民在道德上更加坚信人类组成了一个统一的道德共同体，认

[①] 福克斯. 公民身份 [M]. 郭忠华, 译. 长春：吉林出版集团有限责任公司, 2009：24.
[②] 希特. 何谓公民身份 [M]. 郭忠华, 译. 长春：吉林出版集团有限责任公司, 2007：179.

可无论何种文化系统中的人都应具有基本的生命生存权、自由权、财产权与人格尊严权。

文化移情能力的培养需要进入历史，理解他国与他族文化的历史。"历史并非统一固定的，而是由时空上相互交替的各个不同民族，依靠他们各自毫无关联的想象力和激情力量所诗性地创造出来的产物。因此在人类历史的总体中，每一个时代和每一个民族的文化，各自都有其无可代替的存在和繁荣的理由。"[①] 加勒比共同体的教育体系，将每个成员国国家的历史都包含入教科书，同时注重培养学生对多元文化的欣赏；欧盟教育一方面试图建构欧盟意识，另一方面则注重多元文化意识的培养。

文化移情能力的养成还需要借助于"叙事想象力"，从别人的视角中理解世界。这种能力意味着能够想到自己的脚在另外一个人鞋子里的感觉，是别人故事的一个聪明的阅读者，能够理解对置身于某种情况的人所可能有的情绪愿望和欲望。[②] "叙事想象力"意味着公民德育可借助于故事、诗歌、音乐、表演等艺术方式进行。

（三）发展文化对话能力

文化对话能力建立在文化移情能力的基础上，要求在反思性移情中走向行动，参与文化对话便是重要行动之一。"真理形成于对话双方的互动关系之中"，文化对话将不同文化群体之间存在的差异公开化、理性化，通过直面文化差异、达成道德共识来消解排斥与道德冷漠。"对话主要是了解，同时自我反思，了解对方，也重新反思自己的信念、自己的理想有没有局限性。因为这个原因，所以对话的结果应该是互相参照，不仅是互相参照，而且是互相学习。只有在这个基础上，对话才有可能，才是真正的平等互惠。"

同样，国家范围内也存在强势文化与弱势文化之冲突。历史上弱势群体主要是通过反抗、战斗等暴力方式来获取权利的。文化对话要求舍去暴力，以对话来替代对抗，通过对话营造一种"共同性"来促进对少数群体的文化理解。参与文化对话的双方都要做好接纳对方及适度妥协的准备，自觉抵制权力，反思支配生产与再生产文化的权力运作方式。公民之间可能有如下对话。

A：在中美洲伯利兹国，不会做家务、不注重修饰个人仪表的女人不是好女

---

① 王利红. 试论赫尔德浪漫主义历史哲学思想［J］. 史学理论研究，2008（04）：24-34.
② NUSSBAUM, M C. Cultivating Humanity［M］. Cambridge：Harvard University Press, 1998：328.

人。所以，在他们的教育体系中，很重视因性施教，强调培养女性特征。

B：这是一种社会刻板印象。女性也是人，在教育体系中应该强调女性的经济独立和社会地位独立，应该拿撒切尔、居里夫人等自强不息的女性形象来教育她们，而不要强化她们的女性角色和女性特征。

A：你这种观点岂不是后现代性所批判的借普适性来伪装自己的文化霸权观点？过度强调女性形象自然不好，过度强调以男性形象为代表的中性人观点是不是也有问题？

B：这里的问题不在于是强调女性形象还是中性形象，而是如果有一种权力，规定了女性只有一种形象，这就是问题，关键是要抵制这种企图将女性形象整齐划一、纳入固定模式的强制权力。

文化对话可以是多层次的、多主体的。在参与这种对话中，国家公民开始向全球公民迈进。"全球公民不仅仅把自己看作只隶属于某一个群体或地区，而是首先认为自己受制于与其他人群之间的相互认同和关注而产生的连接关系的约束。"[1] 全球范围内平等的文化对话有助于抵制经济全球化趋势伴随的文化同质化危险，有助于在道德普遍主义的领域达成更多共识。"薄人权表"的内容列单也不应是固定的，随着经济和信息全球化不断扩展，全球利益具有更多的交汇点，全球对话围绕环境、和平等领域的不断深入，各民族、种族之间通过"重叠共识"和"协商伦理"的方式，拓展基本人权包含的范围，道德普遍主义规约的范围也会随之扩展——政治参与权、社会权、受教育权等最终会被包括进去。

综言之，道德相对主义挑战了道德普遍主义理论主导的学校德育，迫使教育研究者重新审视普遍道德规范的合法性，迫使教育研究者从道德普遍主义主导的广袤阵地上撤退，退守到有限的、最基本人类价值所圈定的狭窄空间。道德相对主义要求学校培育出自觉反思个人道德偏见、更具道德宽容和多元文化意识的公民。许多研究者做着哈贝马斯式的努力——在道德与伦理之间做出二元区分，让道德的归道德，让伦理（价值）的归伦理（价值）；竭力为道德教育找到坚守一元及普遍性的稳定根据地，而让伦理价值教育走向多元。道德与价值的分离与融合，造成了公民教育的紧张，同时也丰富了公民教育的内涵。

---

[1] NUSSBAUM, M C. Cultivating Humanity [M]. Cambridge: Harvard University Press, 1998: 328.

第五节　建构个体的道德信仰

社会学家孔德说:"我们每个人都有意识,如果他回顾一下他自己的历史,他在儿童时代是一个神学家,在青年时代是一个形而上学者,在成年时代是一个天生的哲学家。"[1] 人是有理性的动物,也是对形而上学很感兴趣的动物,这种理性能力使得人们能够建构一套精神信仰用来解释世界、指导自己的行为,这也是人之为人的一个本质特点。信仰是人们对于某些观念或命题强烈的、不动摇的信念,如"好人有好报""明天会更好"等。有些信念虽然不一定能被经验所证实,但相信这些看法会让人过得更轻松、更幸福。因此,信仰是人类精神世界的深层结构,发挥着对人类思想的引导作用和对人类行为的激励作用,成为推动人类社会实践的重要力量。信仰包括很多方面,有政治信仰、宗教信仰、道德信仰等,其中最重要的可能是道德信仰,没有道德信仰可能会从根本上妨碍人们在社会生活中承担责任。在信仰、道德危机凸现的社会转型时期,怎样通过学校教育重建青少年的道德信仰,恢复他们对于道德的信心?这需要对于信仰形成的心理过程和心理机制做些研究。长期以来,虽然人们认识到信仰的巨大的精神激励作用和心理安慰作用,但是人们对于信仰形成的心理过程和心理机制及其影响因素却揭示不够。

一、信仰来源于健全的自我

信仰生长的土壤是什么?笔者以为,从诸多哲学家和心理学家的研究可见,信仰成长于健全的自我,即完整而有整合力的自我,不膨胀、不分裂、不压抑的自我。柏拉图在《理想国》中努力建构一个正义的个人形象:正义的个人即人的理性、激情与欲望能各得其所,理性能抑制欲望,而激情是理性的盟友,如果激情和欲望勾结起来共同反抗理性的话,个人的灵魂就生病了。柏拉图认为:"美德似乎是一种心灵的健康、美和坚强有力,而邪恶是心灵的一种病态、丑和软弱无力。""一切的邪恶,正是三者(理性、激情、欲望)的混淆与迷

---

[1] 程红艳.道德相对主义时代的公民道德教育[J].高等教育研究,2015,36(08):20-27.

失。"① 只有当一个人对于自己是朋友，才能和其他人成为朋友。柏拉图启发我们认识到，健康的自我是信仰产生的根基，信仰产生于内心的和谐与力量。一个精神病患者、人格分裂者不可能有精神信仰。如果一个人缺乏完整的人格，自我的一部分经常反对另一部分，陷入自己对自己的战争中，经常矛盾、内疚、挣扎、抑郁、不安，就不会有信仰。英国哲学家洛克认为，精神沮丧、失去活力的青年比放荡的青年更成问题，"因为放荡的青年，都是生龙活虎一般，精神十分饱满，一旦走上轨道，常常可以变成一些能干、伟大的人物"，而精神沮丧的青年则很难做出什么事业。②

心理学家弗洛伊德更详尽地揭示了人类怎样从奔腾不息的本能之中生长出良心和信仰，他认为，自我、超我起源于本我，而人们的生活就处在自我（遵循现实原则）、本我（遵循快乐原则）和超我（代表着良心）的斗争与矛盾运动之中。新生的婴儿只有原始的本能，而没有自我意识，更无所谓善恶观了。哺乳期的婴儿还不能够把他的自我与他自己感情来源的外部世界区分开来。在对各种刺激的反应中，他学会了区分自己的身体器官和外部世界，开始逐渐出现了自我意识。例如，母亲的乳房只有在他叫喊求援的时候才出现，这样婴儿第一次出现了与自我相对的"对象"，它以外部事物的形式存在，只有某种特殊行动才能使它出现。儿童不断认识到外部世界是经常出现的、多种多样的、不可避免的痛苦和不愉快的感觉提供的，于是出现一种趋势，把能够变成此类不愉快根源的一切东西与自我分离，把它赶到外部去，创造一个与陌生的、有威胁的"外部"相抗衡的纯粹的快乐自我。这样，自我就与外部世界分离了。③

至于代表良心和负罪感的超我，弗洛伊德认为其根源于人类的攻击本能。在自我成长的过程中，攻击本能由"被压抑的力量变成压抑的力量，从对象本能发展到自我"，攻击本能逐渐被自我吸收，变成了内向的，"回到了发源地"，指向自己的自我，以良心的形式出现，用"同样严厉的进攻性来反对自我"。④超我、良心代表着父母的形象。弗洛伊德认为，良心发展的过程实际上是儿童把父母的权威不断内化和自居的过程。

简要地说，信仰来自健康的自我，但是仅有自我意识还不够，要形成信仰，

---

① 柏拉图.理想国［M］.郭斌和，张竹明，译.北京：商务印书馆，1986：173-174.
② 洛克.教育漫话［M］.傅任敢，译.北京：教育科学出版社，1999：27.
③ 弗洛伊德.论文明［M］.徐洋，何桂全，张敦福，译.北京：国际文化出版公司，2000：66.
④ 弗洛伊德.论文明［M］.徐洋，何桂全，张敦福，译.北京：国际文化出版公司，2000：115.

自我意识必须分裂,产生两重性,一种是"主格"的我,一种是"宾格"的我。前者中的"我"是行为和愿望的主体,后者中的"我"则是行为承受的对象。很多哲学家指出了自我两重性的不可避免,如休谟、密尔和亚当·斯密等功利主义哲学家都认为要形成"大多数人的最大幸福"此类的道德信仰,就必须在个人的心中保持一种"公正的旁观者"立场,能以"旁观者"的眼光严格地、公正地审视自己和他人的利益,而不是对自己的利益更加偏爱。[1] 当然,自我的两重性并不是人格的分裂,而是一种思想方式和思维方式的变化,是以他人的眼光来看待自己,最终自我还是有力量把外界和内在的各种要求协调起来,趋向统一。如果自我始终只是以利己为中心,只有自我意识,而没有对他人和社会的认知,则无论是道德信仰还是政治信仰都是很难生长出来的。

二、信仰建构的心理历程

儿童至青少年对于社会公正、善的信念是怎么建构起来的呢?埃里克森(Erikson, 1963)和麦克亚当斯(McAdams, 1989)分别提出了信仰发展过程中不同的心理阶段,概括起来大致依次要经历四个阶段:对于结局的信念、对于行为结果的信念、对于人性的信念和对于社会关怀的信念。[2]

(一)第一阶段和第二阶段

第一阶段,对于结局的信念。人的童年经验影响他们今后对于社会生活的基本判断和信念。对于结局的信念是儿童在幼年时期形成的,在与父母的互动过程中,他们认为总体上这个世界会给予更多的奖励而不是惩罚。孩子与父母亲的互动、家庭关系的好坏是影响这种信念的主导因素。埃里克森认为,如果父母给予儿童安全和关爱,儿童形成了对父母安全的依赖感,这便是他们今后对于世界、他人是否相信的基础,也是儿童未来怎样看待自己、形成自我意识的基础。有安全感、信任感的孩子,更容易形成自我价值感,在今后的生活中更可能去相信他人、亲近社会。麦克亚当斯通过让儿童自己写故事来研究他们信仰的形成,依据研究结果,他认为,对于父母的依赖感在很大程度上决定了他们是以一种乐观的、充满希望的基调去描绘社会,还是用一种悲观的、摇摆不定的语调去描述社会。安全的依赖感可以被看作对结果产生积极信念的源泉。

---

[1] 穆勒. 功利主义 [M]. 刘富胜, 译. 北京: 光明日报出版社, 2007: 20.
[2] GESSNER T L, O'CONNOR, A J, CLIFTOR, C T, etc. The development of moral beliefs: A retrospective study [J]. Current Psychology, 1993, 12 (03): 236-259.

如果儿童生活在父母给予关爱、身心受到保护的环境下，他们在今后的生活中就会对世界、对他人、对自己做出更为乐观的评价和期待，他们就有更少的机会成为怀疑者或过于愤世嫉俗，他们就更有可能相信人生是一场喜剧而非悲剧。其中家庭环境最重要的为两个因素，一是比较稳定、可以预料的环境，二是生气和批评指责相对较少的环境。

第二阶段，对于行为结果的信念。即儿童相信行为的结果与奖罚之间有着必然的联系，他们感觉到自己的行为和努力会被承认，并受到奖励，这一时期多见于3-6岁的孩子。埃里克森认为，童年时期需要在现实的物理世界中充当操作者和参与者，如果努力是成功的，并且受到支持，在这种环境中，儿童就能形成一种成就感，形成一种影响他人的能力。如果父母和家庭不能为孩子发现正确的行为榜样，孩子就会退缩，或不愿意参与到现实世界中去。教养得法，这个时期的孩子能形成一种自主感和主动感。对于行为结果的确信，相信自己或他人会通过自己的努力获得想要的东西，是这个阶段的核心概念，它是儿童意识到行为所带来的奖罚之间的链接后形成的，当然它的根还在于第一阶段。

麦克亚当斯认为，童年时期孩子需要储存一系列关于数字、信号、图片等用于思维的形象，整个儿童期，孩子被置于一种社会故事和神话之中。在这一时期，儿童在生活环境中变得更积极，开始形成理解事物之间关系的思想框架。因此，父母和教师需要制定纪律，需要运用奖罚，奖励会使儿童获得满足感。除此之外，父母的行为应该具有连续性，不能变化太大，或者是父母之间不一致。这个时期的父母应该有意识地把孩子引向外部世界，让他们和更多非家庭成员交往，但是如果父母不加选择地鼓励孩子与社会上的成员交往，实际上也会削弱孩子的自我指导，因为孩子会看到社会上人们的得失并不是与他们的努力相当的。当儿童对行为结果产生确信时，他们开始接受为社会所普遍认同的价值观，如勤奋、慷慨、善良等，当然他们还主要停留在他律水平，也即做出这些行为主要是为了获得他人的赞同和奖励。他律水平虽然层次比较低，但也是迈向自律所必须跨越的一步。这两个阶段使得儿童相信世界是可以解释的，社会生活是需要规则的。

（二）第三阶段和第四阶段

第三阶段，对于人性的信念。进入中小学之后，儿童开始把自己的能力与同伴们相比较，开始有意识地运用自己的能力，于是产生了一种勤奋感，想和他人一起做事。这个时期如果不能顺利度过，就会产生一种自卑感及被他人排斥感。儿童有能力去理解人们的意图，并对他人的基本特点、个人品行做概括总结。这个时期的发展任务便是对于人际交往的实质进行抽象和整合。对于人性的信念的核心要素，便是相信人们是值得信赖的，人们愿意和他人友好而和谐相处。处于少年期的儿童开始从一个不同的视角评价自己的父母和家庭，并开始运用他们的技巧去和更广泛、但仍有限的外部世界交往。从认知上来看，儿童正在对人类的本性形成一种综合感觉。其中一个影响源就是成人。学生要和学校中的成人交往，也会和校外的其他成人交往，这些成人运用新的不同的标准来评价儿童的行为，他们的支持和评价为儿童适应世界提供了重要的信息，权威性的成人能够为儿童提供不少直接的信息和帮助，也在很大程度上影响着儿童对于人类本性的认识。另一个影响源是同辈群体的文化。和同学们在校内外的交往给儿童提供了一个把他人和自己一视同仁的机会，同时，儿童推理他人的动机和意图的能力不断增强，用同辈文化的标准来评价自我的能力也不断增强，整合成人文化标准和同辈群体的标准的能力也在不断增加。最终，虽然也可能伴随着被欺骗的痛苦，儿童还是相信：大多数人是好人，他们有着帮助别人及与别人和谐相处的善意。

　　第四阶段，对于社会关怀的信念。进入青少年时期（15-18岁）的儿童，需要获得同伴的肯定，并且在儿童时期的道德标准和成人生活的道德观之间做一个选择。这个时期的中心主题是控制他人或者被他人控制。麦克亚当斯认为，这个时期青少年需要为自己的人生故事找一个意识形态上的支持，如正义和社会责任。意识形态上的发展也可以说是一种社会关怀的视角，这种视角聚焦于理解和回应他人的需要。社会关注的视角来源于前几个阶段的信念，也来源于青少年从家庭、学校和同伴中感受到的压力。对于美国高中生来说，高中的学习是为未来的社会生活做准备，成功地充当成人角色的压力不断增加，人们期望青少年能更广泛地参与在学校之外的社会环境中，期望他们发展一种社会责任感或者职业道德。在和同伴的关系中，关注的焦点从同性变为异性，青少年遇到了新的社会要求，他们需要有安慰他人的能力，变得更受同伴欢迎。主动适应这些社会要求，是个人健康成长的关键。在社会关系方面的成功，与形成社会关怀的信念相关。对于中国高中学生来说，这一心理需求也是很强烈的，但是迫于学业压力，不得不暂缓满足，直至大学时期，社会关注的视角才逐渐摆脱束缚。大学生要求在人际关系中获得承认的需要逐渐显露，在社会生活中承担责任，要求社会走向公平正义，社会关怀的视角得以充分发展。

　　以上四个阶段是逐步晋级、不可跨越的。其中第一个阶段影响了人看待世界的基本视角和基本情感倾向，第一个阶段的顺利度过，会使人以乐观的态度看待世界，相信"明天会更好"，相信和平，追求进步；第二个阶段塑造了人对于规则、奖罚的认识，塑造了人们"做好事会有奖励，做坏事会遭惩罚""努力就会有回报"的信念；第三个阶段塑造了人对于人性的基本看法，相信人类是友善的、诚实的，不会无缘无故地伤害别人；第四个阶段在前三个阶段的基础上，塑造了人对于社会公平和个人在社会生活中应承担的责任的信念，使人相信，个人应当去承担责任、关怀他人、同情弱者，促进社会公平。这四个阶段缺一不可，否则就可能会影响青少年健康道德信念的形成。

三、对于信仰教育的进一步思考

从心理学的研究可以看出，人们的信仰在很大程度上是由人们的社会生活和实践所塑造的，如果在童年时期生活在有阴影的家庭，而在学校或其他的社会生活中，又从未体会到他人的关心和善意，就比较难于形成对于人性善的信念和对于社会的关怀。相反，对于多数人来说，如果生活在有安全感的家庭中，生活在比较讲规则、有合理制度的学校中，在学校生活和社会生活中未遭受恶意的伤害或难以承受的打击，则比较容易形成"助人为快乐之本""应该做一个对社会有用的人"的道德信念。因此，在道德信仰形成的过程中，环境和教育应起着相当大的作用。

要形成稳定而积极的道德信仰，从教育的角度来看，以下几点是值得注意的。

（1）信仰的形成无疑是家庭教育、学校教育和社会教育三者通力合作的结果，三者之中家庭教育是最重要的。例如，对于大学生来说人生信仰是趋于积极还是消极，并不完全是大学教育的结果，甚至也不完全是中小学教育的结果，而是很大程度上被家庭环境和家庭教育所决定的。安全、关爱而又比较强调规则和规范的家庭，是培养健康信仰最好的土壤。家庭在培养儿童和青少年健康信仰方面的作用是学校、社会、政治家都望尘莫及的。

（2）对于儿童来说，实践或者简单地说是动手操作、做事，对于信仰的形成意义重大。当青少年在现实的经验世界和物理世界中能按照自己的想法达到预先设定的目的，就会形成自我的认同感、成就感，就越有可能形成积极的信仰。当然对于年龄更大的学生来说，不仅需要关注物理世界，更需要关注社会生活。

（3）信仰的形成受青少年社会生活的影响，受他们与成人、同辈群体、其他人交往状况的影响。学校、教师和家庭成员之外的其他成人对青少年思想信仰的形成具有较大作用，他们的主要作用体现在以下两方面：其一是规范，给予青少年的努力和行为以公正的评价，奖善罚恶；其二，是为青少年的行为提供一个支持性框架，使青少年意识到外部社会是有一套稳定的规则支配的，规则既是限制也是保护，只要去适应这些规则，就能成功。与同伴群体之间交往对他们的信仰影响也较大，直接影响他们是否能形成对社会关怀的信念，是否能从自我中心走向关怀他人。

（4）信仰的形成，无论是道德信仰还是政治信仰，都需要制度的支持。学校教育中恰如其分的奖励和惩罚，并建立相对公平的规章制度和评价体系对于学生形成对行为结果的信念、对人性的信念是很重要的；整个社会制度环境的正义、公平对于学生形成对社会关怀的信念也有重要影响。

（5）主体的思考与反思能力。当然，在信仰的形成过程中，不能只强调外在环境和教育的作用，个人的内在作用也很重要。黑格尔把道德思维分为两个层次：直觉层次与批判层次。直觉层次是人们思考道德问题的主要方式，因为每个人从小就开始接受道德教育，生长在充斥着道德规则的社会里，通过耳濡目染把许多道德原则内化到了心灵，成了行为的潜在的指导规则，在通常的情境中人们如果按照与这些原则相违背的方式来行动总会感到不安。但如果只停留在直觉层次还不够，我们还需要另一个道德思考的层次，即批判层次。因为直觉是"我们的教养和过去做决定的经验的产物，它们不是自证的；我们总是可以问，我们的教育是不是我们可能拥有的最好教育，过去的决定是不是正确的决定，即便是，这样形成的原则是否应该用于新的情境，如果不是全部都可以用，应该用哪一个"。[①]

可见，从信仰形成的心理过程来看，五个因素是必要的：安全的家庭环境、建设性的人际交往、必要的社会实践、公正的制度环境（包括学校环境和社会制度环境），再加上主体的思考与反思能力。这五个因素共同铸造了健康而稳定的人生信仰：相信善良是人不可缺少的心理能力、公正是社会不可缺少的基本品质。

[①] 陈江进，郭琰. 试析西季威克功利主义的性质及其影响 [J]. 道德与文明，2007（3）：46-49.

第五章　现代学校德育的功能重构

历史地看，改革开放以来学校德育范式经过两次转变：其一，20世纪80-90年代，回归德育传统话语；其二，20世纪90年代以来，围绕人的现代化议题，逐渐形成了强调师生平等、发展学生主体性的现代德育范式。近年来建构主义、情感主义、进化心理学、后现代哲学等理论对道德教育的普遍主义和规范本位造成冲击，德育的后现代属性逐渐凸显，要求德育关注价值多元和个体差异的呼声越来越高。在此背景下，主体性现代德育范式中的"规范本位"倾向遭遇挑战。规范本位深受理性主义的影响，至今仍是主导学校道德教育的主流意识形态。"规范本位"承继了启蒙运动以来自由主义者对于道德的普遍主义、客观主义倾向，认为道德原则是普遍的、放之四海而皆准的，是一套规范化、普遍化的行为规则体系。因此，伦理学家和教育家的主要任务就是归纳出一套普遍的美德原则、一套社会义务、一系列道德上受过教育的人所必备的道德品质，之后将这些原则、义务及品质施加给所有人。基于此，学校道德教育的主要任务是让学生遵守道德规范，内化道德规则体系。规范使人自由。"规范为本"的德育范式在当下遭遇困境：道德规范的普遍性、强制性与个人道德发展的特殊性、自发性之间始终存在不可调和的矛盾。并且，规范本位的道德教育对于学生的道德发展和道德学习的认识往往持一种简单割裂认识和机械的线性进步观。"规范本位"的现代德育范式在应对生机勃勃的青少年及变动不居的社会文化价值转型方面日趋无力。

<<< 第五章 现代学校德育的功能重构

第一节 规范本位道德教育实践的问题

一、学校道德教育的"规范本位"

当前,学校主体性德育范式多遵循规范本位要求。规范本位是一种崇尚理性、追求普遍性的道德教育方式。法国社会学家涂尔干明确指出:道德是各种明确规范的总体,道德就像许多具有限定性边界的模具,我们必须用这些模具去框定我们的行为。道德的功能首先是确定行为、固定行为,消除个人随意性的要素。道德规范完全是一种命令,而非其他……当它发号施令时,所有其他想法都必须退居其次。[1]

(一) 规范本位道德观寻求普遍性

规范本位的道德观认为,道德规范可以被视为既定的语法规范,而个人行为是在语法规范制约下写出的语句,因此道德规范的普遍性高于个人的特殊性。个人不能凌驾于规则之上;个人的有限理性亦不能凌驾于规则的普遍理性之上。自斯宾诺莎、康德直至涂尔干都认为,道德规范如同数学原理,如同 $1+1=2$ 一样真实客观、普遍而确定。道德行为不在乎谁来做,而是所有的人在同样的情况下都会做出相同的行为。康德说:人们通过自己的行为向外部世界发布了一条可普遍化的道德法则,"要只按照你同时认为也能成为普遍规律的准则去行动"[2]。这条法则就是在说:"我会一直按照这条原则做事""别人也可以按照这条原则来对待我""所有的人都可以按照我的原则去做事"。

英国哲学家哈尔和威尔逊也对道德规范及道德教育的普遍性孜孜以求。在他们看来,道德的可普遍化特征包括三方面的内容:①必须能够使人们在相同的情境下做出同样的行动,一个真正的道德判断不仅能被行为主体所接受,而且也能被处境相同的另外所有主体接受并按这种判断去行动;②道德判断所依据的道德原则也须是普遍的,它不是个别人的自由意志,而是"绝对命令"

---

[1] 涂尔干.道德教育[M].陈光金,沈杰,朱谐汉,等译.上海:上海人民出版社,2006:123.
[2] 康德.道德形而上学原理[M].苗力田,译.上海:上海人民出版社,2002:38-39.

225

"黄金律"之类的普遍原则;③判断要考虑行为相关人的利益、所有社会成员的利益。① 如关于偷窃,运用道德原则的可普遍性特征就应该追问下述四个问题:A. 一个在超市偷窃的人的行为原则是什么? B. 如果做出偷窃行为的不是我,而是别人,我怎样看别人的行为? C. 如果被偷窃的人是我,我会怎样看这种行为? D. 如果为了利益,人人都可以偷窃,会出现什么结果? 在这样思维的影响下,教师在面对学生错误行为的时候,常常对学生所说的话是:"如果每个人都像你一样迟到,这个课怎么上……""如果每个人都……,结果会……"。然而学生却不能接受这种推论,认为每个人都是不同的特殊个体。

(二) 规范本位道德教育过于倚重道德理性

道德教育的中心任务即是通过内化道德规范,形成道德理性。道德理性的培养就是让学生认可道德规范的权威性,听从道德规范的命令。为了形成道德推理的可普遍性,学校德育应该一方面走演绎之路,教授普遍的道德原则,帮助学生反省自己的道德准则;另一方面走归纳之路,帮助学生将从日常经验中归纳的道德准则提升至原则水平。正如涂尔干所指出的,德育的目的就是促进社会规范的个体内化。学校教育设置多种活动、课程与情景,通过行为训练、说服灌输来促使道德原则在个体心灵中扎根,最终内化,达到无须他人提醒或监督就能运用自如的熟练化和自动化程度。

道德理性培养的最终目标是形成对道德规范的敬畏。在道德能力目标方面,则须形成"公正旁观者思维"。具有健全的、可普遍化的理性能力的人会跳出个人利益中心,站在"旁观者"立场省思。引导学生从一种无偏私的"旁观者"的角度来审视自己的生活,把自己当作对象,像对待他人一样评价自己的行为,"不敢有片刻时间忘掉公正的旁观者对他的行为和感情所作的评介"。亚当·斯密饱含激情地说:"它(公正的旁观者)是理性、道义、良心、心中的那个居民、内心的那个人、判断我们行为的伟大的法官和仲裁者。每当我们将要采取的行动会影响他人的幸福时,是它,用一种足以震慑我们心中冲动的激情的声音向我们高呼:我们只是芸芸众生之一,丝毫不比任何人更为重要;并且高呼:如果我们如此可耻和盲目地看重自己,就会成为愤恨、憎恨和咒骂的合宜对象。只有从它那里我们才知道自己以及与己有关的事确是微不足道的,而且只有借

---

① 戚万学. 冲突与整合——20 世纪西方道德教育理论 [M]. 济南:山东教育出版社,1995:212.

助于公正的旁观者的眼力才能纠正自爱之心的天然曲解。"[①]"公正旁观者思维"是建立在个人身心分裂、精神对抗的二元论基础上的,个人灵魂中较高层次的理性部分要持续对灵魂较低层次中的欲望冲动开战,陷入了"自己对自己的持久战斗"之中。

道德理性培养的最低目标是:当学生能够利用工具理性去计算个人的利益,不去做失去理性和得不偿失的事情,如此学校德育就可以避免重大失误了。对于道德理性的过分倚重,使得学校德育一方面将道德情感、直觉、体验等排斥在外,另一方面也无法解释学生的某些看似非理性的行为。如小学男生之间打斗是一种常见现象。从理性观之,自然属破坏规则之有害行为;然而,如果换用社会心理学视角,打斗则被视为学生建构男性身份的自然手段,无须刻意惩罚。[②]

二、"规范本位"学校道德教育面临的挑战

规范本位的道德教育承继了启蒙运动以来重视学生理性培养、重视学生自律的传统,将教师的人治变为规则的法治,无疑对学校教育有进步影响。然而,规范的普遍性与确定性常常会产生压制性,让规范成为外在于学生的异己力量。规范本位的道德教育有助于加强教师的权威,却不利于建构以促进学生发展为中心的社会生态支持系统。

(一) 道德规范的相互冲突性与可选择性

从伦理学家的研究中,大约可以得出四个基本道德原则:①有限资源和环境保护原则,人们的行为应该趋向于保护生物共同体的完整、整体和优美;②功利效用原则,增加全体社会成员的福利和减轻他们的痛苦;③社会正义原则,社会基本价值要平均分配,如果分配不平均那么其大体上应该有利于最不利者;④仁爱原则,把人当人,促进人们之间的互惠和友爱。[③] 然而,上述指导人类道德行为的四个规范本身有可能相互抵牾,如功利原则与社会正义原则相抵触。因此,道德规范的运用不可避免地具有冲突性。

[①] 亚当·斯密. 道德情操论 [M]. 蒋自强, 钦北愚, 朱钟棣, 等译. 北京: 商务印书馆, 2003: 165.

[②] 杜里-柏拉, 让丹. 学校社会学 [M]. 第二版. 汪凌, 译. 上海: 华东师范大学出版社, 2001: 204.

[③] 张华夏. 论道德推理的结构 [J]. 中山大学学报论丛 (社会科学版), 2000, 20 (02): 142-154.

另外，道德规范具有文化属性，是在社会生活中通过主体间的交往沟通而形成的共识。将规范与其文化背景相脱离开，规范亦会失效。哈贝马斯的商谈伦理学，将规范视为主体间平等协商取得共识的产物，这一理论解释了道德规范的社会建构性，挑战了道德规范的文化无涉性。

同时，规范运用需要实践理性的引导。也即规范的选择具有情景性、条件性，不同的情境需要运用不同的道德规范。譬如，当小学生接受了"在公共汽车上要让座"的道德规范之后，往往会向年轻力壮的人或大学生让座。在得到成年人的反馈之后，他们才明白这个规范的运用是有条件的，是要向体弱年老的人让座。因此，理解规范运用的条件性，在不同的情景下综合判断并选择合适的道德规范需要不断的尝试与实践，才能形成实践理性。以规范为本位的德育，并未给学生实践理性的发展留出空间。

（二）规范本位道德教育的认知陷阱

规范本位的道德教育方式因为过分倚重理性，所以很容易落入知性主义、进步主义与管理主义的窠臼。

首先，规范本位的道德教育预设了知行必然合一。规范本位的道德教育受知性主义影响，教师将道德作为知识来教。鲁洁等人对此已经做了非常有力的批判，指出在知识的传授中，灵魂的洗礼被遗忘了。但一个隐形的问题还在被人忽视，即对"知识即美德"观点的普遍信仰，认为知道就必能做到，学生知善就必能行善；如果学生不能行善，是因为知善不够。如学生考试作弊，就认为是没有养成诚信的品格；学生出现了纪律松散现象，这是行为规范问题或退步表现，对策是"自控"教育；学生出现了专挑同学毛病的现象，这是"手电筒"现象，只照别人不照自己，对策是进行"严以律己、宽以待人"教育；只顾自己结伴交往，关心弱势同学的积极性下降，这是自私倾向抬头，对策是进行爱心教育……这种"知行必然合一"的预设使得教师过于频繁地使用语言说服作为基本的德育方法，以提高思想道德认识作为基本的德育策略。但由于学生缺乏体验与共鸣，语言说服常常是苍白无力的。事实上，从知善到行善还需要意志力、情感驱动、体验、情境都会对学生的道德行为产生影响。知行不能合一，并不是学生道德发展的异常，而是正常状态。

其次，规范本位的道德教育预设了学生道德必然持续进步。受进步主义影响，学生的道德发展往往被认为是不断前进的，"每天进步一点点"。实际上，学生的发展并不是线性的。而且，在青少年及成人时期，为了整合同一性，甚至会出现1-2次道德的滑落。人们会吃惊地发现：道德更高程度发展的前奏，却是道德的大幅退化。学生发展过程中出现的自然现象（如"早恋"）、自我探索式行为（如穿奇装异服）、暂时性延缓倒退行为（如叛逆）等不符合学校规范的行为不应被视为道德问题，而应被视为道德发展的必由阶段。规范本位的学校道德教育的"持续进步"预设，不能给予学生发展的"合法延缓期"，不能宽容发展中的错误，也并未给学生探索留出充分发展空间。

另外，规范本位的道德教育预设了好学生的理想样态。教师心目中的好学生是既全面发展又懂事乖巧。当用这种固定的模子去套学生时，发现达到标准的学生少之又少。教师不禁抱怨：好学生太少了，几乎每个学生都有不同程度的毛病。因此，教师便形成了一种本质主义的看法，认为有些学生天生就调皮，人性本恶，无药可医，教师改变不了什么。于是，规范本位的道德教育便有向消极否定式教育滑落的危险。

（三）德俗领域不分

学校规则可以区分为维持学校正常运转的习俗规范和关涉公正同情的道德规范两种。无疑，道德规范比习俗规范更为基本和重要。然而，为了保证规范的权威性，学校道德教育强调学生对各种规范的同样遵守，没有在习俗规范与道德规范之间做出区分。并且，道德教育利用人趋利避苦的本能，用机械控制与量化评价的方式去管理学生的行为，用加分减分去裁度学生的行为，这几乎成为学校教育中最普遍的做法。规范本位道德教育认为这是必要的，对规范的敬畏是学生道德的起点。涂尔干认为：儿童现在不仅感到害怕被揭露而受惩罚，并且还可听见自我观察、自我指导和自我惩罚的心声，它使儿童内心产生了彻底的分裂：一种新而强有力的疏远。这是道德的个体发生的基础。[①]

然而，学校各种严格的规训削弱了学生的道德直觉，使得学生认为上课迟到、讲话似乎同攻击无辜者具有同样的危害性，却不能认识到诸种规范之间具有质的差异，不能认识到道德原则优先于习俗原则，也不能让学生发自内心地认识到不能伤害其他人这一正义原则在道德原则中的重要性和优先性。习俗规则可能是武断的、暂时的；而道德规则是关乎人们的福祉、公正与权利的。过于强调社会秩序、学生服从及行为的整体划一，会导致学校德育迷失重点。许多学校花了大量时间去检查升旗仪式列队的整齐性、教室的卫生及秩序、班主任手册的文字记录，但在培养学生的善良品质尤其是良知养成方面却乏善可陈。

---

① 涂尔干.道德教育[M].陈光金，沈杰，朱谐汉，等译.上海：上海人民出版社，2006：29，32.

第二节　社会生态论视野下学校道德教育的视域转换

社会生态系统理论、建构主义心理学等为人们理解学生的道德发展提供了启示，为现代德育范式的重构与完善提供了启示。笔者试图引入社会生态系统理论视角，融合多学科理论，为当前现代德育范式进一步实现从注重规范到注重人本身、从规范本位到育人本位的重构提供理论支持与实践建议。社会生态系统理论认为：学生道德成长具有生态建构性，学生的道德发展与道德行为须得还原到学生生活的社会环境的人际关系与权力结构中去理解；学生道德发展具有非线性、复杂性特点。无疑，这些观点对学校道德教育的方法论、道德发展观及其主旨的重构具有重要意义。

一、方法论：用生态系统思维代替理性崇拜

道德教育从其范式来看，经历了引导论、塑造论、生长论的三个历程。引导论以柏拉图为代表，认为教育即是把学生引入崇高价值，导向灵魂转向。塑造论或传递论以培根和洛克为代表，把人看作是教育的原材料，是可以涂画的白纸，可以塑造成任何形状的材料。成长论以卢梭、蒙台梭利和杜威为代表，将儿童看作是一个个生来拥有潜能的种子，给他们提供合适的环境就能生长。[①]生长论在皮亚杰、维果斯基等人的推动下，演变为社会建构论，强调人与社会环境的交互作用。

社会生态系统理论可以被视为社会建构论的有益补充与发展。美国学者布朗芬布伦纳提出：社会生态环境是一种嵌入式的结构安排，个体所处的生态环境被看成是同心的一种嵌套结构，由里至外分别是微观系统、中观系统、外部系统和宏观系统。微观系统是直接影响个体发展的环境，其中最重要的是家庭、学校与同伴群体。中层系统主要指的是各个微观系统之间的互动，比如家校关系。外部系统是中层系统的延续，不直接接触个体，但影响个体发展，如父母职业、学校管理等。宏观系统则指的是更加宏大的政治、文化系统，包括公共政策、媒体宣传等。个人并非任由环境来影响，与之相反，儿童是一个成长且

---

① PERKINSON, H J. Learning from Our Mistakes: a Reinterpretation of Twentieth-Century Educational Theory [M]. London: Greenwood Pres, 1984: 11.

动态的实体，亦会运用他们的想象力把客观限制转化为自己可控的环境。① 生态系统的转变会因为个人在生态环境中的角色、情景变化而触发。在这一模型中，学生的发展在于学生与各系统之间互动处于平衡协调的状态，因此也能得到环境的滋养。

各系统中，微观系统对学生的道德成长影响重大。在布朗芬布伦纳看来，微观系统具备三个要素：活动、人际关系及角色扮演，其中人际关系与角色扮演对学生成长意义重大。个体发展通过与担任各种角色的人互动并承担不断扩展的角色形态而被促进。② 学生发展便是不断进入更广阔的环境，承担更多的角色。而问题学生之所以产生，并非个人缺陷，而是由于其与环境互动失协、失衡。

社会生态系统有助于突破理性主义的线性思维和进步崇拜，将方法论从线性思维转化到复杂思维，理解个体道德发展的复杂性、生成性与互动性，将道德现象还原到个人成长历程的社会情境生态脉络中去理解。真实的道德现象是以个体生理、心理发展为基础的，包含着认知与情感，受制于社会规则体系的约束，同时又深深地扎根于文化价值体系的复杂系统。社会生态系统拒绝对学生"道德素质差""缺德"的简单推论与评价，而是将其行为还原于其所处的社会生态系统中去理解。在生态系统理论视角下，攻击行为可能是因为心理上的不安全感，网络成瘾行为可能是因为社会人际支持系统薄弱；而学生纪律松懈，则可能是学生发展的自主性要求增强。

二、发展观：用生态建构观代替线性发展观

融合了道德心理学等学科知识的社会生态系统论视角，学生道德发展观更为复杂、丰富与多元。

其一，强调学生的道德发展是社会文化建构与道德自我身份建构的统一体。学生的道德学习绝不仅仅是对社会规则体系的内化，而是伴随着自我同一性形成、人格发展、文化塑造、价值认同的过程而发展起来的。但社会生态系统视野下的道德发展观更为复杂，认为学生道德发展不仅仅是工具理性和自我意识的形成，更是不断地走向历史和世界的过程。社会文化传承与自我形成具有同

---

① 布朗芬布伦纳. 人类发展生态学 [M]. 陈淑芳，刘凯，曾淑贤，译. 台北：心理出版社，2010：23，11.
② 布朗芬布伦纳. 人类发展生态学 [M]. 陈淑芳，刘凯，曾淑贤，译. 台北：心理出版社，2010：119.

构性。埃里克森认为：个体生命史与历史是交叉的、互补的，因为青少年的发展包含了与重要任务和意识形态力量的一套新的自居作用过程。[①] 例如，复兴传统文化对于学生道德自我的形成颇有意义。小学生以合适的方式学习《论语》，对于小学生发展个性具有滋养作用，而非阻碍作用。这种文化经典对于学生自我同一性和道德自我建构的价值要远远高于那些质量不高、快餐式的卡通片。依据生态系统理论，这种自居作用实际上是一种角色扮演，学生通过认同历史人物的智慧而自觉地模仿他们。

其二，认为学生道德发展体现为制度与生活的双向建构过程。生活德育论对打破知性本位、规范本位的道德教育作出了自己的贡献，但亦有局限。应将生活德育与制度德育两者结合起来，将学生道德发展视为在学生持续自发的活动中，外在制度与个人生活交互作用、持续建构的过程。人是生活在关系之中的社会存在，人际结构和伙伴关系对学生道德发展意义重大；但还必须认识到制度对学生道德发展的意义。制度是各种规范的具体化体现，学校制度应是一种德育资源，学校的制度生成应是一种德育过程，学生在合理的制度中建构共同生活的方式。[②] 哈贝马斯指出：没有对话，就没有主体间性；没有对话，就没有规则。[③] 如果没有学生对于制度形成的参与，学生的道德生活会被限制在狭隘的个人领域，而无法进入公共生活领域。杜威强调学生民主参与社会生活与学生道德形成的过程是同一的，这是非常有洞见的。

其三，学生道德发展表现为个体三个相关领域的协同发展。在科尔伯格理论的基础上，图列尔、拉里·努齐等所创立的道德领域学说指出：儿童从社会经验中建构出三个相互关联领域，即道德领域、习俗领域和个人领域。三者虽有重叠，但差异较大。其中道德领域的中心议题在于社会福利与公正；习俗领域涉及遵守社会的惯例、礼仪等；个人领域则主要涉及个人生活方式，如选择朋友、音乐偏好、外貌着装等。三个领域协同发展，但呈现出不同的发展轨迹。个人领域发展与自我概念是协调一致的，从小学后期一直到高中，青少年会不断拓宽个人领域，试图摆脱外在控制。习俗领域的发展是钟摆式的，经历了"认可（1-2年级）—怀疑（3-4年级）—认可（5-6年级）—怀疑（青春

---

① 埃里克森. 同一性：青少年与危机 [M]. 孙名之, 译. 杭州：浙江教育出版社, 1998：247, 298.

② 杜时忠. 制度何以育德？[J]. 华中师范大学学报（人文社会科学版）, 2012（04）：126-131.

③ 童世骏. 没有"主体间性"就没有"规则"——论哈贝马斯的规则观 [J]. 复旦学报（社会科学版）, 2002（05）：23-32.

期)—认可(高中阶段)"的发展阶段。道德领域的发展则呈 U 形,从童年期的高标准,降落至青春期的低标准,青春后期又开始回升。[1] 道德领域学说也为道德的非线性发展提供了实证依据,证明特定时间内道德退步是道德进步的必要前奏;同时也表明,想要促进儿童道德发展,却不给予个人领域的一定自由,这种想法几乎是空想。儿童的道德发展,便是不断地整合与区分三个领域,在个体与四个生态环境的互动中,将道德原则、目标和行为整合成道德动机和情感系统,最终形成道德同一性。道德同一性承担着将自我欲求和道德规范进行统一的任务,使得个体的道德追求成为个人自我意识的重要层面,将道德稳稳地扎根于"我是谁?我在做什么?我将要做什么?"等自我概念中[2],思考自己愿意成为什么样的人,促使个体道德意识融合于个体的独立性与完整性之中,使得客观规范与主体认知之间的冲突抵制逐渐消融。

三、学校道德教育的主旨:育人本位

社会生态系统启发人们将学校道德教育的重心从关注规范内化转化为育人本位,将规范的限制强制功能转换为对学生发展的支持服务功能,在学生身心和谐发展的基础上促进其道德发展。当然,这就要求学校德育实现一种真正的转向,要建立以促进学生发展为本位的道德教育观,关注的焦点由外向内转移,从关注规范的普遍性到个体的特殊性,切实了解学生在道德发展过程中的各种需要,进而针对性地设置相应的德育目标及内容,实现道德教育的个性化与个别化。

育人本位,是"以人为本"教育理念在德育领域的深入与拓展,就是将德育重心从规范习得转为以学生成长为中心。学生成长的动机便是成长需要的满足,所以需要认识、关注和引导学生的成长需要。成长需要是心理学家马斯洛所创始的术语,与匮乏需要相对。匮乏需要(如饥渴需要)一旦得到满足,其指向的行为便终止;而成长需要与人自我发展和自我实现的动机相关,成长需要的满足带来的是需要的增强,而非停止。成长需要可以被视为学生在与各生态环境互动的过程中建构起来的、对学生发展具有指示作用的、被自身意识到或尚未被明确意识到的各种需要。成长需要指向学生未来的发展过程,是促进学生发展的情感系统与动力系统。成长需要是一个动态转化的过程,可以"滚

---

[1] 努齐. "好"远远不够:促进儿童的道德发展 [M]. 冯婉桢,等译. 北京:机械工业出版社,2015:20-35.
[2] 杨韶刚. 西方道德心理学的新发展 [M]. 上海:上海教育出版社,2007:335-346.

动圆轮"意向来比拟之：从整合性视角来看学生发展，其道德成长是动态的、滚动的，如同圆轮；在时间的轨道上，学生活动的四个社会生态环境范围不断扩大。"滚动圆轮"意向体现了学生道德成长的终身性，认为学生道德发展的关键在于主体与社会环境之间动态的交互性。成长需要既是这种交互性的产物，又是促进这种交互性不断深入发展的动力。

2012—2016年笔者参与承担了教育部某哲学社会科学重大攻关项目"全面加强学校德育体系"的研究工作，该项目将学生成长需要分为安全需要、关系需要与自主发展需要，为了探知各年级学生成长需要被满足的现状，对4777名4-12年级的学生开展了问卷调查。此项目在梳理文献和实证调研的基础上，将学生的成长需要主要分为安全需要、关系需要和自主发展需要。[①] 安全需要主要是人对无伤害、无恐惧的环境的需要；关系需要是人建立与他人关系及群体归属感的需要；自主需要是个体独立、自我发展的需要。其中，安全需要是关系需要和自主需要稳步发展的前提。无疑，学生对安全需要、关系需要和自主发展需要渴求的强烈程度，提示了其与四个生态环境圈，尤其是微观系统与中观系统互动的状况。渴求越强烈，说明环境中匮乏或缺少支持的状况越突出。从成长视角看，学生成长中普遍出现的问题是成长需要未能得到满足的外在特征，即学生成长需要受阻会外化为"德育问题"。李晓文等人关注到1-9年级学生成长需要表现的特征，梳理出阶段性变化机制，认为学生发展是一个"规则建构—个体化—规则建构—个体化"的螺旋形过程。[②]

第三节 学校道德教育"育人本位"的现实策略

2005年教育部首次就德育体系建设专门发文，颁布《教育部关于整体规划大中小学德育体系的意见》，指出学校德育体系不完善，存在简单交叉重复和脱节的问题；2010年《国家中长期教育改革与发展规划纲要》也再次强调"建构大中小学有效衔接的德育体系……增强德育工作的吸引力和感染力"。建构学校德育体系自然是必要的，然而必须以育人为本位，以促进学生发展尤其是道德

---

① 孙启武，杜时忠. 中小学生成长需要的实证研究[M]. 武汉：华中师范大学出版社，2018：28-29.
② 李晓文. 青少年发展研究与学校文化生态建设[M]. 北京：教育科学出版社，2010：209.

发展为主旨。

一、建构道德学校

当前学校最为人诟病的弊病之一是重智轻德，重分数轻人格；其次是将德育工作化、活动化、知识化，而不能做到全员育德。因此，依据社会生态系统理论，建构有道德的学校环境是学生道德发展的必然要求。

建构道德学校，首先学校制度必须是道德的。制度与观念文化是一体两面的关系。制度既是观念文化的产物，也是观念文化的载体，两者互为表里。离开制度变革谈更新教育思想，转变教育观念，不但缺乏抓手、难以操作，而且也缺乏制度支持和保障，那些新思想、新观念也无以附丽、难以生长。[①] 制度首先关涉的是利益分配问题。道德学校要求教育资源分配应该遵循需要原则，而非成就原则。当前中小学教育以成就为本位，能力强、成绩好的学生在分配管理职位、获取教育机会、赢得教师关注等方面享有更大的特权。这种能者多得的做法，被认为是符合教育公平原则的。然而，从育人为本的角度看，每个学生都有发展的潜能和需要。因此，学校不应将"按成就分配"作为主导的原则，而是在满足每个学生的基本权利平等的前提下，按需要分配。比如将当众演讲的机会，分配给那些腼腆胆小的孩子，而非口才出众的孩子；将教师的爱与关注，分配给那些父母离异的孩子，而非表现出色的孩子；将管理班级的机会，分配给那些责任感不强的孩子，而非管理能力强的孩子。按需要分配，虽然会降低效率，然而更有利于为每个孩子成长创造积极、公平的环境。

建构道德学校，要倡导合作和谐的学校生态文化，反对学校竞争主义风气。当前学校管理教师的通用做法是打破教师的平均主义，通过激发教师的竞争意识来强化教师的责任意识。而教师管理学生的做法也是要激发学生之间的竞争意识。量化积分制度成为服务于上述两个做法的便利工具。学校利用量化积分制度来评比教师，甚至建立起威慑性的末位淘汰制度；教师则用量化积分制度对学生表现进行评分。学校应是一个崇尚合作和谐的机构，所有激化教师竞争、学生竞争，在教师或学生中间制造尊卑等级的"他律式"管理举措都违反了道德要求。马克思曾展望过一种新的社会生活联合体，其中"每个人的自由发展是一切人自由发展的条件"，而学校无疑应是这种新型美好的社会生活联合体的典型代表。其中，和谐关系就是学校发展的黏合剂和生产力；愿景一致、信息

---

① 21世纪教育研究院，杨东平. 2020：中国教育改革方略［M］. 北京：人民出版社，2010：14.

互享、责任共担、规范共守是其必要要素。

二、聚焦学生成长需要

学校德育规范、制度、措施应与学生成长需求相匹配,满足、激发与引导学生的成长需要。

一方面学校要用弹性管理来满足学生的自主发展需要。微观系统和中观系统中,学生对于安全的需要是排在首位的。学生不仅要求有秩序的、没有伤害的环境,还期待能提供信任与尊重的积极环境,在这种积极环境中每个人的存在价值和对群体的贡献都被承认。学生自主发展的需要也应得到满足,僵化死板的管理方式会压制学生自主成长的空间,削弱学生的道德意识;弹性管理和学生参与才可以促进学生道德更好地发展。

另一方面,以积极德育方法取代消极德育方法。消极德育方法关注学生的错误,借助惩罚来纠正学生的错误行为;积极德育方法关注学生的优势美德,通过激励欣赏激发学生发展潜能,促进成长需要向高层次的发展。依据社会生态理论,最有利于促进学生道德发展的理想情况是:在安全信任的环境中,学生的学习发生在既有一定压力又有足够社会支持的交汇处。压力和支持协同运行,只有两者共同发力,才能推动学生持续发展。压力并非来自对惩罚的恐惧,而是来自对教师的期望。压力主要体现为教师不放弃一个孩子的态度,坚持相信每个人都可以成功;支持主要体现为给学生达成某具体的目标提供具体帮助,建构支持学生发展的学校社会支持系统。教师不再仅仅局限于学校教学,而是要发挥桥梁作用,将教育网络所有有益资源都与学生联系起来,像蜘蛛结网一样形成立体多元的教育网络。学校也支持学生建构满足其承认、支持、亲密感、陪伴等关系需求的动态而多维的关系,从而形成促进个体发展的社会支持系统。

三、拥有实践智慧的教师

最关键的是,教师的作用要发生转变。教师也不仅仅是重申规则与制度的权威,不是只依据制度来规范学生行为,而是更关注人性的需要。教师教育实践的复杂性和角色冲突性必然要求教师拥有独立自由的专业判断,不能成为政策或制度的附庸,为满足制度要求而牺牲学生个体发展。

教师倾听的能力很重要。佐藤学指出:"教师既是在复杂的知性实践中寻求高度的反思与判断的'专家'(professional),同时也是通过经验积累练就了经验与智慧的践行教育实践的'匠人'(craftsman)""教师的工作具有双重属性，既担负公共的责任，又要绽放教学实践的'妙花'，即兼备'专家'与'匠人'的双重特质。"①"匠人"工作的中心就是"倾听"，倾听他者的声音是学习的出发点。倾听是教师最重要的能力之一，"没有一个地方像学校那般需要对话"，对话就是相互倾听。只有通过倾听，教师与学生之间的交流关系才得以形成，教师才能够完完全全接纳儿童。

教师必须运用教育良知和专业判断凝成的实践智慧去追求美好的教育，需要运用专业能力做出独立自由的判断——何种教育措施最有利于学生发展？教师能够入微地体察学生的内心需要，也能准确判断学生发展的契机，因此他们以自然宽和的心态根据学生差异提供个性化指导。他知道什么时候严厉，什么时候温和；什么时候激励，什么时候鞭策；什么时候需要等候，什么时候需要催促；知道什么时候应该合作，什么时候应该自主。正如比斯塔指出的："如果一个教师拥有教师需要的所有能力，然而却不能判断哪种能力需要在什么时候施展，那么这个教师是无用的。"教育目的的问题是多维度的问题，教师判断也是多维度的……教师需要在得与失之间做恰当的平衡和权衡判断，这是存在于教室里所发生的核心部分，存在于教师和学生的关系中——而这样的判断一遍又一遍地进行着。②

育人本位是强调主体性的现代德育范式的进一步完善与重构，是伦理学话语从规范论到契约论、道德学习从内化论到社会建构论的必然要求，也是学校探索符合人成长规律道德教育的必然要求。"育人为本、德育为先"不应是写在纸面上的空话套话，而是应切实而深刻的教育变革。

---

① 佐藤学. 教师花传书：专家型教师的成长 [M]. 陈静静，译. 上海：华东师范大学出版社，2016：33.
② 比斯塔. 教育的美丽风险 [M]. 赵康，译. 北京：北京师范大学出版社，2018：186.

第六章 现代学校德育的实践方法重构

当前中国道德教育的价值重构似乎已经趋于完成,公正、民主、关爱、理性等成为公众的价值共识。然而,在学校德育实践中,我国中小学校的德育方法主要以行为主义为理论基础,倚重奖励与惩罚来强化学生行为;在安全、秩序和教学效率的导向下,教师将主要时间与精力集中用来关注学生的行为,尤其是不良行为与消极行为,大约85%的教师精力被15%的问题学生的行为所牵制,却无暇激励学生对于正直善良等理想道德品质的追求。因此,德育效果事倍功半。虽有一些优秀教师在现代德育理念的激励下进行了自主管理、民主管理等有效的德育尝试,但是多数还停留在经验层面,理论性不强,推广有限。为此,弥合理论与实践的沟壑,探索出一条真正"以学生为本"的、系统的、切实可行的德育模式非常必要。

在此背景下,积极德育理念应运而生。关于学校道德教育方法论的基础,陆有铨先生认为可以归结为对这个问题的追问:一个人是因为不断解决自己的不道德而成为道德的人,还是因为不断做更道德的事情才成为道德的人?[1] 积极德育的选择是后者,认为德育不是消极地防止作恶和违规,而是积极地促进学生向善。积极德育针对当下教师将主要精力用于关注学生问题行为的"消极式德育"和"规训式德育"模式不足,以人本主义的德育范式代替行为主义的范式,通过关注学生的成长需要和积极体验以更加合乎人性的方式来培养积极公民。研究者对积极德育的内涵和理论基础做了一些零星的探索,但多为积极心

---

[1] 谭维智. 一个批判的思想者——陆有铨先生教育思想管窥[J]. 国家教育行政学院学报, 2006(03): 8-17.

理学在教育中的移植①，还未形成适应中国教育现实、特色鲜明的体系化模式。②

笔者试图建构兼具理论性和实践性、统整化的积极德育模式。在目标上，积极德育强调发展学生的积极品质和积极力量，培养学生的责任感、合作能力、自律能力与独立解决问题的能力等作为一名积极公民必需的重要感知力和技能。③ 在实践方法上，积极德育模式突破非此即彼、要么惩罚要么纵容的二元对立思维方式，提倡以既坚定又和善的态度、既坚守道德原则又民主合作的方式来对待学生。

第一节 积极德育的理论诉求

积极德育模式以人本主义的哲学和心理学为依据，不固守一隅，坚持理论的开放性。积极德育扎根于教育的理想属性，如罗素所言"教育是通往美好生活的钥匙"，又如杜威所言"教育是改良社会的工具"；教育本身便是一种积极的生活方式，深深地浸透着理性、自由、民主和公正等人类理想价值观。同时，个体心理学与积极心理学则为上述理想具体化提供启示。个体心理学为积极德育提供了一套关于个体发展的基本概念，这些概念帮助我们分析学生的行为和内在需求，更好地去支持和激励学生；积极心理学则为积极德育内涵与要素的建构提供理论支撑。

简言之，积极德育理论认为，学生的社会情感技能及道德学习是在一种基于相互尊重的持续的人际关系中发生的，在此过程中，学生形成自我控制以及与他人的情感联结，并在集体与社会中作出贡献。

---

① 周晓宜. 积极德育理论的四维度分析及其启示［J］. 北京青年政治学院学报，2013（2）：61-64.
② 葛柏炎. 构建积极德育体系 践行育人为本思想［J］. 江苏教育·职业教育，2013（03）：27-29.
③ 尼尔森. 正面管教［M］. 玉冰，译. 北京：北京联合出版公司，2017：12-13, 64.

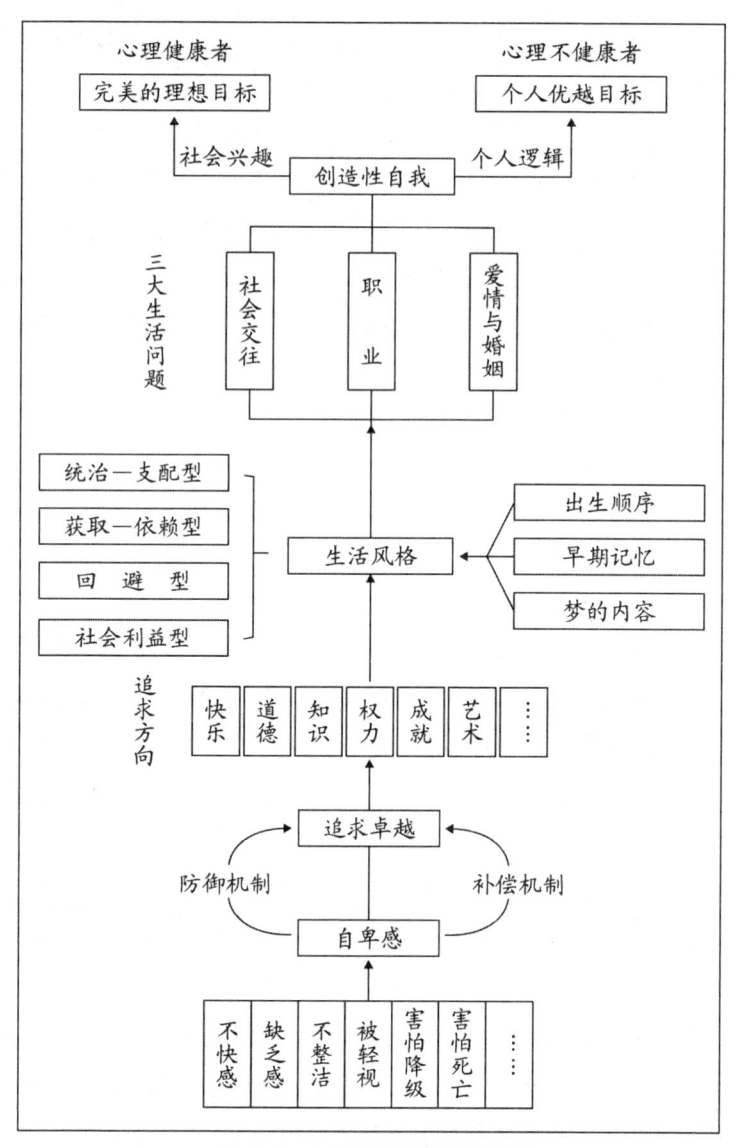

图 6.1 个体心理学的逻辑结构

一、积极德育的理论基础

(一) 个体心理学

个体心理学（individual psychology）是基于社会因素的视角来探讨个体心理发展与形成、心理疾病的成因与防治的心理学体系。个体正是在积极适应社会生活与处理社会生活问题的过程中，逐渐发展与形成独特而完整的自我。

1. "自卑"与"超越"

自卑（inferiority）最初指个体生理上的某些缺陷，如先天性疾病、语言障碍等。后由阿德勒发展为心理自卑，即自卑感，它产生于个体遭遇一个他无法适应或无力应对的问题，并深信自己无法解决的处境。自卑感根深蒂固地缠绕着每个人，包括儿童。自卑感生出的压力迫使个体通过追求优越感来缓解，寻求优越感的过程"与身体的生长并存，是生活本身的一种固有需要……无论是正确的还是错误的，它们总是为了征服、安全、增长和奋斗"[1]。个体道德发展误入歧途主要源于虚假的优越性，比如通过攻击他人来表现出"我比你强大"的优越性。而真实的优越性主要表现有二：其一，防御机制，个体限制自己的活动范围，想方设法避免失败，来争取成功；其二，补偿机制，自卑感可以成为促使个体发展的动力，当个体有一个可供奋斗的目标，且目标的实现比挡在眼前的障碍更为重要时，个体便会奋勇前进，努力将劣势转为优势，以追求自我实现，即自我超越。防御机制和补偿机制均可导向对于卓越的追求，而补偿机制往往能收获更大、更为真实的优越感。儿童的社会情感和道德领域的发展，扎根于真实的优越感之中。如果他们时时被自卑威胁和压迫，则其人格无法健康发展。

2. "生活风格"与"社会情怀"

个体主要在快乐、道德、权力、成就、知识以及艺术等六个方面追求优越性，并在此过程中逐渐形成自己的风格，即生活风格。生活风格是指个体面对不同的条件和环境造成的困境时所形成的方法和策略，在生活过程中被不断加以概括与总结，从而固定下来的独特的行为方式。[2] 心理过程是生活风格的内隐内容，躯体因素、情感和情绪、性格特征等则是其外在表现形式。

一般而言，存在四种生活风格类型，即统治—支配型、获取—依赖型、回避型和社会利益型。阿德勒认为，前三种均为不健康的生活风格类型，因为它们缺乏从属感和社会兴趣，这也是"所有失败者——精神病患者、罪犯、酗酒者、问题少年、自杀者、堕落者、娼妓——之所以失败"的原因，他们的兴趣只停留于自身，而争取的目标只是一种虚假的个人优越感。[3] 只有社会利益型的生活风格，才具有意义与价值。健康的生活风格指向社会兴趣，强调社会成员

---

[1] Adler, A. Superiority and Social Interest: A Collection of Later Writings [M]. Evanston: Northwestern University Press, 1964: 33.
[2] 阿德勒. 生活的科学 [M]. 苏克, 周晓琪, 译. 北京: 生活·读书·新知三联书店, 1987: 62-63.
[3] 阿德勒. 超越自卑 [M]. 黄光国, 译. 北京: 国际文化出版公司, 2005: 8.

之间的合作与互助,强调个体在社会生活中的参与,以促使社会目标的实现;而不健康的生活风格则以个人利益为基础,与社会目标相背离。社会情怀是一种"朝向人类普遍福祉的动机结构,并且是一种有意识的和卓越的动机结构"①。积极公民便体现出社会兴趣和社会情怀,他不是孤立于社会之外的存在,而是表现对社会进步的持续追求。对于积极公民来说,责任不是不堪忍受的重负,而是个人发展的机遇。

(二)积极心理学

积极心理学是个体心理学与人本主义心理学在当前时代的继续发展,对积极德育的建构同样具有重要的启发意义。由塞利格曼创建的积极心理学,是一种以积极品质和优势能力为研究核心,致力于使个体和社会走向繁荣的科学研究。它的关注重点在于个体自身的积极品质与力量,强调以个体固有的、实际的、潜在的具有建设性的力量、美德和善端为出发点,以积极的心态激发个体内在的优势能力和优秀品质,并因此最大限度地挖掘自身的潜力而获得幸福。

1. "主观幸福感"

积极心理学以研究人的幸福为中心,关注个体自身的感受。根据塞利格曼的研究,幸福感包括三个基本的要素:乐趣、参与和意义。乐趣通常表现为开心、喜悦、兴奋等情绪体验;参与是指个体对家庭、学业、工作、爱好等方面的投入与专注程度,比如对于专注工作的人来说时间似乎凝固了,周边环境似乎隐去了;意义则是指个体对行为或事件深层价值的理解,并在此基础上发挥自我的力量,以达成超越自我之上的目标。②

幸福就是快乐与意义的连接。幸福的学生才能学得更好。积极情绪横贯过去、现在与未来三个时间阶段,强调对过去感到满意,对现在感到快乐,以及对未来充满希望。

2. "积极人格"与"积极的社会组织系统"

积极情绪、积极人格与积极的社会组织系统是积极心理学研究的三个重要方面,实际也是个体如何获得幸福感的具体表现。积极人格包括个体的积极力量与积极美德。积极心理学家对人的积极品格做了非常卓越而有影响力的研究,在跨文化研究的基础上,他们指出积极人格具有6种美德,并涵盖24种积极品质,包括智慧、勇气、仁爱、公正、节制和卓越;积极的社会组织系统主要由

---

① 刘将. 个体心理学的思想谱系与理论建构 [D]. 长春:吉林大学,2012:112.
② 任俊. 写给教育者的积极心理学 [M]. 北京:中国轻工业出版社,2010:8.

宏观组织系统（如民主的社会环境等）、中观组织系统（如人性化的单位管理规章等）以及微观组织系统（如和谐的家庭关系等）构成，它主要是为积极人格的形成和积极情绪的获得提供社会支持。

积极心理学旨在提升个体的主观幸福感，使个体学会并保持乐观，最终形成积极人格。只有人所固有的积极力量得到培育和增长，人性中的消极方面才能被抑制或消除。换言之，只有将教育的重点放在幸福、自尊和对善的积极追求之上，才能消除敌意、嫉妒、抑郁、焦虑、幽暗意识等负面因素对人的威胁。

二、积极德育模式的理念与要素

积极德育的核心理念是：每个学生都有个人独有的优势美德和优势能力，教育者应将学生的积极品质与优势能力及时地甄别出来，通过激励培育和放大这些品质和能力，从而带动学生的整体发展。

（一）积极德育的理念

积极德育认为人的发展不是平衡发展，不是各方面齐头共进的，而是优势发展的，"让学生的优势带着学生去飞翔"。长处与优势是决定个体发展的关键因素，优势发展不仅为成长提供动力与方向，也将带动个体的全面发展。

第一，积极德育是对赏识教育的继承与超越。赏识教育认识到"人心中最根深蒂固的愿望是被他人赏识"，强调以欣赏的眼光与态度肯定、认可、鼓励学生的言行，但其局限性是理论不足，以表扬为主的方法太单一，无法满足不同个体之间差异性的需求，且容易使得学生形成虚假自我，经受不了批评。小学特级教师桂贤娣曾总结出师爱的差异化表达，"体弱生爱在关心、病残生爱在得体、过失生爱在信任、屡错生爱在耐心、向师生爱在珍惜、背师生爱在主动、个性生爱在尊重、普通生爱在鼓励、进步生爱在赏识、后进生爱在鞭策"[1]，可见，"赏识"作为众多方法中的一种，对于很多类型的学生不合适，比如对于背师生、屡错生、个性生和后进生来说可能都不是最优的教育策略。积极德育的超越之处在于发现不同个体独特的积极品质和优势能力，并不失时机地加以培养与发展。

第二，教育应聚焦学生的长处与优势。当前德育秉持的理念与观点可视为消极德育，具有明显的消极特征，即德育过分强调其"矫治"功用，试图通过德育消弭学生的不良表现，如此一来，教师将用发现问题的眼光审视每一位学

---

[1] 桂贤娣. 我怎样成了一名班主任导师[J]. 教师教育论坛，2017，30（08）：85-86.

生。就其本质而言，德育感兴趣的不再是学生，而是学生身上的问题，在这样的教育情境中，教育者的眼里没有学生，只有学生身上存在的问题[1]，学生在教师的眼中成为需诊断并矫治的病患。积极德育认为德育不应从问题着眼，德育不是规范和禁止，而是要促进学生的发展和精神世界的完善。因此，德育要让所有学生的长处与优势得到充分的发挥，让学生获得幸福体验，而非仅仅是痛苦和恐惧。

第三，错误是促进学生成长的时机。学生的道德发展并不是线性的。从积极德育的角度看，错误一方面提示了学生当前发展的局限性，另一方面却正是学生更好的道德发展的契机。因此，教育者要接受学生的不完美，从积极发展的角度来看待学生的错误，错误是学生发展的契机，没有错误就没有发展。一位老师甚至幽默地说："如果学生不犯错误，那要老师干吗"？

(二) 积极德育的四大要素

积极德育主要由优势发展、积极关系、积极投入与积极体验四大要素构成。四大要素并非相互隔离，而是渗透融合，并有交叉重复之处。

优势发展，亦为发展优势。从教育理念上来讲，便是要改变对全面发展和自由发展关系的认知。中华人民共和国成立后，主导的价值观都是强调全面发展，将学生偏科看作是不利于学生全面发展的问题，促进学生发展的思路主要是取长补短。其结果是全面发展变成了全面平庸。而优势发展则是要凸显学生个性特长及兴趣的重要作用，将学生偏科看作正常现象，促进学生发展的思路主要是扬长避短。即要让学生的优势更优，以此来带动短板发展；而非将主要精力集中于弥补短板。具体到道德教育方面即为发现、挖掘学生的优势能力和积极品质，诸如智慧、勇气、仁爱、公正与节制等，并使其得到充分发展。学生不是成人，更不是圣人，每个学生都不可能表现出人性所有的优点。教育者所需要做的是将学生的积极品质甄别出来，通过激励和赏识放大积极品质。把主要时间与精力用来应付消极的、负面的行为表现将走向德育的误区。学生不可能拥有所有美德，学生的道德发展是通过某些美德纵深的发展来克服一些人性的弱点。例如：公正感强的学生可能关爱意识不足、同情心强的学生可能不够勇敢。在积极德育看来，这些缺点不足为虑。只要学生的核心的积极美德发展得足够扎实，缺点所产生的副作用也会在后续的发展中被缓解抵消。

积极关系是指交往双方彼此接纳、信任和相互支持的相处关系，它既是实

---

[1] 任俊. 西方积极教育思想探析 [J]. 外国教育研究, 2006 (05): 1-5.

践积极德育的前提与基础,又是影响积极德育实施成效的关键,它包括积极的师生关系与积极的同伴关系。积极的师生关系是对传统的以教师为中心、强调教师控制权的师生关系的超越,它的建立必定以师生之间积极的情感联结为基础,在尊重而不娇纵、亲近而不失理性的关系中,让学生感受到来自教师的关心与关爱,感受到在学校的"归属感"。[①] 而积极的同伴关系强调学生之间的尊重、友善、互助与合作,大家在彼此尊重的前提下,合作互助,共同寻找解决问题之道。积极关系的理性状态,是在师生、生生之间形成兼具合作性、互惠性、探究性与平等性的学习共同体,学习共同体将学校"重建为人们相互学习、一起成长、心心相印的公共空间"[②]。

积极投入是指学生有意识且有能力主动参与学习活动、班级管理、进行自我服务与服务他人。积极投入强调学校里没有旁观者,每个人都是学校生活的参与者和课堂教学的贡献者。积极参与的基础不是服从,而是平等、认同、合作与贡献,在与他人的合作中,学生积极参与班级公共事务,获得适应社会生活的能力,习得社会责任感。

积极体验是一种快乐而有意义的体验,其指向对学生发展具有重要意义的两大方面：群体归属感与自我价值感。群体归属感是一种"我们感",在积极投入中感受对群体的贡献和群体的接纳；自我价值感是一种作为主体而存在的尊严感、价值感和成就感,"我能行""我通过努力就能改变自己的处境"。在时间维度上,积极体验表现为学生对过去的自己感到满意,对现在的状况感到快乐,对个人的未来充满希望。积极体验作为发展优势、积极关系与积极投入的结果,是顺其自然、水到渠成的存在,增进学生的积极体验是发展学生积极品质的一条有效途径。

第二节 积极德育模式的实践要旨

积极关系是积极德育的核心要素,而积极德育实践的要旨也在于生成积极关系,尤其是积极的师生关系。换言之,实践积极德育需要营造积极倾听的环

---

① 尼尔森,洛特,格伦.教室里的正面管教[M].梁帅,译.北京：北京联合出版公司,2018：71.
② 佐藤学.学习的快乐——走向对话[M].钟启泉,译.北京：教育科学出版社,2004：103.

境，而教师则是营造积极倾听氛围的关键人物。教师是建构积极师生关系的主体，需要把握好三点要旨：即和善而坚定、倾听而不评价、激励而不赞扬。

一、积极师生关系的营造

（一）和善而坚定

秉持和善而坚定的教育态度是积极德育的核心观点之一。教师与学生之间主要存在三种互动方式：一是严厉型，教师过度控制学生，强调规矩的重要性，学生缺少自由与自己的选择；二是娇纵型，教师对学生没有限制，给予过多自由与无限制的选择，规矩不足，规则意识缺失；第三种互动方式为和善与坚定并存型，有规矩也有自由，在尊重他人的前提下，学生有自由选择权。和善不是娇纵，而是对学生的尊重与鼓励；坚定不是惩罚，而是将积极德育理念一以贯之的决心与毅力。

其一，和善而坚定意味着教师应最小频次、最低程度地运用惩罚。尽管有学者从教育史和教育思想史、文化与法规、逻辑与伦理等多方面对惩罚的教育意义加以证明，但他们也坦言，惩罚的教育意义的实现需要一定的条件，也存在很多的实施误区，[1] 如应做好奠定情感基础、选择惩罚种类、控制惩罚量度等准备工作，坚持慎罚、指向过错、及时与坚定、一视同仁、保持关爱等原则[2]。这意味着惩罚在教育中是一种极易误用、难以操作的手段，它很难取得正面的教育效果，且容易对学生的心理造成伤害。积极德育倡导教育者和善而坚定的教育态度，强调以谅解来代替惩罚，以关心来代替权力规训，以期获得长期的积极效果。

其二，和善与坚定意味着教师可以表达愤怒的情绪，但不能侮辱学生。愤怒是个人正当的情绪表达，但教师的愤怒容易演变为对学生人格的侮辱与侵害，这表现为教师公然贬低、侮辱学生的人格，或采取其他侵害学生人格尊严的方法，诋毁学生的名誉，如当众羞辱、挖苦、讥讽或揭示学生的隐私，或采取歧视等方法，损害学生的名誉。显然这已经超出愤怒情绪的范围，走向和善的对立面。

其三，和善而坚定意味着教师可以行使批评权，但不能以让学生难堪的形式。一方面，在现实教育之中，不少教师的批评带有个人情绪的宣泄色彩，不

---

[1] 檀传宝. 论惩罚的教育意义及其实现 [J]. 中国教育学刊, 2004 (02): 20-23.
[2] 傅维利. 论教育中的惩罚 [J]. 教育研究, 2007 (10): 11-18.

尊重学生，甚至让学生陷入难堪的窘境；但另一方面，即便在教育民主化的背景下，全盘拒绝教师的批评显然不具有现实可能性，也有违教育的本质。好的批评是建设性的，围绕问题解决来帮助学生；好的批评也是就事论事，而非指向人格攻击。

其四，和善而坚定意味着教师应态度坚定，一以贯之。道德发展中的倒退反复、学生发展的知行不一是学生发展的常态。教师不应避免追求立竿见影的效果，急于求成，而应坚定态度，及时提醒学生履行自己的计划和承诺。教师可以从促进学生发展的角度，牺牲一些道德原则之外的统一性要求，依据学生差异弹性地对待学生。比如交作业是每个学生的义务，但是对于特别叛逆厌学的学生，教师可以在与学生协商后允许他一个月有2次不交作业。当这个规则制定后，就必须坚决执行。

（二）倾听而不评价

倾听彰显的是教师对学生的尊重，是对其平等地位的认可与肯定，它悬置了个人价值判断和主观偏见，对学生保持着谦逊的风度和开放的胸怀。同时，倾听也是一种位置、角色与体验的转换，是站在他人的位置了解对方和自己。[①]评价则是教师站在与学生相对立的角度，"颐指气使"地对学生的言行甚至品格做出价值判断。积极德育主张倾听而不评价，旨在营造让学生愿意听、愿意说、愿意合作的良好氛围，教学生学会自我评价与内省，而非依赖他人的反应来判断自己言行的对错。

首先，教师应理解学生的需求，不否认学生的感受。学生的感受是学生建构的事实，哪怕这一事实与真实世界不符合，教师也不应否定。比如学习成绩优秀的学生被考前焦虑症折磨，感到自己突然成为世界上最差劲的学生。教师不应否定他们的感受，不应空洞地安慰："你很优秀，你会考好。""倾听与理解是不可分割的，没有理解的纯粹倾听是不存在的。然而显而易见，也不存在某种没有倾听的理解。"[②] 倾听并理解是与学生建立良好合作关系的首要关键，教师能够理解学生的需求意味着教师能否成功邀请学生走进自己的教育之中，从而促进学生的发展。

其次，教师的倾听应产生共情，且保持客观。共情是指教师以接纳、包容、

[①] 李政涛. 倾听着的教育——论教师对学生的倾听［J］. 教育理论与实践, 2001 (07):
1 4.

[②] 伽达默尔, 潘德荣. 论倾听［J］. 安徽师范大学学报（人文社会科学版）, 2001 (01):
1-4.

开放的态度倾听,感受并理解学生的情感与内心想法,使学生体验到被接纳与被认可;另一方面,"倾听的目的是要进入他人的知觉世界,而不是把他人嵌入自己的知觉世界。"① 因此,即便教师需要产生共情,但也应保持客观,不先入为主,不持偏见,以真正走入学生的世界,理解学生的言语。

最后,教师在倾听学生的过程中应避免错误的回应方式。第一应避免说教与灌输,"任何人都不能被灌输或施加条件来诚实地讲话或公正地判决,因为实施这些美德都要求一种自觉意识和自由选择的品质"②。学生需要的是理解,教师生硬的、机械的说教与灌输收效甚微;第二应避免贬低事物的价值,贬低事物的价值意味着贬低学生追求超越的意义,将打击学生的信心,增加其挫败感;第三应避免自怨自艾,自怨自艾走向成长与进步的消极面;第四应避免盲目乐观,盲目乐观使人沉浸于不切实际的空想之中,与自怨自艾式的消极、被动构成两种极端。

(三) 激励而不赞扬

激励与赞扬虽都在于创设条件以调动学生的积极性,但两者存在本质上的差异。激励指向行为,它以欣赏的态度认可个体的努力与进步,在不断地激励中,学生逐渐学会内省,学会为自己而改变;而赞扬指向个体本身,它以操控性的态度,只认可好的结果,它的目的在于刺激学生为了得到更多的赞扬而改变自己,赞扬的后果将是学生总是在寻求他人的认可与肯定,总是为他人而改变自我(见表6.1)。换言之,激励"是通过教育者采用激励措施后使学生达到一种'不再需要激励'的程度,即学生能够在将来的教育活动中实行充分的自我激励"③。

表6.1 赞扬与激励的差异

	赞扬	激励
指向	●做事的人: "好孩子""聪明的孩子"	●行为: "干得好!"

---

① 《心理学百科全书》编辑委员会.心理学百科全书[M].杭州:浙江教育出版社,1994:1924.
② 麦克莱伦.教育哲学[M].宋少云,译.北京:生活·读书·新知三联书店,1988:324-325.
③ 李祖超.教育激励刍议[J].中国教育学刊,2003(05):9-13.

248

续表

	赞扬	激励
认可	● 只针对好结果： 考了 100 分	● 努力及改进： "是否尽力了？""自己感受怎么样？"
态度	● 操控性的	● 欣赏性的
结果	● 为他人而改变： 总在寻求别人的认可	● 开始为自己而改变： 自省

激励而不赞扬与倾听而不评价具有内在同一性，正面评价即赞扬。赞扬与评价均指向学生个体，它宣扬的是个体品性的好坏与优劣，即好行为意味着个体的好品性，坏行为意味着个体的坏品性，这在某种程度上意味着个体品性的稳定性和不可变更性，也就抹杀了学生积极品质培养的可能。

激励则是建立在理解与共情的基础之上。富有成效的激励需要把握四个要点：第一，提问而非告知。引导式的提问优于居高临下式的单向告知，询问学生自身的感受与想法更是对彼此的尊重，如"你能告诉我你对这件事的看法吗？""你能想出避免这个问题在将来再次发生的办法吗？"第二，达成契约，留下记录。教师激励学生制定目标或解决方案，并留下记录作为有形的承诺，坚定达成目标的决心。第三，设置监督，定期提醒。教师的监督与提醒在于避免学生半途而废。第四，持之以恒。行为的改变并非一蹴而就的，教师的激励行为需持之以恒。

二、学习共同体：积极同伴关系的营造

学生的学习方式对于班级氛围和学生发展具有至关重要的意义。如果学生的学习动机和方法主要是个人主义的，为了争取个人在学业竞争中的成功和避免失败而学，学习方式主要是个人自学，那么学生只能养成个人主义的态度，无论学校多么强调合作和奉献都只能起到杯水车薪的作用。诚如杜威所指出的："在一个有目的，而且需要和别人合作的作业中所学到的和应用的知识，那是道德知识，不管有意把它视为道德知识，还是无意把它视为道德知识。因为这种知识能养成社会兴趣，并且授予必需的智慧，使这种兴趣在实践中生效。"[1]

---

[1] 杜威. 民主主义与教育 [M]. 王承绪, 译. 北京：人民教育出版社, 2001：337.

(一) 反对竞争主义的学习生态

由于我国教育长期以选拔人才为首要任务，教育总体上是基于个人学业成绩表现来进行筛选的，所以基础教育总体上是竞争的、能力本位和个人主义的。基础教育被应试教育绑架。近些年来，教育生态恶化，应试教育有愈演愈烈之势。中国中小学，尤其是高中在应试教育战车上被越绑越紧，同质化严重，始终是顾此失彼的跛足式发展——走升学主义路线，在帮助学生升学和就业的两大目标之间，只能选择升学；走精英主义路线，在面向所有学生和少数学生之间，只能选择面向少数学业优秀学生。这一跛足式发展造成的人才浪费是惊人的。学生的身心压力巨大。不仅如此，这一教育对于学生的道德发展产生了非常有害的影响。在"提高一分，干掉千人"的竞争文化中，个人主义不断被强化，应试教育中的优胜者成长为"精致利己主义者""空心人"；而失败者则怀疑自己存在的价值，怀疑人生的意义，留下深刻的心理阴影。

"划一的整体主义和竞争的个人主义构成了共犯关系"。学生欺侮、暴力、攻击等行为的发生便是在这一应试教育的土壤中进一步发酵滋生的。应试教育割裂了学生与他人的联系，不利于学生同情心和关爱心的培育，反而使得学业成绩不佳的学生很容易成为被歧视、排斥和欺侮的对象。

(二) "我们"共同学习

近年来，社会建构主义取代了生物建构主义，成为理解学生学习的主要理论。社会建构理论认为：意义和理解来自社会交互过程，语言和交谈促进思维发展。在学习过程中，人与人之间的讨论和互动是首要的。在这一理论的指引下，出自培养民主公民的考虑，西方发达国家特别强调合作学习。

在我国，学习常常意味着学生个体的事务，学习是学生个体头脑中发生的神经元连接，在此基础上，产生的概念推演和思维发展过程。随着课程改革的推进，学习的概念也逐渐发生了改变，学习不仅仅是自我奋斗，也不是孤芳自赏，而更强调学习过程中的合作探讨。

然而，这一观念转变的力量还比较脆弱，还未能对基础教育产生根本的、重大的影响。实际上，合作学习所要求的不仅仅是学习方式的变化，而是整个学习氛围和教育生态的变化。学习的实践是"创造世界"（认知性、文化性实践）、探索"自我"（伦理性、存在性实践）和"结交伙伴"（社会性、政治性实践）相互交织的三位一体的实践。① 学习本质上是关系重建和意义重建的活动。基于这种学习的新概念，佐藤学提出学习共同体的构筑：这是一种以合作为基础的教育活动实践，是一种把学校这一场所重建为人们相互学习、一起成长、心心相印的公共空间的改革。②

佐藤学认为：学习共同体观念即"我们在一起共同学习"，学校是教师和学生共同学习、共同活动、共同成长的场所。学习共同体强调作为专家共同体的教师合作和教师自律，"担负起每一个儿童的学习与培育的，从根本上说来，不是每一个教师，而是教师集体；不是每一间教室，而是整个学校"③。学习共同体是在差异基础上的合作，是异质包容的。"学习共同体不是像同质的有机体结成板块密集的珊瑚那样的公社，而是每个人的个体差异各自发挥其独特性、像课堂内外的人们交响的管弦乐团那样的乐队。"④

相对于教师专业共同体的形成，学生学习共同体的形成阻力更小、更易推行。学习共同体是通过学习而构筑的"情结"，有必要提倡各种伙伴学习、结对学习、合作学习、兴趣小组学习、互惠式学习等。这些合作学习不仅发生在第二课堂，而且要贯穿于日常的课堂教学之中，以合作学习来代替教师讲授和学生自学，发生"静悄悄的课堂革命"。佐藤学以大量的事实指出：合作学习能让学生体悟到学习的挑战与快乐，这种快乐使得他们克服逆境，"即便家庭垮掉了、朋友垮掉了，自身也绝不会垮掉"⑤。

第三节 积极德育模式的实践策略

积极德育并不追求效率，不看重学生当下行为的即时改变，而更加看重学

---

① 佐藤学.学习的快乐——走向对话［M］.钟启泉，译.北京：教育科学出版社，2004：40.
② 佐藤学.学习的快乐——走向对话［M］.钟启泉，译.北京：教育科学出版社，2004：103.
③ 佐藤学.学习的快乐——走向对话［M］.钟启泉，译.北京：教育科学出版社，2004：112.
④ 佐藤学.学习的快乐——走向对话［M］.钟启泉，译.北京：教育科学出版社，2004：73.
⑤ 佐藤学.学校的挑战：创建学习共同体［M］.钟启泉，译.上海：华东师范大学出版社，2010：61.

生积极品质的养成。因此，积极德育在实践上强调通过理解学生心理需求，针对学生问题开展个别化的引导；强调教师赋权学生，通过与学生合作来共同解决问题；强调学生群体的合作精神，主张通过学习共同体的建构来提升学生的学习体验和社会精神。

一、学校是伦理共同体

如前文所言，学校应该是道德学校，应该以道德的教育培养道德的人：主要表现为：在资源分配上，按需分配，把资源分给需要的学生，而非只分给表现优秀的学生；在教育使命上，为学生的成长提供帮助而非规训行为。不仅如此，学校还应是道德社区和伦理共同体，它是道德冷漠和人际疏离的社会道德沙漠中的一块块充满希望的绿洲。伦理共同体表现为学校是追求公共和共同的善，体现真善美这些人类进步和永恒的价值，而不是以分数和成就为首要目标；是学生感受温暖、关爱和悦纳的地方，而不是惩罚泛滥的地方；是人与人之间"心心相印""同心同德"的地方，而非竞争泛滥、自私冷漠的地方。

（一）伦理共同体的营造

滕尼斯提出了共同体之所以可能的五个条件：①共同体必须有一个共同的有约束力的思想信念，这可以称为共同体的"法"。法体现了成员的真正和基本的意志。它是所有成员默认一致的，由它把成员团结成一个整体。②和睦或家庭精神。共同体法则的实行，必须建立在成员间相互密切认识、互助生活的基础上。成员之间在精神属性上相似性越高，彼此的"默认一致性"就越高。③只有以共同的语言作为基础，"默认一致性"才成为可能。④共同生活的物质基础也不可或缺，共同体的生活是相互的占有和享受共同的财产。⑤伴随这种共同性而来的是对共同的祸害和敌人的负面意志。[1] 某种意义上，共同体是与社会相对的概念，共同体亲密，而社会成员关系疏远；共同体熟悉，而社会成员为陌生人或点头之交的群体。共同体以"家"为原型，共同体成员产生了一种属于一个整体的感觉。

学校伦理共同体的营造也应从下列四个方面入手。

（1）文化价值与规则层面。建构学校的共同愿景，营造包容、平等、民主、和谐的学校文化，建立公平而有弹性的学校规则。

---

[1] 陈越骅. 伦理共同体何以可能——试论其理论维度上的演变及现代困境[J]. 道德与文明, 2012（01）: 39-44.

（2）家庭归属感及亲密关系的营造。利用共同生活和活动、分享而产生归属感，并进一步营造家庭的精神，在班级和学校层面营造"家"文化。

（3）"有福同享"的分享合作文化。学校成员共同享有机会、资源和课程，每一个成员都表现出对其他成员的善意、关爱，都真诚地为其他成员的进步而欢欣，都真诚地想为集体贡献力量。一个人所拥有的知识，可以变成大家共同的知识。

（4）"有难同当"的责任共担意识。每个人要面临的威胁不是他人学得比自己好，而是未知世界、灾难或者是疾病。面对这些威胁，学校每个成员都共同应对。为生病的同学补习功课，为新同学做向导，为遭受不幸的同学捐款……每一个成员的不幸都是其他成员的不幸。

培养道德人主要是来自学校良好和谐的积极环境潜移默化的影响。但这并不意味着学校在有目的、有意识地引导学生成为有道德的好人方面无事可做。学校制度设计要满足学生的道德承诺，简单地说，学校制度要创造机会让学生们能够把做好事与帮助他人的善意转化为现实。

（二）个体的道德践履

不同于知识教育，道德教育具有更强的内在性、自觉性和个人性。道德人的培养主要来自个体的自觉自律，来自个体对于道德原则的坚守与道德责任的践履。对于道德行为进行评价或奖罚的外部诱导制度，本身面临着不道德的风险。比如，鼓励大家展开道德行为的竞赛活动，如对于道德的行为发放物质奖励、道德行为公开进行表演、对各小组学雷锋做好事的行为进行统计和比赛等等，反而会败坏学生的道德动机。

道德责任。人是在做好事的过程中成为好人的。所以，个体的道德发展并非来自对外界道德规范的遵从，而是来自道德责任的践履。在学校共同体中，每个人都有参与班级管理的责任、每个人都有关爱他人的责任。教师鼓励学生去思考怎么承担责任，怎么去行动。例如在小学开展"大哥哥大姐姐"项目，鼓励高年级学生辅导低年级学生学习，这在美国、加拿大等地已被证明是能够促进高低年级双方共同发展的一个有效途径。教师还可引导学生认识道德行为的动机。如美国优秀教师雷夫将科尔伯格的三水平六阶段理论改造为更易理解的六个阶段，每个阶段学生道德行为的动机不同：第一阶段为我不想惹麻烦；第二阶段为我想要奖励；第三阶段为我想取悦别人；第四阶段为我要遵守规则；

第五阶段为我能体贴别人；第六阶段为我有自己的行为原则并奉行不悖。①

道德承诺。为了个体的道德发展，个体可以自觉地对自己进行道德磨砺。个体可选择特定的学校核心价值进行训练，并做出践行某一行为的公开承诺。如个体可以选择坚毅这一价值，做出两个月不迟到的公开承诺，并邀请好朋友、家长进行监督，并进行定期的全班公开反馈。选择价值—公开承诺—邀请监督者—定期反馈，是践行道德承诺的四个重要步骤。

道德自省。依据中国传统美德中强调道德自省的优秀传统，学校可鼓励学生进行日常的道德反省活动，比如写日记，记下自己的行为和想法。学校还可每天抽一点时间开展三省吾身活动。传统三省吾身从做事、为人与学习三方面进行反思"为人谋而不忠乎？与朋友交而不信乎？传不习乎？"。面向学生新"三省吾身"可从个人体验、群体生活和学习态度三方面入手："今天，我是否快乐？我是否是群体的贡献者，让别人感觉到因我的努力付出而快乐？学习是否尽力了？"教师可以给学生写下个性化的评语作为反馈。

（三）共同体中的教育惩罚

根据个体心理学理论，个体基于"自卑情结"产生"追求超越"的目的，在消极与错误的目标的追求优越信念指引下，个体将产生不当的行为举止，即不良行为。所谓的不良行为，其实也可以视为缺乏知识（意识）的行为、缺乏有效技能的行为，以及因失望而产生的行为——或因某个偶然事件导致的受极端情绪操纵的行为。② 积极德育认为，要解决学生的不良行为，首先应该正确识别不良行为背后的错误观念与错误目的，而非给其贴上不良行为或"问题学生"的标签，并施以惩罚。

1. 开展个别化德育指导

学生行为的首要目的在于获取归属感与价值感，但他们通常并不清楚应该如何正确而恰当地获得归属感与价值，由此导致在错误观念与错误目的的引导下产生不良行为。一般而言，存在这样四种错误观念与错误目的：一是寻求过度关注，认为只有在得到他人的关注时才会有归属感；二是寻求权力，"我说了算"，认为只有当自己处于权力等级的顶端并具有最终的决定权时才有归属感；三是报复心理，认为既然教师让我不高兴，那我就让他也吃吃苦头；四是自暴

---

① 王晓春. 第56号教室的玄机——解读雷夫老师的教育艺术［M］. 北京：教育科学出版社，2013：20.
② 尼尔森. 正面管教［M］. 玉冰，译. 北京：北京联合出版公司，2017：64.

自弃心理，认为"我不行"，自己不可能有所进步，于是选择自我放弃。

对于寻求过度关注的学生，最好的德育办法就是让学生参与到活动中去，把他们的精力转化为建设性的工作；对于寻求权力的学生，最好的德育方法就是承认教师确实不能拥有决定权，要解决事情就必须与学生合作；对于报复心切的学生，最好的德育方法是安抚情绪；对于自暴自弃的学生，最好的德育方法就是激励示范，一小步一小步地引导学生取得进步。

2. 通过与学生合作解决问题

积极德育模式强调对于学生错误行为的反应不应只是责备、鼓励和惩罚，而是要先与学生建立情感连接，并在此基础上通过与学生的合作，让学生认识到错误，并引导学生自己去提出解决方案。教师赢得与学生的合作是形成积极的师生关系的重要方面，在彼此平等、相互理解、信任与尊重的积极关系中，学生愿意与教师合作，听取教师的观点，并共同努力寻找问题的解决方法。

如何赢得学生的合作？积极德育提出赢得学生合作"四步法"。第一步，教师应表达出对学生感受的理解，并向学生核实自己的理解是否正确。第二步，教师表达出对学生的同情，而不是宽恕。同情并不表示认同或者宽恕学生的行为，而只是意味着理解学生的感受。这时，如果告诉学生自己也曾有过类似的感受或行为，效果会更好。第三步，教师告诉学生自己的感受。如果教师真诚而友善地进行了前面两个步骤，学生此时就会愿意倾听，教师可以引导学生超越自我中心去看待自己的行为可能对他人产生的影响。第四步，让学生关注于解决问题，询问学生对于避免将来再出现这类问题有什么想法。教师可以给学生提出一些建议，让学生看到多种行动的可能性，学生可以在这些可能性中自行做出选择。

如一名数学教师在"九加几凑十"的教学中通过上述四步骤，成功消解了学生的不耐烦情绪，引导其进行动手操作：[1] 大部分学生自以为已经理解了知识内容，当教师要求用小棒来摆一摆时，他们有的会应付式地摆一摆，有的会趁机玩小棒，这时该教师温和而友善地对学生说："你们感觉自己都懂了，却还要摆小棒，所以觉得很烦，对吗？"（第一步：表示对孩子感受的理解）在得到肯定回答后，他接着说："我很理解你们，在我学习制作课件时当我觉得已经会了，老师却还在那里跟我说'要怎样要怎样'时，我也会感到厌烦。"（第二

---

[1] 张健宁. 运用"赢得合作"提高一年级计算教学效率[J]. 小学教学参考，2017(09)：38-39.

步：表达出同情，并且告知孩子自己也有类似经历）在引发学生兴趣后，他积极回应："我注意到你们是看懂了，可是要想掌握这个方法并用它来计算其他算式可能还有点困难。"（第三步：告诉孩子你的感受）此时绝大多数学生已经配合教师摆小棒，对于那些仍旧未动的学生，该教师说："你们有什么办法让自己更好地掌握呢？"（第四步：让孩子关注于解决问题）

这是一个运用"赢得与学生合作"策略的成功案例，经过几次过程后，学生能够接受教师的合作邀请，并逐渐关注问题的解决。

二、班级是实践共同体

班级是师生共享关爱、公正和温暖的地方，它既是伦理共同体，也是实践共同体。实践共同体意味着在伦理原则指引下，根据环境的变化自主地选择合适的解决问题的方式，实现班级成员的自主管理。

（一）班级会议

在积极教育模式中，班级会议是一种很重要的学生参与民主合作与协商解决问题的方式。班级会议要求全班共同参与班级事务讨论和决策。需要说明的是，积极德育模式中的班会强调所有班级成员全员参与和发表意见，而非仅仅是少数的班干部和教师来共同决定班级事务。班级会议的目的就是赋权所有学生，通过直接民主及师生合作来共同解决班级问题和决定班级事务。在学校生活中，一个品行优良的人所应具有的自律、合作、负责、坚忍不拔、机智、善于解决问题等积极品质和美德，都能在定期的班级会议中得到最充分的认识和体验。可以说班级会议之于班级成员的意义，就如同人民代表大会之于公民的意义，两者同样重要，甚至可以说前者是后者的社会基础。对于两者来说，参与既是一种权利，又是义务，更是促进公民素养获得的必经之路。

班级会议既可以建立班级公约，形成和谐的班级文化，也可以用于解决存在于学生个人或班级之中的诸如偷窃、欺凌、违纪等众多问题。班会的议题均由学生自己提出，因为积极德育模式中的班会是教师赋权给学生的表现，在班会中，学生拥有很大的自主权和独立性，可以自由表达个人看法。在班会进程中，利用角色扮演与头脑风暴，体验问题发生的原始情境，所有的学生轮番给出指向问题解决的各种建议，当事人可以从各种建议中选择自己认可的解决方案。

我们可以通过这样一个案例来了解班会的运行：① 这一则案例充分体现了班级会议的功能便是在于集中群体力量来解决共同问题，其关注的焦点是促进个体发展，而非对错误行为进行审判和惩罚。这一点很重要，需要班主任在运用班级会议策略之前反复训练学生，让他们知道哪些是只关注惩罚或报复错误行为的做法，哪些是有助于解决问题的做法。几乎所有班级生活中出现的问题都可以放在班级会议中讨论，班级会议可以制定规则，还可以就迟交作业、上课讲话、使用手机等班级问题集体商议具体的干预措施。其频率一般是每周一次。一些研究表明，班级会议可以改善班级纪律，增强班级凝聚力。

孙老师在班会议题登记本上发现，有好几条来自同学们的"控诉"都是关于小明的，小明俨然已成"班级公敌"。在征得小明同意后，孙老师以关于小明的议题召开了班级会议，经过头脑风暴，同学们提出了很多建议，如"让他父母来陪读""罚站"等，老师启发大家不要只从关注让小明为自己行为后果受到应有惩罚的角度出发，而是要从帮助小明解决问题出发。于是，有的同学提出可以让他冷静一下，班主任灵机一动，提出在教室中建立"冷静空间"。小明也最终选择在情绪冲动、将发脾气的时候选择通过"冷静空间"（班级空间的一角，专用于学生舒缓情绪、反思自我）来平复情绪、反思自我，问题也就此得到了解决。

教师在班会中不能充当说教者与控制者的角色，有效的班会中，教师应该保持客观中立的态度，对学生的讨论与观点不予评判，记下所有建议，以便消弭学生的拘束感与恐惧感。同时，当学生出现思维枯竭状态时，教师可以以启发式的问句形式引导学生，如"你怎么理解这个观点？""你怎么理解这句话？""这让你想到了什么？""你的声音里饱含着情感，你能和大家聊聊自己的内心想法吗？""你发现了什么？"……班级会议最后达成的共识需要得到事件当事人的认可。

（二）同伴调解

学校中学生之间的冲突无所不在，起因往往是一些细微小事，如戏弄别人、分工不均等。冲突虽小，解决不当却很可能为学生带来极大的情绪困扰，甚或引起其他严重问题，如欺凌、打斗、逃学、心理乃至精神健康的疾病。在我国

---

① 孙萍萍. 教室里的"冷静空间"——例谈正面管教理念在班级管理中的应用［J］. 中小学德育，2018（05）：66-67.

中小学,常见解决冲突的办法是教师充当裁判,结果占用大量时间和精力,影响其他方面工作的开展。然而,教师有时也缺乏解决学生冲突的良方,经常是"各打五十大板"。矛盾虽然暂时被压制,但根源尚未消除,可能还会产生更多潜在的问题。同时,学生因缺乏解决冲突的训练和经验,容易受不良情绪驱使通过暴力手段解决矛盾,造成"双输"局面。①

朋辈调解的理念与实践,能有效地减少学生之间的冲突和学校的破坏性事件,为解决冲突的公民技能的培育提供了一个实践、学习、锻炼和理解的途径,从而更好地完成公民教育的目标和使命。20世纪70年代,美国政府鼓励在社区中成立邻舍公益中心(neighborhood justice centre),训练一班义工成为社区调解员,为区内居民提供调解服务,处理纠纷,故此项计划亦称为社区调解服务(community mediation program)。由于此服务的效果理想,在20世纪80年代初期,一些学校将调解引入其中,发展朋辈调解以处理日益严重的校园冲突及暴力事件。此计划亦于20世纪80年代末传入英国、加拿大、新西兰、澳洲及欧洲的很多国家。2000年以来,朋辈调解逐渐进入了我国学者的视野。一些学者和教师介绍了其他国家的相关做法,但此类介绍尚未系统地研究朋辈调解的理论基础和实施要求;另一些学者将朋辈调解归为朋辈心理咨询的形式之一,尚未探讨它运用于中小学学校环境的可能性及具体要求。显然,我国鲜有学校系统地运用朋辈调解来解决学生冲突。

朋辈调解不同于"学生法庭""两难困境"等教育手段,它具有如下特点:首先,它是针对学校生活中切实发生的学生冲突而非冲突情境的虚拟模仿;其次,有别于传统的教师参与乃至主导活动的开展,它主要是由冲突当事人在同龄学生的协助下主动地解决冲突,具有主动生成性;再次,调解过程主要限于冲突当事人以及作为第三方的调解员,没有学校领导、班主任、任课教师以及其他同学的"围观",利于学生毫无顾忌地真实表达自己的情感以促成冲突的有效解决;最后,它不是依据"量刑"的原则对学生施以适当的惩罚,由外而内以期达成解决冲突的公民技能的养成,而是以积极的态度促成冲突的学生对自己的意识、情感、行为有深刻、内在的体悟,主动从内部建构解决冲突的能力。

案例:两个九年级女生A和B喜欢上同一个男生。为了博得男生的喜爱,

---

① 张添翼,程红艳. 朋辈调解:培养学生解决冲突的公民技能 [J]. 外国教育研究,2012, 39 (09):97-105.

两人总是发生争吵，几乎大打出手。情况变得越来越糟，这时一位老师帮助她们进行了调解。在调解过程中，两个女生都解释了她们是怎么感受、如何思考问题的、发生了什么事情以及她们想要什么。调解过程中，两个女生发现彼此之间有很多共同点，最后不仅解决了问题并且变成了好朋友。两个女生一致认为，在一位不偏袒也不谴责她们行为的老师面前彼此倾心交谈，是非常有价值的。最后，两人都愿意接受成为调解员的培训，这样她们可以按照自己被帮助的方式去帮助他人。

从案例中可以看出，调解员并不站在冲突双方的任何一边，也不对冲突进行仲裁，他只是确保接受调解的双方都遵守调解的基本原则。这些基本原则包括：

（1）仔细倾听而非教训，理解与尊重而非指责。调解员不因两个女生喜欢同一个男生而"不问青红皂白就各打五十大板"，或指责她们"幼稚"，而是给双方解释自己所思所想的机会，仔细倾听是调解得以进行的基本保障。

（2）当事人沟通而非相互对峙。调解员与冲突当事人平等地沟通，帮助当事人理性地表达自己冲突前后以及冲突中的情感与意识，帮助双方面对面进行沟通，解释自己的想法和找到解决问题的方法。如果调解员与当事人保持对立的态势，案例中的两个女生既不会心甘情愿接受调解，也不会在调解中坦率地解释自己的所思所想。

（3）由当事人自己找到解决问题的途径而非强加给他们。调解员只是中立的第三方，他的作用就是引导冲突的当事人理性表达自己，案例中的两人"倾心交谈"，彼此发现共同点并且都愿意接受成为调解员的培训，在这一过程中调解员都没有强加给她们任何意识。朋辈调解的核心原则是由处于矛盾冲突的当事人来找到解决问题的途径。外界强加的解决途径，对于解决或减少因冲突产生的怨恨和痛苦无济于事，而调解的过程恰好提供机会去探讨怨恨和痛苦的心理变化，并尝试修复冲突对当事人的伤害。

尽管朋辈调解的模式有很多种，但绝大部分朋辈调解计划都遵循相同的基本步骤。大致可分为五个阶段：①建立能够谈话和倾听的指导原则及双方都同意的调解框架；②冲突双方依次讲自己的故事，并着重解释在冲突的关键时刻、冲突之前和之后自己的想法并说清楚自己的情感；③弄清冲突双方需要解决的问题，并探索达成双方都同意的策略的可能性；④如果双方达成一致意见，再次澄清并强调他们的一致意见，必要的话记录下来并让冲突双方及调解员签字；⑤结束会议，如果没有达成解决问题的方案，也要看看是否有所进步。与此同

时，思考将来还可以采取其他何种途径来解决问题。(见图 6.2)

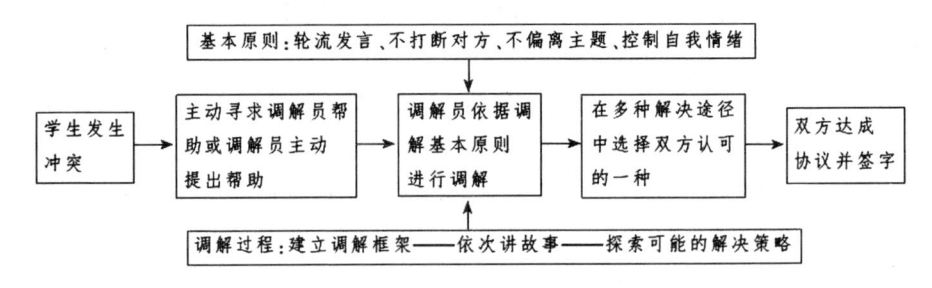

基本原则：轮流发言、不打断对方、不偏离主题、控制自我情绪

学生发生冲突 → 主动寻求调解员帮助或调解员主动提出帮助 → 调解员依据调解基本原则进行调解 → 在多种解决途径中选择双方认可的一种 → 双方达成协议并签字

调解过程：建立调解框架——依次讲故事——探索可能的解决策略

图 6.2 朋辈调解的基本步骤

华中师范大学德育所尝试在武汉市汉铁初中引入同伴调解项目。汉铁初中是一所拥有 38 个教学班、1700 多名学生、仅 120 多名教师的学校。学生数量多，教师不足，造成了班主任在班级管理和教育教学方面的双重压力。有时候，班主任成了"救火员"，到处"扑火"处理突发事件，往往学生和家长还不乐意接受老师的处理办法。引入"同伴调解"机制后，很多班级内部的小问题由学生自主解决，大大提高了学校管理的效率，也提升了学生自主管理的水平。经过两个学期的培养，目前七八年级每班均培训了两名"同伴调解员"。调解员并非学习成绩优秀的同学，而是表达沟通能力比较强、行为自律表现良好的同学。我们邀请了调解师对学生进行了程序培训，安排了基本步骤的集中的测试，还有案例分享，经过一段时间的冲突管理培训、沟通技能培训和调解技巧培训，"同伴调解员"们能按照比较严格的步骤开展调解工作，效果比较好。

九年级的调解员小晟同学成绩平平，但除了学习，他能和老师同学聊很多话题。自从被推选为"同伴调解员"之后，他更是喜欢在课间有事没事在教室转悠，还跟大家聊天。这天，一位同学因为藏另一位同学的帽子、开玩笑与对方产生矛盾，并升级为发生肢体冲突。小晟在第一时间发现了两人的冲突，并迅速上前将两人拉开；然后，请他们冷静下来；接着，分别与两人沟通，了解事情的原委以及各自的想法；最后，将两人叫到一起，按照培训时学到的五个步骤进行调解，并由当事人自己找到解决问题的途径而不是强加给他们。成功调解之后，他还创造性地要求两位"击掌言和"。本来要打架的双方，在小晟的调解之下露出笑容。小晟也因为调解成功而特别有"成就感"。小晟在"调解反思"中写道："我觉得在班上需要我的时候我就出现，是一种非常正义的行为，也让我意识到'同伴调解员'这个工作的重大责任，以后我会更加负责。"（来自汉铁初中的案例）

三、家庭是情感共同体

(一) 家庭中的爱与权威

家庭中的爱是关心、包容、宽恕和使人自由的力量。关心伦理的提出者——内尔·诺丁斯旗帜鲜明地提出，关心是一种关系性的存在。无论是付出关心的一方还是接受关心的一方，任何一方出了问题，关心关系就会遭到破坏。将关心置于关系中来看待是非常重要的。[1] 因此，关心并不仅仅是一种行为，或是一种美德，而是建立在人与人平等、信任关系上的一种无条件的为了他人的利益而支持和付出的行为。家庭中的关爱让各个成员从自我中心的状态中转移出来，在交流和接触的过程中交换彼此的位置和角色，这就是动机能量流向他人的"动机移位"。[2] 如此一来，便能顺利实现关心者和被关心者两重身份的互换，每个人都将是爱的传播者与接受者，孩子也是爱的付出者，只有在这种互惠的关系中，关心才能够持续地存在。

家庭教育的秘诀是在爱与权威之间保持平衡。只有爱的家庭教育是不完善的。如果没有权威，没有对规则的维护，没有对破坏规则行为的及时反馈和惩罚，爱就会变成溺爱。换句话说，家庭是让人快乐的，但是如果家长失却了孩子的敬畏，孩子可以任性妄为，完全以自我为中心，则家庭教育必会是失败的。权威代表的是社会公正的价值诉求。实际上，家庭教育也必须让孩子学会社会的规则：遵守道德、承担责任、领悟付出与回报成正比的社会合作基本准则。

(二) 家庭会议

家庭会议是一种新型的家庭教育模式，作为一种为维持家庭运行动态平衡而采取的教育实践活动。家庭会议作为小范围家庭生活的组织方式，也是家庭成员共享的生活方式，它关涉到全体家庭成员的共同利益，需要摆脱长辈对晚辈的单向管教，寻找整个家庭的教育合力，从而导向家庭问题的解决。家庭会议中的民主需要给成员一定的自由，并通过赋权来保障。要让每个成员都有平

---

[1] 诺丁斯. 学会关心：教育的另一种模式 [M]. 2版. 于天成, 译. 北京：教育科学出版社, 2011: 23.
[2] 诺丁斯. 关心——伦理和道德教育的女性路径 [M]. 2版. 武云斐, 译. 北京：北京大学出版社, 2014: 52.

等的权利去参与讨论,也有表达自己利益诉求的空间,在此基础上满足每个成员合理的决策权和否决权。

家庭会议的适用范围。它适合于需要运用父母双方合力去解决的长期存在、且较为棘手的问题。一般的行为问题只需要父母一方即时的提醒即可,但是棘手的问题却需要父母双方的合力和共识。

家庭会议的召开时间。一般要选在家庭各成员共同的空闲时间,最好为一周一次或两周一次,依照不同家庭的特点而有不同。地点一般是在家里,也有可能是在外出途中的某地。

家庭会议的主题。一位持续关注家庭会议的学者俞爱宗认为目前的会议主题主要包括学业发展、个人生活、家庭事务、个人阶段总结、突发焦点问题等五个方面。① 举例来看,会议主题可以是讨论子女的学习习惯、阶段性的学习或工作成果与不足、家务劳动的分配、家庭旅行地点的选择等。家庭会议的主题应该避免假大空,可以从一个十分具体微小的问题谈起,做到言之有物即可。

家庭会议的参会人中除了发言者这种普通角色之外,还需要主持人和记录员两种特殊角色,承担着个人发言以外的其他工作。主持人负责简要的开场白,并且还要为会议发言做衔接工作。记录员需要在家庭会议记录册上记录会议的主题、讨论的过程和结果。参会角色可以按照实际情况轮流更换,最好能让所有成员尝试所有会议角色,以便对家庭会议有更深的感悟。

家庭会议的议程主要由主持人开场、参会人员自由发言、得出解决方案三部分构成。但是值得注意的是,尼尔森在《正面管教》一书中指出,家庭会议应该从相互致谢和表达感恩开始。② 这样做的合理性就在于让大家都感受到彼此的付出,能增进理解,为会议的发言奠定积极的心理预设。家庭成员的自由发言是家庭会议的关键环节,精髓在于头脑风暴的核心理念。头脑风暴的目的是诱发许多可能的思想或解决办法,发挥每个个体的创造性,实现思维的拓展。讨论环节中必须营造轻松开放的会议氛围,保证人人都有发言的机会,让每个成员都能发表自己独立的见解、提供独特的视角,所以言之有理的内容都会纳入决策考虑的范围。最终的会议结果需要妥善处理不同成员的观点分歧,得到参会成员的一致同意,这样才能保障决策结论的执行效果。

笔者曾经在武汉市汉铁初中进行了家庭会议方面的行动尝试。具体流程是:

---

① 邹京村,俞爱宗.小学生家庭会议的认识基础探讨[J].教育现代化,2018,5(21):345-347.
② 尼尔森.正面管教[M].北京:北京联合出版有限责任公司,2016:177-179.

第一,召开家长委员会,进行小范围的可行性调查和预先辅导;第二,召开班会,让学生了解家庭会议的含义及操作方法,并且收集学生感兴趣的会议话题;第三,在班级群中上传家庭会议的指导指南、操作说明、记录表以及典型案例等相关资料以供大家学习;第四,组织家长进行集体学习和研讨;第五,家长实施家庭会议,并在班级群内上传会议记录。行动研究发现:家长会议可以在形成家庭教育合力、解决亲子冲突、制定家庭行为规范方面发挥积极作用。通过召开家庭会议,学生的手机过度使用问题、拖沓习惯等均在一定程度上有所缓解。以下是一个家庭会议的生动案例。

Z同学的家庭会议上展开了对零花钱的讨论,首先就在"该不该给孩子零花钱"的问题上有不同意见。妈妈认为零花钱很可能会导致孩子乱花钱,并且没什么用处,而孩子反驳到会有公交卡余额不足或临时购买文具等特殊情况,之后爸爸说零花钱可以解决不时之需,但要对使用有所限定,这使得零花钱的必要性成为共识。妈妈补充说每次零花钱应不超过20元,孩子也在同意的基础上承诺不用零花钱买零食。随后共同决定用一个本子记录零花钱的每一笔支出,并且不合理的支出将被罚款,以此来培养孩子的理财能力。最后,Z同学提到家长有时会私自动用自己的零花钱,这时家长主动承认错误,并承诺改正。

然而,家庭会议的作用发挥也是有条件的。其一,在家庭结构完整的家庭中发挥的作用更大,而不完整的家庭、隔代抚养家庭、寄养家庭、离异家庭中则效果不佳;其二,家庭会议价值的发挥依赖于良好的家庭氛围。如果家庭氛围不好,尤其是父母某方过于强势,则家庭氛围利用对话来解决问题的总体思路就很难落实,沟通就会变成父母单方面的强制要求,对话就会变成指责和控诉。

总而言之,积极德育模式提供了一种将以人为本的德育理念付诸实践的可行思路,以供理论和实践研究者借鉴。它既可以运用于从学前教育到大学教育的所有教育阶段,也可以运用于家庭教育与社区教育的所有教育领域中。它不要求先进的教育技术支持,也不需要丰富的物质条件保障,只需要转换观点:教育是一种积极的生活方式,教学是一种师生共处的积极活动,教师是善于捕捉学生优点和认可学生良好意愿的积极倾听者,也是善于利用学生优点来促进学生进步的激励者。在此基础上,将学校、班级和家庭建构成为安全、关爱、自由而有秩序的共同体。各种共同体——道德共同体、民主共同体、学习共同体、情感共同体、实践共同体——成员之间共享亲密关系、情感交互、知识共享,能够满足学生的各种成长需求,它们聚合起来便能营造出最适合学生发展的教育"桃花源"。

结语：寻找可信又可爱的道德教育

王国维曾语："哲学上之说，大都可爱者不可信，可信者不可爱。"① 这句话用于道德教育亦是如此。不可爱的德育方式大多有效，"棍棒底下出孝子""精细化管理"，似乎产生了立竿见影、更加有效的真实作用。可爱的德育方式大多效果有限，平等对话、尊重、信任，却换来了孩子更加藐视家长和教师权威，我行我素，无法管束。有没有既可信又可爱的德育呢？要回答上述问题，需要弥合德育理论与实践的隔阂，在浪漫化、理想化的德育理论与功利化、严苛化的德育实践之间寻求可能的融合地带；需要对水土不服的西方德育理论进行本土化改革，创建本土化的德育理论，总结中国德育的独特经验；还需要对中国当前的学校德育实践进行剖析，将之放在社会转型与大变革的背景中去理解，更深刻地透视其中的问题，把握未来走向。

本书是对上述三个问题的探讨。其一，本书对道德教育置于中国传统文化和社会发展变迁的现代化趋势中进行思考，反思道德转型、全球化、价值多元、相对主义等潮流和趋势对学校道德教育和公民教育带来的挑战；其二，本书对大中小学生的道德发展现状进行了多方调研，试图揭示中国学校德育和学生成长面临的独特的道德困境与道德问题，并将调研工具分享于文末，以供其他研究者参考；其三，本书试图在道德教育目标重构、文化传承、功能重构和模式重构等德育现代化方面进行探索，挖掘学校德育变革的可能空间，探索推进学校变革的可能路径，其中既有对学校德育中比较抽象宏大的理论问题及政策问题进行反思，又有对班级管理和家庭德育等具体实践领域的思考。无论见解是否高明，笔者始终秉持着独立思考，不说空话、大话、套话的原则。笔者崇尚"板凳要坐十年冷，文章不写半句空"的学术精神，虽不能至，心向往之。

笔者研究学校德育已有近20个年头，发表多篇论文，散见于各种期刊。然

---

① 王国维. 人间词话 [M]. 上海古籍出版社，1998（3）.

而，系统写作学校德育研究的专著，还是第一次。本书的内容是在不同时期笔者对于学校道德教育研究成果的汇集，其中一些内容是在授课过程中与学生互动教学相长的产物，一些是若干已发表的论文，还有几项尚未发表的调研报告，其中有在湖北省相关政府部门资助下完成的未成年人思想道德发展现状调查、思想道德分层一体化研究、优秀传统文化进校园等调研项目。感谢华中师范大学道德教育研究所的四位同事，我的老师杜时忠教授、同事兼师弟卢旭老师、同事兼学生张添翼博士、孙银光博士。他们对本书某些观点的形成做出了独特的贡献。在大家的共同努力下，德育的学术研究于我显得更有兴味和希望；感谢德育所曾参与调研现已走上工作岗位的学生们，如周金山、徐龙、付辉、胡幸、孙永敏等同学，此处不一一赘述。

不同于大德育的观点，笔者在本书持一种比较狭义的学校德育观，这也是笔者很少用"德育"一词，而多运用"道德教育"这一术语的原因。笔者关注学校德育的视角主要聚焦于培养"有道德的人"和"有道德的公民"，致力于思考现代道德教育如何能走出伴随着现代性而滋生出来的合理利己主义、相对主义和虚无主义的迷雾，将学生培养成善良关爱、有正义感、有责任感的国家公民及具有国际理解能力的世界公民。笔者希望用这本德育研究的处女作，来总结个人对于学校德育的思考，并进一步激发读者们探索学校德育问题的学术热情，以期为中国教育改革奉献智慧。

附　录

中小学生品德发展状况调查问卷

亲爱的同学：

　　你好！我们是华中师范大学道德教育研究所的研究人员，目前正在进行"中小学生品德发展状况及其影响因素"的课题研究。为了给你和其他同学营造一个健康、快乐、自由的成长环境，我们开展了此次调研。此次调研的主要目的是，了解你和你的同学关于自我、他人、学校、国家等方面的一些基本认识，希望在了解你们、尊重你们的日常生活经验的基础上，把学校建设得更加美好。

　　该问卷主要用于研究目的，你的作答既不需要填写姓名，更不会被泄露给校长、老师等其他任何人，请按照题号顺序依次作答每一道题，并将选项填入对应括号中。请根据自己的实际情况认真作答即可，无须参考他人意见。

　　完成整份问卷所需时间约为60分钟，请耐心作答。

　　感谢你的参与！

华中师范大学道德教育研究所
2016年7月

学生基本信息

1. 性别：（　　）
   （1）男生　　　　（2）女生
2. 学校位置：（　　）
   （1）城市　　　　（2）城乡接合部、乡镇、农村
3. 所在班级_____

4. 是否流动儿童？（　　）

（1）是　　　　　　（2）不是

5. 是否留守儿童？（　　）

（1）是　　　　　　（2）不是

6. 你在班上的学习成绩水平是？（　　）

（1）较好　　　　（2）中等　　　　（3）偏低

（一）单项选择题。请选择最符合你实际情况的选项。

1. 你生命中最重要的是（　　）

（1）自己　（2）父母与亲人　（3）朋友　（4）社会、国家　（5）其他

2. 长大后，你最想从事的工作是？（　　）

（1）科学家　（2）翻译　（3）医生　（4）教师　（5）律师　（6）政治家　（7）企业家　（8）公司白领　（9）网络工程师　（10）工人　（11）农民　（12）个体户　（13）警察　（14）娱乐明星　（15）其他_____

3. 你的偶像是从事什么工作的？（　　）

（1）科学家　（2）翻译　（3）医生　（4）教师　（5）律师　（6）机关干部　（7）企业家　（8）公司白领　（9）网络工程师　（10）工人　（11）农民　（12）个体户　（13）警察　（14）娱乐明星　（15）其他_____　（16）没有偶像

4. 你们班上有你想要学习的榜样吗？（　　）

（1）有　　　　　　（2）没有

5. 你把他/她作为榜样，最主要的两项理由是？（　　）

（1）学习成绩好　（2）老师喜欢　（3）是班干部　（4）是我的好朋友　（5）喜欢关心、帮助其他人　（6）有集体荣誉感　（7）有某方面特长　（8）长得帅气/漂亮　（9）其他_____

6. 2016年7月初，武汉市遭遇洪涝灾害，武汉某院墙在暴风雨中突然倒塌，导致8名员工被墙体埋压，不幸遇难。看到这则消息，你的感受是？（　　）

（1）没感觉　（2）有点儿难过　（3）说不清　（4）比较难过　（5）非常难过

7. 美国作家海伦·凯勒失去视力和听力后还坚持学习，最终成为著名教育家和社会活动家。看到这则消息，你的感受是？（　　）

（1）没感觉　（2）有点励志　（3）说不清　（4）比较励志　（5）非常励志

8. 下列紧急电话，错误的是？（   ）

（1）火警 119　（2）医疗急救 120　（3）交通事故 129　（4）报警 110

9. 当地震发生时，下列做法不正确的是？（   ）

（1）迅速关闭电源、燃气

（2）避开高大建筑物

（3）注意保护头部

（4）即时返回室内

你有过以下行为表现吗？

	一直有	经常有	一般	很少	从来没有
10. 乱动水电、煤气。（ ）	1	2	3	4	5
11. 过马路不看红绿灯。（ ）	1	2	3	4	5
12. 湿手按开关或者拔插头。（ ）	1	2	3	4	5

13. 如果你一个人在家，有自称快递员的人让你开门，你觉得自己会开门吗？（   ）

（1）肯定会　（2）可能会　（3）不确定　（4）不太会　（5）肯定不会

14. 如果有陌生人向你问路，并让你带他走过去，你觉得自己会给他带路吗？（   ）

（1）肯定会　（2）可能会　（3）不确定　（4）不太会　（5）肯定不会

15. 在餐厅吃饭时，妈妈中途离开一小会儿，留你一个人在餐桌，这时有一位自称你妈妈的朋友走过来，告诉你妈妈晕倒了，你会跟他去找妈妈吗？（   ）

（1）肯定会　（2）可能会　（3）不确定　（4）不太会　（5）肯定不会

16. 你身边有抗挫折能力弱的同学吗？（   ）

（1）非常多　（2）比较多　（3）一般　（4）不太多　（5）几乎没有

17. 你的某些同学经常被其他同学欺负，你感觉他/她会失去自信吗？（   ）

（1）肯定会　（2）可能会　（3）看情况　（4）可能不会　（5）肯定不会

18. 当你的成绩总是无法提高时，你会觉得自己能力不行吗？（   ）

（1）肯定会　（2）应该会　（3）看情况　（4）可能不会　（5）肯定不会

19. 同学穿的衣服、鞋子总是很漂亮、很贵，你会嫉妒吗？（   ）

（1）肯定会　（2）可能会　（3）看情况　（4）可能不会　（5）肯定不会

20. 老师经常表扬自己不喜欢的同学，你会生气吗？（　　）

（1）肯定会　（2）可能会　（3）看情况　（4）可能不会　（5）肯定不会

21. 由于自己的错误导致与同学发生矛盾，你会主动认错吗？（　　）

（1）肯定会　（2）应该会　（3）看情况　（4）可能不会　（5）肯定不会

22. 当我感觉有同学说我坏话时，即使知道了是一场误会，你还是会感觉不舒服吗？（　　）

（1）肯定会　（2）应该会　（3）看情况　（4）可能不会　（5）肯定不会

23. 我是一个有责任感的人。（　　）

（1）很符合　（2）比较符合　（3）一般　（4）不太符合　（5）不符合

24. 我们班的同学都有责任感。（　　）

（1）很符合　（2）比较符合　（3）一般　（4）不太符合　（5）不符合

25. 我能够认真地完成家庭作业。（　　）

（1）很符合　（2）比较符合　（3）一般　（4）不太符合　（5）不符合

26. 我能够按时完成家庭作业。（　　）

（1）很符合　（2）比较符合　（3）一般　（4）不太符合　（5）不符合

27. 我对自己的学习成绩是有要求的。（　　）

（1）很符合　（2）比较符合　（3）一般　（4）不太符合　（5）不符合

28. 答应别人的事情，我会想尽办法做到。（　　）

（1）很符合　（2）比较符合　（3）一般　（4）不太符合　（5）不符合

29. 小组合作学习时，我会尽力完成自己的任务，不拖小组的后腿。（　　）

（1）很符合　（2）比较符合　（3）一般　（4）不太符合　（5）不符合

30. 作为卫生检查员，对于不符合要求的同班同学，为了班级荣誉，我会故意装作没看见。（　　）

（1）很符合　（2）比较符合　（3）一般　（4）不太符合　（5）不符合

31. 在集体活动中，我表现不好，影响了班集体的荣誉，我会自责。（　　）

（1）很符合　（2）比较符合　（3）一般　（4）不太符合　（5）不符合

32. 在学习上，我怎么努力也比不过某些同学，这让我感觉自己不如他/她们。（　　）

（1）很符合　（2）比较符合　（3）一般　（4）不太符合　（5）不符合

33. 班上有同学因为长相"不够美"，或运动能力"不够强"，而表现得不太自信。（　　）

（1）很符合　（2）比较符合　（3）一般　（4）不太符合　（5）不符合

34. 在其他人面前表演、演讲时，我总是不能自信、大方地表现自己。（   ）

(1) 很符合　(2) 比较符合　(3) 一般　(4) 不太符合　(5) 不符合

35. 虽然我的学习成绩不是最优秀的，但我认为自己是一个上进的学生。（   ）

(1) 非常符合　(2) 比较符合　(3) 不确定　(4) 不太符合　(5) 不符合

36. 我将来会成为一个优秀的人。（   ）

(1) 非常同意　(2) 比较同意　(3) 不确定　(4) 不太同意　(5) 不同意

37. 与其他优秀的人比，我认为自己也有很多优点。（   ）

(1) 非常同意　(2) 比较同意　(3) 不确定　(4) 不太同意　(5) 不同意

（二）请选择最符合你实际情况的唯一选项。

1. 一个人在家的时候，我会打扫卫生。（   ）

(1) 从来没有　(2) 有时　(3) 看情况　(4) 经常　(5) 总是

2. 爸爸妈妈让我做家务时，我会不情愿。（   ）

(1) 从来没有　(2) 有时　(3) 看情况　(4) 经常　(5) 总是

3. 同班同学的劳动意识很强。（   ）

(1) 没有人　(2) 几个人　(3) 小部分人　(4) 大部分人　(5) 几乎所有人　(6) 所有人

4. 同班同学劳动时很认真。（   ）

(1) 没有人　(2) 几个人　(3) 小部分人　(4) 大部分人　(5) 几乎所有人　(6) 所有人

5. 我在家自己洗衣服、叠被子。（   ）

(1) 从来没有　(2) 有时　(3) 看情况　(4) 经常　(5) 总是

6. 我自己收拾自己的房间。（   ）

(1) 从来没有　(2) 有时　(3) 看情况　(4) 经常　(5) 总是

7. 生活中碰到问题，我第一时间想的是找父母或同学来解决。（   ）

(1) 从来没有　(2) 有时　(3) 看情况　(4) 经常　(5) 总是

8. 生活中碰到问题，我第一时间想的是自己解决。（   ）

(1) 从来没有　(2) 有时　(3) 看情况　(4) 经常　(5) 总是

9. 晚饭后，我会帮助爸爸妈妈洗碗、抹桌子或扫地。（   ）

(1) 从来没有　(2) 有时　(3) 看情况　(4) 经常　(5) 总是

10. 我挑食。（　　）

(1) 从来没有　(2) 有时　(3) 看情况　(4) 经常　(5) 总是

11. 我吃肯德基、麦当劳出售的大多数食物。（　　）

(1) 从来没有　(2) 有时　(3) 看情况　(4) 经常　(5) 总是

12. 我很少喝水。（　　）

(1) 从来没有　(2) 有时　(3) 看情况　(4) 经常　(5) 总是

13. 我饭前洗手。（　　）

(1) 从来没有　(2) 有时　(3) 看情况　(4) 经常　(5) 总是

14. 我上厕所后洗手。（　　）

(1) 从来没有　(2) 有时　(3) 看情况　(4) 经常　(5) 总是

15. 你大约多久换一次袜子？（　　）

(1) 一天一换　(2) 2-3天一换　(3) 4-5天一换　(4) 6-7天一换
(5) 一周也换不了一次

16. 你大约多久换一次内衣裤？（　　）

(1) 一天一换　(2) 2-3天一换　(3) 4-5天一换　(4) 6-7天一换
(5) 一周也换不了一次

17. 你一般晚上几点钟睡觉？（　　）

(1) 8：00-9：00　(2) 9：01-10：00　(3) 10：01-11：00
(4) 11：01-12：00　(5) 12点之后

18. 在周末，你一般几点钟起床？（　　）

(1) 6：00-7：00　(2) 7：01-8：00　(3) 8：01-9：00
(4) 9：01-10：00　(5) 10点以后

19. 周末玩游戏、看电视剧、看电影、聊天时，一般几点睡觉？（　　）

(1) 9：00-10：00　(2) 10：01-11：00　(3) 11：01-12：00
(4) 12点之后

20. 我先写完家庭作业再玩。（　　）

(1) 从来没有　(2) 有时　(3) 看情况　(4) 经常　(5) 总是

21. 我会把假期作业拖到开学前才做。（　　）

(1) 从来没有　(2) 有时　(3) 看情况　(4) 经常　(5) 总是

22. 看到同学穿漂亮、帅气的衣服、鞋子，我也让爸爸妈妈给我买。（　　）

(1) 从来没有　(2) 有时　(3) 看情况　(4) 经常　(5) 总是

23. 吃饭时，我碗里的饭总是吃不完，剩很多。（　　）

(1) 从来没有　(2) 有时　(3) 看情况　(4) 经常　(5) 总是

24. 在公共场合洗完手，我都会把水龙头关上。（　　）

（1）从来没有　（2）有时　（3）看情况　（4）经常　（5）总是

25. 上课时，我主动举手发言。（　　）

（1）从来没有　（2）有时　（3）看情况　（4）经常　（5）总是

26. 小组讨论中，我抢着发表自己的想法。（　　）

（1）从来没有　（2）有时　（3）看情况　（4）经常　（5）总是

27. 不喜欢听老师讲课时，我会开小差。（　　）

（1）从来没有　（2）有时　（3）看情况　（4）经常　（5）总是

28. 我能认真完成老师布置的作业。（　　）

（1）从来没有　（2）有时　（3）看情况　（4）经常　（5）总是

29. 我一边看电视（玩手机），一边做家庭作业。（　　）

（1）从来没有　（2）有时　（3）看情况　（4）经常　（5）总是

30. 写作业时，我总是会想别的事情，不能集中。（　　）

（1）从来没有　（2）有时　（3）看情况　（4）经常　（5）总是

31. 做作业遇到难题时，你的态度是？（　　）

（1）一定要独立把它做出来　　（2）先独立思考，再请教别人

（3）直接问别人　（4）空着，不做　（5）上网或用手机搜索答案

32. 你看课外读物的频率大概是？（　　）

（1）每天看　（2）每周看3-5次　（3）每周看1-2次　（4）每月看1-2次　（5）几乎不看

33. 你每次看课外书一般花多长时间？（　　）

（1）0.5小时以内　（2）0.5-1小时　（3）1-1.5小时　（4）1.5小时以上

34. 你的课外阅读总量有多大？（　　）

（1）一本没有　（2）10本以内　（3）10-20本　（4）20-50本　（5）50本以上

35. 我参加体育运动。（　　）

（1）从来没有　（2）有时　（3）看情况　（4）经常　（5）总是

36. 我每天玩手机、玩电脑的时间超过户外运动的时间。（　　）

（1）从来没有　（2）有时　（3）看情况　（4）经常　（5）总是

（三）请选择最符合你所认为的实际情况的唯一选项。

1. 老师上课提问时，某位同学给出的答案特别夸张、滑稽，班上同学会笑

话这位同学吗？（　　）

  （1）从来没有　　（2）偶尔　　（3）一般　　（4）经常　　（5）总是

  2. 小组讨论时，你经常被其他同学打断发言吗？（　　）

  （1）从来没有　　（2）偶尔　　（3）一般　　（4）经常　　（5）总是

  3. 同学向你说"请""谢谢""对不起"的次数多吗？（　　）

  （1）从来没有　　（2）偶尔　　（3）一般　　（4）经常　　（5）总是

  4. 你经常在学校里被捉弄吗？（　　）

  （1）从来没有　　（2）偶尔　　（3）一般　　（4）经常　　（5）总是

  5. 你在班级里经常受到不平等的待遇吗？（　　）

  （1）从来没有　　（2）偶尔　　（3）一般　　（4）经常　　（5）总是

  6. 你们班上有一些同学会针对同学的生理特征（如说话大舌头）开玩笑吗？（　　）

  （1）从来没有　　（2）几个人会　　（3）小部分人会　　（4）大部分人会　　（5）所有人都会

  7. 你们班上的同学会看不起家庭条件不好的同学吗？（　　）

  （1）从来没有　　（2）几个人会　　（3）小部分人会　　（4）大部分人会　　（5）所有人都会

  8. 你们班上成绩好的同学不爱和成绩差的同学一块儿玩吗？（　　）

  （1）从来没有　　（2）几个人会　　（3）小部分人会　　（4）大部分人会　　（5）所有人都会

  9. 班级活动时，你不爱和能力差的同学一组吗？（　　）

  （1）从来没有　　（2）偶尔　　（3）一般　　（4）经常　　（5）总是

  10. 我不小心把某位同学的物品（例如课本、玩具）弄脏了，如果没有被人看到，我也许不会主动承认。（　　）

  （1）很符合　　（2）比较符合　　（3）一般　　（4）不太符合　　（5）不符合

  11. 我借了同学的东西（例如钱、玩具、书），答应什么时间还给他/她，就会按时归还。（　　）

  （1）很符合　　（2）比较符合　　（3）一般　　（4）不太符合　　（5）不符合

  12. 如果我向家人承诺不玩手机（电脑），我就不会再玩。（　　）

  （1）很符合　　（2）比较符合　　（3）一般　　（4）不太符合　　（5）不符合

  13. 有这样一个故事："你有个朋友在头脑清醒的时候，曾经把一把刀交给你；假如后来他疯了，再跟你要回；所有人都说不要还给他。如果还给了他，

他就会伤害别人。"你认为应该把刀还给他吗？（　　）

(1) 应该　　(2) 看情况　　(3) 不应该

当你发现你的好朋友抄作业时，你会告诉老师吗？

	完全不符合	不太符合	说不清	比较符合	完全符合
14. 好朋友现在跟我关系不好了，所以我会去告诉老师。（　　）	1	2	3	4	5
15. 人应该自己完成作业，不应该抄作业，所以我会去告诉老师。（　　）	1	2	3	4	5
16. 担心好朋友的报复，所以我不会去告诉老师。（　　）	1	2	3	4	5
17. 朋友之间应当保守秘密，否则就不是好朋友，所以我不会去告诉老师。（　　）	1	2	3	4	5

18. 你做作业遇到难题请同学帮助时，其他同学会帮助你吗？（　　）

(1) 一直帮助我　　(2) 经常帮助我　　(3) 一般　　(4) 较少帮助我　　(5) 从来不帮助我

19. 你不喜欢的同学想和你做朋友，你接受吗？（　　）

(1) 肯定不接受　　(2) 可能不会接受　　(3) 看情况　　(4) 可能接受　　(5) 肯定接受

20. 小组比赛中，因某个队员的失误而影响了自己组的成绩，你会抱怨这个同学吗？（　　）

(1) 肯定不会　　(2) 可能不会　　(3) 说不清　　(4) 可能会　　(5) 肯定会

21. 妈妈答应带你周末出去玩，结果她临时有事，你能理解妈妈吗？（　　）

(1) 完全不理解　　(2) 可能不理解　　(3) 看情况　　(4) 可能理解　　(5) 完全理解

22. 某男生在拖地时，不小心弄脏了旁边女生的裙子。这个女生生气地说，"你给我弄脏了，赔我的裙子！"你认为这个女生的回应合理吗？（　　）

(1) 完全不合理　　(2) 不太合理　　(3) 说不清　　(4) 比较合理　　(5) 完全合理

23. 你作业没有做完，课代表是你的好朋友，你让他（或她）多宽限你一点时间，他（或她）不同意，你能理解他/她吗？（　　）
（1）完全不理解　（2）可能不理解　（3）说不清　（4）可能理解
（5）完全理解

看到有老人不小心摔倒了，一直没站起来，你会过去把他扶起来吗？

	完全不符合	比较不符合	看情况	比较符合	完全符合
24. 去扶他/她，老师教我们要乐于助人。（　　）	1	2	3	4	5
25. 看到其他人在帮助他/她，所以我也会去帮助扶老人。（　　）	1	2	3	4	5
26. 看到其他人在帮助他/她，所以就不用我去帮助了。（　　）	1	2	3	4	5
27. 要赶时间做其他事情，所以就不去扶了。（　　）	1	2	3	4	5
28. 不清楚到底发生了什么事，所以就不去扶了。（　　）	1	2	3	4	5
29. 怕被他/她讹诈，所以不会去扶。（　　）	1	2	3	4	5

30. 在学校里，你经常被人欺负吗？（　　）
（1）从来没有　（2）每月至少一次　（3）每周至少一次　（4）几乎每天

31. 你们班爱欺负人的同学多吗？（　　）
（1）没有人　（2）几个人　（3）小部分人　（4）大部分人　（5）所有人

32. 爱欺负人的同学经常用什么方式欺负人？（　　）
（1）语言侮辱　（2）侵犯身体　（3）索要钱物　（4）代写作业
（5）孤立对方　（6）其他＿＿＿＿＿

33. 相比参与集体活动，我更喜欢一个人活动。（　　）
（1）很符合　（2）比较符合　（3）一般　（4）不太符合　（5）不符合

34. 集体活动中，我认为自己的想法是对的，就会按自己的想法来，不管其他成员。（   ）

（1）很符合　（2）比较符合　（3）一般　（4）不太符合　（5）不符合

35. 我不愿意为了集体荣誉而放弃个人利益。（   ）

（1）很符合　（2）比较符合　（3）一般　（4）不太符合　（5）不符合

36. 班上成绩好的同学会把自己的学习经验分享给其他人。（   ）

（1）从来没有　（2）有时　（3）看情况　（4）经常　（5）总是

37. 班上同学会把自己的兴趣爱好分享给同班同学。（   ）

（1）没有人　（2）几个人　（3）小部分人　（4）大部分人　（5）所有人

38. 我不会把自己的宝贝（如iPad、玩具、机器模型等）给别人玩，怕被玩坏了。（   ）

（1）从来没有　（2）有时　（3）看情况　（4）经常　（5）总是

39. 课间时，有同学在写作业，他们让你说话声音小一点。你觉得，只要没上课，就可以大声说话。（   ）

（1）从来没有　（2）有时　（3）看情况　（4）经常　（5）总是

40. 你愿意和能力差的同学一起合作完成课堂作业吗？（   ）

（1）很愿意　（2）比较愿意　（3）一般　（4）不太愿意　（5）很不愿意

41. 你愿意和能力差的同学一起合作完成课外活动吗？（   ）

（1）很愿意　（2）比较愿意　（3）一般　（4）不太愿意　（5）很不愿意

42. 竞选班干部时，有同学为了拉票而送其他同学礼物。（   ）

（1）从来没有　（2）有时　（3）看情况　（4）经常　（5）总是

43. 班上有同学因为害怕其他同学考试成绩高过自己，而不乐意帮助别人。（   ）

（1）没有人　（2）几个人　（3）小部分人　（4）大部分人　（5）所有人

44. 运动会时，其他班的主力队员受伤了，你们班的竞争对手减少，你会感到高兴吗？（   ）

（1）肯定不会　（2）可能不会（3）说不清　（4）可能会（5）肯定会

（四）请选择最符合你实际情况的唯一选项。

1. 你经常在网上查找学习资料、视频吗？（　　）

（1）从来没有　（2）有时　（3）看情况　（4）经常　（5）总是

2. 在浏览网页时，你会因为好奇点击不确定的网页链接吗？（　　）

（1）从来没有　（2）有时　（3）看情况　（4）经常　（5）总是

3. 网上要求注册个人信息时，你会毫不犹豫地填写个人真实信息吗？（　　）

（1）从来没有　（2）有时　（3）看情况　（4）经常　（5）总是

4. 你上网最常做的两件事是？（　　）

（1）聊天　（2）查资料　（3）看电影、电视剧　（4）购物　（5）学习　（6）游戏　（7）其他

5. 你上网聊天、打游戏和看电影、电视剧、真人秀节目的频率是？（　　）

（1）每天　（2）大约2-3天一次　（3）大约3-5天一次　（4）大约一周一次　（5）大约一月一次　（6）只在节假日

6. 你每次上网的时长是？（　　）

（1）1小时以内　（2）1-2小时　（3）2-3小时　（4）3小时以上

7. 放学后，你会经常想着去玩手机/电脑吗？（　　）

（1）从来没有　（2）有时　（3）看情况　（4）经常　（5）总是

8. 假期时，是否有如下感觉：如果有一天没上网，或者手机不在身边，就感觉不自在？（　　）

（1）从来没有　（2）有时　（3）看情况　（4）经常　（5）总是

9. 你反感网络中的不文明用语吗？（　　）

（1）完全符合　（2）比较符合　（3）不确定　（4）不太符合　（5）完全不符合

10. 你在网络上使用不文明用语吗？（　　）

（1）从来没有　（2）有时　（3）看情况　（4）经常　（5）总是

11. 你认为在网络上能使用不文明用语吗？（　　）

（1）完全不可以　（2）一般不可以　（3）看情况　（4）应该可以　（5）完全可以

12. 你认为网络上的人际交往有必要进行规范吗？（　　）

（1）完全有必要　（2）非常有必要　（3）无所谓　（4）比较没必要　（5）完全没必要

13. 如果网络上的不文明用语没有对他人造成人身伤害，你认为有必要禁止吗？（　　）

（1）完全没必要　（2）基本没必要　（3）一般　（4）比较有必要　（5）完全有必要

14. 你在转发网上信息时，会核实信息的真实性吗？（　　）

（1）从来没有　（2）有时　（3）看情况　（4）经常　（5）总是

（五）请选择最符合你实际情况的唯一选项。

1. 你刷牙的频率是？（　　）

（1）每天2次　（2）每天1次　（3）两天1次　（4）三天1次　（5）更长

2. 你洗头发的频率是？（　　）

（1）每天1次　（2）两天1次　（3）三天1次　（4）四天1次　（5）更长

3. 你上学穿的衣服，大约多久换洗一次？（　　）

（1）每天1次　（2）两天1次　（3）三天1次　（4）四天1次　（5）五天一次　（6）更长

4. 你经常对别人说"请""谢谢""对不起"吗？（　　）

（1）从不　（2）有时　（3）看情况　（4）经常　（5）总是

5. 你们班经常说脏话的人多吗？（　　）

（1）几乎没有　（2）较少　（3）中等　（4）较多　（5）非常多

6. 在校外遇到同学时，你会主动打招呼吗？（　　）

（1）从不　（2）有时　（3）看情况　（4）经常　（5）总是

7. 坐车（地铁）的时候看到有位老人站在你的身边，你会不会让出你的座位？（　　）

（1）从不　（2）有时　（3）看情况　（4）经常　（5）总是

8. 你会为了自己想要的东西（衣服、玩具、电脑等）顶撞父母吗？（　　）

（1）从不　（2）有时　（3）看情况　（4）经常　（5）总是

9. 教室外见到老师，你会主动问好吗？（　　）

（1）从不　（2）有时　（3）看情况　（4）经常　（5）总是

10. 你们班爱顶撞教师的人多吗？（　　）

（1）没有人　（2）几个人　（3）小部分人　（4）大部分人　（5）几乎所有人

11. 你们班私下给老师取绰号的人多吗？（   ）
   (1) 没有人　(2) 几个人　(3) 小部分人　(4) 大部分人　(5) 几乎所有人

12. 乘车买票时，你排队吗？（   ）
   (1) 从不　(2) 有时　(3) 看情况　(4) 经常　(5) 总是

13. 在需要安静的场合，你大声说过话吗？（   ）
   (1) 从不　(2) 有时　(3) 看情况　(4) 经常　(5) 总是

14. 你跟着闯红灯的人一起闯过红灯吗？（   ）
   (1) 从不　(2) 有时　(3) 看情况　(4) 经常　(5) 总是

15. 丢垃圾没丢进垃圾桶时，你会捡起来再丢进去吗？（   ）
   (1) 从不　(2) 有时　(3) 看情况　(4) 经常　(5) 总是

16. 周围没有垃圾桶的时候，你会把垃圾随手丢掉吗？（   ）
   (1) 从不　(2) 有时　(3) 看情况　(4) 经常　(5) 总是

17. 你会在课桌上、教室的墙上乱涂乱画吗？（   ）
   (1) 从不　(2) 有时　(3) 看情况　(4) 经常　(5) 总是

18. 你们班有同学会摔打桌椅吗？（   ）
   (1) 没有人　(2) 几个人　(3) 小部分人　(4) 大部分人
   (5) 几乎所有人

19. 为了抄近路，你会踩草坪吗？（   ）
   (1) 从不　(2) 有时　(3) 看情况　(4) 经常　(5) 总是

20. 在我国，满多少周岁就属于成年人？（   ）
   (1) 14　(2) 16　(3) 17　(4) 18

21. 你了解《未成年人保护法》吗？（   ）
   (1) 没听说过　(2) 基本不知道　(3) 说不清楚　(4) 知道一些
(5) 非常清楚

22. 你知道受教育权指的是什么吗？（   ）
   (1) 没听说过　(2) 基本不知道　(3) 说不清楚　(4) 知道一些
(5) 非常清楚

23. 你了解《教师法》中规定的教师权利和义务吗？（   ）
   (1) 没听说过　(2) 基本不知道　(3) 说不清楚　(4) 知道一些
(5) 非常清楚

24. 我们在受到侵害时，不应该去同违法犯罪分子直接搏斗，而应该设法摆脱或向四周的大人呼救，或拨打"110"报警，你同意吗？（   ）
   (1) 非常同意　(2) 比较同意　(3) 不确定　(4) 不太同意

(5) 不同意

25. 在学校里，一些学生被同学殴打后并不是向家长或学校汇报，而是自己作主到外面找人来报复。你认同吗？（ ）

(1) 非常认同 (2) 比较认同 (3) 不确定 (4) 不太认同

(5) 很不认同

26. 选班干部时，你第一考虑的人选是？（ ）

(1) 上一任班干部 (2) 成绩好的同学 (3) 热心班级事务的同学 (4) 与我关系好的同学 (5) 选谁都可以

27. 你们班在班干部选举时，发表意见的人多吗？（ ）

(1) 没有人 (2) 少数人 (3) 不多也不少 (4) 大多数人

(5) 几乎每一个人

28. 如果你竞选班干部，你的第一个想法是？（ ）

(1) 班干部可以管同学 (2) 班干部是老师的小助手

(3) 班干部在很多事情上有优先权 (4) 班干部可以为集体服务

29. 班干部竞选时，同学送了你喜欢的礼物让你选他，你会答应吗？（ ）

(1) 不接受礼物，也不选送礼的人 (2) 不接受礼物，不过还是可能选他 (3) 谁当班长无所谓 (4) 先接受，最后选谁看情况 (5) 既然他给了我礼物，我就选他

30. 在班里跟同学商量事情时，你会出于什么理由而不说话？（ ）

(1) 就是不想参与 (2) 说了也没用，没人听我的 (3) 我随大家，怎么都行 (4) 我也想说，可是又怕大家不同意 (5) 有的同学讨论时总是吵吵嚷嚷，只管自己说，我根本就插不上话

31. 你认为学生有必要参加学校制度（例如校规）的制订吗？（ ）

(1) 非常有必要 (2) 比较有必要 (3) 无所谓 (4) 没太大必要

(5) 完全没必要

32. 如果班主任让你参与校规的制订，你会在校领导面前发表自己的想法吗？（ ）

(1) 肯定会 (2) 可能会 (3) 不确定 (4) 可能不会 (5) 肯定不会

33. 如果校规的制订没有让学生参与，校规又很不合理，你会向班主任表达自己的意见吗？（ ）

(1) 肯定会 (2) 可能会 (3) 不确定 (4) 可能不会 (5) 肯定不会

34. 如果校规的制订没有让学生参与，校规又很不合理，你会直接向校领导表达自己的意见吗？（ ）

(1) 肯定会　(2) 可能会　(3) 不确定　(4) 可能不会　(5) 肯定不会

35. 你认为制订校规是学校领导的事，还是全校老师和学生都要参与？（ ）

(1) 校领导　(2) 校领导和老师　(3) 校领导、老师和学生　(4) 校领导和学生　(5) 老师和学生

36. 如果学校组织给贫困地区学生捐款，你愿意捐钱吗？（ ）

(1) 老师规定，无所谓

(2) 不愿意，我的条件也不太好

(3) 不愿意，不知道钱捐给谁

(4) 愿意，能帮助人我很快乐

(5) 愿意，他们确实需要帮助

(6) 其他_____

37. 2016年7月2日，湖北地区遭遇洪涝灾害，你想过给受灾的人们提供些帮助吗？（ ）

(1) 想过　(2) 还没想过

（六）单项选择题。请选择正确答案。

1. 下列说法不正确的是？（ ）
(1) 我国是一个统一的多民族国家
(2) 各民族共同创造了中华民族的历史和文化
(3) 不同的民族有不同的生活习惯和风土人情
(4) 不同民族的文化之间有优劣之分

2. 我国一共有多少个民族？（ ）
(1) 54　　(2) 55　　(3) 56　　(4) 58

3. 我国有几个少数民族自治区？（ ）
(1) 2　　(2) 3　　(3) 4　　(4) 5

4. "但愿人长久，千里共婵娟"，这两句诗描写的是哪个传统节日？（ ）
(1) 中秋节　(2) 端午节　(3) 清明节　(4) 春节

5. "独在异乡为异客，每逢佳节倍思亲"，这两句诗描写的是哪个传统节日？（ ）
(1) 重阳节　(2) 端午节　(3) 清明节　(4) 中秋节

6. 下列描述不正确的是（　　）
（1）元宵节——吃饺子　　　　（2）端午节——吃粽子
（3）中秋节——吃月饼　　　　（4）清明节——祭祖扫墓

7. 蒙古族喜欢住的是哪种房屋类型？（　　）
（1）竹楼　　（2）帐篷　　（3）石房　　（4）木房

8. 傣族最隆重的节日是什么？（　　）
（1）三月三的歌节　　（2）泼水节　　（3）火把节　　（4）开斋节

9. 藏族表示主人对客人的忠诚和尊敬的方式是下列哪一种？（　　）
（1）用"八宝茶"　　（2）用牛角酒　　（3）献哈达　　（4）用奶茶

10. 下列关于民族服装描述错误的是？（　　）
（1）苗族的百褶裙和银饰　　（2）白族崇尚白色，喜欢穿浅色服装
（3）藏族的藏袍既无口袋，也无纽扣　　（4）鄂伦春族喜欢穿单薄的长袍

11. 旗袍是从哪个少数民族的女性服装演变而来的？（　　）
（1）满族　　（2）汉族　　（3）布依族　　（4）彝族

12. 下列哪种不是我国的传统乐器？（　　）
（1）马头琴　　（2）钢琴　　（3）二胡　　（4）琵琶

13. 下列关于作家的说明不正确的是？（　　）
（1）满族——老舍　　　　（2）蒙古族——席慕蓉
（3）回族——曹雪芹　　　　（4）汉族——巴金

14. 四大名著不包括哪一本？（　　）
（1）西游记　　（2）水浒传　　（3）西厢记　　（4）三国演义

（七）单项选择题。请选择正确答案。

1. 下列关于我国地理位置的特征，描述不正确的是？（　　）
（1）我国位于北半球
（2）我国位于东半球
（3）我国东部临大西洋
（4）我国和俄罗斯是邻国

2. 关于我国的领土面积，下列描述正确的是？（　　）
（1）只有陆地面积，约960万平方千米
（2）陆地面积和水域面积共约960万平方千米
（3）陆地面积约960万平方千米，水域面积约27万平方千米

3. 我国一共有多少个省级行政区（包括省、直辖市、自治区、特别行政区）？（　　）

(1) 32　　　　(2) 33　　　　(3) 34　　　　(4) 35

4. 不在我国境内的山脉是？（　　）

(1) 喜马拉雅山　　(2) 昆仑山　　(3) 阿尔泰山　　(4) 太行山

5. 不在我国境内的河流是？（　　）

(1) 长江　　(2) 黄河　　(3) 雅鲁藏布江　　(4) 亚马逊河

6. 我国自然资源的特点不包括以下哪项？（　　）

(1) 丰富多样、潜力巨大　　(2) 种类繁多，数量丰富

(3) 主要资源地区分布不平衡　　(4) 人均占有量较多

7. 下列哪个选项不是我国台湾的旅游景点？（　　）

(1) 日月潭　　(2) 阿里山　　(3) 101大楼　　(4) 铜锣湾

8. 我国第一个实现大一统的朝代是（　　）

(1) 周朝　　(2) 秦朝　　(3) 汉朝　　(4) 唐朝

9. 下列描述中，不属于世界遗产的是？（　　）

(1) 颐和园　　(2) 布达拉宫　　(3) 泰山　　(4) 黄鹤楼

10. 下列历史人物与他们的贡献不匹配的是？（　　）

(1) 沈括——活字印刷　　(2) 蔡伦——造纸术　　(3) 孔子——《论语》

(4) 张衡——地动仪

11. 第一次鸦片战争发动的时间是？（　　）

(1) 1839年　　(2) 1840年　　(3) 1842年　　(4) 1856年

12. 香港回归的日期是（　　）

(1) 1949年10月1日　　(2) 1978年5月1日　　(3) 1997年7月1日

(4) 1999年12月20日

13. 中华人民共和国的国歌是（　　）

(1)《没有共产党就没有新中国》　　(2)《红旗飘飘》　　(3)《团结就是力量》　　(4)《义勇军进行曲》

14. 中华人民共和国国歌的作词人是谁？（　　）

(1) 田汉　　(2) 聂耳　　(3) 冼星海　　(4) 施光南

15. 中国改革开放是在哪一年？（　　）

(1) 1977年　　(2) 1978年　　(3) 1979年　　(4) 1980年

16. 中国共产党成立的年份是？（　　）

(1) 1920年　　(2) 1921年　　(3) 1922年　　(4) 1923年

17. 中国人民解放军的建军节是？（   ）

(1) 7月1日   (2) 7月10日   (3) 8月1日   (4) 8月10日

（八）单项选择题。请选择最符合您的想法或感受的答案。

1. 我国是一个统一的多民族国家，你认同吗？（   ）

(1) 完全不认同   (2) 不太认同   (3) 不确定   (4) 比较认同

(5) 完全认同

2. 时代进步了，不适应我们生活的优秀传统文化没必要再宣传，你认同吗？（   ）

(1) 非常同意   (2) 比较同意   (3) 说不清   (4) 不太同意

(5) 非常不同意

3. 不应该先入为主，歧视其他民族的文化，你认同吗？（   ）

(1) 非常同意   (2) 比较同意   (3) 说不清   (4) 不太同意

(5) 非常不同意

4. 中华民族是一个伟大的民族，你的感受是？（   ）

(1) 完全不认同   (2) 不太认同   (3) 不确定   (4) 比较认同

(5) 完全认同

5. 当你游览国内的大山大河时，会有"中国好伟大"的感觉吗？（   ）

(1) 旅游是旅游，和爱国没关系   (2) 很少有这种感觉   (3) 没印象

(4) 偶尔会有这种感觉   (5) 经常有这种感觉

6. 当你得知"神州九号"发射成功时，你的感觉是（   ）

(1) 非常激动   (2) 有点激动   (3) 说不清   (4) 不太激动

(5) 一点也不激动

7. 当你看到中国留学生在国外被无辜杀害时，你的感觉是？（   ）

(1) 非常难过   (2) 比较难过   (3) 说不清   (4) 不太难过

(5) 一点也不难过

8. 当你看到中国运动员在奥运会中获得冠军时，你的感觉是？（   ）

(1) 非常激动   (2) 有点激动   (3) 说不清   (4) 不太激动

(5) 一点也不激动

9. 当你得知日本想要侵占中国钓鱼岛时，你的感觉是？（   ）

(1) 非常气愤   (2) 有些气愤   (3) 说不清   (4) 不太气愤

(5) 一点也不气愤

10. 当你看到有关南海争端的新闻时,你的感受是?(　　)

（1）寸土必争　（2）有机会就争回来　（3）说不清　（4）如果有伤亡就不要争了　（5）没必要争

11. 中华文化与欧美文化之间没有高低之分,对此你的态度是?(　　)

（1）非常认同　（2）比较认同　（3）一般　（4）不太认同　（5）不认同

12. 在一些国家,当地人认为吃面条发出"稀里呼噜"的声音是一种社交礼仪,把这种声音看作对厨师或主人的赞赏,对此你的想法是?(　　)

（1）这种行为很不礼貌

（2）不同国家的文化习俗存在着差异性,可以理解这种习俗

13. 随着经济与社会的发展,国家之间的合作越来越具有必要性,对此你的态度是?(　　)

（1）非常认同　（2）比较认同　（3）一般　（4）不太认同　（5）不认同

14. 中国应该走向世界,积极地参与国际事务。你认同吗?(　　)

（1）非常认同　（2）比较认同　（3）一般　（4）不太认同　（5）不认同

15. 当其他国家出现地震等灾害时,中国应该去援助他们,你认同吗?(　　)

（1）非常认同　（2）比较认同　（3）一般　（4）不太认同

（5）不认同

（九）单项选择题。请选择正确答案。

1. 历史上发生过几次世界大战?(　　)

（1）一次　（2）两次　（3）三次　（4）四次

2. 下列国家中,不属于四大文明古国的是?(　　)

（1）中国　（2）古埃及　（3）古印度　（4）古希腊

3. 地球上一共有几大洲?(　　)

（1）四　（2）五　（3）六　（4）七

4. 地球上一共有几大洋?(　　)

（1）三　（2）四　（3）五　（4）六

5. 联合国一共有几个常任理事国?(　　)

（1）四　（2）五　（3）六　（4）七

6. 2016年奥运会由哪个国家承办？（　　）

（1）俄罗斯　　（2）巴西　　（3）智利　　（4）德国

7. 2016年6月23日，通过公民公投决定脱离欧盟的国家是？（　　）

（1）法国　　（2）德国　　（3）葡萄牙　　（4）英国

8. 当今世界各国共同面临的问题中，不包括的是？（　　）

（1）环境恶化　（2）人口增长　（3）粮食减产　（4）资源匮乏

（十）单项选择。请选择正确的答案。

1. 以下不属于可再生资源的是？（　　）

（1）水能　　（2）风能　　（3）太阳能　　（4）煤炭

2. 从"低碳生活"角度，以下哪些是正确使用冰箱的做法？（　　）

（1）将温度高于室温的食品放入冰箱　（2）尽量减少开门次数　（3）经常把插头拔掉

3. 世界环境日是哪一天？（　　）

（1）4月5日　（2）5月5日　（3）6月5日　（4）7月5日

4. ＿＿＿＿＿＿是地球上生物多样性丰富和生产力较高的生态系统，在控制洪水、调节水流、调节气候、降解污染等方面有重要作用，被誉为"地球之肾"。（　　）

（1）森林　　（2）湿地　　（3）海洋　　（4）草原

5. 以下哪种行为会给人类生存带来一系列危害，例如导致水土流失、导致大气条件恶化、导致物种绝灭？（　　）

（1）垃圾清洁处理　　（2）植树造林　　（3）乱砍滥伐森林

6. 白色污染是指？（　　）

（1）所有白颜色的垃圾造成的污染　　（2）塑料废弃物造成的污染

（3）一种白色化学气体造成的污染

7. 减少"白色污染"，正确的做法是？（　　）

（1）自觉地不用、少用难降解的塑料包装袋　　（2）乱扔塑料垃圾

（3）尽量使用塑料制品　　（4）尽量不使用塑料制品

（十一）单项选择。请选择最符合您的实际情况或感受的答案。

1. 日常生活中，你在洗手、洗脸、洗澡时注意节水吗？（　　）

（1）从来没有　（2）有时　（3）看情况　（4）经常　（5）总是

2. 日常学习中，你节约用纸吗？（　　）

（1）从来没有　（2）有时　（3）看情况　（4）经常　（5）总是

3. 在家的时候，你节约用电吗（例如随手关掉没人房间的灯）？（　）

（1）从来没有　（2）有时　（3）看情况　（4）经常　（5）总是

4. 平时吃饭，你会剩很多饭菜吗？（　）

（1）从来没有　（2）有时　（3）看情况　（4）经常　（5）总是

5. "地球，是宇宙的奇迹，生命的摇篮，人类共同的家园。她给人类提供生存的空间和资源，使人类在这里生息繁衍。让我们一起来保护地球吧"。对此，你的态度是？（　）

（1）非常认同　（2）比较认同　（3）一般　（4）不太认同　（5）不认同

6. 如果你们家附近有企业排放污水、废气物的话，你认为应该向有关部门反映情况吗？（　）

（1）会，保护环境人人有责　（2）不会，事不关己高高挂起　（3）不确定，看是否影响我的正常生活

7. 你了解关于垃圾分类的知识吗？（　）

（1）了解特别多　（2）了解比较多　（3）一般　（4）了解比较少　（5）了解特别少

8. 你在丢垃圾时，会区分"可回收""不可回收"物品吗？（　）

（1）每次都分开丢　（2）经常区分　（3）一般　（4）比较少区分　（5）几乎没区分

学校德育工作调查问卷
（初中生卷）

亲爱的同学：

　　你好！我们是华中师范大学道德教育研究所的研究人员，目前正在进行"中小学生品德发展状况及其影响因素"的课题研究。为了给你和其他同学营造一个健康、快乐、自由的成长环境，我们开展了此次调研。此次调研主要目的是了解你所在学校、班级、家庭以及周边社区的基本情况，希望在了解你们、尊重你们的日常生活经验的基础上，把学校建设得更加美好。

　　该问卷主要用于研究目的，你的作答既不需要填写姓名，更不会被泄露给校长、老师等其他任何人，请按照题号顺序依次作答每一道题，并将选项填入对应括号中。请根据自己的实际情况认真作答即可，无须参考他人意见。

完成整份问卷所需时间约为 40 分钟，请耐心作答。

感谢你的参与！

华中师范大学道德教育研究所
2016 年 7 月

一、学生基本信息

1. 性别：（　　）

（1）男生　　（2）女生

2. 学校位置：（　　）

（1）城市　　（2）城乡接合部、乡镇、农村

3. 所在班级＿＿＿＿＿＿＿＿

4. 是否是随迁子女？（　　）

（1）是　　（2）不是

5. 是否是留守儿童？（　　）

（2）是　　（2）不是

6. 你在班上的学习成绩水平是？（　　）

（1）较好　　（2）中等　　（3）偏低

二、课程育人状况

1. 你们班多久上一次"思想品德"课？（　　）

（1）每周3次　　（2）每周2次　　（3）每周1次　　（4）每两周1次

（5）每月1次

2. 你们班的"思想品德"平时会被其他学科老师（包括班主任）占用吗？（　　）

（1）总是　　（2）经常　　（3）一般　　（4）偶尔　　（5）从来不

3. 你们班的"思想品德"期末时会被其他学科老师（包括班主任）占用吗？（　　）

（1）总是　　（2）经常　　（3）一般　　（4）偶尔　　（5）从来不

4. 如果你们班的"思想品德"被占用过，最常占课的是？（　　）

（1）语文　　（2）数学　　（3）英语　　（4）其他＿＿＿＿＿＿（请填写具体科目）

5. 除了"思想品德"的课本，你们还有其他德育书籍吗？（　　）

（1）没有　　（2）关于地方特色介绍　　（3）关于学校生活知识或技能

（4）关于社会生活知识或技能　　（5）道德故事选编　　（6）其他＿＿＿＿＿＿

6. 你们的"思想品德"课教师是专任老师吗？

（1）是　（2）不是，由其他科老师兼任　（3）其他

7. 你们班品德老师还使用PPT、Word等方式进行教学吗？（　　）

（1）使用　（2）不使用

8. 品德教师使用的PPT、Word等形式丰富吗？（　　）

（1）非常丰富　（2）比较丰富　（3）一般　（4）不太丰富　（5）很不丰富

9. 你们班品德老师使用音乐、视频等资源进行教学吗？（　　）

（1）使用　（2）不使用

10. 品德教师使用的音乐、视频等资源丰富吗？（　　）

（1）非常丰富　（2）比较丰富　（3）一般　（4）不太丰富　（5）很不丰富

11. 你们班品德教师会使用网络资源进行教学吗？（　　）

（1）每节课都使用　（2）经常使用　（3）一般　（3）较少使用　（4）从未使用过

12. 你们班品德老师会分享给学生有价值的网络资源吗？（　　）

（1）每节课都分享　（2）经常分享　（3）一般　（3）较少分享　（4）从未分享过

13. 你觉得你们班品德老师使用的网络教育资源有价值吗？（　　）

（1）特别有价值　（2）比较有价值　（3）一般　（4）比较没价值　（5）基本没价值

14. 你们学校有可供德育教学、活动的教育基地（学校、企业、社区等）吗？（　　）

（1）有　（2）没有　（3）不清楚

15. 如果有，老师会多长时间带领你们去教育基地一次？（　　）

（1）半月一次　（2）一月一次　（3）两个月一次　（4）半年一次　（5）一年一次

16. 你们班的同学喜欢上"思想品德"吗？（　　）

（1）非常喜欢　（2）比较喜欢　（3）一般　（4）不太喜欢　（5）很不喜欢

17. 你对品德教师的上课方式满意吗？（　　）

（1）非常喜欢　（2）比较喜欢　（3）一般　（4）不太喜欢　（5）很不喜欢

18. 你认为"思想品德"课对你的品德发展帮助大吗？（ ）

（1）非常大　（2）比较大　（3）一般　（4）不太大　（5）几乎没有

19. 你们班有心理健康课程吗？（ ）

（1）有　（2）没有　（3）不清楚

20. 如果有心理健康课程，多久上一次课？（ ）

（1）一周一次　（2）两周一次　（3）一月一次　（4）两个月一次

（5）半年一次（6）随机上

21. 你们班开展过心理健康方面的活动吗？（ ）

（1）有　（2）没有　（3）不清楚

22. 如果有心理健康相关的活动，多久开展一次？（ ）

（1）一周一次　（2）两周一次　（3）一月一次　（4）两个月一次

（5）半年一次　（6）随机

23. 你们学校有心理辅导室吗？（ ）

（1）有　（2）没有　（3）不清楚

24. 你感觉心理健康辅导的专业水平如何？（ ）

（1）很专业　（2）比较专业　（3）一般　（4）不是太专业　（5）很不专业

25. 语文课注重对你们品德方面的教育吗？（ ）

（1）很注重　（2）比较注重　（3）一般　（4）不太注重　（5）很不注重

26. 语文课上渗透品德方面的知识、观点吗？（ ）

（1）几乎每节课都讲　（2）经常讲　（3）一般　（4）偶尔讲

（5）从来不讲

27. 语文课上会渗透中华传统文化的内容吗？（ ）

（1）几乎每节课都讲　（2）经常讲　（3）一般　（4）偶尔讲

（5）从来不讲

28. 语文课上会渗透革命传统方面的内容吗？（ ）

（1）几乎每节课都讲　（2）经常讲　（3）一般　（4）偶尔讲

（5）从来不讲

29. 你觉得语文课最关注哪些方面的价值观发展？（ ）

（1）爱国　（2）敬业　（3）诚信　（4）友善　（5）自由　（6）平等

（7）公正　（8）法治　（9）民主　（10）文明　（11）和谐

30. 其他课融合品德教育的程度如何？（   ）

	特别高	比较高	一般	比较低	特别低
数学					
英语					
音乐					
体育					
美术					

三、实践育人状况

1. 你们班内的小组活动大约多久开展一次？（   ）
   （1）不开展　　（2）每天几次　　（3）每天一次　　（4）每两三天一次
（5）每周一次　（6）每半月一次　　（7）每月一次

2. 你喜欢班内的小组活动吗？（   ）
   （1）非常喜欢　　（2）比较喜欢　　（3）一般　　（4）不太喜欢　　（5）很不喜欢

3. 你觉得小组活动对你的个人成长帮助大吗？（   ）
   （1）非常大　　（2）比较大　　（3）一般　　（4）不太大　　（5）很小

4. 你觉得现在的小组活动的内容太丰富还是太单一？（   ）
   （1）太丰富了　　（2）比较丰富　　（3）适中　　（4）比较单一　　（5）很单一

5. 你希望小组活动多长时间举行一次？（   ）
   （1）每天几次　　（2）每天一次　　（3）每两三天一次　　（4）每周一次
（5）每半月一次　（6）每月一次　　（7）无所谓

6. 你觉得什么小组活动对你帮助最大？_____

7. 你们班的班级活动大约多久开展一次？（   ）
   （1）不开展　　（2）每天一次　　（3）每两三天一次　　（4）每周一次
（5）每半月一次　（6）每月一次　　（7）每学期一次

8. 你喜欢班级活动吗？（   ）
   （1）非常喜欢　　（2）比较喜欢　　（3）一般　　（4）不太喜欢　　（5）很不喜欢

9. 你觉得班级活动对你的个人成长帮助大吗？（   ）
   （1）非常大　　（2）比较大　　（3）一般　　（4）不太大　　（5）很小

10. 你觉得现在的班级活动太丰富还是太单一？（   ）

　　（1）太丰富了　（2）比较丰富　（3）适中　（4）比较单一　（5）很单一

11. 你希望班级活动多长时间举行一次？（   ）

　　（1）每天一次　（2）每两三天一次　（3）每周一次　（4）每半月一次

　　（5）每月一次　（6）每学期一次　（7）无所谓

12. 你觉得什么班级活动对你帮助最大？_____

13. 全校范围内的德育活动，如讲故事、做游戏、知识竞赛、文艺演出、辩论会等，多久开展一次？（   ）

　　（1）没有开展过　（2）每周一次　（3）每月两次　（4）每月一次

　　（5）每学期2-3次　（6）每学期一次

14. 你喜欢全校范围内的德育活动吗？（   ）

　　（1）非常喜欢　（2）比较喜欢　（3）一般　（4）不太喜欢

　　（5）很不喜欢

15. 你觉得全校范围内的德育活动对你自己的成长帮助大吗？（   ）

　　（1）非常大　（2）比较大　（3）一般　（4）不太大　（5）很小

16. 你觉得全校学生都参加的活动内容太丰富还是太单一？（   ）

　　（1）太丰富了　（2）比较丰富　（3）适中　（4）比较单一　（5）很单一

17. 你希望全校范围内的活动多长时间举行一次？（   ）

　　（1）每周一次　（2）每月两次　（3）每月一次

　　（4）每学期2-3次　（5）每学期一次

18. 你觉得什么学校活动对你帮助最大？_____

19. 你们学校或你们班有入学仪式（开学典礼）吗？（   ）

　　（1）有　（2）没有

20. 你喜欢入学仪式（开学典礼）吗？（   ）

　　（1）非常喜欢　（2）比较喜欢　（3）一般　（4）不太喜欢　（5）很不喜欢

21. 你觉得入学仪式（开学典礼）对你自己的成长帮助大吗？（   ）

　　（1）非常大　（2）比较大　（3）一般　（4）不太大　（5）很小

22. 你觉得入学仪式（开学典礼）的内容太丰富还是太单一？（   ）

　　（1）太丰富了　（2）比较丰富　（3）适中　（4）比较单一　（5）很单一

23. 你们学校有入团仪式吗？（　　）

（1）有　　（2）没有

24. 你喜欢入团仪式吗？（　　）

（1）非常喜欢　（2）比较喜欢　（3）一般　（4）不太喜欢　（5）很不喜欢　（6）尚未入团

25. 你觉得入团仪式对你自己的成长帮助大吗？（　　）

（1）非常大　（2）比较大　（3）一般　（4）不太大　（5）很小　（6）尚未入团

26. 你们学校大概有多少学生社团（兴趣小组）？（　　）

（1）0个　（2）1-2个　（3）3-5个　（4）6-10个　（5）10个以上

27. 你参加的学生社团（兴趣小组）多久开展一次活动？（　　）

（1）每天几次　（2）每天一次　（3）每两三天一次　（4）每周一次　（5）每半月一次　（6）每月一次　（7）每学期一次　（8）没有参加任何社团（兴趣小组）

28. 你喜欢学校的社团（兴趣小组）活动吗？（　　）

（1）非常喜欢　（2）比较喜欢　（3）一般　（4）不太喜欢　（5）很不喜欢

29. 你觉得学校的社团（兴趣小组）活动对你自己的成长帮助大吗？（　　）

（1）非常大　（2）比较大　（3）一般　（4）不太大　（5）很小

30. 你们学校大约多久开展一次到校外的实践活动？（如参观文化馆、纪念馆、博物馆、福利院、旅游景点，参观法院、监狱等地，参加"学雷锋"等社会公益活动，等等）（　　）

（1）没有开展过　（2）每周一次　（3）每半月一次　（4）每月一次　（5）每学期一次　（6）每年一次

31. 哪种校外实践活动开展最多？（　　）

（1）法制类，如到人大、法院、监狱等参观　（2）文明礼仪类，如到文化馆、纪念馆、博物馆、旅游景点、部队营地等地参观　（3）社会公益活动类，如学雷锋、慰问老人、打扫社区等　（4）其他＿＿＿＿＿＿＿

32. 你认为学校组织的社会实践活动中（如参观文化馆、纪念馆、博物馆、福利院、旅游景点，参加"学雷锋"等社会公益活动等）对你学会做人、养成良好的行为习惯帮助大吗？（　　）

（1）帮助非常大　（2）帮助比较大　（3）有一点帮助

(4) 不太有帮助 　(5) 根本没帮助

33. 你喜欢学校组织的校外实践活动吗？（　　）

(1) 非常喜欢 　(2) 比较喜欢 　(3) 一般 　(4) 不太喜欢 　(4) 很不喜欢

34. 你希望多久组织一次校外实践活动？（　　）

(1) 每周一次 　(2) 每半月一次 　(3) 每月一次 　(4) 每学期一次 　(5) 每年一次 　(6) 无所谓

35. 你觉得校外的实践活动对你自己的成长帮助大吗？（　　）

(1) 非常大 　(2) 比较大 　(3) 一般 　(4) 不太大 　(5) 很小

36. 你觉得校外的实践活动内容太丰富还是太单一？（　　）

(1) 太丰富了 　(2) 比较丰富 　(3) 适中 　(4) 比较单一 　(5) 很单一

37. 你们班一般多久开一次班会？（　　）

(1) 每周一次 　(2) 大约每两周一次 　(3) 大约每月一次 　(4) 大约每学期一次 　(5) 有需要就开班会，没问题就不开

38. 哪些班会主题开得最多？（　　）

(1) 关于学习、考试的 　(2) 关于卫生、劳动的 　(3) 关于学生纪律的 　(4) 关于班级活动、学校活动的 　(5) 关于学生兴趣的 　(6) 关于学生成长中遇到的问题的 　(7) 其他＿＿＿＿

39. 你们班的班会会被科任老师（包括班主任）用来补课或自习吗？（　　）

(1) 几乎每节班会 　(2) 经常 　(3) 一般 　(4) 偶尔 　(5) 从来没有

40. 你喜欢你们班的班会吗？（　　）

(1) 非常喜欢 　(2) 比较喜欢 　(3) 一般 　(4) 不太喜欢 　(5) 很不喜欢

41. 你觉得你们班的班会对你的品德发展帮助大吗？

(1) 非常大 　(2) 比较大 　(3) 一般 　(4) 不太大 　(5) 很小

42. 你觉得你们班的班会内容太丰富还是太单一？（　　）

(1) 太丰富了 　(2) 比较丰富 　(3) 适中 　(4) 比较单一 　(5) 很单一

四、文化育人状况

这些物质（设备、建筑）上有品德、核心价值观方面的内容吗？

	有品德、核心价值观方面的内容	没有品德、核心价值观方面的内容	不清楚有没有	没有这种物质
1. 挂图（　　）	1	2	3	4
2. 黑板报（　　）	1	2	3	4
3. 宣传橱窗（　　）	1	2	3	4
4. 校园网站（　　）	1	2	3	4
5. 图书阅览室（　　）	1	2	3	4
6. 走廊（　　）	1	2	3	4
7. 校史陈列室（　　）	1	2	3	4
8. 广播电视网络（　　）	1	2	3	4

校园物质文化建设上的内容经常更新吗？

	经常更新	偶尔更新	几乎不更新	没注意过
9. 挂图（　　）	1	2	3	4
10. 黑板报（　　）	1	2	3	4
11. 宣传橱窗（　　）	1	2	3	4
12. 校园网站（　　）	1	2	3	4
13. 图书阅览室（　　）	1	2	3	4
14. 走廊（　　）	1	2	3	4
15. 校史陈列室（　　）	1	2	3	4
16. 广播电视网络（　　）	1	2	3	4

老师会经常提醒你们学习、了解这些物质（设备、建筑）上的内容吗？

	经常提醒	偶尔提醒	几乎不提醒
17. 挂图（　　）	1	2	3
18. 黑板报（　　）	1	2	3
19. 宣传橱窗（　　）	1	2	3
20. 校园网站（　　）	1	2	3
21. 图书阅览室（　　）	1	2	3
22. 走廊（　　）	1	2	3
23. 校史陈列室（　　）	1	2	3
24. 广播电视网络（　　）	1	2	3

25. 如果有图书阅览室，多久对学生开放一次？（ ）

（1）随时开放 （2）每天固定时间开放 （3）每周固定时间开放

（4）每月固定时间开放 （5）有参观、检查时开放

26. 如果有校史陈列室，多久对学生开放一次？（ ）

（1）随时开放 （2）每天固定时间开放 （3）每周固定时间开放

（4）每月固定时间开放 （5）有参观、检查时开放

请在最符合你看法的选项上打√。

	所有老师	多数老师	少数老师	没有一个老师	只有班主任
27. 老师不理解我	1	2	3	4	5
28. 老师觉得学生应该无条件尊重老师	1	2	3	4	5
29. 老师关注学生取得的成绩多过关注学生的成长	1	2	3	4	5
30. 老师很少站在学生的立场考虑问题	1	2	3	4	5
31. 老师会把不良情绪发泄在学生身上	1	2	3	4	5
32. 学生犯错时或学业表现不好时，老师会骂学生	1	2	3	4	5
33. 学生犯错时或学业表现不好时，老师会惩罚学生做一些体力劳动，如罚站、罚抄书、罚打扫卫生等	1	2	3	4	5
34. 学生犯错时或学业表现不好时，老师会让学生叫家长	1	2	3	4	5
35. 为了迎接检查，老师会弄虚作假	1	2	3	4	5
36. 老师会当着其他老师或学生的面批评表现不好的学生	1	2	3	4	5
37. 上课提问时，如果某个学生不会回答，老师会认为他没准备好，（想）对这个学生说对不起	1	2	3	4	5
38. 老师让学生自己组织活动	1	2	3	4	5
39. 班干部选举时，老师会征求全班学生的意见	1	2	3	4	5

续表

	所有老师	多数老师	少数老师	没有一个老师	只有班主任
40. 组织班级活动时，老师会倾听学生的兴趣和想法	1	2	3	4	5
41. 学生的想法和行为不符合老师的观念时，老师会让学生按照他/她的想法来做	1	2	3	4	5
42. 在我们班，学生有很大的班级管理自主权	1	2	3	4	5
43. 自习课时，老师会到教室	1	2	3	4	5
44. 老师会对学生强调纪律问题	1	2	3	4	5
45. 老师会对学生活动亲力亲为	1	2	3	4	5
46. 老师会让少数同学关注其他同学在班级中的行为表现，并不定期向他/她汇报	1	2	3	4	5
47. 老师会利用惩罚手段来养成学生的行为习惯	1	2	3	4	5
48. 排座位时，老师没有照顾自己喜欢的学生	1	2	3	4	5
49. 上课提问时，老师照顾到每一个区域的学生	1	2	3	4	5
50. 为了确保公开课的效果，老师很少点成绩差的学生回答问题	1	2	3	4	5
51. 老师喜欢的学生犯错时，老师会网开一面	1	2	3	4	5
52. 班干部犯错，会接受和其他学生相同的惩罚	1	2	3	4	5
53. 我们班同学与其他班学生发生冲突，老师会在公平之余尽力维护自己的学生	1	2	3	4	5

续表

	所有老师	多数老师	少数老师	没有一个老师	只有班主任
54. 国旗下的讲话，老师会优先选择能力更强、形象更好的学生去展现	1	2	3	4	5
55. 老师没有对自己喜欢的学生偏私过	1	2	3	4	5
56. 学校活动中，老师给每一位同学同等的参与机会	1	2	3	4	5
57. 公平之余，老师更多地关注自己喜欢的学生，而不是能力较差的学生	1	2	3	4	5
58. 上课提问时，如果被提问的同学没准备好，为了确保课程进度，老师会直接让其他同学回答	1	2	3	4	5
59. 老师认为学生多参加社团活动、兴趣班、选修课会耽误他们的学习	1	2	3	4	5
60. 对于成绩不好但是有一技之长的学生，老师会劝说他/她不要为了兴趣而荒废学业	1	2	3	4	5
61. 学生参与学校活动时，老师会在一旁为他们加油鼓劲儿	1	2	3	4	5
62. 相比于学习成绩，老师不是太在意学生们在学校活动中的表现是否优秀	1	2	3	4	5
63. 老师不喜欢学生上课时提问，会扰乱上课节奏	1	2	3	4	5
64. 老师更多给自卑的、内向的、孤僻的学生表现机会	1	2	3	4	5
65. 老师会对学生的行为表现进行即时的鼓励	1	2	3	4	5
66. 在学校活动中，老师会创造机会让自己班学生多展示风采	1	2	3	4	5

续表

	所有老师	多数老师	少数老师	没有一个老师	只有班主任
67. 在校外实践活动中，老师会创造机会让自己班学生多展示风采	1	2	3	4	5
68. 多数老师都尊重学生	1	2	3	4	5
69. 多数老师都理解学生	1	2	3	4	5
70. 多数老师都信任学生	1	2	3	4	5
71. 多数老师都公平对待每一个学生	1	2	3	4	5
72. 多数老师都经常鼓励学生	1	2	3	4	5
73. 多数老师都关心学生品德发展	1	2	3	4	5
74. 多数老师都只关心学生成绩	1	2	3	4	5

你知道它们的内容吗？

	知道	不知道	记不太清	学校没有
75. 办学理念	1	2	3	4
76. 校训	1	2	3	4
77. 校歌	1	2	3	4
78. 校徽	1	2	3	4

您认为它们和校园物质环境相一致吗？

	非常一致	比较一致	说不清	不太一致	完全不一致
79. 办学理念	1	2	3	4	5
80. 校训	1	2	3	4	5
81. 校歌	1	2	3	4	5
82. 校徽	1	2	3	4	5

您认为它们和老师言行相一致吗？

	非常一致	比较一致	说不清	不太一致	完全不一致
83. 办学理念	1	2	3	4	5
84. 校训	1	2	3	4	5
85. 校歌	1	2	3	4	5
86. 校徽	1	2	3	4	5

五、管理育人状况

1. 你们学校有自己的学生管理制度吗？如校规。（   ）
（1）有   （2）没有   （3）不清楚

2. 你了解学生管理制度的内容吗？（   ）
（1）非常了解   （2）比较了解   （3）一般   （4）不太了解   （5）很不了解

3. 你觉得学生管理制度合理吗？（   ）
（1）非常合理   （2）比较合理   （3）一般   （4）不太合理   （4）很不合理

4. 你觉得学校依照学生管理制度来管理学生了吗？（   ）
（1）完全依照   （2）基本依照   （3）不太清楚   （4）偶尔依照
（5）基本不依照

5. 你们学校的学生管理制度是学校领导和师生一起制定的吗？（   ）
（1）是   （2）不是   （3）不清楚

6. 你们班有自己的学生管理制度吗？如班规、班级公约。（   ）
（1）有   （2）没有   （3）不清楚

7. 你了解班级管理制度的内容吗？（   ）
（1）非常了解   （2）比较了解   （3）一般   （4）不太了解   （5）很不了解

8. 你觉得班级管理制度合理吗？（   ）
（1）非常合理   （2）比较合理   （3）一般   （4）不太合理   （4）很不合理

9. 你觉得你们班依照班级管理制度来管理学生了吗？（   ）
（1）完全依照   （2）基本依照   （3）不太清楚   （4）偶尔依照
（5）基本不依照

10. 你们班的班级管理制度是全班师生一起制定的吗？（   ）
（1）是   （2）不是   （3）不清楚

六、家庭环境

1. 父母告诫我要做一个"好人"。（   ）
（1）总是   （2）经常   （3）有时   （4）从来不

2. 在"品德好"与"成绩好"之间，父母更关心的是？（   ）
（1）品德好   （2）成绩好   （3）其他

3. 父母与你讨论学习、生活中的问题吗?（   ）
（1）总是　（2）经常　（3）偶尔　（4）几乎不

4. 父母与你交流、沟通的方式平等吗?（   ）
（1）非常平等　（2）比较平等　（3）不太平等　（4）不平等

5. 父母鼓励你表达自己的意愿吗?（   ）
（1）非常鼓励　（2）比较鼓励　（3）看情况　（4）不太鼓励
（5）很不鼓励

6. 父母支持你的兴趣爱好吗?（   ）
（1）非常支持　（2）比较支持　（3）看情况　（4）不太支持
（5）很不支持

7. 父母教育你的主要方式是?（   ）
（1）打骂　（2）批评　（3）讲道理　（4）鼓励　（5）不管不顾

8. 父母以身作则吗?（   ）
（1）总是　（2）经常　（3）有时　（4）完全不

9. 当你考试没考好时，父母的表现一般是?（   ）
（1）指责批评　（2）鼓励为主　（3）不管不问

10. 当你犯错误时，父母与你的交流方式民主吗?（   ）
（1）比较民主　（2）比较不民主　（3）不确定

11. 父母经常给你讲待人接物的道理吗?（   ）
（1）会　（2）不会

七、社会环境

下列有关学校周边社区情况的说法，请在最符合你的看法的选项下打√。

	很符合	比较符合	不清楚	不太符合	很不符合
1. 学校周边人不多	1	2	3	4	5
2. 学校周边绿化好，让人感觉舒服	1	2	3	4	5
3. 学校周边经常发生盗窃的情况	1	2	3	4	5
4. 学校周边的管理很乱	1	2	3	4	5
5. 学校周边有很多乱丢垃圾的人	1	2	3	4	5
6. 学校周边很多人过马路不看红绿灯	1	2	3	4	5
7. 学校周边的人们很友善	1	2	3	4	5

续表

	很符合	比较符合	不清楚	不太符合	很不符合
8. 学校周边的人们很礼貌	1	2	3	4	5
9. 在学校周边经常看到吵架的人	1	2	3	4	5
10. 学校周边有很多小混混	1	2	3	4	5
11. 学校周边的人都很敬业	1	2	3	4	5
12. 学校周边的小商贩做生意都讲诚信	1	2	3	4	5
13. 学校周边违法的事件特别多	1	2	3	4	5
14. 学校周边的执法人员在执法时比较公正	1	2	3	4	5
15. 学校附近有很多网吧	1	2	3	4	5
16. 很多同学放学后会去网吧玩	1	2	3	4	5

17. 你总是能够很好地控制上网、玩手机、玩电脑、看电视的时间。（ ）

（1）非常符合　（2）比较符合　（3）不太符合　（4）不符合

18. 你每天上网、玩手机、玩电脑、看电视的时间大约是？（ ）

（1）1小时以内　（2）1-2小时　（3）2-3小时　（4）3-4小时　（5）4小时以上　（6）几乎不上网、不玩手机、不玩电脑、不看电视

19. 你最常使用的传媒工具是？（ ）

（1）电脑　（2）手机、平板电脑　（3）电视　（4）报纸　（5）广播（6）书（7）其他_____

20. 你利用手机、电脑等最常做的三件事是_____

21. 你关注比较多的三个节目是_____

小学少先队员调查问卷

亲爱的同学：

　　为了解当前少先队员的思想状况，有针对性地开展少先队工作，我们组织了此次调查。本次调查不记姓名，不公开个人信息，结果仅供研究之用，请独立地如实地填写。

　　请在符合自己实际情况或想法的选项前划"√"或在"＿＿＿＿"上写下自己的意见。各题目除有特别说明之外，均为单选题。

　　感谢你的支持！

华中师范大学道德教育研究所
2014 年 5 月

一、个人基本信息

1. 你的性别：

　　（1）男　　（2）女

2. 你所在的年级：

　　（1）四年级　　（2）五年级　　（3）六年级

3. 现在是否担任队内职务：

　　（1）担任　　（2）没有担任

4. 如果你担任了职务，担任什么职务：［上一题选择（2）的请跳过本题］

　　（1）小队长　　（2）中队长或中队委

　　（3）大队长或大队委　　（4）县、区、市少先队员职务

二、下列问题，请根据自己的真实情况或想法选择答案，答案没有对错，请直接在选项上划"√"。

5. 对你的品德影响比较大的是（限选一到三项）

　　（1）父母长辈　　（2）学校老师　　（3）同学、朋友　　（4）少先队、共青团组织　　（5）电视、报纸、网络等媒体　　（6）宗教信仰　　（7）政治家、企业家、专家学者等　　（8）道德模范　　（9）明星、偶像　　（10）其他

6. 最近的一年中，你参加了下列哪些少先队活动（本题多选）

　　（1）了解少先队的目的与性质、标志、队员责任与规范等

　　（2）入队仪式、检阅仪式、特色中队命名仪式、与党团组织结对仪式等

(3) 学雷锋、学做四好少年、创建英雄中队、学习优秀队员或团员等

(4) 结识新伙伴、结对老队员或团员、集体过生日、红领巾后援团等

(5) 服务小岗位、鼓号队演奏、中队宣传阵地、校内外志愿服务等

(6) 其他_____

7. 最近的一年中，你参加少先队活动的频率是

(1) 一次没有　(2) 一年一次　(3) 半年一次　(4) 2-3个月一次

(5) 1个月1-2次　(6) 一周一次或更多

8. 你对于参加上述活动的态度是

(1) 非常愿意　(2) 比较愿意　(3) 不确定　(4) 比较不愿意

(5) 非常不愿意

9. 在你们中队中，中队长及中队委是怎样产生的

(1) 老师直接指定　(2) 老师指定，同时征求同学意见

(3) 自愿报名，全班投票选举　(4) 其他_____

10. 在你们学校中，大队长及大队委是怎样产生的

(1) 老师直接指定　(2) 老师指定，同时征求同学意见

(3) 由班级推荐，全校学生代表投票决定　(4) 不清楚

(5) 其他_____

11. 最近的一年中，你参加学校的兴趣小组或学生社团活动的情况

(1) 从不参加　(2) 有时参加　(3) 经常参加

12. 比较少先队活动与兴趣小组或社团活动，你认为哪一种对你的影响更大

(1) 少先队活动　(2) 兴趣小组或社团活动　(3) 不确定

表一

序号	观点	很不同意	不太同意	不确定	比较同意	非常同意
13	中国共产党领导着我们的国家	1	2	3	4	5
14	是共产党给了我们美好的生活	1	2	3	4	5
15	作为少先队员，应该全心全意地热爱共产党	1	2	3	4	5
16	听党的话才是好孩子	1	2	3	4	5
17	少年队员要争做共产主义事业的接班人	1	2	3	4	5
18	团员、党员都是先锋模范，少年队员应该向他们学习	1	2	3	4	5
19	少先队员应该积极准备加入共青团和共产党	1	2	3	4	5

表二

序号	观点	很不同意	不太同意	不确定	比较同意	非常同意
20	每个人都应该关心国家大事	1	2	3	4	5
21	每个人都应该经常阅读和讨论国内外新闻	1	2	3	4	5
22	到了入团年龄，每个人都应该积极加入共青团	1	2	3	4	5
23	到了18岁，每个人都应该积极参加人大代表选举	1	2	3	4	5
24	假如有向政府表达意见的途径，我愿意去表达	1	2	3	4	5
25	我很愿意当班干部或少先队干部	1	2	3	4	5
26	在每次投票选举干部时，我都认真、公平地投票	1	2	3	4	5
27	有关政治的事情太复杂了，我不想过多了解	1	2	3	4	5
28	小学生应该好好学习，而不是参加各种活动	1	2	3	4	5

表三

序号	观点	很不同意	不太同意	不确定	比较同意	非常同意
29	少先队是建设社会主义和共产主义的预备队	1	2	3	4	5
30	成为少先队员是一件很光荣的事	1	2	3	4	5
31	参加少先队能够获得锻炼、提升能力	1	2	3	4	5
32	少先队员意味着一种责任，需要不断鞭策自己	1	2	3	4	5
33	我身边的队员伙伴都很优秀，我要向他们学习	1	2	3	4	5
34	少先队员是好学生的代名词	1	2	3	4	5
35	少先队员只是一个头衔，其实有没有无所谓	1	2	3	4	5
36	我平时感觉不到少先队组织的存在	1	2	3	4	5
37	少先队的活动对我成长作用不大	1	2	3	4	5
38	少先队干部自以为很了不起，我不喜欢	1	2	3	4	5

39. 少先队的全称是_____（若不清楚，请写"不清楚"，无须问同学）

40. 可以加入少先队的年龄是（若不肯定，请在题号旁注明"不肯定"）

（1）6岁以前　（2）6-14岁　（3）14岁以后

41. 少先队组织的性质是（若不肯定，请在题号旁注明"不肯定"）

（1）管理学生的组织　（2）少年儿童的群众组织

（3）优秀学生的组织　（4）加入共青团的预备组织

（5）其他_____

42. 你对于少先队员的权利

（1）很不了解　（2）不太了解　（3）不确定　（4）比较了解

（5）很了解

43. 你对于少先队员的责任

（1）很不了解　（2）不太了解　（3）不确定　（4）比较了解

（5）很了解

44. 你所在的班级，少先队活动课开展的情况

（1）一周一次　（2）两周一次　（3）1个月一次　（4）2-3个月一次

（5）4-6个月一次或更少　（6）没有开展过

45. 少先队组织的各种活动中，你喜欢的有哪些：（限选一到三项）

（1）队章学习　（2）仪式活动　（3）榜样学习　（4）集体关爱

（5）岗位锻炼　（6）其他_____

46. 少先队组织的各种活动中，你最不喜欢的一项活动是_____
（请在45题的选项中进行选择或自由填写你想写的内容）

47. 你对少先队组织的活动还有什么要求和建议？

_____

中学生调查问卷

亲爱的同学：

　　为了全面地了解当前中学生的思想状况，有针对性地开展团队工作，我们组织了此次调查。调查不记姓名，请不要有任何顾虑。

　　请你在符合自己实际想法或实际情况的选项上划"√"或在"_____"

上写下你的意见。各题目除有特别说明之外，均为单选题，漏选或多选的题目将被视为无效回答。在填答问卷时请不要与他人商量。感谢你的支持！

华中师范大学道德教育研究所
2014 年 5 月

一、个人基本信息

1. 你的性别

（1）男　　（2）女

2. 你所在的年级

（1）初一　　（2）初二　　（3）初三　　（4）高一　　（5）高二　　（6）高三

3. 你是一名

（1）少先队员　　（2）共青团员　　（3）党员　　（4）其他

4. 请分别填写你父母亲的政治面貌：

父亲：_____；母亲：_____

（1）群众　　（2）共产党党员　　（3）民主党派党员　　（4）无党派人士

（5）不清楚

二、下面是关于你个人的一些问题，请根据你的真实情况选择答案，请直接在选项上划"√"。

5. 对你的道德成长影响最大的是（限选 1-3 项）

（1）父母长辈　　（2）学校老师　　（3）同学、朋友　　（4）少先队、共青团组织　　（5）电视、报纸、网络等媒体　　（6）宗教信仰　　（7）政治家、企业家、专家学者　　（8）道德模范　　（9）明星、偶像　　（10）其他

6. 对你的政治立场和观点影响最大的是（限选 1-3 项）

（1）父母长辈　　（2）学校老师　　（3）同学、朋友　　（4）少先队、共青团组织　　（5）电视、报纸、网络等媒体　　（6）宗教信仰　　（7）政治家、企业家、专家学者　　（8）道德模范　　（9）明星、偶像　　（10）其他

7. 在最近的一年中，你参加志愿者活动的频率是［选（1）的同学跳过第 8 题］

（1）1 次没有　　（2）半年一次　　（3）2-3 个月一次　　（4）1 个月 1-2 次　　（5）1 周 1 次或更多

8. 你对于参加志愿者活动的态度是

（1）不愿意　　（2）不确定　　（3）愿意

9. 在你的班级中，班长及班委会成员是怎样产生的

（1）教师直接指定　　（2）主要由教师指定，也征求部分同学意见

(3) 教师提议人选，同时学生自愿报名，全班投票选举
(4) 候选人自愿报名，全班投票选举　(5) 其他

10. 在你的学校中，校学生会干部或团支部委员是怎样产生的
(1) 教师直接指定　(2) 主要由教师指定，也征求部分同学意见
(3) 候选人由各班教师推荐，全校学生代表投票产生
(4) 候选人由班级民主推举，全校学生代表投票决定　(5) 其他

11. 在最近的一年中，你参加学校的学生社团活动的次数
(1) 0次　(2) 1-2次　(3) 3-4次　(4) 5-6次　(5) 7次及以上

12. 在最近的一年中，你是否参加了由学校组织的社会实践活动（如学工、学农、学法等）
(1) 0次　(2) 1-2次　(3) 3-4次　(4) 5-6次　(5) 7次及以上

在下面的描述中，请你根据自己的真实想法选择答案，答案没有对错，请直接在右边的选项上划"√"。

（一）

序号	观点	很不同意	不太同意	不确定	比较同意	非常同意
13	我国应该实行两个或多个政党轮流执政	1	2	3	4	5
14	中国共产党领导的多党合作和政治协商制度很适合我国国情	1	2	3	4	5
15	中国人应该爱中国共产党	1	2	3	4	5
16	中国共产党的决策是正确的	1	2	3	4	5
17	我会一直支持中国共产党	1	2	3	4	5
18	我相信中国共产党是道德先锋模范	1	2	3	4	5
19	如果别人反对中国共产党的一些重要决策，我还是会支持中国共产党	1	2	3	4	5
20	国外对中国共产党有一些意见和批评，但是我们中国人不应该批评	1	2	3	4	5
21	每个人应该通过自己的努力，使中国共产党变得更完美	1	2	3	4	5
22	如果我爱中国共产党，我就应该注意存在的问题，并努力改善这些现状	1	2	3	4	5

（二）

序号	观点	很不同意	不太同意	不确定	比较同意	非常同意
23	政治是每个人都应该关心的事情	1	2	3	4	5
24	每个人都应该经常阅读和讨论国内外新闻	1	2	3	4	5
25	到了入团年龄，每个人都应该积极加入共青团	1	2	3	4	5
26	到了入党年龄，每个人都应该积极加入中国共产党	1	2	3	4	5
27	到了18岁，每个人都应该积极参加人民代表选举	1	2	3	4	5
28	假如有向政府表达意见的途径，我愿意去表达	1	2	3	4	5
29	有关政治的事情太复杂了，我不必理解	1	2	3	4	5
30	在每次投票选举班干部时，我都认真、公平地投票	1	2	3	4	5
31	中学生应该好好学习，而不是参加各种活动	1	2	3	4	5
32	我很愿意当学生干部	1	2	3	4	5

（三）

序号	观点	很不同意	不太同意	不确定	比较同意	非常同意
33	共青团是一个有政治信仰的组织	1	2	3	4	5
34	共青团是提高能力、锻炼人的组织	1	2	3	4	5
35	共青团员意味着一种责任，能够不断鞭策自己	1	2	3	4	5
36	共青团员是一个头衔、一种荣誉	1	2	3	4	5
37	我身边的团员都很优秀，模范作用强	1	2	3	4	5
38	共青团员和普通同学没啥区别	1	2	3	4	5
39	我平时感觉不到团组织的存在	1	2	3	4	5
40	团的工作很虚，对于学生成长作用不大	1	2	3	4	5
41	团干部很官僚，是想在政治上获得好处的人	1	2	3	4	5
42	共青团员是好学生的代名词	1	2	3	4	5

三、请根据你的真实想法选择答案。请直接在选项上划"√",或在横线上填上答案。

43. 共青团的全称是_____(若不清楚,请写"不清楚",无须问同学)

44. 加入共青团的年龄范围是(若不肯定,请在题号旁注明"不肯定")

(1) 6-14 周岁　　(2) 6-28 周岁　　(3) 14-18 周岁　　(4) 14-28 周岁

45. 共青团的性质是(若不肯定,请在题号旁注明"不肯定")

(1) 管理学生的组织　　(2) 带领学生组织活动的组织

(3) 先进青年的学生组织　　(4) 中国共产党的助手和后备军

46. 你对于共青团员的义务

(1) 很不了解　　(2) 不太了解　　(3) 不确定　　(4) 比较了解

(5) 很了解

47. 你对于共青团员的权利

(1) 很不了解　　(2) 不太了解　　(3) 不确定　　(4) 比较了解

(5) 很了解

四、下面一些问题由共青团员同学填写,非团员同学不需要填写。请根据你的真实情况直接在选项上划"√",或在横线上填上答案。

48. 你是否参加了团校学习［选(1)的同学请跳过第 49 题］

(1) 没有　　(2) 参加过 1 次　　(3) 参加过 2 次或更多

49. 你对于团校学习过程及效果的总体评价是

(1) 很不满意　　(2) 不太满意　　(3) 说不清　　(4) 比较满意

(5) 很满意

50. 在最近的一年中,你参加团队仪式活动(包括升旗、入团宣誓、烈士陵园祭扫等)的频率是

(1) 1 次没有　　(2) 半年一次　　(3) 2-3 个月一次　　(4) 1 个月 1-2 次

(5) 1 周 1 次或更多

51. 你认为团队仪式活动对于增强团员意识有无影响

(1) 完全没有影响　　(2) 没有太大影响　　(3) 说不清　　(4) 有些影响

(5) 影响巨大

52. 在最近的一年中,你参加学校共青团组织的主题活动(仪式之外的活动,包括党团节日、主题团日活动、主题教育活动等)的频率是［选(1)的同学跳过第 53 题］

(1) 1 次没有　　(2) 半年一次　　(3) 2-3 个月一次　　(4) 1 个月 1-2 次

(5) 1周1次或更多

53. 你对于这些共青团主题活动效果的总体评价是

(1) 很不满意　　(2) 不太满意　　(3) 说不清　　(4) 比较满意

(5) 很满意

54. 在最近的一年中，你参加团组织生活（包括团会、民主生活会、评选优秀团员、学习团章等）的频率是［选（1）的同学跳过第55题］

(1) 1次没有　　(2) 半年一次　　(3) 2-3个月一次　　(4) 1个月1-2次

(5) 1周1次或更多

55. 你参加团组织生活时的心理感受是

(1) 不值得参加　　(2) 可以偶尔参加一下　　(3) 说不清

(4) 不影响学习时尽量参加　　(5) 哪怕牺牲一些学习时间也值得参加

56. 在最近的一年中，你投票选举班级团支部干部或学校团支部委员的次数是

(1) 0次　　(2) 1次　　(3) 2次　　(4) 3次　　(5) 4次或更多

57. 你在团内是否担任职务

(1) 无　　(2) 担任班级团支部干部　　(3) 担任年级团支部干部

(4) 担任学校团支部干部

58. 你最希望学校共青团组织多开展哪些活动（限选四项）

(1) 政治理论学习活动　　(2) 仪式活动　　(3) 团员之间开展批评与自我批评　　(4) 主题团会　　(5) 团员民主投票决定团内事务　　(6) 读书活动　　(7) 青年志愿者活动　　(8) 社会实践活动　　(9) 评比表彰优秀团员活动　　(10) 交流联谊活动　　(11) 诗歌朗诵、演讲比赛等文化娱乐活动　　(12) 寒暑假夏令营活动　　(13) 学习榜样和模范活动　　(14) 讲座、报告及培训　　(15) 职业规划辅导活动　　(16) 其他_____（请注明）

59. 上述活动中，你最不喜欢的活动是_____，_____。（限选两项，请填写数字代号）

60. 作为团员，你对于增强学校共青团组织的吸引力有何建议？

_____

_____

_____

参考文献

著作类：

1. 阿尔蒙德,维伯.公民文化：五个国家的政治态度和民主制［M］.徐湘林,戴龙基,唐亮,译.北京：华夏出版社,1989.

2. 阿德勒.超越自卑［M］.黄光国,译.北京：国际文化出版公司,2005.

3. 埃里克森.同一性：青少年与危机［M］.孙名之,译.杭州：浙江教育出版社,1998.

4. 比斯塔.教育的美丽风险［M］.赵康,译.北京：北京师范大学出版社,2018.

5. ［美］Bronfenbrennner, U. 人类发展生态学［M］.曾淑贤、刘凯、陈淑芳,译.台北：心理出版社,2010.

6. 杜威.道德教育原理［M］.王承绪,译.杭州：浙江教育出版社,2003.

7. 杜威.民主主义与教育［M］.王承绪,译.北京：人民教育出版社,2001.

8. 福山.历史的终结与最后的人［M］.陈高华,译.桂林：广西师范大学出版社,2014.

9. 哈贝马斯.交往行为理论：行为合理性与社会合理化［M］.曹卫东,译.上海：上海人民出版社,2004.

10. 亨廷顿.文明的冲突与世界秩序的重建［M］.周琪,刘绯,张立平,译.北京：新华出版社,2010.

11. 康德.道德形而上学原理［M］.苗力田,译.上海：上海人民出版社,2002.

12. 科恩.论民主［M］.聂崇信,朱秀贤,译.北京：商务印书馆,2007.

13. 贾汉贝格鲁. 伯林谈话录[M]. 杨祯钦, 译. 南京: 译林出版社, 2002.

14. 基伦, 斯梅塔那. 道德发展手册[M]. 杨韶刚, 刘春琼, 等译. 北京: 教育科学出版社, 2011.

15. 吉列根. 不同的声音——心理学理论与妇女发展[M]. 肖巍, 译. 北京: 中央编译出版社, 1999.

16. 罗尔斯. 作为公平的正义[M]. 姚大志, 译. 上海: 上海三联书店, 2003.

17. 兰德. 新个体主义伦理观——爱因兰德文选[M]. 上海: 上海三联书店: 1993.

18. 卢克斯. 道德相对主义[M]. 陈锐, 译. 北京: 中国法制出版社, 2013.

19. 尼尔森. 正面管教[M]. 北京: 北京联合出版有限责任公司, 2016.

20. 尼尔森, 洛特, 格伦. 教室里的正面管教[M]. 梁帅, 译. 北京: 北京联合出版公司, 2018.

21. 诺丁斯. 学会关心——教育的另一种模式[M]. 于天龙, 译. 北京: 教育科学出版社, 2011.

22. 诺丁斯. 关心——伦理和道德教育的女性路径[M]. 武云斐, 译. 北京: 北京大学出版社, 2014.

23. 努齐. 好远远不够: 促进儿童的道德发展[M]. 冯婉桢, 译. 北京: 机械工业出版社, 2015.

24. 帕特南. 流动中的民主政体——当代社会中社会资本的演变[M]. 李筠, 王路遥, 张会荟, 译. 北京: 社会科学文献出版社, 2014.

25. 彼得斯. 道德发展与道德教育[M]. 邬冬星, 译, 杭州: 浙江教育出版社, 2000.

26. 斯塔夫里阿诺斯. 全球通史[M]. 影印本. 北京: 北京大学出版社, 2004.

27. 斯托特. 培育良知: 良法如何造就好人[M]. 李心白, 译. 北京: 商务印书馆, 2015.

28. 斯密. 道德情操论[M]. 蒋自强, 等译. 北京: 商务印书馆, 2003.

29. 涂尔干. 道德教育[M]. 陈光金, 沈杰, 朱谐汉, 等译. 上海: 上海人民出版社, 2006.

30. 佐藤学. 学习的快乐——走向对话[M]. 钟启泉, 译. 北京: 教育科

313

学出版社, 2004.

31. 佐藤学. 教师花传书: 专家型教师的成长[M]. 陈静静, 译. 上海: 华东师范大学出版社, 2016.

32. 王道俊, 郭文安. 主体教育论[M]. 北京: 人民教育出版社, 2005.

33. 黄进兴. 从理学到伦理学: 清末民初道德意识的转化[M]. 北京: 中华书局, 2014.

34. 何传启. 东方复兴: 现代化的三条道路[M]. 北京: 商务印书馆, 2003.

35. 梁漱溟. 中国文化要义[M]. 上海: 学林出版社, 1987.

36. 陆有铨. 躁动的百年——20世纪的教育历程[M]. 济南: 山东教育出版社, 1997.

37. 陆有铨. 教育是合作的艺术[M]. 北京: 北京大学出版社, 2012.

38. 李晓文. 青少年发展研究与学校文化生态建设[M]. 北京: 教育科学出版社, 2010.

39. 南怀瑾. 亦新亦旧的一代[M]. 上海: 复旦大学出版社, 1995.

40. 戚万学. 冲突与整合——20世纪西方道德教育理论[M]. 济南: 山东教育出版社, 1995.

41. 任俊. 写给教育者的积极心理学[M]. 北京: 中国轻工业出版社, 2010.

42. 孙启武, 杜时忠. 中小学生成长需要的实证研究[M]. 武汉: 华中师范大学出版社, 2018.

43. 许纪霖. 家国天下[M]. 香港: 生活·读书·新知三联书店, 2018.

44. 杨韶刚. 西方道德心理学的新发展[M]. 上海: 上海教育出版社, 2007.

45. 21世纪教育研究院, 杨东平. 2020: 中国教育改革方略[M]. 北京: 人民出版社, 2010.

期刊类:

1. 班华. 世纪之交论德育现代化建设[J]. 现代教育论丛, 1997 (01): 1-6.

2. 班华. 近十年来德育思想现代化的进展[J]. 教育研究, 1999 (02): 18-22.

3. 陈元晖. 中国教育学七十年[J]. 北京师范大学学报(社会科学版), 1991 (05): 52-94.

4. 陈先达. 中国传统文化的当代价值 [J]. 中国社会科学, 1997 (02): 31-41.

5. 陈真. 道德相对主义与道德的客观性 [J]. 学术月刊, 2008 (12): 40-50.

6. 程红艳. 当前学校德育理论研究之反思与展望 [J]. 教育研究与实验, 2016 (01): 21-27.

7. 程红艳. 道德信仰的心理建构历程及其教育 [J]. 思想理论教育, 2011 (09): 26-30.

8. 程红艳. 学校道德教育的范式重构: 从规范本位到育人本位 [J]. 高等教育研究, 2019, 40 (04): 29-35, 74.

6. 杜时忠. 生活德育论的贡献与局限 [J]. 教育研究与实验, 2012 (03): 1-4.

9. 杜时忠. 制度何以育德? [J]. 华中师范大学学报 (人文社会科学版), 2012 (04): 126-131.

10. 杜时忠, 孙银光, 程红艳. 德育研究70年: 回顾与前瞻 [J]. 教育研究, 2019, 40 (10): 17-26.

11. 杜时忠. 论德育走向 [J]. 教育研究, 2012, 33 (02): 60-64.

12. 杜时忠, 张敏. 国家道德即德育 [J]. 教育研究与实验, 2013 (01): 7-10.

13. 杜维明. 中国传统文化的当代价值 [J]. 江海学刊, 2011 (03): 5-7.

14. 杜维明. 文明对话的发展及其世界意义 [J]. 南京大学学报 (哲学. 人文科学. 社会科学版), 2003 (01): 34-44.

15. 丁道勇. 德育理论发展的同质化陷阱 [J]. 全球教育展望, 2015, 44 (05): 74-84.

16. 冯建军. "德育与生活"关系之再思考——兼论"德育就是生活德育" [J]. 华中师范大学学报 (人文社会科学版), 2012, 51 (04): 132-139.

17. 冯建军. 四十年德育改革的中国道路与中国经验 [J]. 东北师大学报 (哲学社会科学版), 2018 (06): 118-124.

18. 冯建军. 改革开放四十年中国德育的转型发展 [J]. 南京社会科学, 2018 (04): 143-150.

19. 冯建军. 推动构建人类命运共同体: 教育何为 [J]. 教育研究, 2018, 39 (02): 37-42, 57.

20. 冯建军. 后均衡化时代的教育正义: 从关注"分配"到关注"承认"

[J]. 教育研究, 2016, 37 (04): 41-47.

21. 冯秀军. 现代学校德育环境的生态建构 [J]. 教育研究, 2013, 34 (05): 104-111.

22. 冯婉桢, 檀传宝. 改革开放30年的中小学德育政策 [J]. 中国教育学刊, 2008 (12): 24-27.

23. 高德胜. 现代德育困境研究述评 [J]. 现代教育论丛, 2000 (03): 12-15, 11.

24. 高德胜. 论道德作为现代教育之代价 [J]. 高等教育研究, 2013, 34 (10): 1-9.

25. 高德胜. 学校德育的范式转换 [J]. 教育研究与实验, 2004 (02): 7-11.

26. 郭劲松. 交往理性与德育理念的重建 [J]. 伦理学研究, 2005 (03): 74-77.

27. 胡金木. 改革开放以来道德教育研究主题的回顾分析 [J]. 江苏教育研究, 2009 (04): 16-18.

28. 洪明. 读经论争的百年回眸 [J]. 教育学报, 2012 (01): 3-12.

29. 黄向阳. 道德相对主义与学校德育 [J]. 全球教育展望, 2001 (06): 5-8.

30. 鲁洁, 班华. 德育理论在科学化轨道上前进 [J]. 教育研究, 1988 (12): 31-36.

31. 鲁洁. 论市场经济条件下的德育价值取向 [J]. 求是, 1994 (04): 37-40.

32. 鲁洁. 道德教育: 一种超越 [J]. 中国教育学刊, 1994 (06): 2-8.

33. 鲁洁. 边缘化 外在化 知识化——道德教育的现代综合症 [J]. 教育研究, 2005 (12): 11-14, 42.

34. 李道仁. 德育本质问题的探讨 [J]. 华中师院学报 (哲学社会科学版), 1982 (06): 105-110.

35. 卢家楣, 袁军, 王俊山, 等. 我国青少年道德情感现状调查研究 [J]. 教育研究, 2010, 31 (12): 83-89.

36. 戚万学. 活动道德教育模式的理论构想 [J]. 教育研究, 1999 (06): 69-76.

37. 戚万学, 唐爱民, 韩笑. 改革开放40年德育理论研究的主题及进展 [J]. 教育研究, 2018, 39 (10): 20-31.

38. 石中英. 社会同情与公民形成 [J]. 北京师范大学学报（社会科学版），2012（02）：5-11.

39. 孙少平. 建国以来我国中小学德育的历史回顾及其启示 [J]. 河北师范大学学报（教育科学版），1999（04）：91-95.

40. 孙彩平. 分层与分叉——当代中国儿童道德发展调查报告（2017）[J]. 教育科学研究，2018（02）：10-19.

41. 单中惠. 学校变革与社会变革——基于西方教育历史的诠释 [J]. 河北师范大学学报（教育科学版），2013，15（11）：24-28.

42. 童世骏. 没有"主体间性"就没有"规则"——论哈贝马斯的规则观 [J]. 复旦大学学报（社会科学版），2002（05）：23-32.

43. 檀传宝，陈国清. 改革开放40年我国德育学科建设的探索与进步 [J]. 中国教育学刊，2018（10）：28-34.

44. 檀传宝. 德育形态的历史演进与现实价值 [J]. 教育研究，2014，35（06）：25-32.

45. 檀传宝. 超越论教育哲学及其建构——20世纪90年代鲁洁教授教育思想的特质 [J]. 教育学报，2010，6（01）：3-7，9.

46. 谭维智. 一个批判的思想者——陆有铨先生教育思想管窥 [J]. 国家教育行政学院学报，2006（03）：8-17.

47. 王海明. 论道德总原则 [J]. 吉首大学学报（社会科学版），2008（03）：1-12.

48. 王逢贤. 德育的独立实体性不容否定 [J]. 中国教育学刊，1990（01）：23-27.

49. 肖朗，田海洋. 近代西方道德教育理论的传播与民国德育观念的变革 [J]. 社会科学战线，2011（07）：207-215.

50. 于述胜. 改革开放三十年中国的教育学话语与教育变革 [J]. 教育学报，2008（05）：3-19.

51. 姚大志. 什么是社群主义 [J]. 江海学刊，2017（05）：15-23.

52. 易连云. 传统道德教育研究的范式转换 [J]. 教育研究，2010，31（04）：30-33.

53. 叶飞，檀传宝. 改革开放30年德育理论发展脉络探析 [J]. 教育研究，2009（01）：19-24，85.

54. 余维武. 对相对主义道德教育理论基础的批判 [J]. 教育学报，2009（03）：91-97.

55. 郑永年，黄彦杰. 中国的社会信任危机［J］. 文化纵横，2011（02）：18-23.

56. 张国军，程同顺. 当代西方民主的基础与危机——右翼民粹主义与多元文化主义对抗的政治冲击［J］. 中南大学学报（社会科学版），2019，25（04）：116-127.

57. 章国锋. 哈贝马斯访谈录［J］. 外国文学评论，2000（01）：27-32.

58. 张夫伟. 道德相对主义与学校道德教育［J］. 思想理论教育，2005（09）：38-42.

59. 张添翼，程红艳. 朋辈调解：培养学生解决冲突的公民技能［J］. 外国教育研究，2012，39（09）：97-105.